종교개혁
역사 연구

: 신앙의 개혁으로 근세를 열다

종교개혁 역사 연구 : 신앙의 개혁으로 근세를 열다
A Study on the History of the Reformation:
From the Reformation to the Early Modern World

발행	2022년 5월 10일
2쇄	2025년 9월 24일
지은이	안인섭(In-Sub Ahn)
발행인	윤상문
디자인	박진경, 장미림
발행처	킹덤북스
등록	제2009- 29호(2009년 10월 19일)
주소	경기도 용인시 기흥구 동백동 622- 2
문의	전화 031-275-0196 팩스 031-275-0296

ISBN 979-11-5886-244-2 03230

Copyright ⓒ 2022 안인섭

이 책은 저작권법에 따라 보호받는 저작물이므로 무단전재와 복제를 금지하며, 이 책의 내용의 전부 또는 일부를 이용하려면 반드시 저작권자와 킹덤북스의 서면 동의를 받아야 합니다.

※ 잘못된 책은 구입한 곳에서 교환하여 드립니다.
※ 책 가격은 표지 뒷면에 있습니다.

킹덤북스(Kingdom Books)는 문서 사역을 통해 하나님의 나라를 확장하고, 한국 교회와 세계 교회를 섬기고자 설립된 출판사입니다.

종교개혁 역사 연구

: 신앙의 개혁으로 근세를 열다

안인섭 저

목차

서문 ··· 6

1부 | 종교개혁, 그 서막 ·· 11

1장 종교개혁사란 무엇인가? ··································· 12
2장 때가 차매: 직전의 상황 ······································ 30

2부 | 종교개혁 운동의 스펙트럼 ································ 61

3장 개신교의 출범: 루터 ··· 62
4장 개혁교회의 요람: 츠빙글리와 스위스 종교개혁 ············· 88
5장 급진적 움직임들 ·· 126
6장 종교개혁 신학의 총체적 종합: 칼빈의 하나님 나라 ········ 146
7장 멜란히톤, 칼빈, 그리고 팔츠(Pfalz)의 개혁파 종교개혁 ······ 180
   ▶ 16세기 문맥에서 정리하는 종교개혁의 흐름들 ··········· 218

3부 | 역동적 확산 ………………………………………… 219

8장 독일의 종교개혁: 루터주의의 승인과 개혁주의의 발전 ……… 220
9장 영국과 스코틀랜드의 종교개혁: 미완과 급진 사이 …………… 254
10장 프랑스의 종교개혁: 고난받는 개혁교회 ……………………… 282

4부 | 네덜란드 개혁주의 종교개혁:
십자가 밑에 피어오른 튤립 …………………… 301

11장 네덜란드 종교개혁의 배경 …………………………………… 302
12장 순교자 드 브레(1522-1567)의 벨직신앙고백서(1561)와 네덜란드
…………………………………………………………………… 319
13장 고난 속에 피어난 개혁파 경건주의의 출발: 장 타펭(1529-1602)
…………………………………………………………………… 341
14장 칼빈주의의 연합과 국제화: 필립 마르닉스(1540-1598) ……… 374
15장 네덜란드 피난민 교회의 엠던 총회(1571): 장로교회의 기원 ·· 395

5부 | 종교개혁, 근세로 향하다 ……………………… 407

16장 신앙의 자유와 은총의 승리: 도르트 총회(1618-1619)로 가는 길
…………………………………………………………………… 408
17장 황금의 17세기와 네덜란드의 개혁파 경건주의 ………………… 445
18장 가톨릭교회의 대응과 30년 전쟁 ……………………………… 453
19장 결론: 신앙의 개혁으로 근세를 열다 ………………………… 463

▶ 참고 문헌 및 더 읽을 자료들   467
▶ 인명 색인   528

서 문

필자가 처음 총신대학교 신학대학원에 임용된 것은 2004년 3월이었다. 그 이후 지금까지 19년 동안 역사신학 교수로 섬길 수 있도록 인도해 주신 하나님의 은혜에 진심으로 감사를 드린다. 본서는 그간의 연구와 강의 가운데서 종교개혁사(History of the Reformation)와 근대 초기 유럽 교회사(Church History in Early Modern Europe)에 해당하는 최근의 연구들로 구성되어 있다. 책을 마치면서 보니 역사를 친히 다스리시며 그 과정에서 연약한 자를 들어 사용하시는 하나님께 찬송을 드린다.

필자는 또한 총신대학교에 감사한다. 총신대학교 교수로 신학을 연구하고 강의하는 것은 정말 감사하고 영광스러운 일이 아닐 수 없다. 지금까지 그랬듯이 앞으로도 강의 시간에 만나는 학생들의 빛나는 눈빛은 필자 연구에 큰 영감을 줄 것이다.

이 책에서 다루고 있는 "종교개혁", "칼빈", 그리고 "근대 초기 개혁주의" 확산 과정에서 "네덜란드의 역할"은 필자의 주 관심사이자 전문 분야라고 할 수 있다. 또한 교회와 국가의 관계라는 주제로 종교개혁 시대의 역사를 관통할 수 있도록 했기 때문에 일반 역사 속에서 하나님의 나라가 어떻게 진행되어 가는지 이해하는데 도움이 될 것으로 기대한다. 칼빈의 생애에 대해서는 필자의 이전의 책『칼빈: 하나님의 영광을 위한 열정의 사람』(2015)을 읽기를 바라며, 칼빈의 교회와 국가 사상의 배경이 되는 어거스틴과의 관계에 대해서는 2009년에 출판된 필자의 다른 책『칼빈과 어거스틴: 교회를 위한 신학』을 참조하기를 바란다.

필자는 또한 미국의 헨리미터 센터(H. Henry Meeter Center)의 소장인 카린 막 교수(Dr. Karin Maag)와 독일 마인츠(Mainz)의 유럽역사연구소(Leibniz-Institut für Europäische Geschichte)의 소장인 이레나 딩얼 박사(Prof. Dr. Irene Dingel)에게 감사드린다. 이 연구소들은 필자가 고귀한 종교개혁과 근세 초기 역사 자료를 마음껏 사용하여 연구할 수 있도록 여러모로 도와주었다. 특별히 마인츠의 유럽역사연구소는 필자의 안식년 기간 동안(2021) 필자를 선임연구교수(Senior Research Fellow)로 초청해서 최고의 조건으로 연구에 집중할 수 있도록 후원해 주었기에 고마운 마음이 가득하다.

필자가 협동 목사로 섬기고 있는 로뎀나무교회에서 2011년부터 지금까지 진행하고 있는 "기독교강요"와 초대부터 근현대까지의 "교회사 강의"들은 역사신학이 교회 현장과 어떻게 소통할 수 있는지 알려주고 있기 때문에 유병용 담임 목사와 성도들에게 감사한 마음을 전하고 싶다. 그리고 이 책이 출판되어 나올 수 있도록 격려와 수고를 아끼지 않고 역작으로 만들어 주신 킹덤북스(Kingdom Books) 대표 윤상문 목사에게 감사를 드린다. 무엇보다도 총신대학교 신학대학원 88회 동기로서 학문의 동반자이자 사랑하는 아내인 강미랑 박사에게 진심으로 감사하고 싶다. 한국교원대학교 학생으로 하나님 나라의 교육을 꿈꾸는 예비 교사인 딸 지인이와의 대화는 자라나는 세대를 이해하고 미래를 바라보는 데 큰 도움이 되었다.

이 책에 등장하는 사진들 가운데 별도로 인용을 밝히지 않은 것들은 대부분 필자가 직접 유럽 교회사 답사에서 찍은 사진들이며, 도표들은 강의를 위해서 만들어 사용하는 것들이다. 교회사를 쉽고 흥미 있게 이해할 수 있도록 그대로 사용했다.

앞으로 하나님 나라와 교회를 사랑하는 기독교인들과 후학들이 이

독일 마인츠 유럽역사연구소에서

작은 연구들을 발판으로 삼아 딛고 서서, 칼빈, 츠빙글리 및 16세기 종교개혁뿐 아니라, 네덜란드 개혁주의 역사와 근대교회사 연구를 이어가는데 이 책이 조그마한 안내가 될 수 있기를 바라는 작은 소망을 품어본다.

2022년 3월 지곡동에서
총신대학교 신학대학원
안인섭 교수

1부

종교개혁: 그 서막

1장
종교개혁사란 무엇인가?

1. 들어가는 글: 교회사란 무엇인가?

"교회의 역사는 죽어있는 화석인가? 살아 있는 열매인가?"

교회사가 무엇인지 한마디로 정의한다는 것은 쉬운 일은 아니다. 그래도 굳이 한 문장으로 정리한다면 무엇이라고 말할 수 있을까? 나는 그것을 "하나님 나라의 이야기"라고 말할 수 있다. 이 하나님 나라의 이야기는 크게 두 부분으로 나누어져 있는데, 전반부는 창조부터 시작해서 예수 그리스도의 구속까지이다. 후반부는 예수 그리스도의 십자가의 구속부터 역사의 진행을 거쳐 종말론적으로 성취될 하나님 나라의 완성까지이다.[1]

---

[1] 역사는 창조부터 시작해서 직선론적으로 진행하는 것이며, 현세에서는 하나님의 도성과 지상

종교개혁 신학을 종합했던 칼빈은 하나님의 나라를 영적으로 예수 그리스도를 통한 죄 용서와 구원이라는 내적인 통치에서 시작해서 외적으로 인간 사회와 정치라는 구조 안에서의 통치로까지 확대하면서 종말론적으로 이해하고 있다. 칼빈은 인간에 대한 하나님의 통치를 둘로 나누면서 다음과 같이 설명한다.

> 의미상으로 첫 번째 종류의 통치는 영적인 생활에 속한 것이요, 두 번째 종류의 것은 현세 생활에 관한 것, 즉, 먹고 입는 것뿐만 아니라, 거룩하고 고결하고 절제 있는 사회생활을 하는 데 필요한 법률을 제정하는 것에 관한 통치이다. 전자는 마음속에 있고, 또 후자는 정치적인 나라라고 지칭할 수 있다. 하나는 영적인 나라, 또 하나는 정치적인 나라라고 부를 수 있다.[2]

하나님의 이중의 통치가 이 세상에서 종말론적인 관점에서 펼쳐지는 장이 역사다. 이런 맥락에서 교회사의 의미를 간략하게 표현한다면 이 세상에서 펼쳐지는 하나님 나라의 이야기라고 말할 수 있을 것이다.

의 도성이 서로 섞여 있지만 결국은 종말을 행해 목적론적으로 진행된다는 것이 어거스틴의 신국론에서 제시된 역사관이다. 신국론은 제11권에서 14권은 두 도성의 시작, 15권에서 18권은 두 도성의 전개, 그리고 19권에서 22권은 두 도성의 종말을 기술하고 있다. Augustine, *De Civitas Dei*, xi–xxii in *Corpus Christianorum, Series Latina* (=*CCL*) 48 (Turnholti: Typographi Brepols, 1953).

2 Iohannes Calvinus, *Ioannis Calvini opera quae supersunt omnia*, eds. G. Baum, E. Cunitz, and E. Reuss. 2 (Brunsvigae: Schwetschke, 1864), col 623 (*Institutes*, 3.19.15.). 이하 *CO*로 표기함. "Quibus significatur, priorem illam regiminis speciem ad animae vitam pertinere, hanc autem in his quae praesentis vitae sunt versari: non quidem in pascendo tantum aut vestiendo, sed in praescribendis legibus quibus homo inter homines vitam sancte, honeste modesteque exigat. Nam illa in animo interiori sedem habet; haec autem externos mores duntaxat componit. Alterum vocare nobis liceat regnum spirituale, alteram regnum politicum."

> <교회사란?>
> **"하나님 나라의 이야기"**
> 1) 창조부터 시작해서 예수 그리스도의 구속까지.
>
>
>
> 2) 예수 그리스도의 십자가의 구속부터,
>   종말론적으로 완성될 하나님 나라의 성취까지

2. 역사의 의미

기독교인은 교회사는 하나님 나라의 이야기이고 역사는 하나님의 섭리에 의해서 통치된다고 신앙적으로 고백한다. 그러나 유럽의 정신사는 17세기 말을 지나 18세기가 되면서 완전히 뒤바뀌게 되었다. 그 이전까지는 인간의 역사가 하나님의 섭리에 의해서 진행된다고 보았다. 신앙의 눈으로 인간 자신과 세상을 바라보았던 것이다. 그러나 그 이후 시대에는 하나님의 섭리 대신 인간의 진보가 자리를 차지하게 되었다.

독일의 칼 뢰빗(Karl Löwith)이라는 역사철학자는 자신의 저서인 『역사의 의미』(Meaning in History)에서 인간의 자유와 역사에 대해서 잘 설명하고 있다. 칼 뢰빗은 하나님은 역사의 고삐를 주관하던 일에서 은퇴했다는 볼테르의 말을 인용하면서 인간 이성의 진보를 신뢰하는 자들의 분위기를 묘사해 주고 있다.[3]

---

3 칼 뢰빗, 『역사의 의미』, 이석우 역 (서울: 탐구당, 1990), 153.

결국 인간이 이성을 통해 자신을 개선해서 행복한 미래로 나갈 수 있다는 자신감을 보여주며 더 이상 하나님이 존재할 공간은 없어진다.

그런데 정말 그런가? 세계는 이성적인 인간의 진보 덕분에 점차 행복해지고 있을까?

하나님의 간섭을 걷어찬 인간은 더 발달한 이성으로 이전보다 더 악해지고 있지는 아니한가? 우리는 매일 접하는 국내외 뉴스를 통해서 세상이 점점 더 악해져 간다는 것을 느낀다. 그럴 때마다 하나님으로부터 자유롭게 되고자 했던 인간은 결국 죄와 그 결과인 비참함에 더 속박된다는 사실을 배우게 된다. 하나님으로부터 자유를 추구하다가 더 죄에 묶이는 것이다. 그러므로 인간은 역사가 인간의 진보가 아니라 하나님의 섭리에 의해서 진행된다는 점을 겸손하게 인정해야 한다.

교회사를 연구할 때, 특히 종교개혁사라는 근세 초 16세기 유럽에서 일어났던 역사를 살펴볼 때 우리는 죽어있는 "화석"을 연구하는 마음으로 접근하지 않을 것이다. 물론 역사는 과거의 사실을 연구하는 것이다. 그러나 이 교회 역사의 과거는 죽어있는 화석이 아니다. 역사는 결국 역사의 주권자로 일하시는 하나님의 역사(historia Dei)다. 교회사는 과거에는 미약했지만 역사의 과정에서 점차 성장하고 성숙해서 지금은 살아 있는 열매를 제공해 주는 살아 있는 이야기다. 그래서 교회사를 연구할 때 이 질문을 먼저 해 보아야 한다.

"교회의 역사는 죽어 있는 화석인가? 살아 있는 열매인가?"

3. 교회사를 공부해야 하는 5 가지 이유

1) 하나님 이해(Cognitio Dei)

성경의 기록은 신약 성경으로 모두 완성되었다. 그러나 "하나님의 일 하심"은 단 일 초도 멈춘 적이 없다. 정경의 완성 이후도 성령님의 왕성한 활동은 그리스도를 따르는 길을 걸어가려는 사람들에 의해서 역사 속에서 지금까지 계속 되어왔고, 종말론적으로 하나님의 나라가 완성될 때까지 앞으로도 계속 진행될 것이다.

그러므로 교회사 연구가 중요한 것은, 하나님께서 신약 시대 이후에도 그의 교회를 통해서 지속적으로 일하시기 때문이다. 오직 교회사 연구를 통해서만 역사 속에서 일하시는 하나님을 이해할 수 있는 것이다.

2) 세상 이해(Cognitio Mundi)

일반적으로 세상은 두 가지 의미를 가지고 있다. 첫째는 하나님께 대항하는 개념으로서의 세상이다. 이 경우 하나님을 따르는 것과 세상을 따르는 것이 선명하게 대조된다. 둘째는 세상은 하나님의 뜻이 이루어지는 역사적인 무대이다. 하나님의 뜻은 이 세상 속에서 역사의 진행을 통해서 성취되어왔다. 물론 역사를 반추해 보면 때로는 역사가 뒤로 가는 듯 보이는 암흑의 시대가 있을 수도 있다. 그러나 역사는 결국 하나님 나라의 종말론적인 성취라고 하는 목표점을 향해서 나아가게 되어있다. 그러므로 교회사란 이 세상 속에서 하나님의 나라가 확장되는 것을 증거 해 주는 반전 있는 드라마요, 흥미진진한 경기와도 같은 것이다.

바로 이런 면에서 교회사는 일반 역사와의 관계에서 이해되어야 한다. 교회사라고 해서 교회의 건물 안에서, 교파의 회관 안에서 진행된 역사가 아니다. 왜냐하면 이 세상 가운데, 그리고 일반 역사의 흐름과 더불어 교회의 역사가 흘러가고 있고, 그 모든 과정을 통해서 하나님의 나라가 성취되어 가고 있기 때문이다.

3) 인간 이해(Cognitio Hominis)

교회사를 연구하게 되면 하나님의 형상으로 창조된 인간이 얼마나 위대하고 존귀한지 그 가치를 깨닫게 된다. 인간은 연약한 존재이지만 하나님의 영광을 담지하고 있는 고귀한 존재이다.

그렇지만 세상에서 존경받는 위대한 인물의 경우, 그의 삶을 상세하게 살펴보면 실망할 만한 인간적인 실수와 잘못을 발견하게 되는 경우가 자주 있다. 하나님의 형상으로 창조되었으나 범죄한 인간의 적나라한 실존을 보여주는 것이다.

그러므로 교회사 연구는 그리스도인들로 하여금 스스로를 겸손하게 해 준다. 또한 다른 사람들의 가치를 인정하게 하고 따뜻하게 영접해야 하는 이유와 동기를 제시해 준다. 그래서 인간의 정체성을 본래의 귀한 하나님의 형상으로 다시 회복하게 되는 가능성을 제공해 주는 것이다.

4) 건강한 기독교 공동체를 세움(Constitutio Civitatis Christiani)

교회사는 부족한 사람을 하나님께서 어떤 열심으로 공동체의 성숙한 지도자로 세워가시는가를 보여주는 살아 있는 하나님의 교과서라 할 것이다.

5) 삶의 지혜를 배움(Sapiens Vitae)

교회사의 이야기는 한 인간이, 혹은 한 집단이 어떻게 하나님 앞에서 잘못을 범했으며, 따라서 우리는 어떻게 그런 실수를 피할 수 있는지를 알려주는 지혜의 창고이다. 동시에 과거의 성공적인 교회사의 이야기들은 우리로 하여금 그런 지혜를 배우게 하므로 인생을 성공적으로 살 수 있는 방법을 제공해 준다.

4. 역사관

역사는 먼저 기록된 역사 자료를 가지고 분석하기 시작한다. 그런데 그 역사 자료는 진공에서 나온 것이 아니다. 그 자료의 저자는 여러 역사적 사실들 가운데 자신의 관점을 가지고 취사선택해서 기록한 것이다. 그러니까 기록된 역사적 사실조차 이미 그것을 기록한 저자의 관점이 반영된 것이다. 따라서 역사적 사실을 탐구하는 작업이란, 그것을 관찰하고 경험하고 기록한 역사가가 살았던 그 시대의 역사적 배경과 그 역사가 자신의 삶의 여정을 함께 고찰하는 것이다.

현대의 독자들은 이렇게 기록된 역사적 자료들을 오늘 자신의 삶의 정황 속에서 읽어 나간다. 이 독자들 역시 그들이 가지고 있는 역사관이 다양할 것이고 또 자신의 관점이나 개인적 경험들이 다양하다. 결국 기록된 역사를 읽는 독자들의 역사관이 또 중요하게 되는 것이다. 이처럼 역사 공부는 자연스럽게 해석학적 작업이 된다.

이런 맥락에서 역사 철학자 칼 뢰빗은 역사의 의미를 설명하고 있는데 우리는 여기에서 몇 가지 중요한 관점을 만나게 된다.[4]

첫째는 헤겔의 자유의 역사관이다. 둘째는 마르크스의 역사관이다. 그리고 셋째가 어거스틴의 역사관이다.

Weltgeschichte und Heilsgeschehen
Meaning in History (Karl Loewith)

(1) 헤겔(G.W.F. Hegel : 1770~1831)
   Lectures on the Philosophy of History (1830)
   "List der Vernunft(Cunning of Reason : 이성의 간지)"
   "자유" "정신사"

(2) 마르크스(Karl Heinrich Marx : 1818~1883)
   Communist Manifesto (1848)
   "물질적 조건"
   "모든 사회의 역사는 계급 투쟁의 역사"

(3) 어거스틴 (St.Augustion : 354-430)
   De civitate Dei (413-426)

---

(1) 헤겔의 자유의 역사

헤겔은 역사를 자유의 역사로 파악하며 정신의 역사로 본다. 이 관점에서 보면 역사란 절대 이성이 자기를 개화해 가는 과정이다. 과거 자유가 억압당하고 미신적인 사고가 지배하던 시대로부터 역사는 점차 인간

---

4 칼 뢰빗, 『역사의 의미』, 57-79, 81-90, 229-248.

이 자유를 얻는 곳으로 전진하게 된다. 이 관점은 이성에 대해 낙관적이다. 이성이 발달로 인간의 사회는 더 진보하게 될 것이라는 진보 사관이다. 그러나 이 역사관의 치명적인 한계는 제1, 2차 세계 대전에서 드러났다.

(2) 마르크스의 유물사관

유물사관은 물질적 조건이 역사를 지배한다고 본다. 모든 사회의 역사를 계급 투쟁의 역사로 보는 것이다. 이 유물사관은 20세기에는 세계의 절반을 지배하며 그 위력을 떨칠 수 있었다. 그러나 소련이 러시아와 그 외의 여러 나라로 분리되고 중국이 개혁 개방의 길을 택한 이후 21세기가 되면서 그 영향력은 쇠퇴했다고 평가할 수 있다.

(3) 어거스틴의 섭리 사관

어거스틴은 기독교 제국이었던 로마가 몰락하는 모습을 바라보면서 하나님의 역사를 묵상할 수 있었다. 어거스틴은 그의 『신국론』에 잘 나타나 있듯이 역사는 하나님의 섭리에 의해 이끌어진다고 보았다.

그러나 아래의 표에서 보듯이 영웅주의적 역사관이나 민중주의적 역사관은 한 방향으로 편향된 경향을 보여준다. 그렇지만 어거스틴의 섭리주의적 역사관은 전체를 아우르면서 포괄적인 관점에서 하나님의 섭리를 제시해 주고 있다.

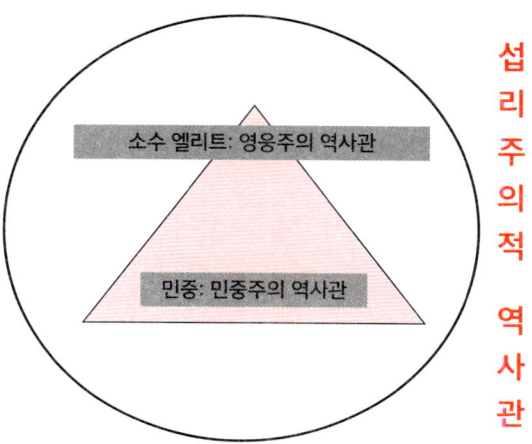

교회사 연구를 통해서 보면, 중립적인 역사는 존재할 수 없으며, 역사가의 어떤 관점으로 역사를 해석하는지 그 사관이 중요하게 된다. 이런 맥락에서 역사를 어거스틴과 칼빈주의적으로 해석한다는 것도 그 의미를 확보하게 된다. 요점은 어떤 역사관을 가지고 있느냐다. 어거스틴과 칼빈주의적인 역사관은 다음과 같이 정리해 볼 수 있을 것이다.

(1) 역사의 중심은 그리스도다(Christ-centric).
(2) 인간의 모든 역사는 하나님의 주권(Regnum Dei)하에 있다는 신앙으로 역사를 조명한다. 그러므로 교회의 역사는 물론이고, 세속사도 하나님의 뜻이 이루어지는 무대이다.
(3) 교회의 과거 역사를 존중하며, 특히 교부들과 종교개혁의 신학을 높이 평가한다.
(4) 역사는 하나님 나라(Civitas Dei)의 역사이다. 이 세상에서는 하나님의 나라가 세상의 나라와 혼재(permixta civitates)하면서 진행한

다.
(5) "지금", "여기서"(hic et nunc) 일하시는 하나님을 이해한다. 하나님 나라는 영적인데 선택된 자들(collecta)을 통해서 이 세상 속에서 진행된다.
(6) 세상과 교회의 배타적인 이원론을 극복하고 통전적인 시각을 보여 준다.
(7) 창조-타락-구속 중심의 역사관이다.
(8) 목적론적이고 종말론(eschatology)적 역사관이다. 목적을 향해서 앞으로 전진하는 역사관이다.
(9) 교회사는 기독교의 복음을 역사와 삶의 현장에 적용해 나가는 일련의 역사다. 즉 텍스트와 텍스트의 상호 관계 속에서 교회사는 진행되어 간다.

5. 역사의 해석

역사는 두 가지 개념으로 이해된다. 첫째는 과거에 일어난 일 혹은 사건 그 자체를 말한다. 둘째는 과거의 사건을 기록한 것을 뜻한다. 역사가 과거의 기록이라고 할 때 필연적으로 해석의 문제가 제기된다. 개혁 신학은 성경은 성령의 영감으로 기록되었다고 믿기 때문에 성경은 정확 무오한 하나님의 말씀이라고 고백한다. 이 성경은 성령님에 의해서 역사 속에서 보전되어 우리의 손에까지 전해졌다.

일반 역사 기록은, 성경과 비교할 때, 기록자의 의도와는 별개로 개인의 주관적인 입장이 반영될 수밖에 없다. 그 안에는 인간적인 오류와 실수가 담겨 있을 수도 있다. 그러므로 성경을 해석하는 것과는 달리 역사는 비평적으로 독해해야 한다.

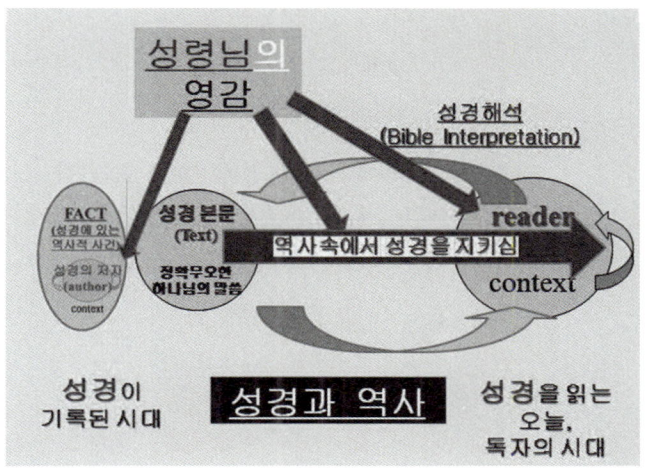

6. 종교개혁사를 연구할 때 주의할 점

1) 종교개혁사는 일반 역사, 즉 세속사와 함께 연구되어야 한다.

　교회사가 전개되는 무대는 일반 역사다. 역사를 통치하는 하나님의 주권이 세상 모든 영역에 미친다고 고백하는 것이 기독교적이고 개혁주의적인 세계관이다. 종교개혁자들이 어떤 시대에 무슨 고민을 하면서 살아갔는지는 그 시대 속에서 읽혀 질 수 있다. 그런 의미에서 종교개혁은 16세 유럽의 문맥에서 이해해야 한다. 그렇지 않게 되면 시대착오적인 오류에 빠질 수도 있다는 것을 명심해야 할 것이다.

종교개혁에 대한 해석

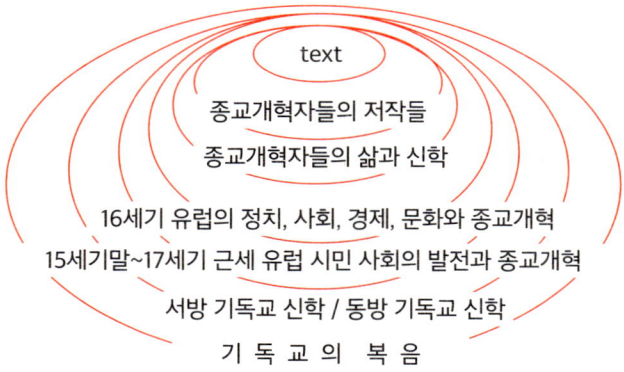

2) 교회사의 기록들에는 인간의 탐욕에 의한 왜곡된 기록과 실수에 의한 오류가 섞여 있을 수 있다. 따라서 교회사 독서를 할 때는 그 기록에 대한 전문적인 역사적으로 검증이 있어야 하며 비평적으로 읽어야 한다.

3) 종교개혁사는 특별한 영웅들의 단편적인 서사가 아니다.

종교개혁 시대의 역사는 성경적인 신앙을 회복하고 그 토대 위에 교회를 다시 세우려고 했던 다수의 사람들의 상호 작용, 그리고 이들에 의해서 영향을 받았던 세속적인 정치 지도자들과 상호 관계 속에서 전개되었다. 그 시대의 상황 속에서 진리를 찾고 성경적인 교회를 세우기 위해 자신의 희생을 두려워하지 않았던 무명의 성도들, 다수의 종교개혁자들, 그리고 그들 간의 상호 네트워크 속에서 종합적으로 일어난 사건이다.

그래서 어느 종교개혁자의 글을 읽고 해석할 때는 그 시대의 다른 종교개혁자들의 저작 속에서의 의미와 비교하고, 또 가장 역동적이었던 16세기 역사를 살았던 개혁자들의 삶과 그 시대의 역사를 종합적으로 보아야 한다.

4) 종교개혁이 중세 말 타락한 교회를 윤리적으로 개혁하려는 정신의 배후에는 왜곡된 신학을 성경적인 신학으로 회복시키려는 정신이 위치한다.

종교개혁이 재발견한 구원의 신앙은 하나님으로부터 구원을 받기 위해서 우리가 하나님께 나아가는 상향적(Upwards) 신앙이 아니라, 하나님의 구원이 우리에게 수여되는 하향적(Downwards) 경향을 갖는 운동이라고 할 수 있다. 이런 면에서 이신칭의의 신학이, 모든 종교개혁 진영의 공통분모라고 말할 수 있다.

중세의 스콜라 신학과 종교개혁을 신학적으로 나누는 것이 바로 이 지점이다. 종교개혁은 중세 스콜라주의에 대항해서 구원은 우리 내부로부터 올 수 없고 위에 계신 하나님으로부터 은혜로서 주어진다는 것이다. 따라서 구원에 있어서 인간이 기여한 부분은 하나도 없다. 의는 주입되는 것이 아니다. 도덕적 행위가 구원을 수여해 줄 수 없다. 이런 문맥에서 종교개혁이 성공할 수 있는 무기가 되었던 헬라어 성경을 출판해서 루터와 칼빈을 비롯한 종교개혁자들의 손 안에 성경을 전해 주었던 인문주의자 에라스무스조차도 직접적인 종교개혁자 범주에는 들어가지는 않는다.

5) 종교개혁사는 과거로 회귀하는 역사가 아니다. 오히려 성경에 근거한 바른 신앙의 개혁을 통해서 중세 봉건 사회로부터 근세 사회로 나가는 문을 열었던 것이 종교개혁사다. 역사학적으로 종교개혁이 일어났던 16세기는 근세 초기(Early Modern)에 해당한다.

6) 종교개혁사를 연구하는 이유는 극도로 세속화되고 사상적으로 혼란한 21세기 사람들을 위한 것이다. 교회와 사회를 이끌고 나갈 수 있는 신학자, 기독교 지도자를 세우기 위함이다. 종교개혁사에 존재해 왔던 역사적인 사건들은 항상 그것을 이해하고자 하는 현대 해석자와의 긴밀한 상호 관계 속에서 재조명되기 마련이다. 과거의 역사적 사건에 대한 해석은 이 시대에 방향을 제시할 수 있는 중요한 이정표가 되기 때문이다.

7) 종교개혁사를 연구하는 궁극적인 목표는 역사 속에서 종말론적으로 진행되고 있는 하나님의 나라를 위한 매우 의미 있는 작업인 것이다.

그러므로 종교개혁사를 어떤 역사관을 가지고 바라보는가는 매우 중요한 사항이 된다. 우리는 개혁주의적인 역사관을 가지고 조명한다. 이 개혁주의적 역사관의 배후에는 어거스틴과 칼빈의 사상이 위치하고 있다.

7. 교회사의 시대 구분

1) 예수 그리스도 ~ 종교개혁 직전(1517/1519년 이전)까지

(1) 초대 교회사 : 예수 그리스도 ~ 그레고리 대제(Gregory the Great, 590년 교황 등극)

예수 그리스도의 성육신으로 이 세상에서 하나님의 나라가 구체적으로 진행된 시대로서 사도적 교회사 확립된 시기이다. 예수 그리스도의 사역 이후에 사도들의 시대와 속사도들의 시대, 그리그 교부 시대가 이어지게 된다. 지리적으로는 로마 제국의 영토를 따라서 기독교 세계가 확장된 시대이다.

(2) 중세 교회사 : 그레고리 대제의 교황 등극(590년) ~ 루터(1517년)/ 츠빙글리(1519)의 종교개혁

476년 로마 제국이 몰락한 이후 게르만족들이 유럽화되는 과정이 중세 역사의 배경이 된다. 다른 말로 표현하면 게르만족이 기독교화되는 과정이다. 교황 제도가 확립된 이 시기는 중세식 기독교가 전 유럽에 확장된 시대다.

그러나 중세 후기가 되면서 기독 교회는 복음의 본질에서 점차 이탈하면서 혼란과 타락에 빠지게 되었다. 초대부터 중세까지의 교회사 가운데서 가장 위대한 사상가를 지칭하자면 북아프리카 히포의 감독이었던 어거스틴(354-430)을 꼽을 수 있다.

2) 종교개혁(1517년 / 1519년) ~ 현재까지

(1) 종교개혁사 : 1517년(루터)/1519년(츠빙글리) ~ 1648년(베스트팔렌 조약)

중세 말 성경과 복음의 정신에서 이탈하여 그 생명력을 상실했던 교회가 복음의 본질을 회복하게 된 때가 종교개혁 시기이다. 또한 이 시대에 신성 로마 제국으로부터 각 민족 단위의 국가가 형성되었다. 루터와 츠빙글리를 선구자로 해서 루터파와 개혁주의파가 주류를 형성하게 되었다.

(2) 근현대 교회사 : 베스트팔렌조약(1648년) ~ 2차 세계 대전(1945년)

1648년 유럽의 30년 전쟁이 끝난 이후 이성이 주도하는 시대가 도래하게 되었다. 이 시대는 계몽주의의 영향으로 인간의 이성을 중시하면서 인간과 세상에 대한 지나친 낙관적인 세계관이 역사를 이끌어 갔던 시대이다.

종교개혁(1517년/1519년) 이후부터 현재에 이르기까지 근대 시대에 대한 기독교적 사고의 틀을 제시했던 위대한 그리스도인 중의 하나는 존 칼빈(1509-1564)이다.

(3) 현대 사회의 역동적 상황

1945년 제2차 세계 대전이 종식한 이후 냉전 시대가 도래하게 되었다. 이 시대에는 정치, 경제 체제가 세계 역사를 주도하는 주요 쟁점이 되었다. 한편 아시아, 아프리카, 남미의 민족 국가들이 제2차 세계 대전 이후 독립하게 되었고 이들의 잠재적인 영향력이 점차 증가하게 되었다.

제2차 세계 대전으로 분단되었던 독일은 1989년 베를린 장벽이 무너지면서 통일을 이루게 되었다. 1991년에는 공산 세계의 주요 축이었던 소련이 러시아와 여러 민족 국가로 재편되었다. 아시아에서는 1990년대에 들어 한국의 민주화가 급격히 발전하게 되었다. 한편 아프리카에서는 1994년에 남아공의 인종차별 정책이 철폐되면서 넬슨 만델라 대통령 이후 새로운 사회 체계가 형성되어가고 있다. 한마디로 이 시대는 다극화의 시대라고 할 수 있다. 문화가 키워드가 되고 있다. 또한 국제화(Globalization)와 국지화(Localization)가 동시에 발생되는 셋방화(Glocallization)의 시대다.

2020년 이후가 되면서 세계는 더욱 급속히 변화하고 있다. 현대인들은 국제 정치 질서의 급변, 인공 지능, 세계적 기후 위기, 환경 문제, 그리고 코로나 19라는 팬데믹 등으로 총체적으로 변화하고 있는 세계 속에서 살고 있다. 이처럼 한 치 앞도 예측할 수 없는 시대 속에서도 현대 기독교인들은 여전히 교회사를 통해서 들려주는 하나님 나라의 이야기를 통해 새로운 도전과 꿈을 꿀 수 있을 것이다.

2장
때가 차매:
직전의 상황

1. 들어가는 글

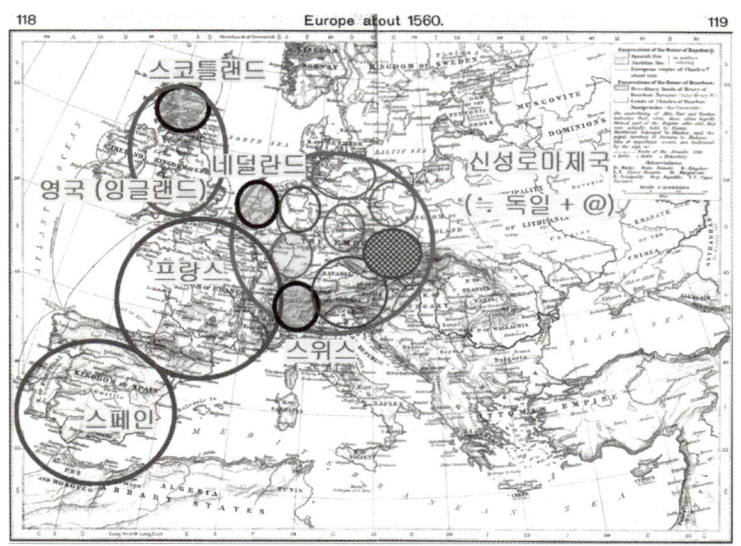

(16세기 종교개혁 당시 유럽 국가의 형성)
지도 출처: http://www.emersonkent.com/map_archive/europe_about_1560.htm

중세 유럽 사회를 기초부터 흔들게 했던 십자군 전쟁 이후로 동서 무역이 발전하면서 중세 세계관의 변화가 일어났다. 더 이상 유럽만의 세계가 아니라 더 넓은 세계가 존재하고 있음이 드러나고 있었다. 이슬람 국가들의 발전된 문물들은 십자군 전쟁을 지나 유럽으로 유입되었다. 무역은 상인들에게 많은 부를 가져다주었고 사회 구조의 변화가 시작되었다.

또한 인도와의 무역을 위한 새로운 항로들을 개발하는 과정에서 아메리카 대륙이 발견되었다. 1492년 콜럼버스의 아메리카 발견 이후 더 넓은 세계가 발견되었고, 그 중심에는 스페인과 포르투갈이 있었다.

세계관의 확장과 동시에 유럽의 각 지역은 민족 국가라는 자기 정체성 의식이 높아갔다. 민족 의식이 공고해지기 시작했고 이와 더불어 유럽의 각 국가들도 중앙집권의 정부 형태로 나아갔다. 정부는 로마 교황이 모든 것을 지배하던 중세를 지나 점점 왕의 강한 권력을 지향하는 쪽으로 나아갔다. 이 시대적 상황을 간략한 도표로 표시하자면 다음과 같다.

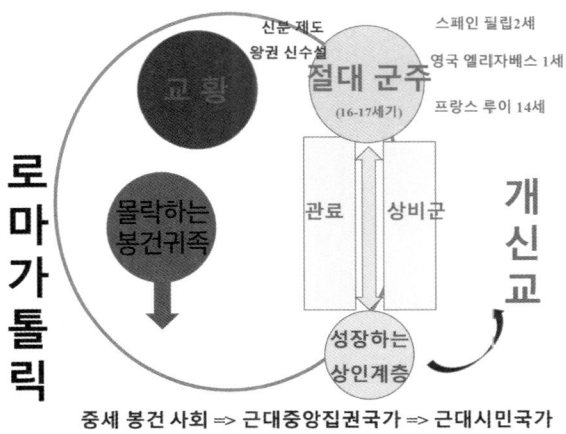

2. 유럽의 정치적 변화

이런 정치적 변화로 가장 대표적인 지역은 프랑스였다. 프랑스는 종교개혁 시기를 지나가면서 전제주의적인 국가의 형태로 나갔다.[5] 그러나 프랑스뿐 아니라 영국의 경우도 장미 전쟁 이후 튜더 왕가의 권위가 확고하게 되었다. 튜더 시대에 영국은 사회적, 경제적 인구적으로 큰 성장을 이룩했다. 특히 1525년부터 1541년 사이에 인구가 급증했다.[6] 이 튜더 왕가의 헨리 8세 이후부터 엘리자베스 1세의 황금기를 거치면서 영국은 국가가 주도하는 종교개혁의 길을 가게 되었다. 영국은 절대 왕정이 수립되어 가면서 가톨릭의 영향력을 약화시키기 위해서 종교개혁을 시도한 측면이 있다. 종교개혁이 왕실의 주도로 진행되었기 때문에 왕의 방향성에 따라 많은 변동을 겪을 수밖에 없었다. 그러다 보니 정치적인 측면이 강조되어서 신학적-교리적 내용이 중요한 이슈로 등장하지는 못한 편이라고 평가할 수 있다.

스위스의 경우는 각 칸톤들이 13세기 경부터 이미 동맹을 맺어서 각자의 독립성을 추구해 오고 있었고, 따라서 각 시기마다 독립적 지위를 지니고 있었다.

그러나 유럽 가운데 독일은 다른 지역들과는 매우 다른 상황이었다. 15-16세기 독일은 각 영주들이 상당한 수준의 자치권을 가지고 있었다. 독일, 스위스 지역은 지방 정부들이 거의 독립 국가로 보일 정도의 자치

---

5 콜린 존스, 『케임브리지 프랑스사』 (서울: 시공사, 2014), 181-189.
6 케네스 모건, 『옥스퍼드 영국사』 (서울: 한울 아카데미, 1997/2016), 263-270.

권을 소유하고 있었다는 것이다. 다음의 지도는 신성 로마 제국의 선제 후들이 종교개혁 시기에 어떻게 변천되었는지를 보여주고 있다.

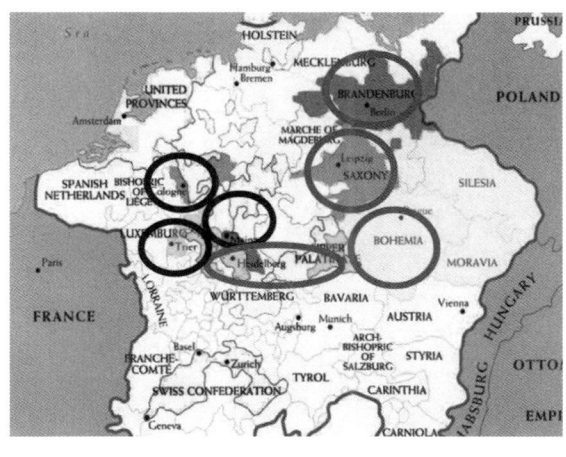

30년 전쟁 초기(17세기 초)의 선제후령 (7개)

(1) 마인츠 선제후령
(2) 쾰른 선제후령
(3) 트리에르 선제후령
(4) 보헤미아 왕국
(5) 작센 선제후령
(6) 브란덴부르크 선제후령
(7) 팔츠 선제후령

<13세기와 비교>
* 작센 선제후령은 위치 이동
* 프랑켄 공작 => 팔츠 선제후
* 슈바벤 공작 => 브란덴부르크 선제후
* 바이에른 공작 => 보헤미아 왕

오스만 터키 제국은 술래이만 1세(I. Süleyman)의 치하에서 최 전성기였었고, 칼 5세의 최대의 라이벌인 프랑스의 프란시스 1세(Francis I(프랑스식 발음은 프랑수아 1세다. 편의를 위해 이하 프란시스로 표기한다)와 동맹 관계에 있었다. 칼 대제는 대내적, 대외적으로 적이 많았던 것이다. 그 이유는 그가 당시 유럽에서 제일 넓은 영토와 권세를 가지고 있었기 때문이다.

그는 1515년 아버지 필립공으로부터 부르군드 공국을 상속 받아서 부르군드공이 되었다. 이 공국은 베드덩조약(Treaty of Verdun, AD.

843)으로 형성된 중프랑크 왕국의 옛 영토에 세워진 나라로서 칼 5세때에는 현재 프랑스의 로렌(Lorraine) 지방 일부와 프랑슈 꽁떼(Franche Comte)지방, 그리고 화란과 벨기에, 룩셈부르그가 이 부르군드 공국(Duchy of Burgundy)에 속했다.

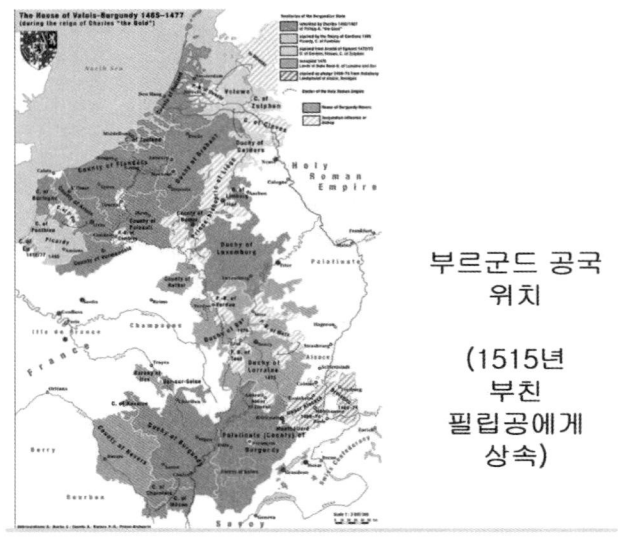

부르군드 공국 위치

(1515년 부친 필립공에게 상속)

지도 출처: https://www.alternatehistory.com/forum/threads/a-question-on-dynasties-for-a-15th-century-kingdom-of-holland.278938/

이 공국의 땅은 당시 신성 로마 제국에 속했지만, 프랑스의 프란시스 1세가 욕심을 내고 있던 곳이라서 칼 5세는 이 부르군드의 방어를 위해서 항상 긴장하고 있었다.

칼 5세는 또 1516년 외조부 페르디난드 2세(Ferdinand II of Aragon, 1478-1516)로부터 스페인의 왕위를 물려 받아서, 스페인 뿐 아니라 스페인의 속령인 사르디니아, 시실리 및 이탈리아 남부도 다스리게 되었다.

전통적으로 스페인과 경쟁적 관계에 있었던 프랑스는, 오스만 터키

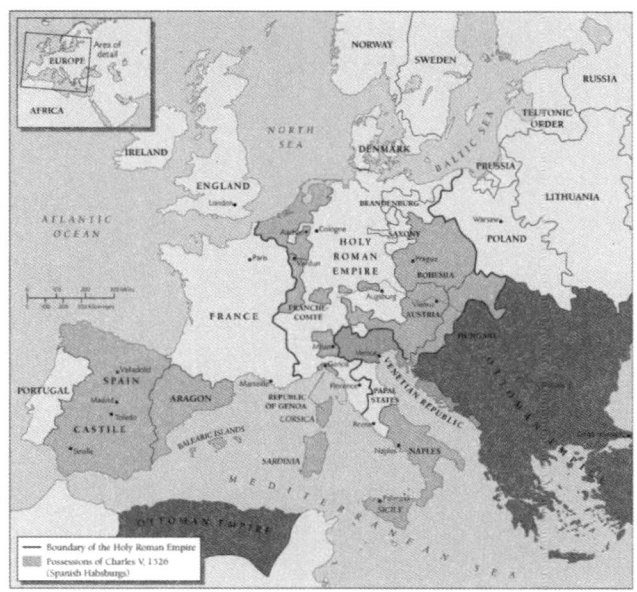

지도 출처: https://www.quora.com/How-did-the-Holy-Roman-Empire-take-over-Spain

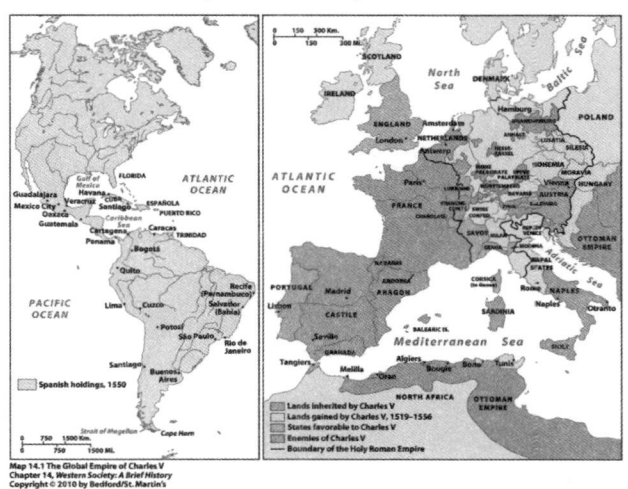

지도 출처: https://i.redd.it/i7gadrynvcm21.png

(칼 5세의 영토)

제1부 • 종교개혁, 그 서막

의 속국인 알지에 왕국과 동맹을 맺어 스페인 왕국의 지중해 연안 영토에 대해서 해적질을 가장한 공격을 했고, 이것이 칼 5세에게 적지 않은 정치적 부담을 주었다.

그러나 칼 5세는 스페인 왕을 겸함으로, 스페인에 속했던 거대한 해외 식민지도 차지하게 되었다. 당시 브라질을 제외한 전 아메리카가 스페인에 귀속되어 있었다. 또 아메리카 대륙에서 스페인으로 유입된 금, 은 때문에, 칼 5세는 프랑스의 프란시스 1세의 시기를 더 받았다.[7]

게다가, 칼 5세는 1519년 할아버지인 신성 로마의 황제인 막시밀리안 1세가 죽은 후, 합스부르그 왕가의 땅인 오스트리아, 헝가리, 보헤미아, 모라비아, 실레지아, 슬로베니아, 크로아티아 티롤 등을 상속받고, 거기에다 독일 왕 겸 신성 로마 황제의 자리에 까지 올랐다. 스페인은 포르투갈을 능가하는 세계 최대의 식민 제국이 되었고, 칼 5세는 "해가 지지 않는 나라의 황제"라고 불릴 수 있었다.

신성 로마 황제로서의 칼 5세의 관심은, 서유럽의 종교적 통일성을 유지하는 것이었다. 서유럽은 단일한 기독교 문화권이었고, 그 상징이 신성 로마 제국의 황제였다. 그러므로 칼 5세가 볼 때는, 개신교에게 종교의 자유를 허용한다는 것은, 서유럽 기독교 문화권의 분열을 방치하는 것과 같았다.

종교개혁은 교황의 권위만 몰락시키는 것이 아니라, 신성 로마 황제의 권위까지 뒤흔드는 사건이었다. 가톨릭교회가 유지되어야만, 황제의 권세도 유지되는 것은 자명한 일이었다. 그러므로 칼 5세의 입장에서는, 무슨 일이 있어도, 종교개혁을 억압하려고 힘썼던 것이다. 그렇지

---

7 김광채, 『근세, 현대교회사』(서울: 기독교문서선교회, 1990/1992), 32-38.

만, 프랑스와 오스만 터키의 방해로 인해서 그 노력이 허사가 되는 일이 많았다. 프랑스의 프란시스 1세의 입장에서는, 독일의 종교개혁이 성공해야만, 독일의 정치적 국력이 약화되어서, 드디어 프랑스가 독일을 제치고 유럽의 강국이 될 수 있었다. 그래서 프랑스 왕, 프란시스 1세는, 독일의 프로테스탄트 영주들과 동맹을 맺고 칼 5세를 괴롭혔던 것이다.

프랑스는 독일을 견제하기 위해서, 회교 국가인 오스만 터키와도 동맹 관계를 형성했다. 근대정치의 인본주의적 방향성을 보게 한다. 독일은, 프랑스와, 오스만 터키(발칸 반도를 지배하고 있었던)의 중간에 위치하고 있었기 때문에, 프랑스는 오스만 터키와 동맹을 맺어 독일을 협공해야 한다고 생각했다. 1529년 오스만 터키군의 제1차 비엔나 포위도 이런 맥락에서 이해되어야 할 것이다.

그렇다면 왜 종교개혁이 유럽의 어느 곳에서는 성공했고 다른 곳에서는 실패했을까? 예를 들어, 스페인과 이탈리아와 벨기에(16세기 당시에는 네덜란드 남부에 해당)는 왜 종교개혁적 움직임은 어느 지역 못지 않게 강력했지만 결과적으로는 실패하게 되었을까?

북이탈리아나 벨기에 지역은 그 당시 성경을 읽고 성경에 의해서 영향받은 개혁적인 그룹들이 상당히 있었다. 그러나 결과적으로 볼 때 성공하지 못했다. 결론적으로 말하자면 한 국가나 자치 도시가 종교개혁을 보호하고 후원해준 지역에서는 종교개혁이 성공할 수 있었다는 것이다. 예를 들어, 16세기에 네덜란드 지역은(오늘날은 네덜란드와 벨기에) 강력한 신성 로마 제국의 지배하에 있었다. 당시 남부 네덜란드에 종교개혁 신앙에 동의하는 사람들이 많았다. 오히려 북쪽 네덜란드에서 종교개혁적인 사람들은 매우 적었다. 그러나 신성 로마 제국의 강력한 박해의 과정에 의해서, 현재의 벨기에 지역은 가톨릭에 남아 있게 되었다. 종교개혁 신앙을 수용했던 많은 사람들이 신앙의 자유가 있었던 북쪽 네덜란드로 피난을 갔다.

  이것은 마치 한반도의 상황을 생각하면 쉽게 이해가 된다. 한국 교회의 초기에는 평양을 비롯한 북한 지역이 기독교 세력이 더 강했다. 그러나 일본 제국주의로부터 해방되자마자 북쪽 지역에 공산 정부가 수립되어 기독교를 박해했고, 또 참혹한 6.25 전쟁을 거치면서 북쪽 대부분의 기독교인들은 남한으로 피난을 나오게 되었다. 이런 상황이 남한 기독교의 발전에 기여했던 바가 적지 않았던 것과 유사하다. 위에서 보듯이 일정 지역의 국가나 도시의 역할이 종교개혁의 성공에 중요한 요인이었음을 알게 해 준다.

3. 유럽의 사회적 변화

  종교개혁이 유럽에서 쉽게 정착할 수 있었던 요인 중의 하나는 십자군 전쟁 이후 유럽에 성장해 있었던 자치 도시들과 관계가 깊다. 유럽 도시들의 자치권은 그 도시가 종교개혁을 지지했을 경우 종교개혁이 힘있게 진행되는데 원동력으로 작용할 수 있었다.[8] 이런 각 도시들 간의 자치권은 이후에 종교개혁을 찬성하거나 반대하는 도시들 간의 연합과 전쟁으로 이어지는 원인이 되기도 했다. 종교개혁의 수용은 도시 간의

---

8 앨리스터 맥그래스, 『종교개혁사상』 최재건, 조호영 역 (서울: 기독교문서선교회, 2017), 58-61.

연합 관계를 깨는 경우가 될 수도 있었고, 또는 다른 연합 관계를 유지해야 하는 상황과 연결되었다.

또한 종교개혁을 받아들였던 도시들의 경우도 즉시로 수용했던 것은 아니었다. 츠빙글리의 종교개혁의 경우도 츠빙글리의 설교에 대해서 토론하는 과정들을 거친 후에 결정적인 순간에야 허락받을 수 있었다. 스트라스부르그의 부처와 제네바의 칼빈도 그 도시의 종교개혁자로 초청을 받았지만 그 권한은 늘 제한적이었다. 칼빈이 제네바 시민권을 받은 것도 1555년이었고, 그것도 세 번째 등급의 것이었다. 시 의회와 개혁자들의 관계는 때때로 호의적이기도 했고, 또 대립적이기도 했다. 이러한 의미에서 칼빈이 제네바의 독재자였다는 이미지는 역사적 실체와 달리 크게 왜곡된 것이었다.

4. 인쇄술의 발달

종교개혁 직전에 유럽에서 인쇄술이 발전함으로 급격한 사회 변화가 생겼다. 동시에 인쇄술의 발달은 종교개혁의 광범위한 확산과 밀접한 관계를 갖는다. 역사적으로는 중국에서 인쇄술이 먼저 발명되었다. 그러나 유럽에 영향을 주었던 인쇄술은 구텐베르크에 의해 발명된 것이었다. 구텐베르크는 1455년 42행의 구텐베르크 성경을 출판했다. 그리고 1457년 『마인츠 시편(Mainz Psalter)』이라는 책을 출판했다. 이 마인츠 시편으로부터 인쇄 업자, 인쇄 장소, 출판 일시 등이 책 내부에 표시되

기 시작했다.[9]

(마인츠의 구텐베르크 동상)

(마인츠 대학의 공식 이름도 구텐베르크 대학이다)

유럽 종교개혁이 급격하게 확산되었던 것은 바로 이 인쇄술 덕분이었다. 중세의 필사와 인쇄술을 비교하자면 인쇄는 훨씬 빠르고 정확하

---

9 앨리스터 맥그래스, 『종교개혁사상』, 49-52.

게 책을 출판할 수 있었다. 루터는 여러 쇄에 걸친 저작으로 자신의 사상을 인쇄하고 보급할 수 있었던 인쇄소 덕분에, 그의 종교개혁 사상을 초스피드로 전 유럽에 퍼지게 할 수 있었다. 종교개혁 당시 영국과 프랑스의 최초의 프로테스탄트들이 사회 상류층에서 많이 등장하는데, 이것은 그들이 책을 사 볼 경제적인 여유가 있었기 때문이었다. 책을 통해 그들은 종교개혁자들의 사상을 읽고 받아들였던 것이다.

칼빈 역시 마찬가지였다. 기독교강요와 그의 다른 저작들은 인쇄소에 의해 전 유럽에 퍼지게 되었다. 그의 시대에 학문적 공용어로 사용하고 있던 라틴어로 주요 칼빈의 저작들이 급속도로 출판되었다. 종교개혁자들이 새로 발견한 개혁 사상을 자신이 직접 다른 곳에 가서 전할 필요가 없었다. 그들의 저작이 그곳으로 가면 됐다. 이런 방식으로 종교개혁 사상은 빠르게 확산되었던 것이다. 칼빈은 1541년에 그의 기독교강요 프랑스어 본을 출판함으로 프랑스 내부에 그의 개혁 사상들이 뿌리를 박고 확산될 수 있었다. 그래서 파리 대학의 신학부는 칼빈의 책들을 금서로 지정했다. 1545년에 출판된 금서 목록을 보면 121개의 목록 가운데 거의 절판이 제네바에서 인쇄되었을 정도였다.

종교개혁의 3대 정신 중 하나인 "오직 성경으로"(sola scriptura)가 구체화 되고, 활발한 성경 연구가 가능하게 된 배경에 이 인쇄술의 발전이 있었던 것이다. 16세기 종교개혁은 그 이전 15세기 동안의 필사된 성경보다 더 많은 성경을 인쇄했고, 이 인쇄된 자국어 성경들은 평신도에게도 도달했다.

한편 인쇄술의 발전으로 정확한 인쇄본을 확보할 수 있게 되어 유럽의 대학들은 정확도가 높은 본문을 가지고 성경과 교부 문헌 등을 연구할 수 있는 조건을 가질 수 있었다. 당시에 어거스틴 연구에 대한 관심이 높아지게 된 것도 여러 학자들이 보고 연구할 수 있었던 어거스틴 저작이 있었기 때문이다. 물론 중세 신학자들도 교부를 존경했고 나름의 지식을 가지고 있었다고 볼 수 있다. 그러나 초점은 중세 신학자들은 정확한 사본들을 가지지 못함으로 연구에 한계가 있었다는 것이다. 다른 신학자들에 의해 요약된 자료들만 문맥 없이 사용할 수밖에 없었다. 그래서 중세 신학자들은 교부들에 대해서 정확하고도 깊이 있는 이해를 가질 수 없었던 것이다. 그렇지만 중세 말에 인쇄술이 발전하게 됨에 따라 믿을 수 있는 판본을 정확하게 인쇄하여 공유할 수 있게 되었다는 것이다. 이것은 교부들에 대한 정확한 해석을 가능하게 했고, 그래서 종교개혁자들은 자신의 교회가 초대와 교부들의 시대와 연결될 수 있도록 신학을 전개하고 사역할 수 있었다.

인쇄술의 발달은 각 평신도 지도자나 성도들에게, 교황과 교회가 말하는 바가 아니라, 성경이 말하는 바가 무엇인지를 알 수 있게 해주었다. 또한 교부의 깊은 신학적 통찰을 파악할 수 있는 환경을 조성해주었다. 이 힘으로 종교개혁자들은 각 지역에서 개혁을 성공적으로 수행할 수 있었고 인쇄술의 발전은 그들의 활동이 가능할 수 있는 실제적인 무기를 제공해 준 고마운 도구가 되었다.

종교개혁에 대한 열망은 각기 다른 동기와 목적과 방법으로 15-16세기 전 유럽에 팽배했다. 이때 각 그룹들이 인쇄술의 발전을 통해 보급된 자국어 성경을 읽고 있었다. 자국어 성경 번역은 종교개혁을 갈망하는 각 그룹에게 종교개혁의 원동력을 제공하였다.

5. 르네상스, 인문주의, 그리고 북유럽의 근대적 경건

르네상스를 중세와 과도하게 대조할 수는 없기는 하지만 중세 말 이탈리아에서 시작된 문예 부흥 운동은 근세로 가는 새로운 기운을 불어넣었다.[10] 인문주의는 기본적으로 중세 말의 타락하고 무기력한 기독교를 새롭게 하기 위한 학문적 운동이었다. 따라서 그 안에는 기독교적 인문주의자들이 있었고 대부분의 종교개혁 신학자들, 특히 개혁파 신학자들은 기독교 인문주의자들이기도 했다.

이들의 기본 정신은 근원으로 돌아가자는 것이었고, 당연히 기독교인들에게는 신앙의 근원이 되는 성경으로 돌아가자는 운동으로 전개되었다. 이런 배경에서 종교개혁자들은 신앙의 권위로서 로마 교회의 전통이 아니라 "성경과 교부"를 강조할 수 있었다. 한마디로 정리하자면, 인문주의 자체가 종교개혁은 아니지만 인문주의는 종교개혁이 가능할 수 있었던 촉매였다.[11]

한편 북유럽 인문주의라고 지칭되는 새로운 경건 운동을 주목해 보아야 한다. 이 흐름은 근대적 경건(Devotio Moderna)이라고 불리며 그 성격을 따라서 공동생활 형제단으로 묘사되기도 한다. 이 근대적 경건의 출발은 14세기 네덜란드로 거슬러 올라간다. 이 근대적 경건은 몸은 로마 교회 안에 있었지만 그들의 제자들에 의해서 종교개혁에까지 영향을 주었다.[12] 북유럽의 인문주의는 14세기 네덜란드의 한자 동맹 도시였던

---

10 르네상스와 인문주의에 대한 자세한 내용은 다음을 보라. 안인섭, 『칼빈: 하나님의 영광을 위한 열정의 사람』(서울: 익투스, 2015), 60-65.

11 A.E. McGrath, *The Intellectual Origins of the European Reformation* (Oxford: Blackwell, 1987), 32-68.

12 홍치모, 『종교개혁의 세계』(서울: 아가페문화사, 2003), 87.

데이펀터(Deventer)에서 흐로떠(de Groote)의 지도로 시작된 공동생활 형제단(Brethren of the Common Life)에서 시작되었다. 이 근대적 경건은 토마스 아 켐피스(Thomas a Kempis: 1380-1471)와 같은 걸출한 영적 지도자를 배출하기도 했는데 교육적인 공헌도 컸다.

네덜란드에서 시작된 근대적 경건 운동은 프랑스와 독일, 그리고 북이탈리아 등의 라인강 주변 지역에서 발전했다.[13] 유명한 인문주의자 에라스무스(Erasmus)도 그의 청년 시기에 네덜란드 데이펀터에서 공부한 경험도 있었다.[14] 에라스무스는 신앙생활의 권위의 근거가 되는 성경은 헬라어에서 직접 번역한 신약 성경이라고 믿었다. 따라서 당대의 일반적인 성경이었던 제롬의 불가타(Vulgate)역이 아니라 자신이 직접 헬라어 성경(Novum Instrumentum omne)을 편찬하여 1516년 바젤에서 출판하였고 1520년에 수정판을 내 놓았다. 이 헬라어 성경이 루터를 비롯한 종교개혁자들의 손에 쥐어지게 되면서 중세 교회가 성경과 다른 신학과 제도(예를 들어, 7성례)를 가지고 있음을 발견하게 되었다.

이 근대적 경건 운동은 차츰 경건과 학문의 조화를 지향했고 지향점과 성격에서 종교개혁과 유사성을 보여주고 있으며, 따라서 자연스럽게 16세기 종교개혁 운동을 위해 밭을 가는 역할을 했다고 평가할 수 있다.[15] 그러므로 칼빈이 네덜란드에 끼친 영향을 설명할 때 공동생활 형제단부터 출발하는 것은 전혀 이상하지 않다고 할 수 있다.[16]

---

13 L.J. Richard, *The Spirituality of John Calvin* (Atlanta: John Knox Press, 1974), 12-47.
14 R. Bainton, *Erasmus of Christendom*, 박종숙 역,『에라스무스의 생애』(서울: 크리스챤다이제스트, 2001), 9-41.
15 A.J. Jelsma, *Frontiers of the Reformation: Dissidence and Orthodoxy in Sixteenth-Century Europe* (Aldershot/Brookfield USA/ Singapore/ Sydney: Ashgate, 1998), 9-24.
16 로버트 갓프리, "네덜란드의 칼빈과 칼빈주의," in 스탠포드 리드 (ed.)『칼빈이 서양에 끼친

이 근대적 경건 운동이 중요하게 강조하는 것은 하나님과의 직접적이고 개인적인 관계였다. 하나님을 절대적으로 의존하며 하나님의 영광을 위한 삶을 살 것을 강조하고, 더 나아가 성경 묵상을 경건을 위한 기본으로 삼았다는 점에서 종교개혁의 단초가 들어 있음을 알 수 있다. 이 운동은 공동체적 영성으로서 그리스도에게 헌신할 것을 강조했다. 물론 이 공동생활 형제단의 영성과 학문의 일치는 공동생활 형제단의 제자의 제자뻘이 되는 칼빈에게 와서 종합되었다고 평가된다.[17]

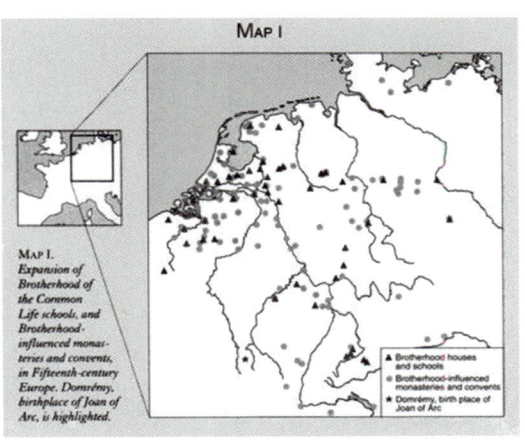

(공동생활 형제단의 전 유럽 확산)

지도 출처: https://archive.schillerinstitute.com/fid_91-96/953_louis-XI.html

6. 교회의 현실

영향』(서울: 크리스챤다이제스트, 1993, 111-113.
17   L.J. Richard, *The Spirituality of John Calvin*, 122-129.

1) 성직의 부패

교황과 상위 성직자들의 축첩과 축재로 인하여 중세 말, 종교개혁 시점에 성직은 사회적 성공을 위한 도구가 되었다. 당대 사람들은 점차 성직이 거룩한 책무라는 인식을 하지 않게 되었다. 많은 종교 지도자들의 부정한 행동들은 개혁에 대한 요구를 증진시키는 요소였다.

먼저 언급할 수 있는 성직의 부패는 바로 성직 매매이다. 주교와 수도원의 직책을 얻기 위해서 성직자들은 임명권자에게 로비를 하였다. 그 결과로 얻게 된 성직을 통하여 재산을 모으는 것은 당연한 수순이었다. 이것은 그가 투자한 돈에 대한 회수이거나 더 높은 지위로 가기 위한 돈을 모으기 위한 행위였다. 일부 주교직은 자격과 관계없이 귀족과 어린아이들에 의해서 독점되었다. 족벌주의가 성행했다. 자격과 아무런 관계없이 어린아이들도 돈을 통해 성직을 얻을 수 있었다. 조금 과장되게 표현하면, 교회 안의 모든 것들, 미사 용서, 성직록, 교황직까지 돈으로 살 수 없는 것은 없고 모두 파는 것이었다.

성직 매매는 성직자들의 윤리 의식의 부재를 낳았다. 돈을 통해 성직을 얻은 성직자들 중에는 때때로 중죄를 저지른 사람들도 있었다. 중죄를 저지른 자도 성직에 오르게 되자 윤리는 더 이상 성직 임명에 중요한 요소가 아니게 되었다. 또한 한 주교가 여러 성직록을 가지고 있어서 주교가 교구에 부재하는 경우도 흔했다.

독신주의라는 말이 부끄러울 정도로 적지 않은 성직자들은 공공연하게 첩과 사생아들을 두고 있었다. 성직자들이 누리는 권리들, 과세 면제 등은 여러 지역에서 질책받았다. 성직자들은 중죄를 지어도 판결을 면제받았고, 그들을 징계내릴 교황청은 수수방관하였다.

한편 고위직 성직자들과는 다르게 하위급 성직자들은 그들의 자질 부족이 대중에게 실망을 주었다. 하위 성직자들은 훈련받지 못했고, 낮은 사회적 대우를 받았다. 상위 성직자들은 성직록 봉급으로 넉넉한 삶을 보장받았던 반면에, 교구의 신부들은 굶주려야 했다. 그렇지만 이 모든 성직의 부패의 상징은 교황의 부패였다. 이 시기의 교황들은 영혼을 섬기는 목회자가 아니라 세속적 욕망으로 가득찬 지도자였다.

한편 독일의 국민들은 특히나 교황에 대한 거부감을 가지고 있었다. 그 이유는 독일 국민들에게는 교황이 한 명의 이탈리아 정치인으로서 독일 지역에 대한 억압적인 지배를 하고 있다는 인식을 즈고 있었기 때문이다.

2) 교리의 부패

중세로부터 종교개혁 전야까지 여전히 참된 경건에 대한 관심은 평신도들 사이에서 계속적으로 존재했다. 15세기에 독일 지역의 경건에 대한 요구는 증대되었다. 그러나 문제는 경건을 미사와 어떤 순례나 유물수집에 의해서 나타내려고 했던 경향이다. 이런 경건에 대한 요구는 많은 비용이 드는 개인적인 미사를 드리기 위한 재정을 마련하기 위해서 조합들을 탄생시켰다. 또한 순례와 유물 수집도 성행하였다. 하지만 참된 경건에 대한 바르지 못한 가르침은 혼동을 가져왔다.

중세를 지나 종교개혁 시기에 이르기까지 성유물 숭배, 성인 숭배는 대중의 신앙을 주도하고 있었다.[18] 성유물 숭배는 대중만이 아니라 교

18　앨리스터 맥그레스, 『종교개혁사상』, 66-67.

황과 고위 성직자에게도 나타났다. 성유물에 대한 미신적인 숭배는 구원론의 부패와 밀접하게 관련되어 있었다. 당시에는 가축 보호 성인, 이 아플 때 비는 성인 등 각양각색의 일을 돕는 성인들이 대중에게 숭배되었다. 물론 그 가운데 대표적인 성인은 성모 마리아였다. 이 시대 사람들은 그리스도에게 호소하는 것보다 성모 마리아에게 간구하는 것을 더 편하게 생각했다. 마리아 숭배는 마리아가 예수의 잉태 때 죄가 없다는 교리로 나아갔다. 마리아의 성유물은 사람들에게 인기를 끌었고, 그녀에게는 수많은 성가들이 바쳐졌다.

중세 말이 이런 교리적 부패가 더 문제가 되었던 것은 당시 가톨릭교회가 이런 신학을 가지고 성도들에게 돈을 버는 악한 사업을 하고 있었기 때문이다. 대표적인 것이 연옥설이었다. 연옥 사상은 죽은 자들에게 남아 있는 죄가 있으면 천국에 들어가기 위해서 죄의 경중에 따라 연옥에서 형벌과 고통을 받는 기간이 있다는 주장이었다. 이 연옥을 죽은 자가 빠르게 탈출하기 위해서는 면죄부가 필요하다는 것이다. 이런 배경에서 면죄부 비즈니스가 판을 치고 있었고 로마 교황청의 주된 수입원이 되었다. 중세 말 교황들과 로마 교회의 신학자들은 잉여 공로 교리를 면죄부 판매의 신학적 근거로 삼았다. 그리스도와 성자들은 구원받기 충분한 공로뿐 아니라 잉여 공로가 있는데 이 공로를 죄인들에게 주면 죄가 사해질 수 있다는 것인데 이 면죄부를 연옥에까지 확대해서 사용했다. 결국 면죄부를 구매함으로 하나님의 용서를 사는 것이다. 교황들은 교회당 건축과 자신의 사치와 정치적 목적을 위해서 이 면죄부를 교활하게 활용했다.

당시 유럽을 전체적으로 보면 독일을 중심으로 한 게르만 지역들은 교황의 권위를 능가할 권위가 존재하지 않았기 때문에 면죄부는 많이 판매되었다. 대표적인 예가 성 베드로 성당 건립을 위한 면죄부 판매다. 루터가 95개조 반박문에서 성 베드로 성당의 건축과 면죄부 판매를 연결지었던 것도 이런 이유가 있었다.

결론적으로 종교개혁 시기 로마의 교리의 부패는 구원론의 부패였다. 성유물 숭배, 연옥, 면죄부 등은 결국 그리스도가 아니라 그 어떤 다른 것의 공로로 구원을 얻고자 했던 것이다. 이런 구원론적 타락은 한 마디로 표현하자면 공로주의적 구원론이다. 이런 맥락에서 종교개혁의 중요한 정신인 오직 믿음으로(Sola fide)와 오직 은총으로(Sola Gratia)는 더 중요한 의미를 가지고 있다.

3) 권위에 대한 신학적 기준의 추구: 교부에 대한 관심 증대

교부에 대한 관심의 증대는 권위에 대한 요구, 신학적 기준점에 대한 갈망과 연결되어 있다. 중세 아퀴나스주의와 스코투스주의의 대립은 그 기준점에 대한 갈망으로 이어졌고, 결국 이 기준점을 찾고자 교부에 대한 연구가 주목받게 되었다.

교부에 대한 관심은 교황의 권위의 몰락과 관계된다. 프랑스 왕과의 갈등에서 교황은 "우남 상탐(Unam sanctam)"을 강조하면서 교황의 영적 권위가 모든 세속 권위 위에 있다고 선포했다. 그러나 프랑스 교황인 클레멘스 5세는 "우남 상탐"을 수정하면서 아비뇽으로 교황청을 옮겼고 1377년까지 그곳에 있었다.

이와 같은 일련의 일들은 교황의 권위에 대한 도전으로 이어졌다. 게다가 1409년경에는 자칭 교황이 3명이 동시에 존재했다. 결국 콘스탄츠 공의회를 통해서 세 명 가운데 교황 한 명을 선출했다. 그러므로 자연스럽게 교회의 최고 권위는 공의회인가 교황인가라는 질문이 던져졌다. 이런 배경에서 신학자들은 그동안 주목하지 못했던 교부들의 문헌들에 관심을 갖게 되었다. 특히 어거스틴의 저작들이 중요한 기틀이 되었다.

7. 개혁을 향한 움직임들

위와 같은 배경에서 중세 말에 교회를 개혁하고자 하는 많은 흐름들 가운데 종교개혁을 소위 개신교(Protestantism)에게 제한하고 있는 원인은 무엇일까? 당시에는 가톨릭 안에서도 가톨릭 개혁 운동(Catholic Reformation)이 있었다. 그러나 이들은 결국 교황제 중심의 성직 계층 제도를 변호할 수밖에 없었다. 이들의 신학은 성경보다 전통을 더 중요시했다. 더군다나 가톨릭은 만인제사장설을 부정했기 때문에 다른 개혁 운동 세력과 함께 할 수 없었다. 따라서 전통보다 성경을 더 중시하는 정신과 만인제사장설로 인해 종교개혁은 개신교도들에게 집중적으로 나타났고, 이것들은 지금도 가톨릭과의 관계에서 결정적인 차이를 나타내고 있다.

그러면 당시의 여러 교회 개혁적 흐름들을 살펴보면 대략 다음과 같다.

① 로마 교황청으로부터의 개혁
② 공의회주의
③ 정통 가톨릭교회를 벗어난 이단(카타리파, 왈도파)
④ 가톨릭교회 안에 있었지만 개혁적인 그룹들(네덜란드의 공동생활 형제단)
⑤ 개혁 이전의 개혁 운동(위클리프, 후스)

⑥ 영국의 헨리 8세의 종교개혁

⑦ 마틴 루터 중심의 독일의 종교개혁

⑧ 츠빙글리, 칼빈을 중심의 스위스 종교개혁

15세기와 16세기 초의 유럽의 가톨릭은 사회, 법, 경제, 문화, 정치, 그리고 종교를 망라하는 인간의 모든 삶을 결정하는 관료 제도로 전락했다. 자연스럽게 이 로마 가톨릭교회로부터 벗어나려고 하면 박해를 받을 수밖에 없었다. 그 결과 구교와 신교 사이에는 증오가 심화되었다. 예를 들면, 프랑스의 성 바돌로매 학살 사건이나 30년 전쟁(1618~1648) 등이 그렇다. 당시 유럽에서는, 각 그룹들로부터 입만 열면 교회가 개혁되어야 한다는 주장이 대두되었는데 특히 종교개혁 이전에 있었던 개혁 운동은 아래과 같이 정리될 수 있을 것이다.

1) 종교개혁 이전의 개혁 운동

(1) 왈도파(Waldensians)

중세 십자군 전쟁을 거치면서 유럽에 도시가 발달하고 무역과 화폐 경제가 발전했다. 이때 상업으로 부를 축적하는 계층이 형성되면서 빈부의 차가 벌어지게 되었다. 도시에 인구가 모이면서 이들의 목양을 위해 기존의 교회 체계와 다른 변화가

왈도 (출처: https://en.wikipedia.org/wiki/Peter_Waldo)

필요했다. 이런 맥락에서 농촌의 수도원에서 활동하는 전통적인 양식이 아니라 도시에서 토지를 소유하지 않고 구걸하며 전도하는 탁발수도사(mendicants)들이 생겨났다.

왈도(Peter Waldo, 1140~1205경)가 청빈한 수도사의 길을 가기로 결심한 시대가 바로 이때였다. 그는 가난한 삶을 살며 설교했는데 그를 따르는 자들을 왈도파라고 한다. 왈도는 부유한 자들을 비판하며 기존의 로마 교회의 지도력을 흔드는 것으로 이해가 되어 대주교에 의해서 설교를 금지당했다. 로마에 항소했지만 별 이득은 없었다. 왈도파는 박해를 받아 알프스 산맥으로 숨어 들어갈 수밖에 없었는데 이때 종교개혁을 맞게 된 것이다.[19] 피드몽(Piedmont) 계곡에 있던 왈도파의 일파가 16세기 제네바의 칼빈주의적 교리와 교회 구조를 수용함으로 종교개혁에 합류하게 되었다.

(2) 존 위클리프(John Wycliffe: 1330경-1384)

존 위클리프
출처: https://en.wikipedia.org/wiki/John_Wycliffe

---

19 후스토 곤잘레스, 『중세교회사』 (서울: 은성, 2012), 147-149.

위클리프는 종교개혁 이전의 종교개혁자라고 불릴만한 사람이다. 1330년 경에 태어난 위클리프는 옥스퍼드에서 공부한 후 외교가로서 활동했었다. 그는 프랑스에 파견되었다가 영국으로 돌아간 이후에 교황의 세속적 권리 주장에 대해서 비판하면서 개혁가로서의 명망을 얻게 되었다.

위클리프가 『하나님의 통치에 대하여(On Divine Dominion)』와 『세속의 통치에 관하여(On Civil Dominion)』를 출판하면서 합법적인 통치는 오직 하나님으로부터 온다고 강조했을 때, 당시 프랑스의 영향력 밑으로 전락했던 교황청에 대해서 반감이 컸던 영국 정부는 위클리프의 사상을 적극 환영했다.[20] 그러나 위클리프는 교황뿐 아니라 세속 권력 또한 군림하는 것이 아니라고 했을 때 국가는 그를 지지하지 않게 되었다. 위클리프는 뇌졸중으로 1384년에 사망했다.

위클리프의 교회론은 종교개혁자들의 교회론을 앞서 있었다고 평가할 수 있다. 그에 의하면 교회는 유형적 계급 제도가 아니라 구원받도록 예정된 자들의 몸, 즉 무형 교회다. 위클리프는 어거스틴의 교회론에 근거해서 누가 구원 받았는지 예정에 대해서 인간은 알 수 없다고 했다.

또한 위클리프는 성경을 해석할 권리가 교회에 있다고 하면서도, 이 교회는 예정된 사람들로 구성된 몸이기 때문에 성도들이 이해할 수 있는 언어로 성경은 번역되어야 한다고 생각했다. 이런 이유 때문에 위클리프는 라틴어로 된 불가타 성경을 영어로 번역하기 시작했다.

위클리프의 신학 중에서 많은 논쟁을 일으켰던 것은 성찬론이었다. 그는 제4차 라테란 공의회(1215)에서 확정했던 가톨릭의 전통적인 화체

20　후스토 곤잘레스, 『중세교회사』 (서울: 은성, 2012), 230-231.

설에 대해서 문제를 제기했다. 이 문제로 위클리프는 이단으로 공격을 받았다. 그러나 위클리프는 농민들과 대중들에 의해서 지지를 받았는데 특히 롤라드파(Lollards)가 대표적이었다.

위클리프의 신학의 핵심은 성경중심주의와 예정론적인 교회론, 그리고 계급주의적 교회 구조와 공적 교회에의 결정에 대한 무시였다고 요약할 수 있다.[21] 따라서 위클리프는 사후에 콘스탄츠 공의회(Council of Constance, 1414~1418)에서 이단으로 정죄를 받았고 그의 유골을 불태워졌다. 그의 죄목 가운데 중요한 것은 화체설을 비판한 것이었는데 위클리프가 그 시대의 신학에 대해서 가한 비판은 결국 교회의 본질, 교황제, 사제직, 화체설, 그리고 성경의 용도라고 다섯 가지로 요약할 수 있다.[22] 롤라드파는 점차 대중 운동으로 발전했는데 오히려 멀리 떨어진 보헤미아의 후스에 의해 위클리프의 사상은 큰 영향을 미치게 되었다.

(3) 후스(Jan Hus, 1362 ? ~ 1415)

후스파의 주요한 인물은 얀 후스와 프라하의 제롬으로서 이들은 위클리프의 영향을 많이 받았다. 후스가 위클리프의 영향을 받을 수 있었던 것은 영국 왕정과 보헤미아와의 결혼에 의한 유대 관계가 큰 역할을 하였다. 위클리프주의는 영국에는 자취를 감추었으나 후스주의는 강렬한 박해에도 불구하고 영향력을 남겼다. 후스는 프라하 대학에서 위클리프주의를 해설하고 변호하는 주요 인물로 간주 되었다. 그는 위클리

---

21 미하엘 바쎄, 『개혁공의회부터 종교개혁 전야까지』 홍지훈, 이준섭 역 (천안: 호서대학교 출판부, 2015), 92-93.
22 필립 샤프, 『보니파키우스 8세부터 루터까지』 (서울: 크리스챤다이제스트, 2004), 305-317.

프의 저서들을 체코어로 번역하고 널리 보급하였다.

후스의 신학을 살펴보면 후스는 먼저 교황지상권을 부인했다. 교황과 가시적 교회의 무오류성을 부정했다. 이것은 위클리프의 주장을 잇는 것이다. 전체적으로 보면 후스는 위클리프의 주장에 동조하였다.

후스
출처: https://reformation500.csl.edu/bio/jan-hus/

(후스 박물관, 콘스탄츠)

특히 후스파에게 있어 중요했던 것은 성찬시 평신도에게 잔을 배분하는 문제였다. 후스파는 이것이 교회 개혁에 매우 중요한 역할을 한다고 보았다. 분명히 후스파는 평신도에게 잔을 배분하는 문제가 교황지상권을 부정하는 상징이라고 보았던 것 같다. 후스와 후스파는 위클리프주의 계승자로서 교황의 권위를 부정하는 특징을 공유하고 있는데 이런 신학적 특징은 종교개혁 이전의 개혁자로서의 면모를 보여주는 것이다. 도전적인 상황 속에서 후스의 신학은 더욱 급진적인 방향으로 나가게 되었다. 결국 신자들에게 최고의 권위는 성경이라는 생각을 갖게 되었다.[23]

프라하에서도 면죄부의 판매가 시작되자 후스는 비판을 가했다. 나아가 후스는 교황지상권에 대한 분명한 반대를 드러냈다. 후스는 지기스문트(Sigismund)가 준 안전통행권을 가지고 콘스탄츠(Konstanz)로 갔다가 연금에 처해 지고 도미니크회 수도원 지하 감옥에 감금되었다. 그

(후스의 화형 기념비, 콘스탄츠)

---

23 후스토 곤잘레스, 『중세교회사』, 236-241.

이후 콘스탄츠 주교는 후스를 자신의 성으로 옮겨 감금하였다. 콘스탄츠 회의에서 후스의 주장을 이단적으로 판단했다. 그러나 후스는 자신의 주장을 철회하지 않았고 공의회의 명령으로 그의 저서들은 소각 처분되었다. 후스는 공의회에서 자신의 견해를 밝혔으나 공의회는 그의 사제직을 파면하고 그를 화형에 처했다.

후스의 순교 후 보헤미아인들은 공의회를 부인하면서 후스를 민족의 영웅으로 높였고, 이후 새로운 교회로 성장할 수 있는 대중적 운동이 일어났다. 그러나 곧 후스파는 타보르파(the Taborits)와 성배파로 분리되었고 보헤미아 형제단(the Bohemian Brethren)이 결성되었다. 후스파는 평신도에게도 성찬 때 잔을 분배해야 한다는데 한 목소리를 냈다. 콘스탄츠 회의에 의한 후스의 처형 이후 후스파는 극력하게 저항했고 성찬의 잔을 금지하라는 명령을 귀족은 받아들였으나 민중은 거부하였다.

교황 마르티누스 5세는 면죄부를 약속하며 이들을 처벌할 십자군을 모집하고 공격했다. 그러나 후스파의 발전을 막을 수 없었다. 타보르파는 동시대인들에게 그들의 청렴한 삶으로 인정을 받기도 했지만 그들의 무정부주의적인 성격은 환영받지 못한 면도 있었다.[24] 그러나 후스의 후예들의 일부는 살아남아 모라비아 교회(Moravian Church)에 영향력을 미쳤고 후대 모리비안의 정신적 선조가 되었다. 전체적으로 후스파의 경우 보헤미아 민족적 정서의 영향이 크게 작용한 면도 있었다고 평가할 수 있다.

---

24 미하엘 바쎄, 『개혁공의회부터 종교개혁 전야까지』, 102-104.

3) 일반적으로 말하는 종교개혁

소위 "종교개혁"이라고 할 때 일반적으로는 다음의 개혁 운동을 가리킨다.

(1) 루터파의 종교개혁: 북독일에서 시작해서 유럽으로 확산되었다.
(2) 개혁파 종교개혁: 스위스의 취리히, 제네바에서 시작해서 프랑스, 네덜란드, 독일, 영국 등으로 확산되었다. 민족과 국경을 넘어 가장 넓게 확산되었다.
(3) 영국의 종교개혁: 왕에 의한 위로부터의 종교개혁이었다.
(4) 급진 종교개혁: 재세례파들로서 가혹한 박해를 받아 각지로 흩어졌다.

4) 종교개혁의 기본 정신

16세기의 여러 교회 운동 가운데서 우리가 말하는 "종교개혁"의 범주에 들어올 수 있는 공통분모를 꼽자면 다음의 세 가지로 말할 수 있다.

① 오직 성경으로(Sola Scriptura)
교황의 교서나, 총회의 문건, 종교적인 문화 혹은 사회적 관습이 아니라, 오직 성경만이 최고의 권위를 갖는다. 성경 번역과 더불어 이러한 정신이 확산되었다. 그래서 종교개혁자들의 성경 해석을 연구하는 것은, 종교개혁의 본질을 다루는 것이면서, 또한 21세기 기독교의 미래를 위해서 너무나 중요한 작업이다

② 오직 믿음으로(Sola Fide)

인간의 공로나 선행이 아니라 예수 그리스도의 십자가의 대속을 믿음으로 우리 그리스도인들은 의롭다고 인정을 받는다. 그렇다고 선행을 무시하는 것은 아니다. 우리의 구원의 근거가 선행이 아니라 예수 그리스도와 그의 구원 사역이라는 것이다. 이 믿음을 통해 인간은 진정한 구원과 참된 안식을 얻을 수 있다.

③ 오직 은총으로(Sola Gratia)

교황제나, 성직 계층구조제에 의한 중보 체계가 구원을 보장해 주지 않는다. 오직 하나님의 절대적인 은혜로 구원을 받는다. 이 부분이 가톨릭과 넘을 수 없는 간격으로 지금도 남아 있다고 볼 수 있다.

16세기에는 다양한 교회 개혁 흐름들이 요동치고 있었다. 심지어 로마 교회 안에서도 개혁의 목소리는 높았다. 그러나 신학적인 성찰이 수반되지 않는다면 진정한 종교개혁으로 불려질 수 없다. 따라서 위의 세 가지 정신에 기반하고 있는 개혁 운동에 대해서 일반적으로 종교개혁(Reformation)이라고 부르는 것이다.

종교개혁 운동의 스펙트럼

3장

개신교의 출범:
루터(Martin Luther, 1483-1546)

1. 들어가는 글

루터에 대한 칼빈의 존경 어린 표현은 우리에게 루터의 위상을 알게 해 준다. 루터는 우리에게 복음을 되돌려준 사람이라는 것이다. 루터는 평생 하나님을 추구한 한 명의 신실한 그리스도인이다. 사실은 하나님께서 루터를 발견하셨다.[1] 그러나 루터는 동시에 매우 상대하기 어려운

루터와 직전의 개혁자들 (보름스)

---

1 셸더하위스, 『루터』 신호섭 역 (서울: 세움북스, 2016), 16-17. 루터에 대한 신화적 이야기가 아닌 역사적이고 전기적인 작품을 다룬 문헌을 찾기 원한다면 이 책을 보라.

고집스러운 인물로 묘사되기도 한다. 그러나 그런 루터의 성격은 중세의 공로주의 신학을 무너뜨리고 믿음으로 의롭게 된다는 신학을 세울 수 있게 했을 것이다.

　루터를 정확하게 이해하기 위해서는, 다른 종교개혁자들과 마찬가지로, 그의 저작들뿐 아니라 그의 생애와 그 시대의 문맥 속에서 루터를 해석하는 작업이 필요할 것이다. 그렇게 루터를 바라볼 때 진정한 루터의 모습이 그 시대의 그림 속에서 드러나게 될 것이다.

2. 루터의 생애와 종교개혁

1) 청년 루터

루터
사진 출처: https://www.britannica.com/biography/Martin-Luther

　종교개혁의 문을 연 마틴 루터는 1483년 11월 10일 아이슬레벤(Eisleben)에서 독실한 가톨릭 시민의 아들로 태어났다. 루터의 부모는 그 다음 해에 만스펠트(Mansfeld)로 이사 가서 14세에 에어푸르트(Erfurt) 대학으로 공부하러 떠날 때까지 이곳에서 성장하면서 학교에 다녔다. 그의 아버지는 비교적 부유하고 경건한 구리 광산을 운영하는 사람이었다. 부모는 지나칠 정도로 엄격하고 무거운 신앙적 분위기를 가지고 있는 가톨릭 교인이었다. 이런 환경은 후에 루터의 신앙적 성격에 잠재적인 영향을 미친 것으로 보인다. 그의 부모는 전형적인 독일인이었으며, 민족주의적인 인물이었다. 루터는 7세 때에 만스펠트의 라틴어 학교에 입학했다.

13세에는 마그데부르그(Magdeburg)에 가서 성당 학교를 다녔는데 이것은 루터가 당시의 어린아이들에 비해서 상대적으로 부유한 환경에서 살았다는 것을 의미한다. 그러나 루터는 1년 만에 다시 아이제나흐로 돌아왔다.

루터는 1501년에 에어푸르트 대학에 입학해서 공부하게 되었다. 이 대학은 당시 유명론(Nominalism)이 유행하고 있었는데 대표적인 인물들은 오캄, 둔스 스코투스, 가브리엘 비엘 등이었다. 이 학파는 성경의 권위를 강조했고 개인을 중시했으며 경험을 이성보다 더 중요시했고 지식의 원전을 강조했다. 루터는 이 유명론에 큰 영향을 받으며 청소년기를 보내고 있었다.

이 시기에 루터는 처음으로 대학 도서관에서 성경을 읽을 수 있었고 큰 감동을 받았다. 루터는 1502년 9월에 학사 학위를 받고 1505년 초에는 석사 학위를 마칠 수 있었다. 이어서 루터는 1505년 5월 19일에 법학부에 입학해서 법을 공부하게 되었다. 그러나 루터는 같은 문제를 서로 다르게 말하는 법에 대한 강의들에서 매력을 느끼지 못했다. 그는 인간의 삶과 죽음에 대한 관심이 더 깊었다.

1505년 6월 30일 경에 루터는 학기가 한창 진행 중일 때 만스펠트의 부모님을 방문했다. 아마도 법학 공부에 대한 회의가 들어 부모님과 상의하러 갔을 것이다. 그는 가족을 방문하고 에르푸르트로 돌아오는 길에 슈토테른하임(Stotternheim)에서 극심한 폭우를 만났다. 거의 목숨을 잃을 뻔한 두려운 경험을 하면서 성 안나를 부르며 수도승이 될 것을 서약했다. 셀더하위스에 의하면 그는 이미 이전에 수도사가 될 것을 생각했었으며 이때 다시 한번 마지막 결심을 했던 것으로 보인다.[2] 루터가 성 안나를 찾은 것은 안나가 광부들의 수호신이었기 대문에 루터에게 익숙했을 것이다.

(슈토테른하임, Stotternheim)

아버지의 반대에도 불구하고 루터는 법학 공부를 중단하고 1505년 7월 16일에 에어푸르트의 아우구스티누스 수도회에 들어갔다. 그러나 루터는 수도원에서도 참된 안식을 찾을 수 없었다. 그의 내적 삶의 갈등은 더욱 깊어져만 갔다. 자신의 죄의 문제를 가톨릭의 보속(satisfactio)

---

2 셀더하위스, 『루터』, 60-61.

으로는 진정한 해답을 얻을 수 없었다.

그의 신앙적인 고민에 대해서 자신의 목자였던 요한 폰 슈타우피츠(Johann von Staupitz)와 논의하기도 했다. 슈타우피츠는 작센 주의 선제후였던 프레드릭 3세의 조언자였고(독일어식 발음음 프리드리히이며 본서에서는 프레드릭으로 통일한다) 새로 세워진 비텐베르그 대학(1502년 설립)의 초대 학장이 된 인물이었다. 루터는 슈타우피츠로부터 자신을 바라보지 말고 그리스도를 바라보라고 조언했는데 이것이 루터에게 큰 영향을 미쳤다고 할 수 있다.

루터는 자신의 신학적인 질문에 해답을 얻기 위해서 수도원에 있던 성경을 연구하기 시작했다. 루터가 수도원에서 개인적으로 성경은 공부한 것은 루터의 신학적 성장에 큰 영향을 주었다. 루터는 철학 강의를 준비하기 위해 해야 했던 철학 공부보다 성경 연구를 훨씬 더 좋아했다.

(루터가 들어갔던 에어푸르트 어거스틴 수도회)

(루터가 사제 서품을 받은 에어푸르트의 성당)

　루터는 에어푸르트의 어거스틴 수도회에서 1507년 4월 3일에 24세의 나이에 사제로 서품을 받았고 5월 2일에 첫 미사를 집전했다. 이때 루터는 젊고 앞길이 창창했다. 루터를 지도했던 슈타우피츠 수도원장은 1508년에 루터를 새로 설립되었던 비텐베르그 대학으로 파송했다. 이때 루터는 강의뿐 아니라 성경 연구를 계속 할 수 있었고 1509년에 성경학으로 신학사 학위를 받았으며, 반 년 후에는 피터 롬바르드의 「신학명제전집」으로 두 번째로 신학사 학위를 받았다. 그러나 1509년에 루터는, 그 이유는 알 수 없었지만, 다시 에어푸르트로 부름을 받았고, 2년 후에 다시 비텐베르그로 돌아갔다. 이 당시 루터의 학문적 관심은 하나님과 인간의 관계에 대한 것이었다.

　루터는 1510년에 아우구스티누스 수도원 내부의 정치적인 문제로 로마에 사절단으로 파견되었다. 48일을 걸어서 그해 성탄 이브에 로마에 도착할 수 있었다. 이 로마 방문은 루터에게 당시 타락한 로마 교회의

실상을 적나라하게 볼 수 있게 했다. 결국 루터는 충격 속에 돌아왔다. 루터는 1511년 비텐베르크 대학교로 다시 옮기게 되었고, 1512년 10월 18일과 19일에 걸쳐 박사 학위 논문 제출과 토론을 거친 후 비텐베르크 대학교에서 신학 박사 학위를 받았다.

2) 종교개혁의 길로

1513년부터는 루터는 이 비텐베르크에서 시편부터 시작해서 성경 강의를 시작했다. 1515년에 로마서 강의, 갈라디아서 강의(1516/17), 그리고 히브리서 강의(1517/18) 등 일련의 성경 강의를 진행하면서 그 자신의 신학을 심화시켰다.[3] 루터는 로마서 강의를 하다가 중요한 신학을 발견하게 되었다. 로마서 1:17을 해석하면서 하나님께서 의를 수여하시는 것이며, 믿음을 통해 우리를 의롭게 하시는 하나님의 의가 수동적으로 나타난다는 것이다. 이 하나님의 의가 의인은 믿음으로 말미암아 산다는 것을 확증했다. 죄인에게 거저 주시는 하나님의 선물이다. 그 결과는 당시 교회의 관습이었던 면죄부 판매에 대한 반대로 나타났다. 이후 루터는 향후 기독교 세계에 혁명적인 변혁을 가져온 이 발견을 비텐베르그에 있는 자신의 수도원 독방에서 경험했다. 지금까지는 수도원의 탑에서의 경험(Turmerlebnis)이라고 알려져 있었다. 그러나 역사적인 고증을 통해 살펴본다면 이 탑은 1519년에 건설되었으므로 사실은 "수도원의 어느 방의 경험(Erlebnis)"이라고 표현하는 것이 맞을 것 같다.

---

[3] Albrecht Beutel, "Luther's life," in Donald K. McKim (ed.), *The Cambridge Companion to Martin Luther* (Cambridge: Cambridge University Press, 2002). 7.

정리해 본다면, 루터의 종교개혁, 즉 종교개혁은 1513년부터 1518년 사이에 루터의 성경 공부를 통해서 일어났다고 말할 수 있을 것이다.[4]

3) 종교개혁의 불을 당긴 저작들(1517년과 1520년)

루터는 믿음으로 의롭게 된다는 신학적 발견을 한 이후, 면죄부는 죄의 용서를 주지 않으며 하나님과의 관계에 전혀 무관하다는 것을 깨닫게 되었다. 루터는 1517년 "95개조 반박문"을 통해서 당시의 신학에 정면으로 도전했다.[5] 일반적으로 이 시점을 종교개혁의 출발로 삼는다.

지금까지는 루터가 1517년 10월 31일에 비텐베르그 성 예배당 문에 직접 95개 반박문을 못으로 박아서 걸은 것으로 알려져 있었다. 그러나 역사적인 연구들은 이것을 시정해 준다. 당시 신학 교수가 동료 교수들을 토론의 장으로 초대하여 토론하기 위해서 언제나 그 논제를 이 게시판에 걸 수 있었으며, 더구나 실제로 이 논제는 비텐베르그 대학의 직원이 걸었다는 사실이다.[6] 그럼에도 불구하고 이 95개조 반박문의 게시는 큰 영향을 일으켜 결국 종교개혁의 불씨가 되었다는 것만은 확실하다. 루터의 신학적 도전은 라틴어에서 독일어로 번역되어 인쇄술의 도움으로 독일 전역에 퍼졌다. 더 나아가 루터의 신학 사상들은 유럽의 각국 언어로 번역되어 전 유럽에 널리 전파될 수 있었다.

루터는 1518년 4월에 하이델베르그의 아우구스티누스 수도원에서 자신의 신학을 설명할 수 있는 기회를 얻게 되었다. 이 하이델베르그에

---

4   셀더하위스, 『루터』, 131-134.
5   루터, 『루터 저작선』 (서울: 크리스챤다이제스트, 1994/2005), 571-583.
6   셀더하위스, 『루터』, 158-160.

서 루터는 십자가의 신학(theologia cruces)을 선포했다. 참된 신학과 하나님에 대한 참된 지식은 십자가에 못 박히신 그리스도 안에서만 발견된다는 내용이다.[7] 이 십자가의 신학은 숨겨진 하나님(Deus absconditus)을 말해준다. 이때 스트라스부르그의 도미니쿠스 수도회 소속의 마틴 부처는 루터에게 큰 감동을 받고 종교개혁의 길에 서게 되었다.

루터는 교황의 절대 권력에 이의를 제기하였고, 1519년 교황의 무오류설을 부정하기 시작했다. 1520년에는 개혁적인 소책자들이 발간되어 읽힘으로 그 영향이 확대되었다.

(1) "기독교의 개혁에 관하여 독일 왕국의 그리스도인 귀족들에게 고함"[8]

루터는 8월 12일에 출판된 이 소책자는 독일어로 출판되었는데 크게 세 부분으로 되어있다. 첫째 부분에서는 루터는 성직 계층 구조에 대해서 명확하게 반대하면서 만인제사장 원칙을 강조했다. 둘째 부분은 교황과 추기경의 세속적 탐욕을 지적하며 비판하고 있다. 세 번째에서는 실제적인 대안을 제시하는데 철저한 개혁은 일반 행정 장관이나 목회자와 평신도의 총회에서 진행되어야 한다고 주장했다.[9]

루터는 교회의 권위는 세속 정부의 권위보다 더 우위에 있지 않다고 주장한다. 모든 그리스도인들은 제사장이므로 일반 성도들도 교회의 개혁에 책임이 있다는 것이다. 루터는 독일어로 출판한 이 책을 통해서

---

7 루터, 『루터 저작선』, 584-587.
8 루터, 『루터 저작선』, 480-568.
9 필립 샤프, 『독일 종교개혁』 (서울: 크리스챤다이제스트, 2004), 176-181.

독일 군주들과 행정관들이 독일 교회를 개혁하도록 요청한 것이고 군주는 백성들의 복지를 돌보도록 하나님께 위임받은 의두가 있다는 것을 강조했다.

(2) "교회의 바벨론 포로"[10]

루터는 같은 해 10월 1일에는 "교회의 바벨론 포로"라는 소책자를 라틴어로 출판했다. 성직자들을 위해서 라틴어로 출판한 이 책자에서 루터는 기존의 로마 교회의 7성례를 반박했다. 루터는 성경에 등장하는 세례, 고해, 주의 만찬 등만을 인정해야 한다고 주장했다.[11]

(3) "그리스도인의 자유"[12]

1520년 11월 중순에 출판된 이 책자에서 루터는 그리스도인의 삶을 요약적으로 진술하고 있다. 이 책은 거의 동시에 라틴어와 독일어로 출판되었는데, 루터는 이 책에서 믿음을 새롭게 정의하고 있다. 즉 믿음은 공로가 아니라 선물이라고 강조하고 있다. 그리스도인의 자유는 그리스도께서 원하시는 것을 내가 원하는 자유를 말한다. 그러므로 루터는 그리스도께서 원하시는 것을 찾을 자유, 그리고 이웃에게 해가 되는 모든 것을 피할 자유를 설명하면서 사람들의 양심을 해방할 수 있도록 했다.[13]

---

10 루터, 『루터 저작선』, 314-432.
11 필립 샤프, 『독일 종교개혁』, 181-187.
12 루터, 『루터 저작선』, 83-132.
13 셸더하위스, 『루터』, 236-239.

이로 인해 1520년, 루터는 교황에게 파문 칙령을 받았지만, 그것을 비텐베르그 담장과 엘베강 사이에서 이를 공개적으로 소각하였고 1521년 그는 로마 교회에서 파문되었다. 그러나 대중은 루터를 후원하였다.

종교개혁의 문제를 둘러싸고, 1521년 신성 로마 제국의 칼 5세가 보름스 의회를 소환하였다. 당시 칼 5세는 21세였고, 단호하고, 믿음이 돈독했다. 그는 루터에게 안전통행권을 주어 오게 했고, (참고로 후스는 안전통행권을 받고 콘스탄츠 회의에 갔다가 화형당함) 루터는, 비록 마귀의 도전에도 불구하고 보름스에 가겠다는 정신으로 그곳으로 향하였다.

4) 보름스 제국 회의(1521)

(1521년 독일의 보름스. 루터가 섰던 자리)

1521년 3월 29일에 루터는 황제 칼 5세가 참석한 채 열린 보름스 제국 회의에 출두해서 자신의 신학적 입장을 설명하라는 명령을 받았다. 프레드릭 선제후의 정치력으로 루터는 안전을 보장 받은 후에 소환되었다. 그러나 루터에게는 보름스에 가는 것 자체가 생명의 위협이 되는 상황이었다. 왜냐하면 100여 년 전에 체코의 존 후스가 콘스탄츠 공의회에 소환되었을 때 안전을 보장받았지만 결국 화형에 처해 진 일이 있었기 때문이다. 더군다나 루터의 고해 사제였던 슈타우피츠가 루터의 지지를 철회하고 교황청에 복종했다는 소식도 들렸다.

루터는 4월 16일 보름스에 입성했으며 작센 공작의 대표단이 루터를 맞이했고 특히 2천 명의 군중들이 루터를 환영했다. 드디어 4월 17일에 심문이 시작되었을 때, 트리어 대주교를 섬기고 있고 현재는 황제 칼 5세를 대신해서 심문하게 된 요한네스 폰 데어 에켄(Johannes von der Ecken)은 책상의 책자들이 루터의 저작들인지를 확인한 후에 루터의 입장을 철회하라고 요구했다. 이때 루터는 하루의 말미를 달라고 했으며 다음 날인 4월 18일에 다시 황제 앞에 섰다.

이때 루터는 독일어로, 그리고 스페인어를 사용하는 황제를 위해서는 라틴어로 유명한 자신의 입장을 천명했다.

> 나는 성경의 증거나 또는 명백한 이성적 논증에 근거하여 설득력 있게 분명히 반박하지 않는 한 나의 잘못을 인정하지 않을 것입니다. 나는 교황이나 공의회 자체만을 신뢰하지는 않습니다. 왜냐하면 그들은 많은 오류를 범해 왔으며 때로는 서로 반대되는 결정을 내리곤 했기 때문입니다. 나는 오직 내가 인용한 성경 구절에 묶여 있습니다. 나의 양심이 하나님의 말씀에 사로잡혀 있는 한, 나는 상황이 확정되지 않았기 때문에 아무것도 취소할 수 없고 또 취소하지도 않을 것입니다. 만일 당신이 양심에 어긋나게 행동한다면 구원이 위협을 당하게 될 것입니다.

하나님이여 나를 도우소서. 아멘.[14]

이때 루터가 "내가 여기 서 있나이다. 나는 달리 다른 것을 할 수 없습니다"라는 말을 했는지 아닌지 논의의 여지가 있지만, 어찌 되었든 루터는 다른 것을 할 방도가 없었다. 루터는 5월 8일에 제국에서 추방되어야 하고 무법자라고 선언되었지만, 적지 않은 영주들과 군주들이 루터를 지지했기 때문에 황제도 루터를 어찌할 수는 없었다.

5) 성경 번역(신약, 1522년, 구약 1534년)과 종교개혁의 확산

작센의 선제후 프레드릭은 루터가 보름스에서 고향으로 돌아오는 도중에 납치하는 형식으로 그를 데려와 바르트부르크 성의 안전한 곳에서 그를 보호하였다. 이후 이곳에서 루터는 융커 요르그(Junker Jörg)라는 가명을 사용하면서 신약 성경을 독일어로 번역하기 시작하였다. 일 년 남짓한 시간이 걸려 신약 성경이 출판되었는데, 이 작업은 1519년에 출판된 에라스무스의 헬라어 신약 성경 2판을 번역한 것이었으며, 1522년 9월에 초판 인쇄가 되었기 때문에 "9월 성경"이라고 부르기도 한다. 초판은 3천부 전체가 2달 만에 모두 팔렸고 12월에 재판을 인쇄했다. 물론 루터 이전에 이미 18개의 성경 완역본이 있기는 했다. 그러나 루터의 번역은 탁월한 우수성을 보여 주었다. 루터의 성경 번역은 독일어 통일과 발전에 크게 공헌했다고 평가할 수 있다.

루터는 비텐베르그에 돌아와서 계속 구약도 번역하기 시작했다. 드

---

14 셸더하위스, 『루터』, 253에서 재인용.

디어 1534년 9월에 루터는 독일어 성경 전권의 번역을 완성하여 출판했다. 비텐베르그의 출판사들은 이 성경으로 큰 돈을 벌었지만, 루터는 자신이 거저 은혜를 받았으니 거저 나누어 주겠다고 하면서 돈을 받지 않았다고 한다.

선제후 프레드릭 3세. 그의 별명은 현명한 프레드릭(Frederick the Wise)이다.
사진 출처: https://www.heiligenlexikon.de/BiographienF/Friedrich_der_Weise.htm

(루터가 성경을 번역했던 바르트부르그성)

6) 급진주의자들

그러나 루터가 성경 번역을 하고 있던 사이에 비텐베르그는 점점 급격한 개혁의 주장으로 혼란 속으로 빠져들고 있었다. 츠비카우에서 온 선지자들이라고 불리우는 자들이 기존의 교회 조직과 질서를 파괴하여 이상적인 교회를 세울 것을 주장했다. 이들은 토마스 뮌처(Thomas Müntzer)에게 영향을 받은 자들이었다. 결국 루터는 비텐베르그로 돌아와서 상황을 수습했다.

7) 결혼(1525)

루터의 신학은 수도원과 수녀원에서 독신으로 수도 생활하던 자들에게도 큰 영향을 미쳤다. 결혼의 중요성이 재해석되면서 적지 않은 수도사들과 수녀들이 탈출하여 종교개혁에 합류했다. 이때 님브셴(Nimbschen) 근처의 마리엔트론(Marienthron)에 있는 시토 수도원(Cistercian monastry)에 있던 카타리나 폰 보라(Katharina von Bora)도 수녀원을 탈출하여 종교개혁에 합류하게 되었고, 1525년 6월 13일 오후 5시에 부겐하겐(Bugenhagen)의 기도 속에 루터와 결혼했다. 폰 보라는 루터보다 16살이나 어렸지만 열악한 상황 속에서도 루터가 종교개혁에 집중할 수 있도록 동역했다.[15]

루터의 종교개혁 사상은 전 유럽으로 확산되었다. 루터의 신학을 받아들였던 네덜란드, 루마니아, 플랑드르 등의 신앙의 형제들은 이 신앙

---

15 셸더하위스, 『루터』, 312-320.

을 수용했다는 이유 하나 만으로 순교를 당했고, 루터는 이들을 생각하며 "숨죽여 울었고" 시를 지어 마음을 표현했다.

8) 대·소요리문답(1529)

지난 5세기 동안 루터의 저작 가운데 가장 영향력 있는 저작을 꼽으라고 한다면, 그 가운데 루터의 소요리문답(Small Catechism, 1529)을 뺄 수 없을 것이다. 소요리문답과 이것과 짝을 이루며 목회자들의 목양 자료로 저술했던 대요리문답(Large Catechism, 1529)은 1520년대 후반기에 색슨 선제후국에서 모든 교회들이 체계적으로 목양에 사용했던 자료들이었다.[16]

루터는 신앙 교육에 대해서 큰 관심을 가지고 있었는데, 이 요리문답의 기본 구조는 크게 보아서 십계명(율법), 사도신경(복음), 주기도문(삶), 그리고 세례와 성찬(교회) 등으로 나누어 볼 수 있다. 이 구조는 칼빈의 기독교강요 초판(1536년)에도 반영되어 있다. 요리문답에 대한 루터의 태도는 매우 감동적이고 인상적이다. 루터는 자신이 매일 아침 요리문답 한 부분을 한 글자도 생략하지 않고 큰 소리로 읽는다고 밝히고 있다. 루터는 자신은 여전히 요리문답을 배우는 어린아이와 학생으로 남아 있는데 자신은 그것이 좋다고 표현하고 있다.

제가 진심으로 당부합니다. 저는 박사이자 설교자입니다. 배울 만큼 배

---

16 Thmothy F. Lull, "Luther's writings," in Donald K. McKim (ed.), *The Cambridge Companion to Martin Luther* (Cambridge: Cambridge University Press, 2002). 46.

웠고 산전수전 다 겪었습니다. 그러나 여전히 교리를 배울 때는 어린아이처럼 배웁니다. 매일 아침, 그리고 시간 날 때마다 십계명, 신조, 주기도, 시편을 또박 또박 입으로 소리 내어 읽습니다. ... 교리문답 앞에서 저는 여전히 어린아이이고 학생입니다. 그러나 저는 이런 제 모습을 기꺼이 즐거워합니다.[17]

뿐만 아니라 루터는 모든 아버지들은 적어도 일주일에 한 번은 자녀들이 요리문답을 암송하는 소리를 들어야 한다고 생각했다.[18]

이후 루터는 비텐베르그로 돌아와 새로운 교회 운동에 착수하였다. 그는 급진 종교개혁 운동과 농민 전쟁에 대해서는 반대하였다. 노년까지 구교와 종교개혁 좌파 간의 논쟁을 계속하였고, 성경 강의와 설교와 저작 등을 통해서 루터는 종교개혁 운동을 추진하였다.

9) 마부르그 회의(Marburg Colloquy:1529)

신성 로마 제국의 의회가 1529년 봄에 슈파이어(Speyer)에서 개최되었다. 이때 1521년의 제국 의회 칙령이 다시 확인되자 루터를 지지하던 영주들이 항의서를 제출했다. 여기에서부터 개신교를 항의하는 자(Protestantism)로 부르기 시작했다. 이런 긴박한 상황 속에서 헤세의 필립은 개신교 세력을 연합시킬 필요를 느껴서 그해(1529) 가을에 루터, 츠빙글리, 그리고 여러 중요한 신학자들을 마부르그로 초대했다. 이 회

---

17 마르틴 루터, 『대교리문답』 최주훈 역 (서울: 복있는 사람, 2017), 29-30.
18 셸더하위스, 『루터』, 373-375.

(마부르그 성)

(마부르그 성의 내부)

의에는 멀리 취리히에서 츠빙글리가 스트라스부르그의 마틴 부처와 헤디오(Hedio)와 함께 먼저 도착했다. 그리고 루터와 멜란히톤과 그들의 사절단이 도착했다. 토론 중에 아우구스부르그에서 오시안더, 요한네스 브렌츠(Johannes Brenz), 그리고 슈테판(아그리콜라) 등이 도착했다. 성격이 급했던 루터와 츠빙글리 사이에서 바젤의 외콜람파디우스와 멜란히톤이 중재를 했다. 그러나 성찬론 토론은 더 이상 진전이 없었다. 결국 마부르그 주변에 흑사병이 돌아서 더 이상 머무르지 못하고 헤어

지게 되었다. 루터와 츠빙글리는 서로에게 지나치게 예민했던 것을 용서를 구하면서 각자 돌아갔다.[19]

선제후가 루터에게 합의한 내용의 목록을 달라고 했으며 결국 전체적으로 14개 항목에서는 신학적 일치를 합의할 수 있었다. 그러나 마지막이자 가장 핵심적인 논제였던 15번째인 성찬론에서는 일치하지 못했다. 물론 로마 교회의 화체설을 반대한다는 점은 동의하지만 그 이상 구체적인 성찬론에서는 결코 합의가 이루어지지 못했다. 결과적으로 1529년의 마부르그 회의 이후 루터파와 개혁파는 성찬론에서 시작해서 각자의 길을 갔다고 평가할 수 있을 것이다.

10) 루터와 이슬람

루터는 터키 제국이 일어나서 독일 제국을 위협하며 정복하고 있는 상황을 하나님의 심판으로 보았다. 급기야 1541년에 이슬람 터키가 비엔나를 공격하게 되자 선제후 프레드릭은 목회자들에게 도움을 구했는데 루터는 이것을 하나님의 심판이라고 해석했기 때문에 회개를 요청했다. 그러면서 한편으로는 1542년에 취리히의 비블리안더(Theodore Bibliander)가 코란을 라틴어로 번역했을 때 그 출판을 후원했다. 루터는 터키족에게도 복음이 전파되기를 기대하면서 동시에 이슬람을 이해하기 위해서 그들의 무기를 알아야 한다고 보았다.[20]

---

19 셀더하위스, 『루터』, 383-388.
20 셀더하위스, 『루터』, 473-475.

11) 루터 후반기의 생애

루터는 여러 질병으로 고생하고 있었다. 어쩌면 이런 건강 상태가 루터의 급한 성격을 부채질했을 것으로 보인다. 지역의 영주들 간의 갈등 분쟁을 해결하기 위해서 1546년에 고향인 아이슬레벤에 갔다가, 병을 얻어 결국 그곳에서 하나님 품에 안기게 되었다.

3. 루터의 신학

1) 95개조 반박문(1517)의 신학

정치적이고 사회적이고 문화적인 변혁을 촉발했던 인류 역사상 가장 드라마틱한 종교개혁의 불길을 당겼던 것이 바로 1517년에 마틴 루터가 제기했던 "95개조 반박문"이었다.

(1) 루터의 95개조 반박문의 구조와 내용

루터는 1513년부터는 로마서부터 성경 강의를 하면서 행위가 아닌 예수 그리스도를 믿음으로 구원을 얻는다는 진리 즉 이신칭의를 발견하게 되었다. 그 결과는 당시 교회의 관습이었던 면죄부 판매에 대한 반대로 나타났다.

이 루터의 95개조 반박문을 분석해 보면 다음의 몇 가지 요소로 분류

할 수 있다. 1조부터 7조에서는 회개의 문제를 취급하고 있다. 8조에서 29조까지에서는 교황의 사죄권이 산 자에게만 효력이 있다고 말하면서, 죽은 자를 위한 면죄부와 그 배경으로서 연옥에 대한 교황의 권세를 비판하고 있다. 다음으로 30조에서 40조까지에서는 면죄부가 믿는 자들에게도 참된 안정을 주지 못한다는 것을 강조하고 있다. 41조에서 55조까지에서는 면죄부를 구입한다고 하더라도 결코 구원의 확신을 얻을 수 없다는 것을 강조하고 있다. 한편 53조에서 58조에서는 가톨릭의 잘못된 신학에 대해 공격하고 있다. 당시 가톨릭교회는 그리스도의 십자가의 공로뿐 아니라 성인들의 잉여 공로도 "교회의 보물"이라고 주장하면서, 교황이 이 공로에 근거해서 열쇠권을 사용하여 성도의 죄를 묶거나 풀 수 있다고 주장했는데, 루터는 이것을 정면으로 반대한 것이다.

다음으로 59조에서 68조에서 루터는 교회의 진정한 보물이 무엇인지를 제시하고 있다. 그것은 "하나님의 영광과 은혜의 가장 거룩한 복음"이라는 것이다. 루터는 또한 69조에서 91까지에서 그리스도의 십자가가 교황의 십자가와 다르다는 것을 강조한다. 마지막으로 루터는 92조부터는 그리스도의 십자가가 선포될 때 진정한 평화가 있다는 점을 피력하면서 95개조의 반박문은 끝나고 있다.

(2) 루터의 95개조 반박문의 신학적 의미

루터가 작성하여 제시한 95개조 반박문은 원래는 면죄부의 효력에 대해 토론하기 위해서 제기한 것이었다. 그러나 그 안에 중세 천 년의 신학을 뒤집을 수 있는 혁명적인 요소를 내포하고 있었다는 것을 루터 자신도 인식하지 못했을 것이다. 결국 95개조 반박문은 중세를 지탱하던 고해 성사 제도와 교황의 열쇠권, 그리고 중세 신학 자체에 대한 성경적인 무기가 되어 종교개혁을 열어갈 수 있었다. 이 반박문이 가지고 있는 신학적 의미는 다음과 같다.

(ㄱ) 성경 중심적인 교회 제도

루터는 당대의 로마 가톨릭이, 성경에 근거하지 않고 교황의 결정과 교회 회의에 근거하여 교회의 제도를 운용하고 있다는 그 신학적 바탕을 근원적으로 비판했다. 면죄부와 고해 성사가 바로 그런 것이라는 말이다. 루터는 죄 사함과 구원에 대한 신학은 오직 성경에 근거하여 얻어질 수 있다고 강조한 것이다. 바로 이것이 복음의 능력이요 교회의 보물이라는 것이다.

특히 루터는 신약 성경을 통해서 회개의 의미를 재발견했다. 성경에 근거하여 루터는 죄를 용서하는 주체가 하나님이라고 밝히고 있다. 이와 같이 루터는 성경 중심적으로 신학적 전개를 함으로 성경의 권위를 높일 수 있었으며, 사변적이고 번쇄한 스콜라 신학을 넘어설 수 있었다.

(ㄴ) 하나님 중심적인 신학

루터는 95개조 반박문을 통해서 오직 하나님만이 인간의 죄를 사할 수 있다는 신본적인 신앙을 확고하게 제시했다. 루터가 발견하여 강조하고 있는 것은, 죄 용서라는 것은 하나님의 말씀에 근거한 믿음에 의해서만 얻어진다는 것이다.

또한 루터는 교회를 개혁하는 것도 오직 하나님만이 하실 수 있다고 보았다. 교회가 언제 어떻게 개혁될 것인지는 아무도 알 수 없다. 그러나 그 개혁의 시간은 오직 시간의 창조주이신 하나님만이 아실 수 있다고 함으로 우리는 95개조 반박문에서 루터의 하나님 중심적인 신학을 확인할 수 있다.

(ㄷ) 목회 지향적인 신학

중세 말, 종교개혁 직전의 시대는 한 마디로 불안의 시대라고 할 수 있다. 전쟁과 질병과 이슬람의 도전 앞에 중세인들은 공포에 빠졌다. 교회는 교회대로 영적 리더십을 상실한 채 표류하고 있었다. 이런 총체적인 불안의 시대에 기독교인들의 영혼은 더욱 기갈에 빠질 수밖에 없었다. 더구나 면죄부를 구입해야만 했던 일반 대중들은 그 제도에 대한 신학적 비판을 할 수 없었기 때문에 경제적으로 수탈당할 수밖에 없는 상황이었다.

그러나 루터는 95개조 반박문을 통해서 당시에 고해 성사를 통해서 불안에 빠지고 고통을 당하는 영혼들을 자유케 하고 참된 평안을 주고자 했다. 이것이 바로 루터의 목회 지향적인 신학의 한 단면이다. 루터는 신학을 통해서 고통 당하고 불안에 빠진 영혼들을 정죄하는 것이 아니라, 자신의 95개조 반박문에 나타난 그리스도의 십자가의 신학을 가지고 그들의 영적인 간절한 필요에 대해서 신학적으로 응답하였던 것이다.

2) 하나님의 말씀

루터에게 있어서 하나님의 말씀은 그의 신학에 있어서 출발점이자 최종 권위였다. 루터는 창조에서 일하신 능력 있는 말씀이 성육신하셨으며 따라서 하나님은 예수 안에서 우리에게 계시되셨다고 주장했다. 루터가 말하는 예수 그리스도로서의 하나님의 말씀은 곧 교회가 성경을 만든 것이 아니라는 것을 증명해 준다.[21] 동시에 성경이 교회를 만든 것도 아니라 성경과 교회 모두 예수 그리스도 곧 복음에 의해서 존재한다고 보았다.

3) 십자가의 신학

루터는 1518년 4월에 하이델베르그의 어거스틴 수도원에서 자신의 신학을 설명할 수 있게 되었다. 이때 루터는 자신의 중요한 신학인 십자가의 신학(theologia cruces)을 40개의 논제를 가지고 개진했다. 인간 자신에서 시작해서 위로 올라가는 사변에 의한 영광의 신학으로는 하나님을 알 수 없다. 오히려 루터에 의하면 참된 신학과 하나님에 대한 참된 지식은 십자가에 못박히신 그리스도 안에서만 발견된다.[22] 이 십자가의 신학은 가장 귀한 고귀한 하나님의 자기 계시다.

루터가 십자가의 신학을 말할 때 숨어계시는 하나님(Deus absconditus) 개념이 나온다. 결국 우리는 십자가의 계시에서 하나님을 찾게 되는데 이 하나님은 영광과 능력의 하나님이 아니라 연약하고 고난을 받으시며 걸림돌이 되시는 하나님이다.

---

21 후스토 곤잘레스, 『종교개혁사』(서울: 은성, 2012), 67-69.
22 셸더하위스, 『루터』, 171-175.

4) 율법과 복음

루터에게 있어서 특히 개혁파와 구별되는 신학 가운데 하나는 율법과 복음의 관계다. 하나님은 자신의 계시 안에서 율법과 복음의 두 방법으로 나타나신다. 이것은 곧 하나님의 계시가 심판의 말씀이고 은혜의 말씀이라는 것을 알려준다. 하나님이 거룩하시기 때문에 죄는 그의 거룩하심에 완전히 반대된다. 그래서 우리는 율법을 통해서 우리의 죄인 됨을 발견하게 된다.[23] 성도는 율법과 복음 사이에서 신자이면서 동시에 죄인(simul Justus et peccator)이다. 그러므로 우리가 의롭게 된 것은 죄가 없다는 것이 아니다. 다만 우리가 아직도 죄인이었을 때 하나님이 우리를 의롭다고 선언하셨기 때문이다.

5) 성례론

루터는 당시 교회가 성경에서 벗어났을 때 그것에 저항했다. 루터는 교회를 기독교 메시지의 핵심으로 간주했다. 교회는 신자들의 공동체(Gemeinde)이며 이 교회는 어머니와 같다. 루터는 로마 교회의 일곱 가지 성례 중에서 예수님이 직접 제정하신 세례와 성찬만 성례로 인정했다.

또한 루터의 성찬은 공재설이다. "이것은 내 몸이다"(마 26:26)라는 성경 구절에 근거해서 루터는 성찬에서 떡은 곧 그리스도의 몸이라고 믿

---

23 후스토 곤잘레스, 『종교개혁사』, 72-74.

었다.[24] 곧 그리스도의 몸이 떡과 포도주 속에 함께, 아래와 주위에, 그리고 위에 현존한다는 것이다.

6) 두 왕국설

루터에 의하면 하나님은 두 왕국을 세우셔서, 하나는 율법 아래에 그리고 다른 하나는 복음 아래 두셨다. 국가는 인간의 죄와 그 결과를 억제하기 위한 것이다. 그러므로 아직 죄인인 인간은 국가의 권위 아래 복종해야 한다고 보았다.

그러나 1531년에 슈말칼텐 동맹이 결성되었을 때, 루터는 국가에 대한 복종을 넘어 저항하는 현실을 신학적으로 설명할 수 없어서 난관에 빠졌다. 후에 루터는 정당방위를 위해서 루터파 영주들의 슈말칼텐 동맹 참여를 받아들였다. 그러나 루터는 농민 전쟁은 반대했다.[25]

루터의 두 왕국설은 어거스틴의 "두 도성(Two Cities)" 사상과 어떤 관계가 있는지는 현대 신학자들의 중요한 논의의 주제가 된다. 일반적으로 루터는 어거스틴의 두 도성 신학을 받아서 보충했다고 하지만, 엄밀히 말해서 지상의 도성이 창조나 현세 삶과 일치하지 않는다는 점과 어거스틴의 두 도성은 근본적으로 서로 갈등하고 있다는 점에서 루터의 두 왕국설이 어거스틴의 두 도성 사상을 정당하게 해석했는지에 대해서는 문제가 제기되기도 한다.[26]

---

24 앨리스터 맥그래스, 『종교개혁사상』, 198.
25 후스토 곤잘레스, 『종교개혁사』, 79-81.
26 James K.A. Smith, "Reforming Public Theology: Two Kingdoms, or Two Cities?," *Calvin Theological Journal* 47 (2012): 122-137.

4장

개혁교회의 요람:
츠빙글리(Ulrich Zwingli: 1484-1531)와 스위스 종교개혁

츠빙글리
사진 출처: https://en.wikipedia.org/wiki/Huldrych_Zwingli

1. 들어가는 글

지금까지 종교개혁의 출발에 대해 말할 때 루터만를 언급해 왔지만, 개혁파 종교개혁에 대해서는 관심을 갖지 못했다. 그러나 지난 2019년 츠빙글리(Ulrich Zwingli: 1484-1531)가 종교개혁을 시작한 지 500년이 되는 뜻깊은 해를 맞아 츠빙글리에 대한 관심이 고조되는 것은 개혁신학의 본질을 이해하는데 큰 유익이 있다.

츠빙글리의 취리히 종교개혁은 1519년에 그로스뮌스터(Grossmünster)에 부임하여 마태복음 강해 설교를 진행하면서 시작되었다. 츠빙글리는 1522년에 취리히의 인쇄업자인 크리스토프 프로샤우어(Christoph Froschauer)의 노동자들이 일으킨 "소시지 사건(Affair of the Sausages)"에 대해서 인간의 규율이 하나님의 율법과 일치하는 것은 아니라고 변호하면서 자신의 종교개혁적 신학을 외부에 직접적으로 표출했다. 그는 더 나아가 1523년 1월 3일 67개조 논제를 통해서 신학적 입장을 정리한 후에,[27] 같은 해 1월 29일에 제1차 취리히 논쟁을 통해서 시 의회 앞에서 자신의 신앙을 성공적으로 변증했다. 이제 취리히시는 츠빙글리의 신학을 그 신앙적 바탕으로 삼게 되었다.

본 장에서 츠빙글리와 관계된 내용의 일부는 필자의 다음 연구 논문 중에서 사용되었다. "츠빙글리(Ulrich Zwingli: 1484-1531)의 사회 윤리 사상."「신학지남」341 (2019).

[27] 츠빙글리의 작품은 1995년에 독일에서 Huldrych Zwingli Schriften I-IV가 출판되었으며 이것은 한글로 번역이 되어 전 4권으로 출판되었다. 츠빙글리의 "67개 논제" 본문은 다음을 보라. Zwingli, *Corpus Reformatorum* 89 Band II. "Auslegen und Gründe der Schlußreden," 14. Juli 1523, in *Huldreich Zwinglis Sämtliche Werke*, (eds.) Emil Egli und Georg Finsler (Leipzig: Heinsius Nachfolger, 1908), 1-457. 이하 *Corpus Reformatorum*은 *CR*로 약칭하기로 한다. 한글 번역본은 다음을 보라. 츠빙글리『츠빙글리 저작 선집 2』임걸 역 (서울: 연세대학교 대학출판문화원, 2018). 간략한 한글 소개는 다음을 참조하라. 강경림, "츠빙글리의 '67개조항': 개혁파 프로테스탄트 종교개혁 선언서,"『한 권으로 읽는 츠빙글리의 신학』정요석 편 (서울: 세움북스, 2019), 33-54.

2. 스위스 연방과 취리히의 역사적 배경

필립 샤프에 의하면 스위스 종교개혁은 세 단계로 발전되어 진행되었다.[28] 첫째는 츠빙글리의 종교개혁기(1516-1531)다. 독일어권 주에서 발단이 되어 발전한 시기로서 취리히가 신학적 중심이라고 할 수 있다. 둘째는 칼빈주의적 종교개혁기(1531-1564)로서 칼빈을 핵심으로 주로 프랑스어권에서 발전한 시기다. 셋째 츠빙글리와 칼빈의 뒤를 이어서 취리히의 불링거와 제네바의 베자가 종교개혁을 이어갔던 시기다. 이들은 자신의 전임자들의 종교개혁을 확고하게 만드는데 공헌했다.

스위스는 이미 1291년에 오스트리아에 대항해서 형성된 스위스 연방(Confederatio Helvetica)이 모체가 되어 주위의 지역을 정복하거나 매입하거나 혹은 자유로운 연합을 통해서 성장해 갔다. 취리히는 1351년에 이 스위스 연방에 가입했다. 츠빙글리의 종교개혁 당시에 스위스 연방은 모두 13개의 주로 구성되었다.[29] 츠빙글리의 종교개혁 사상은 인문주의에 의해서 오히려 강화되기까지 했던 그의 "애국주의(patriotism)"와 깊이 관계되어 있었다.[30] 실제로 츠빙글리는 이 스위스 연방이 분열되지 말고 신앙적 갱신과 사회적 개혁을 통해서 단결할 것을 촉구했다. 그러므로 츠빙글리의 신학은 스위스 연방이라고 하는 역사적인 문맥에서 해석되어야 더 명확한 이해를 얻을 수 있다.

---

28 필립 샤프, 『스위스 종교개혁』, 26-27.
29 Philip Schaff, *History of the Christian Church*. Vol. VIII. *The Swiss Reformation*, 박경수 역, 『스위스 종교개혁』 (서울: 크리스챤 다이제스트, 2004), 21-24.
30 W.P. Stephens, *The Theology of Huldrych Zwingli* (Oxford: Clarendon Press, 1986), 7-8.

종교개혁이 다른 지역보다 특히 북유럽의 도시에서 많이 성공한 것은 16세기의 사회-경제적 상황과 관련이 있다.[31] 취리히의 경우 종교개혁이 성공적으로 진행되었다고 할 때 츠빙글리가 설교와 논문을 통해서 개혁을 강력하게 요청한다고 하더라도 개혁의 실제적인 진행은 개혁을 주도하는 시 의회에 달려 있었다. 특히 츠빙글리는 하나님에 의해서 의롭게 된 인간은 동시에 취리히시에서도 정의를 세우는 시민이 되어야 한다는 강조점을 가지고 있었기 때문에 그의 개혁 운동은 사회적인 변혁과 필연적으로 맞물려 있었다. 또한 취리히의 종교개혁의 성공적 추진은 스위스 연방 가운데 로마 가톨릭을 지지하는 칸톤과의 역학 관계와도 밀접하게 관련된 사안이었다.

종교개혁 직전의 스위스 교회는 더 이상 개혁이 불가할 정도로 타락한 증후를 보였다. 성도들은 경건한 측면도 많았으나 성직자들의 무지와 미신 숭배와 도덕적 타락은 극에 달하고 있었다. 또한 스위스 청년들은 돈을 벌기 위해 주변 국가의 용병으로 나갔으며 이들에 의한 수입 증가와 방탕한 생활 습관은 스위스 교인들에게 악영향을 미치고 있었다. 그러므로 자신도 이탈리아에 용병으로 참전했었던 츠빙글리는 용병제의 폐단을 잘 알고 있었기에 이를 반대했다.[32]

---

31 Alister Edgar McGrath, *Reformation: An introduction*, 4th ed. (Oxford: Wiley-Blackwell, 2012), 16-20.
32 필립 샤프, 『스위스 종교개혁』, 25-26.

3. 츠빙글리의 생애

1) 청년 츠빙글리

울리히 츠빙글리는 1484년 1월, 스위스 동부의 토겐부르크(Toggenburg)의 빌트하우스(Wildhaus)에서 태어났다. 그의 이름 홀드리히(Huldrych)는 감사함으로 하나님께 영광을 돌리라는 뜻이다. 그의 부친은 토지를 많이 가지고 있고 정치적으로도 힘이 있는 지방의 지도자였기 때문에 자연스럽게 츠빙글리도 스위스 연방의 정치적인 상황을 이해하고 관여할 수 있었다. 츠빙글리는 부모에 의해 스위스 베른의 라틴어 학교에 보내졌고 후에는 오스트리아의 비인으로 갔다. 1502년에 교양학(Artes Liberales) 석사 학위를 받기 위해 바젤 대학에 등록했다. 약간의 학생들만이 이후 과정을 계속 공부했는데, 신학, 의학, 법학 가운데 한 과목을 택했다. 츠빙글리는 1506년 4월에 석사 학위를 받았고 신학을 한 학기 더 공부했다고 한다. 이 바젤에서 츠빙글리는 인문주의자들과 교제를 했고 종교개혁자들과 동역의 관계를 형성할 수 있었다.[33]

츠빙글리는 1506년 여름에 글라루스(Glarus)의 사제가 되었다. 이곳은 츠빙글리의 출생지에서 멀지 않은 곳으로 문맹의 교인들이 많았는데 이곳에서 츠빙글리는 백성들의 삶을 돌아볼 수 있었다.

츠빙글리는 주로 독학으로 신학 서적을 탐독했고 인문주의를 공부했다. 1516년에 츠빙글리는 바젤에서 유명한 인문주의자 에라스무스를 만

---

33 페터 오피츠, 『울리히 츠빙글리: 개혁교회의 예언자, 이단자 선구자』 정미현 역 (서울: 연세대학교 대학출판문화원, 2015), 15-16.

나 도전을 받아 성경 원어를 배워 읽을 수 있게 되었다. 그러나 에라스무스의 한계를 발견하고 진정한 신앙은 도덕적인 삶이 아니라 하나님의 아들 예수 그리스도의 십자가에서 완성한 구원 사역임을 중시하게 되었다. 그리스도가 모든 선의 원천이 되시는 것이다. 따라서 츠빙글리는 에라스무스의 헬라어 성경에서 영향을 받았지만 에라스무스의 신학적 한계를 보고 그것을 넘어 오직 믿음만이 구원으로 인도한다는 종교개혁 신앙으로 나가게 된다.

2) 종교개혁을 향한 길

츠빙글리는 기독교 연방 시민들의 구원을 위해 사역하는 성직자로서 이것과 정치 문제가 깊이 연관되어 있다는 것을 알고 있었다. 그 가운데 하나가 용병 문제이다. 그는 1515년 이탈리아 마리냐노의 비극적 전투에 참전한 이후 용병 제도를 반대하게 되었다. 스위스의 죄악은 사

(아인지델른 수도원)

회적 도덕심을 파는 용병임을 깨닫게 된 것이다. 그 이후 아인지델른(Einsiedeln)의 순례지 수도원 사제로 임명되었다(1516-1518). 이곳에서 츠빙글리는 순례 반대 설교를 했다.

츠빙글리는 1519년 1월 1일, 취리히로 옮겨서 사역을 하게 되었다. 이때부터 그는 인문주의자들의 방법에 따른 성경 연구에 근거해서 마태복음부터 강해 설교함으로 종교개혁의 길로 나가게 되었다. 그는 취리히에 만연해 있었던 미신과 교회 지도자들의 착취와 용병 제도에 분노했고, 그의 설교와 경건과 학문성으로 취리히에서 존경을 받게 되었다. 츠빙글리의 취리히 종교개혁은 일반적으로 1519년에 그로스뮌스터에 부임하여 마태복음 강해 설교를 진행하면서 시작된 것으로 본다.

츠빙글리의 말씀 사역을 행동으로 나타낸 첫 번째 경우는 1522년의 소시지 사건이었다. 당시 츠빙글리의 동료였던 취리히의 인쇄업자인 프로샤우어의 노동자들이 금식 규정을 어긴 것에 대해 공격이 있자, 그곳에 동석했었던 츠빙글리는 인간의 규율이 하나님의 율법과 일치하는 것은 아니라고 변호하는 설교를 했고(1522. 3. 29.) 이것을 "음식의 자유로운 선택에 대하여"라는 제하로 출판했다. 이 소논문은 루터의 "그리스도인의 자유에 관하여"(1520)와 같은 맥락의 글이다. 이것은 츠빙글리 자신의 종교개혁적 신학을 외부에 직접적으로 표출한 것이었다.

1519년 8월에 취리히에 극심한 전염병인 흑사병이 돌았고, 자신을 돌보지 않고 목회 사역에 전념하다 그 자신도 전염병에 감염되어 거의 죽을뻔 했다. 그해 말 12월 30일에 간신히 회복되면서 츠빙글리는 "흑사병의 노래"라는 시를 통해 오직 하나님의 은혜로 살아감을 고백하게 되었다. 이때 츠빙글리는 하나님의 섭리의 신학을 깊이 깨닫게 되었다.

츠빙글리는 면죄부 판매인이 취리히에 도착하면 축출시키기도 했고 미신과 권력을 남용하는 교황청에 대해서 예리하게 비판하기도 했다. 이때 1521년 루터의 보름스 회의 이후 루터에 대한 정죄 여론이 일자, 츠빙글리는 자신은 루터 이전에 성경을 통해 신학을 수립했음을 강조하면서 루터에게 영향을 받은 것이 아니라 동시대에 진행된 운동이라고 역설하기도 했다.

1522년에는 츠빙글리가 취리히 의회에 영향을 주어 용병 제도가 폐지되었다. 1523년에는 츠빙글리의 종교개혁이 잘 준비되어서 취리히 지방 의회는 츠빙글리를 지원하게 되었다. 취리히를 담당하던 로마 교회의 콘스탄츠 주교가 츠빙글리를 예의 주시했지만 츠빙글리는 성경에 기초한 자신의 설교를 중지하지 않았다.

츠빙글리는 1522년 7월에 동료들과 함께 사제 결혼 금지를 철회할 것을 요청하는 청원서를 주교에게 보냈다. 당시 사제들은 성적으로 타락해 있었고 위선적이었다. 츠빙글리는 1522년부터 세 명의 자녀를 둔 미망인이었던 안나 라인하르트(Anna Reinhart)와 "은밀한 부부관계"를 맺었고 1524년에 공식적으로 결혼하여 네 명의 자녀를 더 두었다.[34]

3) 종교개혁 신학의 형성과 발전

츠빙글리는 1523년 1월 3일 "67개조 논제"를 통해서 신학적 입장을 정리했다.[35] 첫 번 16개 조항에서 기독교의 복음을 명쾌하게 정리해 주

---

34 오피츠, 『울리히 츠빙글리』, 35-37.
35 츠빙글리의 작품은 1995년에 독일에서 Huldrych Zwingli Schriften I-IV가 출판되었으며 이것은 한글로 번역이 되어 전 4권으로 출판되었다. 츠빙글리의 "67개 논제" 본문은 다음을 보라. Zwingli, *Corpus Reformatorum* 89 Band II. "Auslegen und Grunde der Schlußreden," 14. Juli 1523, in *Huldreich Zwinglis Samtliche Werke*, (eds.) Emil Egli und Georg Finsler

었다. 복음의 핵심은 하나님의 아들 예수 그리스도가 하늘 아버지의 뜻을 전하셨고 우리를 죽음에서 건지셔서 하나님과 화해하도록 했다는 것이다. 그러므로 구원에 이르는 유일한 길은 직접적으로 예수 그리스도와 통하는 것이다.

같은 해 1월 29일에 제1차 취리히 논쟁을 통해서 시 의회 앞에서 자신의 신앙을 성공적으로 변증했다. 이제 취리히시는 츠빙글리의 신학을 바탕으로 삼아 도시 공동체의 개혁으로 나가게 되었으며 더 이상 중단되지 않게 되었다. 취리히는 1524년에 교회 안의 성화를 제거했고 종교적 축제를 재규정하게 되었다.

취리히 시 의회의 두 번째 논쟁은 1523년 10월 26일에 열렸다. 여기에는 종교개혁을 후원하는 자들이 압도적으로 많았다. 1524년 말까지 수도원이 단계적으로 철폐되었는데 이것은 의미있는 종교개혁의 진전이었다. 1525년에는 교회 재정 규정 가운데 자선에 대한 내용이 새로 제정되었다. 같은 해 5월에는 결혼에 대한 사항이 기초되었다. 1528년 4월 8일에는 개혁교회의 상징과도 같은 노회가 형성되었다. 1년에 2회 회합하여 말씀 선포 사역과 목회의 일을 관장하게 했다. 취리히 노회 규정은 현재까지도 이어지고 있다. 츠빙글리는 성경의 목자를 "감독관"과 "예언자"로 보았는데, 츠빙글리의 이 교회 직제론은 개혁파의 흐름인 마틴 부처(스트라스부르그)와 칼빈(제네바)으로 흘러갔다.[36]

(Leipzig: Heinsius Nachfolger, 1908), 1-457. 이하 *Corpus Reformatorum*은 CR로 약칭하기로 한다. 한글 번역본은 다음을 보라. 츠빙글리 『츠빙글리 저작 선집 2』 임걸 역 (서울: 연세대학교 대학출판문화원, 2018). 간략한 한글 소개는 다음을 참조하라. 강경림, "츠빙글리의 '67개조항': 개혁파 프로테스탄트 종교개혁 선언서," 『한 권으로 읽는 츠빙글리의 신학』 정요석 편 (서울: 세움북스, 2019), 33-54.

36 오피츠, 『울리히 츠빙글리』, 80-83.

인문주의의 대가로서 큰 영향을 끼치고 있었던 에라스무스는 1524년에 자유 의지를 적극적으로 옹호한 바 있다. 그러나 츠빙글리는 바로 다음해인 1525년에 출판된 『참된 종교와 거짓된 종교에 관한 주석』을 통해서 개혁주의 편에서는 처음으로 조직신학적 저서를 펴냈다.[37] 이때 츠빙글리의 신학적 체계가 완전하게 형성된 것으로 본다. 이것은 프랑스의 왕 프란시스 1세에게 헌정된 라틴어 저작이었다. 여기에는 하나님에 대한 인식과 인간에 대한 인식, 하나님 앞에서 인간의 존재 등 개혁신학의 핵심적 내용이 나타난다.

츠빙글리의 종교개혁에 있어서 가장 중요한 것은 그것이 성경에 근거한 운동이었다는 점이다. 1525년에 츠빙글리 종교개혁의 제도적 핵심인 "렉토리움"이 문을 열었다. 이것은 나중에 "프로페자이(Prophezei)로 이름이 바뀌었다. 취리히의 교회 지도자와 라틴어 학교 고학년 학생들, 함께 성경을 연구하려는 자들이 일주일에 5회씩 모였다. 먼저 성령의 임재를 구하는 기도를 한 후에 히브리어 교사의 구약 주석과 츠빙글리의 70인역 헬라어 구약 성경(Septuaginta)의 주석, 그리고 라틴어 주석의 독일어 설명의 순서로 진행되었다. 이것은 취리히의 고등 교육의 한 요람이라고 할 수 있다. 이 모임에서는 점차 독일어로 예언자적인 말씀의 선포가 이루어지고 있었다.

이 렉토리움은 종교개혁의 대의명분을 제도화 한 것이었다. 이 과정

---

37 Zwingli, *CR* 90 Band III. "De vera et falsa religione commentarius," Marz 1525, in *Huldreich Zwinglis Samtliche Werke*, (eds.) Emil Egli, Georg Finsler und Walther Kohler (Leipzig: Heinsius Nachfolger, 1914), 590-912. 이 가운데 국가에 대한 사상은 "De magistratu" 부분(867-888)에 등장한다. 츠빙글리, "참된 종교와 거짓된 종교에 관한 주석" 『츠빙글리 저작 선집 3』 공성철 역 (서울: 연세대학교 대학출판문화원, 2017). 이 작품에 대한 설명은 다음을 참조하라. 조용석, "참된 종교와 거짓된 종교에 대한 주해," 『한 권으로 읽는 츠빙글리의 신학』 정요석 편 (서울: 세움북스, 2019), 127-145.

에서 많은 성경 번역과 주석이 등장했다. 출판업자였던 프로샤우어의 이름을 따라 프로샤우어 성경(Froschauer Bibel)이라 불리웠던 독일어 성경은 1531년 츠빙글리를 중심으로 공동으로 작업된 종교개혁 성경이다. 1531년에 처음으로 완성된 종교개혁 성경인데, 츠빙글리를 중심으로 공동으로 작업된 것이었다. 츠빙글리의 성경 운동은 동시에 인문주의적인 운동이었고 당시 유럽 최고의 고등 교육이었으며 당대 개혁주의 아카데미의 모델이었다.

4) 종교개혁 신앙과 시민 사회

츠빙글리는 종교개혁 신학이 단지 한 개인에게 한정되는 것이 아니라 교회와 그리스도인이 살아가고 있는 사회에 영향을 끼쳐야 한다고 보았다. 이런 배경에서 츠빙글리는 하나님의 정의와 인간의 정의를 논하고 있다.[38] 츠빙글리에 의하면 하나님의 정의는 절대적인 것이라서 인간의 정의로 그것을 이룰 수 없지만, 국가를 통해서 사회 안에서 하나님의 정의가 이루어 질 수 있도록 최선의 삶을 살아야 할 것을 강조했다.[39] 실제로 이런 정신이 츠빙글리의 "하나님의 정의, 인간의 정의"(1523)를

---

38 Zwingli, *CR* 89 Band II. "Von gottlicher und menschlicher Gerechtigkeit"30. Juli 1523, in *Huldreich Zwinglis Samtliche Werke*, (eds.) Emil Egli, und Georg Finsler (Leipzig: Heinsius Nachfolger, 1908), 458-525. 츠빙글리, "하나님의 정의 인간의 정의"『츠빙글리 저작 선집 1』 임걸 역 (서울: 연세대학교 대학출판문화원, 2014), 197-261.

39 츠빙글리에 의하면 하나님의 정의는 절대적인 것이며, 인간의 정의는 인간 사회의 파멸을 방지하기 위한 최소한의 정의다. 이 두 정의는 하나님으로부터 기원하고 하나님의 말씀을 매개로 한다는 점에서 밀접한 관계를 갖는다. 그러나 하나님의 정의가 인간의 동기를 주목하는 반면, 인간의 정의는 행위를 중시한다는 점에서는 서로 다르다고 할 수 있다. 다음을 참고하라. 최영재, "츠빙글리의『하나님의 정의와 인간의 정의』에 관하여,"「장신논단」제49권 (2017), 133-134.

관통했다. 츠빙글리에 의하면 종교개혁은 한 개인의 신앙생활뿐 아니라 교회와 사회와 같은 공동체에 영향을 미치는 것이었다. 사실상 츠빙글리는 루터와 같이 개인의 칭의에 대한 강조뿐 아니라, 신자들 안에 계시는 그리스도를 닮아가는 삶에 신학적 무게를 두었다고 볼 수 있다.[40]

츠빙글리는 개인적으로 보면 인간의 규율과 하나님의 율법을 구분하면서 본격적으로 종교개혁 사상을 표출했다.[41] 역사적으로 보면 츠빙글리의 종교개혁은 스위스 연방에 속했던 도시 국가들 중에서 로마 가톨릭의 지배에서 벗어나려는 정치적인 경향과 맞물려 진행되었다. 츠빙글리가 신성 로마 제국의 개념과 그 제국과 결합된 로마 가톨릭교회의 신앙이라는 중세적인 상황에서 종교개혁 신앙의 자유를 획득할 수 있는 길은 개혁주의 신학과 스위스 도시 국가가 연대하는 것이었다. 츠빙글리가 의도하는 연방은 각 지역의 대표가 정기적으로 맹세를 해서 새로 갱신하는 동맹으로 맺어진다. 이것은 일차적으로는 세속적인 것이지만 동시에 영적인 것이기도 했다.[42]

5) 마부르그 회담(1529)

신성 로마 제국에서 츠빙글리를 후원하고 있었던 헷센의 필립 백작(Landgraf Philip von Hessen)이 개신교 진영의 분열을 막고 연합을 도모하고자 1529년 10월에 마부르그에서 종교개혁 지도자들의 회합을 개최했다. 여기에는 츠빙글리뿐 아니라 바젤의 종교개혁자 외콜람파디우스

---

40 A. McGrath, *Reformation: An introduction*, 128-129.
41 조용석, 『츠빙글리』 (서울: 익투스, 2012), 39-41.
42 오피츠, 『울리히 츠빙글리』, 93-97.

스, 스트라스부르그의 마틴 부처도 동행했다. 사실상 츠빙글리는 루터가 제안했던 14개의 신학적 논제에 모두 동의했지만 성례전에 대한 신학에서만 일치하지 못했다. 아마 츠빙글리는 스위스 연방 출신이라 서로의 다양한 사고를 인정하는 측면에서 루터보다 더 열려있었던 것으로 보인다. 회담에 참여했던 루터는 신학적 동지로 손을 내밀었던 츠빙글리를 거부했다. 루터는 "우리는 서로 영이 다르다!"고 보았고, 결국 개신교와 가톨릭의 신학적 분리 이후에 개신교는 루터파와 츠빙글리파로 갈라서게 되었다.

(마부르그 성의 내부)

6) 스위스 연방과 츠빙글리의 최후

종교개혁은 신앙의 문제뿐 아니라 정치와 경제 및 문화적인 측면이 역동적으로 얽히면서 진행되었는데 특히 스위스의 경우가 더욱 그랬다. 연방주의적 인식을 바탕으로 계약을 깨뜨리는 자에 대한 처벌을 중시하는 경향이 강했다. 전쟁의 문제만 해도, 군인뿐 아니라 모든 국민이 전쟁에 참여했다. 츠빙글리 또한 이런 맥락에서 1529년 1차 카펠 전투에 참여했다. 1차 평화 조약을 체결하기는 했지만 긴장은 가라앉지 않았다. 결국 1531년에 분열과 오해 끝에 베른이 10월 11일에 취리히에 전쟁을 걸었다. 이때 츠빙글리도 비참하게 전사하게 되었다.

(츠빙글리의 전사지)

4. 츠빙글리 신학의 형성

1) 인문주의와 민족주의

츠빙글리가 청년기에 비엔나와 바젤에서 접했던 인문주의는 그의 종교개혁이 내면적인 개혁에서 시작해서 도덕적이고 사회적인 개혁으로 나아가는 성격이 강한 이유를 설명해 주며, 이것은 츠빙글리를 루터와 대조해 주는 중요한 지점이 된다. 그러므로 츠빙글리의 종교개혁 사상의 저변에는 인문주의적 요소와 민족주의적 요소가 병존한다고 볼 수 있다. 실제적으로 츠빙글리는 1529년 마부르그 회담에서 루터의 성찬론과 명확하게 결별하는 길로 갔는데, 이미 1524년에 제기된 스위스 연방을 향한 그의 신학적 반추에서부터 루터파와 다른 그 자신의 종교개혁적 노선이 예비되고 있었다고 평가할 수 있다.

2) 하나님의 말씀의 신학

(1) 츠빙글리 종교개혁의 출발점: 하나님의 말씀

취리히의 종교개혁이 출범하여 진행되면서 취리히는 스위스 연방에 큰 영향력을 행사하고 있었다. 그 핵심부에 츠빙글리가 위치한다. 그런데 이 취리히 종교개혁은 츠빙글리라고 하는 한 신학자의 종교적 체험과 열정에서 시작되었다고 보기보다는 하나님의 말씀의 권위를 발견하는 것으로부터 출발한 것이라고 기술하는 것이 더 옳을 것이다.[43] 실제로 츠빙글리의 종교개혁의 시발점으로 인식되고 있는 것은 1519년 1월 1일 마태복음 1장부터 시작한 성경 전체를 연속적으로 강해하는 렉시오 콘티누아(Lectio Continua)였다.[44] 그 과정을 통해서 츠빙글리 자신이 성경에서 믿음(fides)으로, 그리고 은혜(gratia)로 구원받는 신학이 심화되었다.[45]

---

43 Peter Opitz, "The authority of Scripture in the Early Zurich Reformation (1522-1540)," *Journal of Reformed Theology* 5 (2011): 296-309.

44 일반적으로 츠빙글리가 종교개혁을 시작한 시점을 1519년으로 잡는다. 이런 의미에서 2019년은 개혁교회의 종교개혁이 일어난 지 500년이 되는 해가 된다.

45 Henk van den Belt, "Sola Scriptura: An Inadequate Slogan for the Authority of Scripture," *Calvin Theological Journal* 51 (2016), 210-211.

츠빙글리에서 시작된 스위스 종교개혁이 루터를 포함한 다른 지역의 종교개혁과 공유하는 신학 사상은 "오직 성경으로"이었다. 츠빙글리나 루터나 공히 성경을 하나님의 말씀으로 간주했다.[46] 그러므로 성경은 츠빙글리 신학의 출발점이면서 동시에 종착점이었으며 최고의 권위를 가진 것이었다.[47] 실제로 츠빙글리는 취리히를 관할하고 있었던 가톨릭의 콘스탄츠 주교의 눈치를 보지 않고 성경에 근거하여 가열 차게 설교해 나갔다. 취리히시 의회 역시 츠빙글리의 설교를 지지했다. 그 결과 취리히는 로마 교회로부터 독립하면서 종교개혁 도시로 확고하게 설 수 있었다.[48] 그러므로 츠빙글리의 종교개혁이 취리히는 물론 전체 스위스 연방에 영향을 미칠 수 있었던 무기는 바로 하나님의 말씀이라고 요약할 수 있다. 츠빙글리는 스위스 연방을 위기에서 구하는 길은 하나님의 말씀의 신실한 선포와 그 말씀을 경청하는 것이라고 결론내리고 있다.[49]

(2) 확실하고 능력 있는 하나님의 말씀

츠빙글리는 기독교 신앙의 뿌리는 성경이라고 보았다. 츠빙글리는 그의 초기 작품부터 성경을 통해서 인간은 살아있는 하나님의 말씀을 만나고 영감을 얻고 붙잡힌바 되고 위로받고 기쁘게 되고 새롭게 된다

---

46 Mark D. Thompson, "Reformation Perspectives on Scripture: The Written Word of God," *The Reformed Theological Review* 57, 3 (1998), 112-115.
47 William Boekenstein, "Ulrich Zwingli on Sola Scriptura: The Clarity and Certainty of Scripture in Zwingli's Theology," *Puritan Reformed Journal* 10,1 (2018): 106-118.
48 후스토 곤잘레스, 『종교개혁사』 (서울: 은성, 2012), 83-90.
49 Zwingli, *CR* 90, 112. "Und das er in den hertzenn der mentschen ußgelöscht werd, so verschaffend, daß das götlich wort trülich by üch gepredget werde."

고 보았는데 그 이유는 인간은 하나님의 형상이기 때문이다.[50] 츠빙글리는 외적인 말씀과 참되게 듣는 하나님의 말씀을 구분하면서,[51] 하나님의 말씀을 성령과 긴밀하게 연결시키고 있다.[52] 츠빙글리의 강조점은 설교하는 사람이나 선포하는 말씀 자체에 있는 것이 아니라 하나님에게 있다. 하나님의 말씀은 하나님으로부터 온 것이다.

츠빙글리에 의하면 하나님의 말씀은 명확해서 독자들은 성경 본문에서 직접 그 의미를 파악할 수 있다고 보았다. 하나님의 말씀은 확실하고 능력이 있어 이 세상의 모든 사물들이 하나님의 계획을 따르게 되어있다.[53]

이 하나님의 말씀은 인간이 세상을 바라보는 관점을 그 기초부터 수정하게 해 준다. 하나님과 그의 아들이신 예수 그리스도에서 나오신 성령의 명확성과 능력으로 하나님의 말씀은 인간을 하나님과 연결해 주며

(취리히의 그로스뮌스터와 시내 모습)

---

50 Zwingli, "하나님 말씀의 명확성과 확실성," 『츠빙글리 저작 선집 1권』 임걸 역 (서울: 연세대학교 대학출판문화원, 2014), 152-153. 이 작품은 츠빙글리의 초기인 1522년에 나온 것이다.
51 김재성, "츠빙글리의 성경관과 스위스 종교개혁의 특징들," 『한 권으로 읽는 츠빙글리의 신학』 정요석 편 (서울: 세움북스, 2019), 176.
52 W.P. Stephens, *The Theology of Huldrych Zwingli*, 170-171.
53 Zwingli, "하나님 말씀의 명확성과 확실성," 153.

역동성 있게 해 준다.[54]

(3) 하나님의 말씀과 스위스 연방의 개혁

츠빙글리는 그의 작품 "스위스 연방에 대한 간곡한 경고"에서 스위스 연방을 무너뜨리는 인간의 이기심은 하나님의 말씀을 진실하게 선포할 때 사라질 것이라고 확신 있게 주장한다. 하나님이 없는 마음에는 인간만 존재할 뿐이다. 인간만 존재하게 될 때 인간은 자신의 이기적인 이익과 향락을 향해 살게 된다. 그러나 만약 그 마음에 하나님이 존재한다면 그는 하나님이 원하는 것을 하게 된다. 결국 그의 삶은 하나님의 영광과 이웃의 유익을 위한 삶이 되는 것이다.[55] 츠빙글리는 스위스 연방 가운데 여전히 하나님을 두려워할 줄 아는 사람들이 많이 성장하고 있다는 희망적인 메시지를 남기고 있다. 그들은 악마의 도전 속에서도 하나님을 두려워함으로 스위스 연방을 방어해 낼 것이다. 그는 하나님을 두려워하는 곳에 하나님의 도우심이 있기 때문이라고 결론내리고 있다.[56]

3) 하나님의 정의와 인간의 정의

앞으로의 츠빙글리 연구는, 로처(Gottfried W. Locher)가 강조한 바와 같이, 츠빙글리 자신이 의도했던 바에 근거해서 진행되어야 하며 츠빙

---

54 페터 오피츠, 『울리히 츠빙글리: 개혁교회의 예언자, 이단자 선구자』 정미현 역 (서울: 연세대학교 대학출판문화원, 2015), 38-41.
55 Zwingli, *CR* 90, 112.
56 Zwingli, *CR* 90, 113.

글리 자신의 전제에 기초해서 이해되어야 할 것이다.[57] 츠빙글리는 개인적으로 보면 인간의 규율과 하나님의 율법을 구분하면서 본격적으로 종교개혁 사상을 표출했다.[58] 역사적으로 보면 츠빙글리의 종교개혁은 스위스 연방에 속했던 도시 국가들 중에서 로마 가톨릭의 지배에서 벗어나려는 정치적인 경향과 맞물려 진행되었다. 츠빙글리가 신성 로마 제국의 개념과 그 제국과 결합된 로마 가톨릭교회의 신앙이라는 중세적인 상황에서 종교개혁 신앙의 자유를 획득할 수 있는 길은 개혁주의 신학과 스위스 도시 국가가 연대하는 것이었다. 츠빙글리는 종교개혁 신학이 단지 한 개인에게 한정되는 것이 아니라 교회와 그리스도인이 살아가고 있는 사회에 영향을 끼쳐야 한다고 보았다.

이런 배경에서 츠빙글리는 하나님의 정의와 인간의 정의를 논하고 있다.[59] 츠빙글리에 의하면 하나님의 정의는 절대적인 것이라서 인간의 정의로 그것을 이룰 수 없지만, 국가를 통해서 사회 안에서 하나님의 정의가 이루어 질 수 있도록 최선의 삶을 살아야 할 것을 강조했다.[60] 실제로 이런 정신이 츠빙글리의 "하나님의 정의, 인간의 정의"의 저변에 놓여있다.

---

57 Gottfried W. Locher, Zwingli's thought: New perspectives (Leiden: E.J. Brill, 1981), 44.
58 조용석, 『츠빙글리』 (서울: 익투스, 2012), 39-41.
59 Zwingli, CR 89 Band II. "Von göttlicher und menschlicher Gerechtigkeit"30. Juli 1523, in *Huldreich Zwinglis Samtliche Werke*, (eds.) Emil Egli, und Georg Finsler (Leipzig: Heinsius Nachfolger, 1908), 458-525. 츠빙글리, "하나님의 정의 인간의 정의"『츠빙글리 저작 선집 1』 임걸 역 (서울: 연세대학교 대학출판문화원, 2014), 197-261.
60 츠빙글리에 의하면 하나님의 정의는 절대적인 것이며, 인간의 정의는 인간 사회의 파멸을 방지하기 위한 최소한의 정의다. 이 두 정의는 하나님으로부터 기원하고 하나님의 말씀을 매개로 한다는 점에서 밀접한 관계를 갖는다. 그러나 하나님의 정의가 인간의 동기를 주목하는 반면, 인간의 정의는 행위를 중시한다는 점에서는 서로 다르다고 할 수 있다. 다음을 참고하라. 최영재, "츠빙글리의 『하나님의 정의와 인간의 정의』에 관하여," 「장신논단」 제49권 (2017), 133-134.

츠빙글리에 의하면 종교개혁은 한 개인의 신앙생활뿐 아니라 교회와 사회와 같은 공동체에 영향을 미치는 것이었다. 사실상 츠빙글리는 루터와 같이 개인의 칭의에 대한 강조뿐 아니라, 신자들 안에 계시는 그리스도를 닮아가는 삶에 신학적 무게를 두었다고 볼 수 있다.[61]

4) 국가관

로처(Gottfried W. Locher)에 의하면 츠빙글리의 국가관은 지금까지 긴급할 때 뿐 아니라 원칙적인 측면에서도 기독교 위정자에 대한 교회의 책임을 강조했고, 정부를 감시하는 선지자적이고 비판적인 직무를 교회에 부가했으며, 국민들은 국가가 그리스도의 지도에서 벗어났을 때는 저항할 수 있다고 보는 것이 일반적인 해석이었다.[62] 그에 의하면 이런 주장들은 기본적인 신학적 입장에서 진술된 것일 뿐이다. 그러나 로처가 잘 지적한 것처럼 츠빙글리의 종교개혁 사상은, 특히나 국가와 사회에 대한 사상은, 실제 스위스 연방(Swiss Confederation)의 역사적 맥락에서 해석되어야 한다. 보다 넓게 보아 종교개혁 자체를 심도있게 이해하고자 한다면, 종교개혁이 16세기 근세 초기 유럽의 역사적 발전과 밀접하게 관련되어 있다는 것을 인식하는 것이 중요할 것이다.[63]

---

61 A. McGrath, *Reformation: An introduction*, 128-129.
62 Gottfried W. Locher, *Zwingli's Thought: New Perspectives*, 63-64.
63 종교개혁은 교리적으로 이해되어야 하지만 동시에 15세기 말, 16세기 초의 유럽 역사의 발전과 밀접하게 연관지어 이해하는 것이 중요하다. 종교개혁은 당시의 사회적 맥락을 떠나서 이해할 수 없을 것이다. 예를 들어, 오버만(H. Oberman)은 종교개혁을 16세기 가톨릭의 박해로 파생된 난민들의 신학적 동향과 관련을 짓고자 했다. 다음을 보라. Heiko A. Oberman, "Europa afflicta: The Reformation of the Refugees," *Archiv für Reformationsgeschichte* 83 (1992), 91-111; _____, "One Epoch-Three Reformations," in *Reformation: Roots and Ramifications* (trans.) N.C, Gow (Edinburgh: Clack, 1994). 스위스의 제네바 종교개혁의 경

5) 츠빙글리와 루터

맥그래스는 루터와 츠빙글리의 국가관이 다름에도 불구하고 중요한 공통점이 있다는 것을 여섯 가지로 제시한 바 있다.[64] 첫째 루터나 츠빙글리 모두 정부를 죄의 결과로 보았다는 것이다. 둘째 두 개혁자 모두 공동체(community) 안에 있다고 해서 기독교인이라고 할 수 없다는 것이다. 셋째 공동체 안에서 권위를 사용하는 사람은 하나님의 권위로 그렇게 하는 것이라는 점이 일치된다. 넷째 급진 종교개혁 운동과는 달리 두 개혁자 모두 기독교인들은 공직을 가질 수 있다고 주장했다. 다섯째 루터와 츠빙글리 모두 사적인 윤리와 공적인 윤리를 구별했다는 점이다. 예컨대, 산상 수훈에서 저항하지 말라는 것은 개인적인 윤리에 적용되는 것이지만, 공직을 가지고 있는 기독교인들의 경우는 다르다는 것이다. 마지막 여섯째로 두 개혁자 모두 정의의 유형을 기독교인과 국가와 관련시켰다는 것이다. 츠빙글리에 의하면 복음이 내적인 의를 증진시킨다면 국가는 법을 지키도록 만들어서 외적인 의를 고취시키는 것이다.

그러므로 바로 이 여섯째 부분에서 루터와 츠빙글리의 사회 사상이 갈린다고 할 수 있다. 루터는 하나님의 정의와 인간의 정의 사이의 긴장

우 내피(William G. Naphy)는 당시 제네바의 1차 역사 자료를 중심으로 제네바의 종교적 강화 현상을 잘 드러냈다. 다음을 보라. William G. Naphy, *Calvin and the Consolidation of the Genevan Reformation* (Manchester and New York: Manchester University Press, 1994). 이와 같은 역사적 접근 덕분에 종교개혁에 대한 엄밀한 사료 분석 없이 전제론적으로 강조되는 교리적인 주장은 그것이 종교개혁 신학에 대해 변증적이든 비판적이든 설득력을 갖기 어렵다. 종교개혁을 15세기 말과 16세기의 정치, 경제, 사회적 배경에서 연구하고 교부 수용의 맥락에서 연구하는 등 새로운 종교개혁 연구 경향에 대해서는 다음을 참조하라. 안인섭, 『칼빈과 어거스틴』 (서울: 그리심, 2009), 63-73.

64   A. McGrath, *Reformation: An introduction*, 216.

(tension)을 강조했다면, 츠빙글리는 하나님의 정의는 내적인 것을 관할하고 인간의 정의는 외적인 것을 주장한다고 보아서 이 두 정의는 서로 모순된다고 보지 않은 것이다. 결국 츠빙글리는 루터보다 국가를 더 긍정적으로 조명했다.

샤프는 사회 사상과 관련하여 루터파와 비교할 때 드러나는 개혁주의의 특징을 다음과 같이 정리해 주었다. 루터와 츠빙글리 모두 교회가 국가와 관련되는 것으로 이해했으나, 스위스 개혁주의는 공화정적인 독립 의식을 가지고 국가를 운영했다는 것이다.[65] 특히 스위스 개혁주의는 예배 의전을 최대한 단순화시키면서 성도들의 삶 속에서 하나님을 경외하고 용기 있는 도전적인 삶을 살 것을 강조했다.

종합적으로 정리해 볼 때, 츠빙글리는 스위스 연방의 역사적 토대 위에서 교회와 시민 사회 두 영역을 그리스도의 왕국을 매개로 통합했다고 할 수 있다.[66] 제네바의 경우 스위스 연방 가운데서 가장 늦게 종교개혁 대열에 합류했고 프랑스 사람이었던 칼빈(John Calvin)이 종교개혁을 완성해 가는 상황이었다.[67] 그러므로 츠빙글리는 스위스 연방의 역사적 발전 속에서 중심적이고 대표적인 스위스 종교개혁의 발원지가 되었다고 평가할 수 있다. 츠빙글리의 사회 윤리 사상에 나타난 바와 같이 공공의 삶의 영역에서 기독교인의 책임을 강조하는 의식은 현대 국가에도 동일한 무게로 교훈을 준다고 할 것이다.[68]

---

65 필립 샤프, 『스위스 종교개혁』, 27-31.
66 Emidio Campi, *The Swiss Reformation*: *Ulrich Zwingli, Pietro Martyr Vermigli, Heinrich Bullinger*, 김병훈, 박상봉, 안상혁 이남규, 이승구 공역, 『스위스 종교개혁: 쯔빙글리, 베르밀리, 불링거』 (수원: 합신대학원출판부: 2016), 15-21. 그리고 37-50.
67 스위스 제네바와 칼빈의 종교개혁과의 관련을 위해서는 다음을 보라. 안인섭, 『칼빈』 (서울: 익투스, 2015), 221-54.
68 Gottfried W. Locher, "The change in the understanding of Zwingli in recent research,"

5. 츠빙글리의 사회 윤리 사상

포터(G.R. Potter)에 의하면 스위스 종교개혁이 1524년부터 1526년 사이에 놀라운 속도로 확산되자 이 지역의 가톨릭이 동요되기 시작했다. 남부 독일의 대도시들이 스위스와 밀접하게 연대하는 상황이 되었다.[69] 스위스 연방 가운데 종교개혁을 반대하는 지역들이 루체른에서 동맹을 결성했다. 이런 위협은 1524년 4월에 발생했는데 로마 가톨릭교회의 신학에 여전히 머물러 있을 것을 천명했으며 이 신앙을 버리면 제재를 가하도록 했다. 취리히에서 종교개혁을 선도하던 츠빙글리는 스위스 연방의 위기 상황 가운데 같은 1524년 5월 2일자로 "스위스 연방에 대한 간곡한 경고"를 출판하여 스위스인들의 이기적인 삶의 변화를 촉구했다. 이 작품은 1522년에 나온 츠빙글리의 "슈비처 사람들에 대한 하나님의 경고"와 같은 맥락을 이루고 있다.[70] 츠빙글리는 자신이 신실한 마음으로 스위스 연방을 사랑하고 있으며 자신의 주장을 들어줄 것을 강력하게 천명하고 있다.[71] 츠빙글리의 "스위스 연방에 대한 간곡한 경고"를 중심으로 츠빙글리의 사회 윤리 사상을 알아보자.

1) 사회 윤리의 신학적 기초

Church History 34, 1 (1965), 19.
69 G.R. Potter, *Zwingli* (Cambridge: Cambridge University Press, 1976), 225.
70 Zwingli, *CR* 89 Band I. "Eine göttliche Vermahnung an die Eidgenossen zu Schwyz,"16. Mai 1522, in Huldreich Zwinglis Sämtliche Werke, (eds.) Emil Egli, und Georg Finsler (Leipzig: Heinsius Nachfolger, 1904), 155-188. 츠빙글리『츠빙글리 저작 선집 1』임걸 역 (서울: 연세대학교 대학출판문화원, 2014), 107-133.
71 Zwingli, *CR* 90, 103.

(1) 스위스 사회를 향한 신앙의 자유의 의미

츠빙글리의 종교개혁은 한 마디로 자유의 종교개혁(Reformation der Freiheit)이라고 할 수 있다.[72] 스위스는 성경에 근거하여 중세의 신학과 교황권의 억압으로부터 자유를 추구해 왔다. 츠빙글리에 의하면 그동안 스위스는 "하나님이 주신 자유"를 사용하여 외국에서 박해받던 난민들을 환대함으로 "외국인들의 행복을 위해서도 도움"이 되어 왔다.[73] 자국에서 종교개혁 신앙을 가졌다는 이유 때문에 핍박을 받았던 자들에게 스위스는 신앙의 자유를 제공하는 피난처였다. 츠빙글리는 스위스의 선조들이 부도덕한 귀족과 외국의 지배자에 대해서 용감하게 싸우고 성실하게 일해서 스위스 연방의 자유를 획득했음을 환기시키고 있다.[74]

츠빙글리는 그래서 스위스에는 악한 귀족들이 존재할 수 없었다고 말한다.[75] 그러나 현재는 악한 스위스의 제후들이 다시 나타났다. 그들은 스위스를 찾아온 종교적 난민들이 노동하지 않고 사치하고 있다고 불만을 표현하면서 배타적 이기심으로 가득 차 있었다. 츠빙글리는 이런 경향은 종교개혁 정신에 반하는 것이라고 비판하면서 스위스의 신앙의 자유와 번영은 신앙의 자유를 보호하기 위해 사용해야 한다는 것을 명확하게 했다.

---

72 주도홍, "왜 개혁교회 종교개혁 500주년인가?" 제46차 한국개혁신학회/ 제20회 개혁주의생명신학회 발표논문 (백석대학교, 2019.5.25.), 88-91.

73 Zwingli, CR 90, 104. "Daran man wol vermercken kan, das üwere fryheit von gott nit allein üch, sunder ouch den frömbden zu gutem angesehen ist, cas sy under üwerem schirm glych als in einer fryheit zuflucht und frist hettind."

74 Zwingli, CR 90, 105-106. "... dann üwre vordren geubt hand: I. Die hand den mutwilligen adel vertriben II. und sich mit surer arbeyt ernert III. und mit herten streychen und geværd vor der herschafft erredt."

75 Zwingli, CR 90, 106.

결국 하나님이 주신 자유를 종교의 자유를 보호하기 위해 사용하기를 싫어하는 제후들 때문에 이들을 지지하는 자들과 반대하는 자들로 스위스 사회는 분열되고 말았다. 츠빙글리는 스위스 연방이 갈등으로 멸망할 위기를 맞고 있다고 강력하게 지적하고 있다.[76]

츠빙글리는 이미 2년 전인 1522년에 소위 "소시지 사건"에 대해서 하나님의 법을 따르는 자들의 자유를 대외에 표명한 바 있다. 그러나 츠빙글리에 의하면 하나님이 주신 자유를 이기적으로 사용하게 되면 다툼이 있을 뿐이다.[77] 스위스 연방의 소망은 이기적인 정쟁을 그치고 하나님의 도우심을 구함에 있다고 츠빙글리는 강조하고 있다.[78] 결국 츠빙글리를 따르면 스위스 연방은 하나님이 주신 자유를 신앙의 자유를 보호하기 위해 사용해야 하며, 자기중심적으로 분열하면 스위스 연방은 비극적인 미래를 맞을 수도 있다는 것이다. 바로 이 부분이 츠빙글리의 자유에 대한 신학이 그의 사회 윤리 사상과 만나는 접점이 되는 것이다.

한편 취리히에서는 1525년 1월 21일 츠빙글리를 따랐던 조지 블라우록(George Blaurock)이 콘라드 그레벨(Conrad Grebel)로 하여금 자신에게 성인 세례를 베풀도록 함으로 유아 세례를 반대하고 "신자들의 세례(believers' baptism)"를 주장하는[79] "첫 번째 성인 세례(the first adult

---

76 Zwingli, *CR* 90, 104-105. "Daruß wurde denn der zwytracht erwachßen, also, das vatter und sun, bruder wider bruder, und gsellen und nachburen wider einandren verhetzt wurdind: Demnach, als gott redt, möcht das rych, das in imm selbs zwyträchtig ist, nitt beston [*cf. Matth. 12. 25*], und wurde ein Eydgnosschafft ouch mussen zergon."
77 Zwingli, CR 90, 105. "Getrüwen, lieben herren! Sehend ir nit, daß diser ratschlag zu eim teyl für sich gangen ist? Der eygen nutz ist under üch gesäyet und der zwytracht ouch hernach gevolgt."
78 Zwingli, *CR* 90, 105.
79 W.P. Stephens, *The Theology of Huldrych Zwingli*, 38-39.

baptism)"가 발생했다.[80] 그러나 이 급진적인 사건은 츠빙글리의 현재의 저작이 기록된 다음 해에 발생한 것이었다. 따라서 츠빙글리는 이들에 대한 언급 없이 종교개혁의 자유의 개념을 마음껏 강조하고 있는 것을 볼 수 있다.

(2) 스위스 연방의 화해와 평화를 위한 길: 회개

츠빙글리의 스위스 종교개혁은 처음부터 사회적이고 정치적인 성격을 공유하고 있었으며, 국가적이고 국제적인 측면이 강했다.[81] 당시 스위스 시민들이 스위스 사회를 바라보는 시선은 냉소적이었다. 스위스가 프랑스 왕과 연대했기 때문에 스위스 연방이 해체될 것이라는 비판이었다. 그러나 츠빙글리는 스위스를 향한 정치적이고 사회적인 위기에 대해서 신학적인 대안을 제시하고 있다. 츠빙글리에 의하면 스위스 연방이 먼저 하나님의 은혜를 구하는 것이 중요하다.[82]

츠빙글리가 볼 때 스위스 연방의 위기는 이기심에서 도래했다. 스위스와 같은 작은 국가 조직이 서로 물고 싸우면 멸망할 수밖에 없다. 그러나 서로 화해하고 평화를 유지하면 발전할 수 있다. 츠빙글리에 의하면 스위스 연방 내부에서는 이기심을 버리고 화합을 추구해야 하며, 스

---

80 G.R. Potter, *Zwingli*, 181-82.
81 W.P. Stephens, *The Theology of Huldrych Zwingli*, 7-8.
82 Zwingli, CR 90, 111. "Ir söllend ouch wüssen, daßich gar nit der meynung bin als etlich, die sich üwers unfals fröwend. Die meynend, es sye umb üch geschehen; ein Eydgnosschafft werde kurtzlich zergon; denn die hab sich an den küng von Franckrych gehenckt; der sye yetz verdorben, und sye ein Eydgnosschafft in ir selbs zwyträchtig. Ja, dere meynung bin ich nitt; den ich wol weyß, das gott sin gnad denen, die sich beßrend, nimmer entzücht."

위스 연방의 분열을 도모하는 외국 세력의 계략에 휩싸이지 말아야 한다.[83] 츠빙글리의 시각에서 보면 스위스의 위기와 쇠퇴는 "뇌물로 부패된 자들, 외세로부터 보조금을 타 먹는 자들, 그리고 사악한 전쟁 노예들"[84] 때문이었다. 그래서 츠빙글리는 회개하고 하나님의 은혜를 구하면서 "더러운 돈 때문에 다른 주인을 섬기지" 말 것을 촉구하고 있는 것이다. 그렇지 않으면 스위스 연방은 "악랄한 폭군의 악"[85] 앞에 던져질 뿐이라는 것이다.

그러므로 스위스 연방이 위기를 벗어나서 다시 화해하고 평화롭게 되는 길은 명확하고 확고하다. 츠빙글리는 "회개"함으로 자기중심성에서 하나님의 은혜 중심성으로 회복하라고 강조하고 있다. 이기심을 버리고 형제 사랑으로 스위스 연방이 다시 화합함으로 하나님의 은혜를 구할 때 스위스 연방의 미래가 보장될 수 있다는 것이다.[86]

(3) 노동과 사회·경제 윤리

츠빙글리는 하나님의 정의와 인간의 정의의 관계 속에서 인간은 개인의 자유를 갖되 청지기로서의 책임감을 가지고 경제적 활동을 해야 한다는 사회 윤리적인 관점을 보여주고 있다.[87] 츠빙글리는 노동은 인

---

83   Zwingli, CR 90, 110-111.
84   Zwingli, CR 90, 111.
85   Zwingli, CR 90, 112.
86   Zwingli, *CR* 90, 112. "Ob aber etwar sprechen wurd:Wie söllend wir widrumb in einträchtigheyt kommen? sol deß antwurt sin: Mit hinlegen des eygnen nutzes; dann wo der nit wär ein Eydgnosschafft für und für mee ein brüderschafft weder bündtnus ze nennen gewesen."
87   임희국, "16세기 종교개혁자 츠빙글리의 사회 윤리에 조명해 본 오늘의 시장 경제," 「장신논

간을 게으르거나 타락하게 하지 않으며, 신성한 노동의 대가로 우리가 얻는 양식은 양심에 거스를 것이 없는 귀한 것이라는 점을 강조하고 있다.[88] 이런 문맥에서 츠빙글리는 스위스 연방이 용병들의 피값으로 먹고 살던 당시의 스위스 연방의 산업 구조와 스위스인들의 의식의 죄성을 신랄하게 비판하고 있다.

노동은 신성한 것이다. 그러나 츠빙글리에 의하면 그 노동은 정당한 노동이어야 한다. 스위스 연방의 젊은이들을 용병으로 전쟁터에 보내서 그들이 피 값으로 얻은 황금은 건전한 노동이 될 수 없다는 것이다.[89] 노동의 신성함을 강조하면서도 동시에 그 노동의 건전성을 강조했다. 특히 츠빙글리는 육체노동을 가치 있는 것으로 보고 있는데, 왜냐하면 그것은 육신도 건강하게 하고 게을러서 생기는 육체적인 질병도 치료해 주기 때문이라는 것이다.[90]

더 나아가 츠빙글리는 노동자가 노력해서 작물을 수확하는 것을 마치 하나님이 그의 손으로 만물을 창조한 것과 같이 가장 아름다운 일이라고 격찬하고 있다.

가장 아름다운 모습은 하나님의 손에서 모든 창조물이 생겨난 것처럼 노동자의 손에서 과일과 작물들이 나타나는 것입니다. 따라서 노동하는 사람들은 세상의 그 어떤 존재보다 겉으로 볼 때 가장 하나님과 비

단」제18권 (2002), 230-33.
88   Zwingli, *CR* 90, 106. "Und ist doch die arbeyt so ein gut, götlich ding;"
89   Zwingli, *CR* 90, 106. "... verhut vor mutwillen und lastren; gibt gute frucht, das der mensch one sorg sinen lyb reinklich spysen ag, nit entsitzen muß, daß er sich mit dem blut der unschuldigen spyse und vermasge;"
90   Zwingli, *CR* 90, 106-107. "sy macht ouch den lychnam frutig und starck, und verzert die kranckheyten, so uß dem mussiggon erwachßend;"

숫한 사람들입니다.[91]

그러므로 츠빙글리가 바라볼 때 노동으로 결실을 거두는 자는 마치 "하나님과 비슷한 사람들"이다. 근대 사회에서 노동의 가치를 높이 평가하는 관점이 이미 츠빙글리에 의해서 제시되고 있는 부분이다. 그의 사회 윤리의 중요성이 다시 한번 드러난다고 할 수 있다.

2) 사회 윤리의 여러 측면

지금까지 츠빙글리의 사회 윤리의 배후에 존재하고 있는 신학적 특징들을 살펴보았기 때문에, 이제는 이에 근거해서 구체적으로 그의 사회 윤리 사상의 여러 측면들을 고찰할 수 있을 것이다.

(1) 뇌물 금지

16세기 초 스위스 연방 안에는 뇌물을 주고받는 일이 만연해 있었던 것으로 보인다. 그러나 츠빙글리는 하나님의 정의를 인간의 정의와 연결시키면서 하나님 앞에서 뇌물을 받지 말 것을 강조하고 있다. 그에 의하면 정치가와 권력자들이 뇌물을 받게 되면 그들은 눈이 멀게 되고 만다.[92] 이것은 곧 우리의 계획을 아시는 하나님의 공의에 대한 도전과 같

91　Zwingli, *CR* 90, 107. "... unnd, das das aller lustigest, volget der hand des arbeytenden frücht und gwechs harnach, glych asl der hand gottes in anfang der gschöpfft alle ding nach läbendig wurdend, das der arbeyter in ußwendigen dingenn gott glycher ist denn ützid in der welt."
92　Zwingli, *CR* 90, 105. "Gott, der alle hertzen der menschen erkennt, und eygenlich vorhin

은 것이라고 강조하고 있다.

(2) 경제관과 토지관

츠빙글리 당시 스위스 연방 안에서는 급진적으로 부를 가져다주는 작물을 재배할 수 없다고 해서 토지를 놀리는 경우가 많았다. 츠빙글리는 이런 사회적 상황을 예리하게 비판하고 있다.

츠빙글리에 의하면 스위스 지역에서는 "계피, 생강, 말바지산 포도주, 향신료, 오렌지, 비단 등 특별하거나 사치스러운 농작물" 등과 같이 일시에 부를 가져다 주는 작물은 잘 자라지 않는다. 그러나 스위스 사람들은 정직한 노동으로 "버터와 마이스터부어쯔(약용식물로서 민간요법에서 감기 특효약으로 사용되었다고 함), 그리고 우유"를 얻을 수 있다. 스위스에서는 말과 양, 그리고 갈색 소도 기를 수 있으며 면직물과 포도주와 곡식도 얻을 수 있다.[93] 이렇게 볼 때 츠빙글리는 스위스 연방의 산업적 상황까지도 상세하게 인지하고 있었다. 그러면서 이 취리히의 종교개혁자는 스위스 국민들에게 정직하게 생산 가능한 작물을 재배할 것을 권고하고 있는 것이다.

여기에서 츠빙글리의 토지관과 경제관을 들여다 볼 수 있다. 츠빙글리는 기본적으로 경제적인 강자나 약자의 소유를 모두 보호해야 한다고 보았다.[94] 츠빙글리는 정당하게 경제적 부를 소유한 자를 배격하지 않았

---

weyßt, war wir uns werden hencken, der büt allen richteren, das ist: allen fürnemmen und gwaltigen, sy söllend ghein gaben nemmen; dann die gaben verblendind ouch die ougen der wysen, und verkerind die wort der frommen."

93 Zwingli, *CR* 90, 106.
94 임희국, "16세기 종교개혁자 츠빙글리의 사회 윤리에 조명해 본 오늘의 시장 경제," 232-33.

으며, 사회적인 약자의 상황을 무시하지도 않았다. 츠빙글리에 의하면 토지를 경작하는 것은 급격한 부를 얻기 위해서가 아니다. 그는 일확천금을 얻을 수 없더라도 인간의 기본적인 삶을 영유할 수 있게 하는 평범한 작물을 위해 노동하는 것이 진정으로 의미 있는 것임을 천명하고 있다.

(3) 용병 제도의 부도덕성

츠빙글리는 처음에는 그의 애국주의 정신에 기초해서 스위스의 용병 제도를 반대했다. 그러나 점차 복음의 정신에 비추어 용병 제도가 얼마나 악한 것인지를 강조하기 시작했다.[95] 츠빙글리가 볼 때 역사적으로 스위스는 외세를 잘 방어해 왔다. 그러나 스위스 청년들이 외국에 용병으로 가게 되면서 타락한 외국의 자본이 스위스 국내에 유입되었다. 그 결과 스위스의 젊은이들은 외국에서 배고픔과 질병과 죽음을 겪게 되었다는 것이다.[96] 탐욕적인 용병 제도는 "이기적인 생각의 결과물"이며 결국 스위스 사회에 악한 결과를 가져왔다고 평가하고 있다. 그러므로 스위스 연방은 타락한 외국 자본과 그것에 종속된 용병, 그리고 사회의 방탕이라는 악순환에서 헤어 나오지 못하게 되었다.[97]

츠빙글리는 부도덕한 용병 제도에서 비롯된 사회적 모순으로 스위스 연방은 무너질 수도 있다고 경고하면서 쥐와 개구리가 서로 싸울 때 솔개가 이 둘을 다 삼켜버릴 수 있다는 구체적인 비유를 들어가면서 설명

---

95 W.P. Stephens, *The Theology of Huldrych Zwingli*, 282-83.
96 Zwingli, *CR* 90, 107.
97 Zwingli, *CR* 90, 108.

하고 있다.[98] 그러므로 츠빙글리는 스위스 연방은 현재의 고난을 인내하고 이겨내야 한다고 강조하고 있다.

(4) 교회와 국가의 구별

츠빙글리가 "참된 종교와 거짓된 종교에 관한 주석"에서 강조하고 있는 것처럼, 교회는 그리스도를 믿는 자들의 공동체이지만 국가는 신앙인이 아니라 하더라도 건강한 시민으로 살아갈 수 있는 곳이다.[99] 그러나 스티븐슨이 츠빙글리에게 있어서 "교회와 국가는 두 개의 공동체가 아니라 하나님의 절대적인 지배하에 있는 하나의, 그리고 동일한 공동체"라고 잘 요약하고 있는 것에 기초해서 본다면,[100] 츠빙글리는 사회에서 "인간의 정의"가 "하나님의 정의"에 수렴할 수 있도록 하기 위해서 국가가 요청된다고 보았던 것이다. 이것은 교회가 국가 밑에 존재한다는 의미가 아니다. 세속 권력 또한 교회와 마찬가지로 하나님의 말씀을 그 척도로 하면서 교회는 내적인 정의를 관할하고 국가는 외적인 정의를 담당한다는 것이다.[101]

츠빙글리는 교회와 국가가 서로 각자의 역할이 있어서 서로 구별된

---

98 Zwingli, *CR* 90, 109. "Und gienge inen ir ratschlag für, so wäre ein Eydgnosschafft schon zerstört. Denn es iro sicher wurde gon wie der muß und dem fröschen. Die kampfftend mit einander so ernstlich, das sy des wyen nit gewar wurdend: Der fur zu, roubt fraß sy beyde."

99 Zwingli, *Corpus Reformatorum* 90 Band III. "De vera et falsa religione commentarius," März 1525, in Huldreich Zwinglis Sämtliche Werke, 867-888.

100 W.P. Stephens, *The Theology of Huldrych Zwingli*, 282. "Church and state are not two communities, but one and the same community under the sovereign rule of God."

101 츠빙글리의 국가론을 사회 정치적 성화론의 문맥에서 설명하고 있는 다음의 연구를 참조하라. 우병훈, "츠빙글리 성화론의 세 측면," 제46차 한국개혁신학회/ 제20회 개혁주의생명신학회 발표논문 (백석대학교, 2019.5.25), 121-24.

다는 것을 강조하고 있다. 츠빙글리에 의하면 신학적인 논의(성찬 논쟁 등)는 목회자의 책임이며 그것은 진리를 추구하는 역할이다. 국가의 위정자는 신학적인 논쟁은 목회자에게 맡기고 삶 속에서 하나님을 믿고 살아야 할 것을 강조하고 있다. 국가의 지도자가 신학적 논쟁에 휘말려서 스위스 연방이 해체되지 말아야 한다는 것이다.[102]

츠빙글리 당시에 하나의 도시 국가가 로마 가톨릭 신앙을 버리고 개신교를 수용하는 것은 신앙의 본질적인 차원이자 동시에 당시로서는 정치적인 의미를 갖는 사안이었다. 그런데 현재의 문맥에서 츠빙글리는 신학 논쟁과 관련된 일은 더 이상 위정자의 몫이 아니라 목회자의 역할이라고 강조하면서 신학적 논쟁으로 스위스 연방의 지도자들이 분열되지 말아야 한다고 설명하고 있다.

이것은 본서가 나오기 직전인 1524년 4월에 루체른 회의에서 종교개혁을 반대하는 지역들이 동맹을 맺으면서 공격적으로 나온 것을 염두에 두고 강조한 것으로 보인다. 그러므로 츠빙글리는 스위스 시민들은 하나님에 대한 바른 믿음 안에 거하여 살아가야 한다고 결론내리고 있다.

3) 소결론

츠빙글리는 교회는 그리스도를 믿는 자들의 공동체이고 국가는 건강한 시민이 사회적 삶을 살아가는 공동체로 보았다. 그러나 이 스위스 취

---

102 Zwingli, *CR* 90, 110. "Lassend üwere pfaffen mit einandren umb des gloubens und sacramenten willen kempffen, wie vast sy wellend, und nemmend ir üch der sach zu gheynem zwytracht an, sunder hangend dem alten, waren gott an, der üweren vordren all weg glück und heil ggeben hat, diewyl sy in sinem willen läbend."

리히의 종교개혁자는 교회와 국가는 두 개의 공동체가 아니라 하나님의 절대적인 지배하에 있는 하나의, 그리고 동일한 공동체로 인식했다. 그는 사회에서 "인간의 정의"가 "하나님의 정의"에 수렴할 수 있도록 하기 위해서 국가가 요청된다고 보았다. 츠빙글리의 사회 윤리 사상은 이런 기초 위에 세워졌다.

이와 같은 츠빙글리의 교회와 국가의 관계 신학은 1524년 4월 스위스 연방의 가톨릭 지역이 연대해서 종교개혁 정신에 도전하고 스위스 사회의 안위를 위협하고 있을 때 위기에 직면한 스위스 연방을 향해서 제시한 글에 잘 나타나 있다. 츠빙글리는 하나님이 주신 자유를 이기적으로 사용하지 말고 신앙의 자유를 보호하기 위해서 사용할 것을 촉구했다. 스위스가 진정으로 회개하고 하나님의 은혜를 구한다면 스위스 연방은 평화로운 삶을 살 수 있다는 것이다. 츠빙글리는 이런 신앙적 토대 위해서 스위스 사회는 노동을 존귀하게 여겨야 하며 뇌물을 금하고 토지를 정직하게 경작해야 한다고 주장했다. 그는 또 용병 제도를 폐지하여 사회가 분열되어 해체되지 않도록 하라고 강조했다.

츠빙글리는 스위스 연방의 개혁을 위한 동력으로서 하나님의 말씀의 신학을 뽑아들었다. 바로 이 하나님의 말씀이 츠빙글리의 사회 윤리 사상의 근간이 된다. 이기심을 버리고 하나님의 영광을 구하고 이웃을 유익하게 하는 삶은 하나님의 말씀의 선포에서 시작된다. 츠빙글리에 의하면 스위스 연방이 하나님의 뜻 가운데 평화로운 삶을 영위하기 위해서는 "왜곡되지 않고 원래의 뜻대로"의 하나님의 말씀 선포되어야 하는 것이다.[103] 스위스 연방의 위기는 하나님을 두려워하는 자들에 의해서

---

103   Zwingli, *CR* 90, 112.

극복될 것이다. 츠빙글리는 하나님의 말씀을 경청할 때 하나님이 스위스 연방의 미래를 열어 주실 것이라고 강조하면서 그의 사회 윤리 사상을 정리하고 있다.[104]

6. 스위스 종교개혁자들

1) 외콜람파디우스(J. Oecolampadius, 1482-1531)

외콜람파디우스
사진 출처: https://en.wikipedia.org/wiki/Johannes_Oecolampadius

외콜람파디우스는 스위스 바젤의 종교개혁자였다. 츠빙글리와 외콜람파디우스와의 관계는 마치 루터와 멜란히톤, 혹은 칼빈과 베자와의 관계를 생각하면 이해하기 쉽다. 어떻게 보면 츠빙글리의 독창성과 영

---

104 Zwingli, *CR* 90, 113. "Darumb losend dem gotzwort; denn das wirt üch allein widerumb ze recht bringen."

향력 아래에 있는 것처럼 보이기도 하지만, 츠빙글리보다 온유하고 학식있는 유형이었다. 그는 1529년 마부르그 회담에서 루터와 츠빙글리를 중재하려고 노력하기도 했다. 1530년경에는 바젤에 새 교회를 조직하려고 노력했다.[105] 외콜람파디우스는 마태복음 18:15-18을 자신의 시대 교회를 위해 필요한 성경 구절로 이해했다. 따라서 장로들이 교회의 권징(discipline)을 담당하기 위해서 임명되어야 한다고 보았다. 이 장로 위원회는 12명의 책임감 있고 평판이 좋은 사람들로 구성되었다. 목사가 4인이며 4인의 시당국 대표자, 그리고 4인의 시민 대표로 이루어져 있다. 그 목적은 교회가 세속 권력으로부터 영향받지 않도록 하기 위한 것이었고, 츠빙글리에게도 편지로 이 제도를 권하기도 했다.

외콜람파디우스가 1531년에 세상을 떠나자 시 당국이 그가 만든 제도를 폐지했다. 그러나 그의 장로제와 관련된 그의 영향은 마틴 부처를 통해서 스트라스부르그에 전달되었으며, 결국 제네바의 칼빈에게로 흘러 들어갔다.

2) 하인리히 불링거(1504-1575)

불링거는 스위스 종교개혁자로서 화란의 네이메이혼(Nijmegen) 근처에 있는 에머리히(Emmerich)에 있는 수도원 학교에서 교육을 받았다. 그는 후에 쾰른(Cologne) 대학에서 공동생활 형제단(Devotio Moderna)의 영향을 받았다.

1520년경에는 루터의 신학을 접하게 되었고 필립 멜랑흐톤의 영향을

---

105 필립 샤프, 『스위스 종교개혁』(서울: 크리스챤다이제스트, 2004), 117-125.

받게 되었다. 따라서 그는 루터주의와 후기 츠빙글리주의를 적용시킬 수 있었다. 츠빙글리의 사망 후에 그의 뒤를 이어서 취리히의 목사로서 비교적 온건한 개혁파 종교개혁을 장시간 지속할 수 있었다.

(취리히 그로스뮌스터에 있는 불링거 동상)

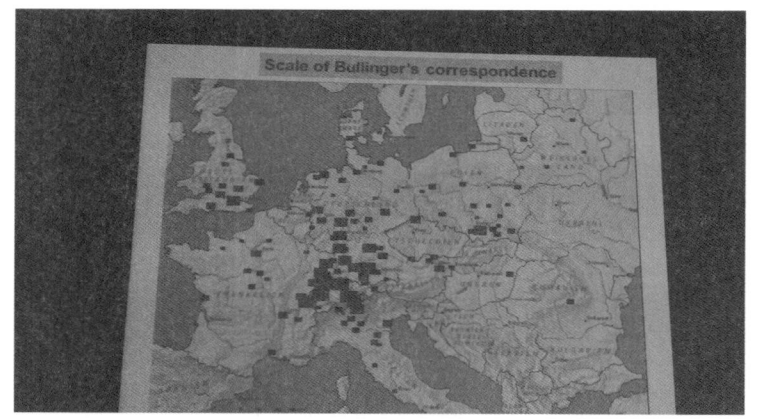

(2014년 세계칼빈학회에서 발표된 불링거의 서신 교환 지도: 츠빙글리의 뒤를 이어 불링거는 취리히에서 전 유럽에 네트워크를 하며 사역함)

불링거는 칼빈에 이어서 가장 영향력 있는 종교개혁 2세대라고 묘사할 수 있을 것이다. 그는 스위스 내에서 제1차, 2차 헬베틱 고백서(Helvetic Confession: 1536, 1566)와 1549년의 취리히 일치신조(Consensus Tigurinus)를 작성하는데 주요 역할을 하여 종교개혁을 위한 국가적인 기초를 제공했다.[106]

취리히 일치 신조(혹은 The Zurich Agreement)란 1549년 5월에 불어권 스위스 개신교도들을 대표해서 칼빈과 파렐이, 그리고 독일어권 스위스 개신교도를 대표해서, 츠빙글리의 뒤를 이어 취리히에서 사역을 했던 불링거가 1549년에 합의하여 1551년에 출판한 신조(신앙의 형식)다. 모두 26개조로 되어 있다.[107] 주로 칼빈주의자들의 원칙들에 따랐던 성찬론을 설명해 주고 있다. 결과적으로, 이 신조는 칼빈주의와 루터주의 사이의 간격을 더욱 넓히게 했다.

---

106 파트릭 뮐러, 『하인리히 불링거』, 87-98.
107 후버트 키르흐너, 『종교개혁사 (1532-1555-1556): 종교개혁의 강화, 칼빈, 가톨릭 개혁과 트렌트 공의회』 정병식 역 (천안: 호서대학교 출판부), 169-172.

5장
급진적 움직임들

1. 들어가는 글

 일반적으로 급진 종교개혁은 재세례파라고도 부른다. 이들을 재세례파라고 부르는 것은 이 운동이 초기에 유아 세례를 인정하지 않고 성인의 세례만을 주장하면서 시작된 이래 계속 성인 세례를 강조하고 있기 때문이다. 이 그룹을 급진 종교개혁이라고 부를 때는 성경의 정신을 급진적으로 추구하고 철저하게 헌신된 제자도를 강조한다는 뉘앙스를 담고 있는 표현이다.

 급진 종교개혁은 종교개혁의 주류인 루터파와 개혁파와는 다른 길을 걸어갔다. 동시에 가톨릭 종교개혁과도 다른 제3의 종교개혁으로서 급진적인 성격을 보여준다.

2. 급진 종교개혁이란 무엇인가?

1) 급진 종교개혁에 대한 이해의 발전

종교개혁 시대부터 재세례파는 신학적이고 교회론적이고 사회적인 측면에서 무정부주의자들로 인식되었었다. 그러나 미국 교회사학회 주제 강연에서 양심의 자유, 교회와 국가의 분리, 종교적 주의주의(voluntarism in religion)가 미국 개신교의 기초이며 민주주의의 필수적 요소인데 그것은 궁극적으로는 종교개혁 시대의 재세례파로부터 기인한다는 주제 강연이 있었는데 이것을 한마디로 "재세례파의 비전"이라고 할 수 있다.[108]

이런 맥락에서 보면 재세례파는 그리스도의 주권과 제자도를 강조하며, 전통보다는 성경의 권위를 강조하는 신앙에 집중하고 있다. 이들은 초대 교회의 순수함을 재정립하고자 노력하며 세상으로부터의 분리를 추구하며 그리스도에 대한 신앙으로 뭉쳐진 자발적인 언약의 공동체로서 성도의 교제를 지향한다.[109] 켈러(Keller)나 트뢸치(Troeltsch) 등에 의해서 재세례파는 종교개혁 시대의 중요한 흐름 가운데 하나로 이해되었다.

1960년대 윌리엄스(George H. Williams)은 "급진 종교개혁"의 출판으로 재세례파 연구의 정점을 찍었다. 윌리엄스는 1980년대에 급진 종교

---

108 John D. Roth, "Recent Currents in the Historiography of the Radical Reformation," *Church History* 71.3 (2002): 523.

109 Donald F. Durnbaugh, "Characteristics of the Radical Perspective," *Communio Viatorum* XIX (1986): 97-118.

개혁을 다시 돌아보면서, 급진 종교개혁이라는 개념이 16세기 신성 로마 제국의 범위를 넘어 사뭇 다른 정치적, 신앙고백적 지역인 중부 유럽으로 확대된다고 하더라도, 중요한 수정이 없다면 그 개념은 17세기로 연결시킬 수 없다고 제한을 두고 있다. 따라서 급진 종교개혁은 16세기의 지리적인 영역 안에서 다양하고 창의적인 형태로 발생한 운동으로서 다중심적이라고 할 수 있다. 그러므로 윌리엄스에 의하면 오늘날의 네 그룹만이 직접적으로 16세기 급진 종교개혁의 후예가 된다. 첫째는 메노나이트주의자들(Mennonites)이고, 둘째는 후터라이트(Hutterites, 애미쉬(Amish)를 포함해서)이며, 셋째는 슈벵크펠더주의자들(Schwenckfelders)이고, 넷째는 오늘날은 루마니아와 헝가리에 존재하는 트랜실베니아의 유니테리안(Unitarian Church of Transylvania)이다. 결국 16세기의 문맥에서 급진 종교 운동의 좌표는 고전적인 개신교의 형태인 "관주도형 종교개혁"과 로마 가톨릭 측의 반종교개혁과 함께 제3의 종교개혁 흐름으로 볼 수 있다.[110]

1970년대부터는 재세례파를 중세 후기의 신비주의와 특히 농민전쟁의 사회적이고 경제적인 배경 안에서 바라보는 경향이 크게 일어났다. 재세례파를 16세기의 복잡한 사회적이고 문화적이고 종교적인 맥락에서 이해하자는 것이다. 1980년대에는 "복음주의적 재세례파주의"라는 개념이 대두되었다. 그 이후 지금까지 큰 틀에서 급진 종교개혁에 대한 이해에 급진적인 변화는 없지만, 16세기의 다양한 급진 종교개혁 운동

---

110 George H. Williams, "The Radical Reformation Revisited," *Union Seminary Quarterly Review* 39 (1984): 1-28.

을 초기 근대 유럽 학문(early modern European scholarship)의 두드러진 주제, 특히 고백주의, 사회적 권징, 국가 건설과 관용 등의 주제와 연관해서 통전적으로 이해하는 경향이 크다고 볼 수 있다. 여기에 대해서 로쓰(J. D. Roth)는 포스트모던 시대로 접어든 현재는 급진 종교개혁에 대해서 학문적인 접근과 신앙고백적인 접근이 서로 화해하여 창의적인 새로운 방향으로 가야 할 것을 제안하고 있다.[111]

16세기 유럽의 문맥에서 살펴볼 때, 중세적 로마 가톨릭교회와 루터파와 개혁파, 그리고 급진 종교개혁의 교회과 구원론을 상호 비교해 보는 것이 유익하다. 중세말 로마 가톨릭교회는 가시적인 교회론과 화체론 위에 세워진 성찬 신학을 중심으로 견고하게 세워져 있었다.

여기에 대해서 루터파 종교개혁은 교회를 가시적인 교회와 비가시적인 교회로 나누고, 교회는 무엇이며, 교회는 어디에 존재하며, 구원받은 성도가 왜 교회에 속해야 하며 교회는 국가와 어떤 관계를 가지고 있는지에 대한 문제들을 제기해 왔다.

이에 비해서, 개혁파 전통은 비가시적인 교회를 예정론과 연결시키면서 구원받은 성도의 어머니로서의 교회를 강조했다. 동시에 개혁파는 교회의 직제와 교회 직분자들의 목양 사역을 중시했다.

그러나 16세기의 급진 종교개혁은 로마 가톨릭은 물론 루터파와 개혁파와 같은 주류 종교개혁도 반대하면서 개신교의 신앙 원칙과 성경의

111　John D. Roth, "Recent Currents in the Historiography of the Radical Reformation," *Church History* 71.3 (2002): 534-35.

정신을 급진적으로 적용하려고 했다. 이들은 지상의 가시적인 교회는 성령의 인도로 성경을 해석하며 그리스도를 중심으로 연대된 영적 공동체로 간주했다. 따라서 급진 종교개혁은 조직된 교회에 대한 개념을 가능한 배제하면서, "오직 성경으로"의 정신과 만인제사장주의를 최대로 강조한 운동이라고 정리할 수 있을 것이다.[112]

2) 교회 유형의 역사 속에서 이해하는 급진 종교개혁

(1) 트뢸치의 분파주의 교회

트뢸치가 그의 유명한 책 『기독교회의 사회적 가르침』에서 교회 유형의 역사를 초대부터 근대까지 분석한 내용을 살펴볼 때, 재세례파 즉 급진 종교개혁 운동의 의미와 특징이 보다 선명하게 드러나게 된다.

실제로 역사적으로는 이 세 유형들은 섞여 있다. 첫째로 가톨릭의 신학은, 예전과 성례전적 발전을 대표한다. 개신교 신학은, 정화된 교리를 지적인 체제로 세운다. 그러나 그것은 설교와 은혜와 교리의 권위 있는 기본과의 연관성을 보유한다.

둘째로 분파주의는, 주로 낮은 계급에 속하고, 신학을 가지고 있지 않으며, 엄격한 윤리와 삶의 강조한다. 그리고 미래에 대한 열망적인 소망을 가지고 있다.

셋째로 신비주의는 개인적이고 내적인 경험을 중시한다. 어떤 형태

---

112 Darius Jankiewicz, "Vestiges of Roman Catholicism in Sixteenth Centry Protestant Reformational Ecclesiology: A Study of Early Lutheran, Reformed, and Radical Ecclesiology," *Andrews University Seminary Studies*, Vol. 54. 1 (2016): 103-133.

든지 구조를 강조하지 않는다. 공동체는 개인적인 기초 위에 서 있다.

결국, 기독교는 모든 사회적 삶과 갈망들을 지상의 상대성을 넘어서서 존재하는 목적을 제시했다. 미래의 하나님의 나라라는 개념은 이 세상에서의 삶을 무의미하다고 보지 않았다. 반대로 오히려 미래의 하나님의 나라는 현재의 인간의 삶을 자극하고 격려한다. 인간의 지상의 직업과 삶의 과정을 통해서 영혼을 강하게 함으로써 그렇게 한다.

트뢸치에 의하면 우리가 배울 수 있는 것은 종교적인 삶에 있어서 조직의 필요성이다. 이때 "교회 유형"이 분파주의 유형이나 신비주의 유형보다 우월하다. 교회 유형은 그 자체가 많은 변화의 역사를 가지고 있다. 로마 가톨릭은 교회 유형의 전형적인 형태이다. 대중들의 세계관을 끌어안기 때문이다.

트뢸치는 개신교의 교회 타입은, 분파주의의 개념, 그리고 이상주의와 신비주의의 도움과 더불어 지속되어왔다고 주장했다. 개신교는 순수한 교회 유형을 대표하지 않는다. 개신교는 교회와 국가의 분리 방향이며 새로운 교회 형성을 위해 노력해 왔다는 것이다.

역사적으로 점차 교회 유형 중심의 삶이 분파주의와 신비주의의 생동감 있는 에너지와 함께 침투되었다. 개신교의 전 역사는 이것을 잘 드러내 준다. 가톨릭주의가 이것을 방해해 왔지만. 세 가지 카테고리의 상호 침투 속에 사회학적이고 조직적인 유형의 과제가 미래에 놓여있다고 볼 수 있다.

(2) 문화에 대항하는 그리스도 유형과 급진 종교개혁 (니버, 맥그래스)

트뢸치에 이어서 리차드 니버는 트뢸치의 분석을 요약해서 정리해 놓았다. 기독교와 문화의 관계에 대해 설명하고 있는 그의 유명한 책 『기독교와 문화』에서 니버는 급진 종교개혁 운동의 좌표를 잘 나타내고 있다. 이것을 표로 정리해 보면 다음과 같다.

- 기독교회(Christ)와 세상/사회/문화(Culture)에 대한
  5 관점에 근거한 영성의 종류
  - cf. H. R. Niebuhr, *Christ and Culture*.
  - G. Winwright, "Types of Spirituality," in: *The Study of Spirituality*.
  - A. McGrath, *Christian Spirituality: An Introduction*.

1. Christ against Culture – 배타주의
    (재세례파/침례교)
2. Christ and Culture in paradox – 이원론
    (루터파)
3. Christ the transformer of Culture – 개혁주의
    : "어거스틴, 칼빈"(장로교회)
4. Christ above Culture – 혼합주의   (가톨릭)
5. Christ the fulfiller of Culture – 문화개신교
    (자유주의)

위의 표에서 맨 위에 위치하고 있는 것이 급진 종교개혁이다. 역사적으로 박해 시대에 주로 나타났으며 정형화된 교회의 유형을 배격한다. 세속화된 세상, 그리고 국가로부터 신앙을 지켜야 한다는 입장을 가지고 있다. 그래서 문화에 대해서는 배타적인 경향을 보여준다는 것이다.

종교개혁 시대 안에서 니버의 분석에서 말하는 배타주의 즉 "문화에 적대적인 그리스도(Christ against Culture)"의 교회 유형은 바로 재세례파 즉 급진 종교개혁이라는 것이다.

역사적으로 존재해 왔던 교회 유형의 분석은 앨리스터 맥그레스에게

그대로 이어졌다.

맥그레스가 제시하는 교회의 다섯 가지 유형

문화에 대항하는 그리스도	문화와 역설적인 그리스도	문화의 변혁자 그리스도	문화 위에 존재하는 그리스도	문화의 그리스도
박해 시기에 주로 등장.	문화를 악하게 보지는 않지만, 그리스도인의 고난을 강조. 세상과 긴장을 유지. 세상의 나라와 하나님의 나라의 긴장.	창조에 대한 긍정적 관심. 인간의 고귀함과 죄성을 동시에 강조. 창조와 구속. 종말론적인 소망. 개인적인 회심과 사회적 변혁.	문화는 완전하지도 악하지도 않다. 발전과 변혁의 대상. 정화와 향상 강조. "은혜는 자연을 파괴하지 않고 완전하게 한다." (토마스 아퀴나스)	세상에 대한 무비판적 긍정. 중세의 세속적인 성직자들. 19세기 독일의 개신교 자유주의(독일의 문화와 기독교를 혼합. 진보와 번영에 대한 인본주의적인 환상).

맥그레스 또한 역사적 교회의 유형 가운데 문화에 대항하는 그리스도의 모델을 맨 왼쪽에 위치하게 했는데 16세기 종교개혁 시대에서는 급진 종교개혁이 여기에 해당한다.

3) 현대 사회에서 다시 해석하는 교회 유형

현대 사회에서 교회 유형을 다시 정리해 볼 때 아래의 표와 같이 정리해 볼 수 있다.

몬타니즘
극단적 교리주의(율법주의)
극단적 재세례파
시한부 종말론자

극단화

개인/교회 / 복음 /
기독교 / 신학 /말씀

공동체/국가 / 문화 /
사회 / 역사/삶

개혁주의 :
"균 형"

극단화

본문을 무시한 상황 중심의 교회
정치 신학
극단적 경험론적 신비주의
기복주의적 교회

위의 표에서 보듯이 역사상 기독교 공동체는 어떤 때는 개인의 신앙을 강조하거나 혹은 공동체를 강조해 왔다. 개인의 신앙을 강조할수록 공동체성이 떨어지고, 공동체성을 주장하면 개인의 자유는 제한되는 경향을 보여왔다. 이것을 여러 경우에 유사하게 적용된다.

배타적으로 교회를 강조해서 국가로부터 분리되려고 하거나, 혹은 국가를 강조해서 교회의 정세성이 흐려지고 국가 교회로 변질되기도 했다. 심지어 복음 혹은 말씀을 강조하는 것은 바른 것이지만, 문화와 삶의 차원을 상실하게 되면 오히려 극단적인 기독교 공동체로 전락하기도 했다.

성경의 정신에 충실하다는 것이 사회적 삶과 문화의 영역을 포기하는 것이 아니다. 주일의 신앙이 월요일부터 토요일의 삶과 분리될 수 없다. 그래서 교회의 유형 분석에 제공해 주는 유익한 방향은 말씀과 삶이 균형잡힌 교회 공동체가 중요하다는 것이다. 그것은 또한 교회와 국가,

복음과 문화의 영역에서도 동일하다. 균형잡힌, 그리그 통전적인 교회 유형이 현대에 더 요청된다고 할 수 있다.

3. 최초의 재세례파

1) 취리히와 콘라드 그레벨(Conrad Grebel: c. 1498-1526)

재세례파는 유럽 전역에서 흩어져서 발전했지만, 특히 1520년대에 취리히에서 츠빙글리의 개혁을 보다 철저하게 할 것을 주장하는 것에서 그 실제적 모습이 나타나고 있다.

종교개혁자 루터가 성경과 다른 것을 개혁하려고 했다면, 츠빙글리는 성경적 근거가 있는 것만 실천하려고 했다. 그런데 취리히에서 츠빙글리의 개혁에 반대하는 그룹이 등장했다. 그 가운데는 츠빙글리와 함께 했던 동료도 있었다. 콘라드 그레벨(Konrad Grebel)과 펠릭스 만츠(Felix Manz)가 그들이었는데 인문주의자들로서 취리히시민이었다. 이들은 유아 세례의 무효를 주장하면서 성도가 공개적인 신앙 고백을 한 후에 진정한 세례를 베풀어야 한다고 강조했다. 이들을 재세례파라고 부른다. 이들이 유아 세례를 반대하는 이유는 기독교 공동체에서 태어났다고 신자로 인정하는 것이 문제라는 것이다. 제세례파는 교회와 국가의 협력 관계를 반대했다. 이런 급진적 개혁자들은 산상 수훈을 문자 그대로 따르면서 일반적으로 평화주의적 경향을 보였다.

1525년에 츠빙글리는 이들에게 대항하면서 구약의 할례를 세례와 연결시켜서 유아 세례에 대한 신학을 정립할 수 있었다. 1525년 1월 21일에 그레벨에 의해서 취리히에서 성인 세례가 집례되었다. 같은 해에 츠빙글리의 친구였던 발타자르 후브마이어(Balthasar Hubmaier)도 세례를 집례했다. 1527년 1월 27일에 재세례파 펠릭스 만츠는 체포되어 수장을 당하기도 했다.[113] 츠빙글리의 생전에 취리히에서는 3명의 재세례파가 처형당하기도 했다. 그러나 아이러니하게도 츠빙글리와 메노파는 신학적 유사성이 있다는 연구도 있다.[114] 정치 권력으로부터의 독립이나 신앙고백적 교회 공동체 개념, 기독교 평화 사상 등은 츠빙글리의 취리히 기독교 공동체에서 공유되는 점이었지만 당시 시대적 한계 때문에 적절한 관계로 발전되지 못했다는 것이다.

(만츠가 수장 당한 곳의 표지_취리히)

---

113 루돌프 마우, 『복음주의 운동과 초기 개혁(1521~1532)』 권진호 역 (천안: 호서대학교 출판부, 2015), 295-296.
114 오피츠, 『울리히 츠빙글리』, 60-61.

(1) 청년 그레벨

콘라드 그레벨은 스위스 취리히 칸톤의 그뤼닝언(Grüningen)의 정치인이자 상인이었던 가정에서 1498년에 태어났다. 그는 그뤼닝언에서 어린 시절을 보낸 후 1513년경 가족과 함께 취리히로 왔다.

그레벨은 취리히에 있는 그로스뮌스터 교회의 라틴 학교에서 6년간 공부한 것으로 추정된다. 그는 1514년 10월에 바젤 대학에 입학했다. 그곳에서 유명한 인본주의 학자인 하인리히 로리티(Heinrich Loriti) 밑에서 공부했다. 그의 아버지는 그레벨이 비엔나 대학교에서 공부하기 위해 막시밀리안 황제로부터 급여를 받았고 1515년부터 1518년까지 머물렀다. 그곳에서 그레벨은 세인트 갈 출신의 저명한 스위스 인본주의 교수인 요아킴 바디안(Joachim Vadian)과 친밀한 우정을 쌓았다. 비엔나에서 3년을 보낸 후 취리히로 돌아왔다.

그의 아버지는 그를 파리 대학에 입학시키기 위해 프랑스 왕으로부터 장학금을 확보하여 그레벨은 그곳에서 2년을 공부했다. 그런데 파리 대학에서 그레벨은 몇 가지 의견 충돌이 있어서, 다시 바젤에 있는 이전 스승의 기숙 아카데미에 입학했다. 그레벨의 아버지는 바젤로 옮겨 간 아들의 소식을 접하고 그의 자금을 끊고 취리히로 돌아가라고 요구했다. 결국 그레벨은 3개 대학에서 약 6년을 보냈지만, 교육을 마치거나 학위를 받지는 못했다.

1521년, 그레벨은 츠빙글리의 스터디 그룹에 합류했다. 그들은 그리스 고전, 라틴어 성경, 히브리어 구약 성경, 그리스 신약 성경 등을 공부했다. 이 연구 그룹에서 그레벨은 펠릭스 만츠를 만나서 깊은 사상적 사귐을 나누게 되었다.

(2) 사역

콘라드 그레벨은 1522년 봄에 개종한 것으로 추측되며 그해 1522년에 그는 결혼했다. 그의 삶은 극적인 변화를 보여준다. 1523년 10월 취리히에서 열린 제2차 취리히 논쟁을 통해 그는 츠빙글리의 설교와 개혁을 열정적으로 지지했었다. 미사를 폐지하고 교회에서 성상을 제거하기 위해 시 의회 앞에서 논쟁을 벌였다.

그러나 시 의회가 급진적인 변화에 발맞추지 못하자 의회와 결별하지 않기 위해서 분리하지는 않았다. 그럼에도 불구하고 급진적인 개혁자들은 이것을 사람이 아닌 하나님께 순종하는 문제로 여겼고 양심적으로 계속 참여할 수 없었다. 그레벨은 츠빙글리가 너무 미온적이라고 판단했다.

이 긴박한 시기에 그레벨은 1524년 여름 칼슈타트(Andreas van Karlstadt)와 마틴 루터, 그리고 9월에 토마스 뮌처에게 편지를 썼다. 칼슈타트는 취리히로 가서 그해 10월에 그들과 만났다. 그들은 서로 명백한 유사성이 있었음에도 불구하고, 취리히 급진주의자와 칼슈타트는 서로의 연합에 실패했다.

뮌처에게 보낸 편지에서 그레벨은 루터를 지지하면서도 또한 그가 생각했던 몇 가지 오류에 대해서 루터를 비난했다. 그레벨은 뮌처에게는 무기를 들지 말라고 촉구했다. 그러나 그 편지는 뮌처에게 도달하지는 못했다.

그레벨을 비롯한 취리히의 급진주의자들이 츠빙글리와의 관계를 완전히 단절했던 이유는 유아 세례 때문이었다. 이 문제로 1525년 1월 17

일에 공개 토론이 있었다. 츠빙글리는 그레벨, 만츠, 조지 블라우록에 대해서 유아 세례를 주장했다.

마침내 시 의회는 츠빙글리를 지지하고 유아 세례를 찬성했으며 그레벨과 그의 동료들에게 활동을 중지할 것을 명령했다. 8일 이내에 세례를 받지 않은 유아의 명단을 제출하도록 명령했다. 디 취리히 시 의회의 명령을 준수하지 않으면 취리히에서 추방될 수도 있었다. 그러나 급진개혁자들은 여기에 맞섰다. 이 그룹은 만츠의 집에서 1월 21일에 함께 만났다. 이 회동은 새 조치에 따르면 불법이었다. 여기에서 조지 블라우록은 급진개혁자들에게 침례를 베풀어달라고 요청했다. 그 후 블라우록은 참석한 다른 사람들에게 침례를 주었다. 그래서 이들을 재세례파라고 부르게 된 것이다. 이 재세례파들은 신약 성경의 신앙을 지키고 세상과 분리된 제자로 살겠다고 다짐했다.

그레벨은 취리히를 떠나 주변 도시에서도 침례를 전파했다. 2월 그레벨은 라인강에서 볼프강 울리만에게 침례를 주었고 그레벨과 울리만은 세인트 갈 지역에서 많은 호응을 받으며 몇 달을 보냈다. 여름에 그레벨은 그뤼닝엔으로 가서 역시 큰 영향을 미쳤다.

그러나 그레벨은 1525년 10월에 체포되어 투옥되었다. 몇몇 친구들의 도움을 받아 그는 1526년 3월에 탈옥해서 사역을 계속했고 소책자를 인쇄하기도 했다. 그레벨은 그의 누이가 살고 있던 Grisons 칸톤의 마이엔펠트 지역(Maienfeld area)으로 옮겨갔는데 도착하자마자 세상을 떠났다.

그레벨은 30년도 살지 못했고 그의 사역도 4년도 채 되지 않았으며 재세례파로서의 삶도 고작 1년 반밖에 되지 않았지만, 16세기 문맥에서 최초로 성인 침례를 행했던 그는 재세례파의 아버지로 불려지고 있다. 겉으로 보면 재세례를 주장하는 눈에 보이는 행위 외에는 츠빙글리와 큰 차이가 없다고 볼 수도 있지만, 자세히 들여다보면 그러한 차이는 교회의 본질과 교회와 그리스도인의 관계에 대한 깊은 신학적 차이를 드러내 준다. 종합적으로 볼 때 스위스 형제단에서 시작된 양심의 자유와 교회와 국가의 분리는 이후 중요한 유산으로 평가된다.

2) 쉴라이트하임 신앙고백서(Schleitheim Confession, 1527)

재세례파는 1527년 2월 24일자로 스위스의 샤프하우젠(Schaffhausen) 주에 위치하고 있는 쉴라이트하임(Schleitheim)에서 쉴라이트하임 신앙고백서를 작성하여 발표했다. 이때 미하엘 자틀러(Michael Sattler)가 주도했다. 그 목적은 교황주의를 절대화하는 자들과 교황주의를 반대하는 자들(즉 개혁된 가톨릭주의자들이나 주류 종교개혁주의자들)과 재세례파 자신을 차별화하기 위한 것이었다.[115] 쉴라이트하임 신앙고백서는 재세례파의 신학적 위치를 가장 전형적으로 설명해 주고 있다고 평가된다.

이 신앙고백서의 조항은 다음과 같다.

    a. 유아 세례는 '교황의 최고이자 첫째 되는 만행'으로서 배척된다 …
    b. 마태복음 18장에 따라 다루어져야 할 출교 관행

---

115   맥그레스, 『종교개혁사상』, 46-47.

c. 그리스도의 몸과 피에 대한 '기념'으로서의 성만찬
d. 불의한 자들과는 연합이 있어서는 안 되기 때문에 악한 자들로부터의 분리
e. 경고, 위로, 공동체 규율을 통하여 이루어져야 하는 목사직이다.
f. 재세례파는 당국의 직무에 참여하기를 거부하였는데, 기독교인들에게는 칼이 금지되어 있기 때문이다.
g. 마태복음 5장 34-37절에 근거하여 맹세의 거부는 존속하는 세속 질서에 대한 근본적인 거리두기를 보여준다.[116]

첫째 세례 부분에서 유아 세례를 교황이 저지른 가장 크고 가증스러운 첫 번째 잘못으로 지적하면서 거부하고 있다. 이들에게 세례란 회개와 삶의 변화를 수반한다는 가르침을 받아들이고, 그리스도를 통해 죄를 용서받았기 때문에, 예수 그리스도와 영원히 살고, 그분의 죽으심과 부활에 참예하기를 소원하는 모든 사람을 위해 주어진 것이다.

세 번째인 주의 만찬에 대해서 재세례파들은 그리스도의 몸이 찢겨지고 피를 흘리신 것을 기억한다고 표현하고 있다. 네 번째 항목인 세상으로부터의 분리 항목에서 재세례파들은 사탄이 세상에 심어놓은 모든 사악한 것에서 분리한다고 밝히고 있다. 그러면서 기존의 가톨릭교회나 심지어 개신교에서 실천되고 있는 악습에서 분리하는 것이며, 세상과 육체의 욕망을 따르는 것에서도 분리한다고 강조하고 있다.

한편 여섯 번째인 칼의 사용 부분에서 재세례파들은 칼의 사용은 하나님에 의해서 세속 정부에 허락된 것이며 악한 자들을 심판하는 데는

---

116 루돌프 마우, 『복음주의 운동과 초기 개혁(1521-1532)』, 297-298.

사용하지만 선한 사람들을 보호하기 위한 칼이라고 강조한다. 그러므로 죄인을 훈계하기 위해서 칼을 사용하지 말아야 하며 그 대신 출교를 시켜야 한다고 밝히고 있다. 그러므로 재세례파들은 칼을 사용하는 것과 관련해서 그리스도인이 치안 판사가 되는 것이 유익하지 않다고 말하고 있다.

4. 혁명적 재세례파

제1세대 재세례파는 평화주의였지만, 점차 급진화 되었고 대중 운동으로 발전하게 되면서 폭력적인 형식을 띄게 되었다. 토마스 뮌처는 농민 전쟁과 연계되었다.

멜키오르 호프만(Melchior Hoffman)은 스트라스부르그를 중심으로 종말론적인 운동을 전개했다.

독일의 뮌스터에서는 얀 마티스(John Matthys)와 라이덴의 얀(John of Leiden)을 중심으로 급진적이고 혁명적인 재세례파 운동이 발생했다. 이들은 구약의 일부다처제도 실시했다.

그러나 도시 주민들은 이들의 급진성 때문에 이들을 배격했다.

5. 후기 재세례파

뮌스터 사건 이후 혁명적 재세례파는 영향력을 상실하게 되었다. 이후 등장한 것은 네덜란드의 사제 출신의 메노 시몬즈(Menno Simons)

였다. 메노 시몬즈는 『기독교 교리의 기초(Foundation of the Christian Doctrine, 1539)』를 저술하여 평화적 재세례파의 길을 갔다. 이 재세례파들은 맹세를 반대하고 군복무를 거부했기 때문에 국가에 의해서 박해를 받게 되었다.

그래서 이들은 동유럽 특히 러시아와 남북아메리카로 종교의 자유를 찾아 떠나갔다.

메노 시몬즈
사진 출처: https://en.wikipedia.org/wiki/Menno_Simons

(미국 펜실베이니아에 있는 메노나이트 센터)

(미국 펜실베이니아에서 살고 있는 애미쉬 공동체와 그들의 거주지 내부)

6. 주요 종교개혁자와 재세례파

1) 루터와 재세례파

루터는 적대자들을 교황주의자 혹은 열광주의자로 공격했다. 루터가 볼 때 뮌처, 츠빙글리, 외콜람파디우스 등이 이 열광주의자의 범주에 속했다.[117] 루터는 이전에 비텐베르그 대학의 학장이었던 칼 슈타트까지 포함해서 이들을 성찬론자들이라고도 했다. 이들은 성찬론에 있어서 가톨릭도 아니었고 루터파도 아니었기 때문에 이렇게 지칭했다.

2) 츠빙글리와 재세례파

위에서 살펴본 것처럼, 취리히에서 재세례파가 처음 시작되었을 때

---

[117] George H. Williams, "The Radical Reformation Revisited," *Union Seminary Quarterly Review* 39 (1984): 1.

원래 이들은 츠빙글리의 개혁 그룹에 속해 있었다. 그러나 보다 급진적인 변혁을 원했는데 가시적으로는 재세례에 대한 견해에서 차이가 있었다. 그러나 그것이 의미하는 것은 교회론, 교회와 국가론 전반에 걸친 차이를 말해준다.

3) 칼빈과 재세례파

칼빈은 급진 종교개혁을 지지한 적이 한번도 없다. 그는 항상 성경에 근거한 균형있는 신앙과 통전적인 신학을 지향했다. 그렇지만 칼빈의 아내가 재세례파 출신이었다는 점에도 보듯이 칼빈은 재세례파에 대한 혐오는 없었다. 오히려 그들의 열정에 대해서는 높이 평가했다. 특히 거룩한 공동체를 지향하는 점에서 재세례파의 주장은 칼빈에서 크게 멀지 않다. 그러나 종합적으로 볼 때 재세례파의 교회론과 국가론, 그리고 세상을 바라보는 시각에서 칼빈은 재세례파의 극단주의를 엄격하게 경계했다.

6장

종교개혁 신학의 총체적 종합: 칼빈의 하나님 나라

칼빈
사진 출처: https://www.history.pcusa.org/history-online/exhibits/
john-calvin-french-theologian-and-reformer-page-6

본 장은 다음에 실린 필자의 논문에서 가져온 것이다. "칼빈의 하나님 나라 신학 연구" 「한국개혁신학」 68 (2020).

교회사에서 가장 깊이 있고 광범위하게 존경을 받는 신학자가 성 어거스틴이라고 한다면, 서양 근대 사회를 이끌어 가면서 국제적 영향력이 제일 컸던 신학자는 누구일까? 많은 학자들은 칼빈(John Calvin, 1509-1564)을 주목할 것이다.[118] 종교개혁자 가운데 루터가 하늘로 가는 길을 열었다고 한다면 칼빈은 세상으로 향하는 창문을 열었다고 평가된다. 칼빈은 프랑스 사람이었지만 거의 평생을 스위스에서 활동했다. 그렇다고 해서 칼빈은 프랑스를 잊은 것은 아니었다. 늘 그의 가슴에는 고난당하는 프랑스 개혁교회 교인들이 있었다.

칼빈은 1509년 7월 10일에 프랑스 북부 피카르디(Picardy) 지역의 누아용(Noyon)에서 태어났다. 그의 어머니는 당시에는 네덜란드 남부였던 캄브리에 출신이다. 그녀는 칼빈이 어린 나이에 세상을 떠났다. 소심한 가톨릭 청년이었던 칼빈은 개신교 신앙을 갖고 난 이후에는 그 신앙을 지키기 위해서 조국 프랑스를 떠난다.

종교적인 난민이 된 후 그는 1536년에 제네바에 목사로 부름을 받았다. 칼빈이 1536년부터 세상을 떠난 1564년까지 27년을 목회하고 신학 연구를 진행했던 제네바는 로마 가톨릭의 종교적 박해와 사보이의 정치적 지배에서 방금 풀려난 신생 개신교 도시 국가였다. 외부로부터는 제네바를 로마 가톨릭으로 되돌리려는 음모가 중단 없이 시도되고 있었고, 제네바 내부에서는 칼빈의 목회적 활동에 대한 반발이 거셌다. 이런 각박한 현실 속에서 칼빈은 로마 가톨릭의 전통으로부터 성경에 근거한 새로운 교회를 세워야 하는 막대한 사명을 맡고 있었다.

---

[118] 칼빈의 생애와 사상에 대해서는 다음을 참조하라. 안인섭, 『칼빈: 하나님의 영광을 위한 열정의 사람』 (서울: 익투스, 2015).

그러나 자신을 청빙했던 제네바는 1538년에 그를 축출했고, 선배이자 동지인 마틴 부처(M. Bucer)의 배려로 스트라스부르그에서 잠시 난민 목회를 하게 된다(1538-1541). 칼빈은 1541년에 제네바로부터 다시 부름을 받게 되는데 이때 매우 어려운 결단을 하고 다시 제네바로 돌아간다.

1564년에 세상을 떠나기까지 칼빈은 평생을 스위스에서 사역했다. 이처럼 칼빈은 교회 현장을 한시도 떠나지 않았던 교회의 신학자였고, 또한 국제적인 종교개혁자였다.

(칼빈의 생가인데 지금은 박물관으로 사용된다, 프랑스 누아용)

1. 들어가는 글

칼빈이나 마틴 부처(Martin Bucer, 1491-1551)는 그리스도의 왕권(Kingship of Christ)을 하나님의 일하심(Work of God)과 연결시키면서 하나님의 나라(Regnum Dei)와 그리스도의 나라(Regnum Christi)를 동

일한 개념으로 사용하고 있다.[119] 이와 관련하여 비교적 최근인 1990년대 이후 진행된 심화된 연구들을 평가하면서 진행하고자 한다.[120] 이번 장에서는 윌콕스(Peter Jonathan Wilcox, 1993)[121], 판드루넨(David VanDrunen, 2010)[122], 그리고 조스터(Simon Nicholas Jooste, 2013)[123]가 제시하는 칼빈과 하나님의 나라와 관련된 연구를 비평적으로 평가할 것이다. 이 분석을 통해서 칼빈의 하나님 나라 사상이 보다 구조적이고 입체적으로 연구되어야 한다는 것을 제시할 것이다.[124]

119　Willem van 't Spijker, "The Kingdom of Christ according to Bucer and Calvin," in *Calvin and the State*, ed. Peter De Klerk (Grand Rapids: Calvin Studies Society, 1993), 111.

120　1990년대 이전에 나온 칼빈의 하나님의 나라에 대한 연구는 다음을 보시오. Ernest Burkhart, "Kingdom, Church and Baptism: The Significance of the Doctrine of the Church in the Theology of John Calvin" (Ph.D. Dissertation, University of Southern California, 1956); John Curtis Raines, "The Cosmic Kingdom in the Rise of the Christian Interpretation of the State: A Study of the Interaction of Religious and Political Mythology for Hebraic Prophetism through John Calvin" (Ph.D. Dissertation, Union Theological Seminary, 1967); Timothy Pavitt Palmer, "John Calvin's View of the Kingdom of God" (Ph.D. Dissertation, University of Aberdeen, 1988). 일반적으로 볼 때 칼빈은 하나님의 나라와 그리스도의 왕국을 특별한 의미의 차이를 두지 않고 사용한다.

121　Peter Jonathan Wilcox, "Restoration, Reformation and the Progress of the Kingdom of Christ: Evangelisation in the Thought and Practice of John Calvin, 1555-1564" (Ph.D. Dissertation, University of Oxford, 1993).

122　David VanDrunen, Natural *Law and the Two Kingdoms*: *A Study in the Development of Reformed Social Thoughts* (Grand Rapids: Eerdmans, 2010); Idem. "Two Kingdoms Doctrine and the Relationship of Church and State in the Early Reformed Tradition," *Journal of Church and State* 49 (2007): 743-63; *Idem.* "Two Kingdoms: a Reassessment of the Transformationist Calvin," *Calvin Theological Journal* 40 (2005): 248-66; *Idem.* "The Context of Natural Law: John Calvin's Doctrine of the Two Kingdoms," *Journal of Church and State* 46 (2004): 503-25;

123　Simon Nicholas Jooste, "Recovering the Calvin of "Two Kingdoms"?: A Historical-Theological Inquiry in the Light of Church-State Discourse in South Africa" (Ph.D. Dissertation, Stellenbosch University, 2013).

124　칼빈의 하나님의 나라는 그리스도에 의해서 영적으로 통치되는 그리스도의 나라이기도 하다. 칼빈은 이 나라의 시민은 지상에서는 고난을 당하지만 종말론적 승리를 거두게 된다고 제시했다. 다음을 보시오. 한국의 학자들에 의해서도 칼빈의 하나님 나라 사상은 다양한 각도에서 간헐적으로 연구된 바 있다. Jae Sung Kim, "Calvin's Doctrine of the Kingdom of God" (Th.M. Thesis, Calvin Theological Seminary, 1990); 원종천, "칼빈의 하나님 나라 개념," 「성경과 신학」 14 (1993): 74-110. 원종천은 칼빈의 하나님의 나라 개념이 특히 구원론과 연결되어 있음을 강조하고 있다; In-Sub Ahn, "Calvin's Thoughts on Civitas Dei" *Calvin in Asian Churches* 3 (Korea Calvin Society, 2008): 267-91. 이 연구는 칼빈의 다니엘서 2:31-45 해석

기존의 연구를 분석할 때 칼빈의 하나님의 나라 사상은 주로 칼빈의 두 왕국 사상을 매개로 이해되었다. 그러나 이 두 왕국의 성격과 그들의 관계 설명이 다소 미흡하다고 평가된다. 따라서 먼저 칼빈의 그리스도의 나라가 내적으로 그리스도를 통한 죄 용서와 구원에서 시작해서 그리스도의 말씀이 통치하는 교회와 밀접하게 연결된다는 것을 고찰할 것이다. 더 나아가 칼빈이 강조하는 이중의 통치의 맥락에서 하나님 나라를 인간의 사회 속에서의 삶, 그리고 국가와 정치적 영역에서의 삶과 연결시켜 설명할 것이다. 결국 칼빈은 하나님의 우주적인 통치 개념을 가지고 하나님 나라를 창조 세계와의 관계속에서 이해하고 있다는 것을 살펴볼 것이다.

(제네바에 있는 종교개혁자 동상. 좌로부터 파렐, 칼빈, 베자, 낙스)

을 연대기적으로 분석한 것이다. 안인섭, "기독교인의 정치 참여에 대한 연구: 존 칼빈(John Calvin: 1509-1564)과 아브라함 카이퍼(Abraham Kuyper: 1837-1920)의 비교 연구를 중심으로," 「한국교회사학회지」 30 (2011): 183-229. 이 연구는 칼빈과 카이퍼 모두 하나님의 통치를 위해서 교회와 국가가 이 세상에 세워진 기구라는 유사성을 보이면서도 그들의 각기 다른 역사적 상황에 근거한 차이점을 제시하고 있다. 김요섭, "그리스도의 나라와 교회: 칼빈의 종말론적 교회 이해 연구," 「한국개혁신학」 27 (2011): 129-60. 이 연구는 칼빈의 그리스도의 나라를 말씀 선포와 종말론적 문맥에서 이해하고 있다. 박재은, "하나님 나라의 관점으로 읽는 존 칼빈의 『영혼의 깨어있음에 관하여(Psychopannychia)』," 「신학지남」 82/2 (2017): 185-216. 이 연구는 칼빈이 초기 작품부터 하나님 나라의 현재성과 미래성 사이의 연속성을 인간론-종말론적 시각을 가지고 이해했다고 제시한다.

2. 칼빈의 하나님 나라 신학에 대한 선행 연구

1) 그리스도 왕국의 확산과 교회의 개혁(회복)

윌콕스는 칼빈의 제네바 사역 후기에 해당하는 1555-64년 동안에 그리스도의 왕국이 어떻게 전 유럽적으로 확장되었는지를 복음화의 실제적 내용과 신학적 기초를 제시하고 있다. 윌콕스는 칼빈이 다른 종교개혁 인사들과 주고 받은 서신들과, 이 시기에 제네바 아카데미에서 칼빈이 행했던 구약 선지서에 대한 강의들을 분석해서 그리스도 왕국의 확산은 교회의 회복 혹은 개혁이라고 결론을 내리고 있다.[125]

윌콕스는 칼빈이 당시 프랑스 개혁교회의 수와 크기가 모두 두 배로 증가한 것을 "그리스도/하나님의 왕국의 전진(the progress of the kingdom of Christ/God)"이라고 표현하고 있는 것을 주목하면서, 이것은 그리스도의 왕국(혹은 하나님의 나라)의 전진을 개혁교회의 조직과 관련시키고 있는 것이고 개혁주의 복음의 확산을 의미하는 것으로 해석한다.[126] 칼빈의 마지막 10년 동안 그의 선지서 강의를 들은 사람들이 복음 전파와 선교에 헌신하는 간접적인 방법을 통해서 칼빈은 하나님의 나라를 위해 일하고 있었다.[127] 윌콕스는 칼빈의 교회론을 구원론과 연결시키면서 그리스도의 왕국이라는 개념이 칼빈의 선지서 주석들에서 구원사적 해석의 구조를 제공했다고 주장한다.[128]

125　Wilcox, "Restoration, Reformation and the Progress of the Kingdom of Christ," 13-49.
126　Wilcox, "Restoration, Reformation and the Progress of the Kingdom of Christ," 35-37.
127　Wilcox, "Restoration, Reformation and the Progress of the Kingdom of Christ," 50-74.
128　Wilcox, "Restoration, Reformation and the Progress of the Kingdom of Christ," 241-43.

그러나 윌콕스는 칼빈이 교회의 회복에 너무 집중한 나머지 기독교 세계 밖에 있는 터키를 향한 선교 등 그리스도의 왕국의 선교적 관점은 충분히 갖지 못했다고 지적한다. 윌콕스는 칼빈이 하나님의 형상인 인간성의 회복, 그리고 인간성 안에서 하나님의 형상의 개혁 등을 말하면서 회복과 개혁의 개념을 종말론적인 문맥이나 구원론적인 맥락에서 창조와 구속 사이에 존재하는 연속성에서 찾았다고 보았다.

2) 하나님 나라와 두 왕국

판드루넨은 칼빈의 자연법(Natural Law)과 두 왕국(Two Kingdoms) 개념을 통해서 칼빈뿐 아니라 개혁주의 신학 전체의 사회적 측면과 문화관을 일관성 있게 체계적으로 설명하려고 시도했다.[129] 판드루넨은 먼저 칼빈의 두 왕국 사상이 루터의 그것과 유사하며 단지 다른 방향으로 적용한 것이라고 이해한다.[130] 칼빈의 두 나라는 모두 하나님의 나라이지만, 하나님에 의해서 다른 방식으로 통치를 받는다고 보았다. 하나님은 창조주와 구원자로서 각 왕국을 통치하시며, 여기에 각각 율법과 복음을 연결시켰다. 그리스도인들은 지상에서는 두 나라의 시민으로 살아가면서, 하나님의 다른 방식의 통치를 받는다는 것이다. 그러면서 판드루넨은 칼빈의 두 나라 사상이 어거스틴의 대립적 개념을 초월한다고 주장한다.[131]

---

129 김재윤, "교회와 문화의 관계에 대한 한 고찰: 일반 은혜(카이퍼), 문화 명령(스킬더), 두 왕국론(밴드루넨)을 중심으로," 「조직신학연구」 19 (2013): 159-64.
130 VanDrunen, *Natural Law and the Two Kingdoms*, 69-70.
131 VanDrunen, *Natural Law and the Two Kingdoms*, 70.

판드루넨은 영적 나라의 구속적 성격을 지적한다. 시민적 나라에서 하나님은 창조주와 보존자로 통치하신다.[132] 이때 제기되는 두 왕국의 관계에 대해서 판드루넨은 난관에 봉착하게 된다. 판드루넨은 칼빈이 "이원론자"라는 표현도 서슴지 않는다. 그는 그리스도는 구속주와 창조주로서 중보 사역을 한다는 이후 개혁파의 신학의 토대가 칼빈에게 놓여있다고 주장하면서도,[133] 칼빈의 하나님 나라 신학의 "다른 세상성(other-worldness)"를 강조하면서 정치와 문화적 활동을 그리스도의 나라와 관계 속에서 해석하는 현대 개혁주의자들에 반대하고 있다.[134]

판드루넨은 칼빈의 두 나라 신학을 분석하면서 시민 사회적 문제에 있어서도 교회가 시민적 통치나 칼의 지배를 하지 않는다는 것을 강조했다. 그러나 그는 영적인 나라와 시민적 나라의 원칙에 대한 불일치가 있음도 인정하고 있다.[135] 판드루넨은 칼빈의 두 왕국 사상은 시민의 정의를 집행하는 역할을 교회에 위임했다는 면에서 루터와 다르다고 보았다. 이 지점에서 판드루넨은 위티(J. Witte)가 칼빈이 루터의 두 나라 이론에 두 칼 이론을 얹어 놓았다고 표현한 점에 동의하면서, 칼빈의 초기의 두 왕국 사상과 후기의 두 왕국 사상의 차이를 수용하고 있다.[136]

---

132 VanDrunen, *Natural Law and the Two Kingdoms*, 72-74.
133 VanDrunen, *Natural Law and the Two Kingdoms*, 76-77.
134 VanDrunen, *Natural Law and the Two Kingdoms*, 78. 한글 번역서는 other-worldness를 타계성으로 번역했는데 그 의미가 사후의 세계로 오해될 소지가 있다. 칼빈은 이 세상을 초월하는 의미로 다른 세상성의 개념으로 사용한다. 한글 번역서 129페이지를 보시오.
135 VanDrunen, *Natural Law and the Two Kingdoms*, 88.
136 VanDrunen, *Natural Law and the Two Kingdoms*, 92-93.

3) 칼빈의 하나님 나라 신학과 남아공의 인종 차별 정책

인종 차별 정책(apartheid)를 경험했던 남아공의 학자인 조스터(Jooste)는 자신의 연구의 주된 목적을 칼빈의 사회 사상이 자연법과 두 왕국 사상의 실체적 교리를 포함했는지 아닌지를 밝히는 것이라고 말한다. 그는 남아공의 배경에서 칼빈의 사회적 사상을 역사적으로 연구한다고 할 때 남아공의 전형적인 인종 차별 정책에 대한 저항에 있어서 교회가 칼빈의 사상을 어떻게 사용했는가에 특별히 주목해야 한다고 주장한다.

이런 문맥에서 조스터는 남아공의 칼빈 수용은 두 가지 방향에서 예리하게 나뉜다고 보았다. 첫째, 인종 차별 정책을 지지했던 칼빈의 후예들은 제네바 사역의 후기에 나타난 강압적인 칼빈의 유산을 받아들였다고 보았다. 둘째, 조스터는 신칼빈주의자, 칼 바르트, 그리고 본훼퍼가 수용한 예언자적이고 해방적인 초기 칼빈의 유산을 이어받은 남아공의 칼빈 수용이 있다고 보았다.[137] 조스터는 전자는 남아공의 백인계가 아프리카의 민족주의와 결합되어 생겨났던 인종 차별 정책의 한계를 보여준다고 보았다. 그러나 후자는 남아공의 새로운 환경 속에서 인간의 해방과 평등과 형제애를 주장하면서 교회가 투쟁에 참여하는 신학적 기조를 제공했다고 보았다.

---

137 Jooste, "Recovering the Calvin of 'Two Kingdoms'?," 311.

4) 칼빈의 하나님 나라 신학 연구에 대한 평가

(1) 하나님 나라 개념을 교회뿐 아니라 국가와의 관계 속에서 파악하지 못함

지금까지의 칼빈의 하나님 나라에 대한 연구는 그리스도의 왕국을 예표하면서 하나님의 은혜를 수여하는 수단인 교회와 또 다른 하나님의 통치의 도구인 국가가 어떤 관계를 형성하면서 하나님의 나라가 진행되어 가는지에 대해서 명확하게 설명하지 못했다고 이해된다. 칼빈은 인간이 영혼과 육체로 구성되어 있듯이 인간은 영적인 통치와 정치적인 통치라는 이중의 통치(twofold government)를 받는다고 보았다.[138] 이 두 통치가 일치하는 것은 아니지만, 마치 영혼과 육체가 분리될 수 없듯이 서로 "연결시키지 않을 수 없다"고 칼빈은 강조한다.[139] 이것은 윌콕스와 판드루넨 모두에서 발견되는 아쉬운 부분이다.

그리스도의 왕국은 분명 교회론적이고 구원론적인 성격을 가지고 있지만, 동시에 하나님께서 또 다른 은혜의 수단이요 교회와 성도를 위해 하나님이 세우신 국가가 교회와의 관계 속에서 어떻게 그리스도의 왕국과 연결되는지를 명확하게 설명하지 못하고 있는 것이다.

---

138 Iohannes Calvinus, *Institutio Christianae Religionis*, in *Ioannis Calvini opera quae supersunt ominia*, eds. G. Baum, E. Cunitz, E. Reuss, Vol. 2 (Brunswick: C. A. Schwetschke, 1868), cols. 622-623. "primum animadvertamus duplex esse in homine regimen." 이하 *CO*로 표기한다. John Calvin, *Institutes of the Christian Religion*, trans. Ford L. Battles (Philadelphia: Westminster Press, 1960), 3.19.15. 이하 *Institutes*로 표기한다.

139 *CO* 2, cols. 1092-1093 (*Institutes*, 4.20.1.). "Etsi enim a spirituali fidei doctrina, quam tractandam suscepi, separata esse videtur hius argumenti ratio, progressus tamen ostendet, merito a me coniungi, imo necessitate me impelli ut id faciam."

(2) 두 나라의 관계에 대한 설명의 한계

칼빈의 하나님 나라 신학을 두 왕국의 개념을 이용해서 해석할 때 기존의 연구들이 해결하지 못하고 있는 것은 이 두 나라 간의 관계다. 만약 시민적인 나라에서 하나님의 정의가 이루어지지 못하고 있을 때 그리스도인은 무엇을 어떻게 해야 하는가? 실제로 칼빈 이후 칼빈의 신학을 전격적으로 받아들였던 프랑스와 네덜란드의 칼빈주의의 발전의 역사를 생각해 본다면, 지금까지의 연구들은 두 나라의 관계에 대해서 설득력 있는 설명을 제공하지 못하고 있는 것으로 보인다. 창조와 문화를 하나님의 구속의 영역으로 볼 것인가의 문제는 칼빈주의 안에서도 카이퍼리안(Kuyperian)과 비-카이퍼리안 사이의 논쟁거리다. 그러나 판드루넨의 이원론은 창조와 문화의 영역에서도 그리스도의 주권이 세워져야 함을 간과하고 있다는 비판을 피해가기는 어렵다.[140] 칼빈은 하나님이 "모든 자연을 주관하시고" 우리를 "그분께 예배하고 그를 부르시도록" 하시며,[141] 섭리로 인간 사회를 다스리신다고 강조하고 있다.[142]

---

140 James K.A. Smith, "Reforming Public Theology: Two Kingdoms, or Two Cities?," *Calvin Theological Journal* 47 (2012): 123-24. 같은 맥락에서 월터스트로프는 칼빈주의를 세계를 형성하는 기독교(World-Formative Christianity)로 명한다. Nicholas Wolterstorff, *Until Justice and Peace Embrace* (Grand Rapids: Eerdmans, 1983), 3-22. 코넬리우스 플랜팅가 역시 칼빈을 카이퍼와 같은 선상에 위치시키면서 세상에 대한 그리스도의 통치를 강조한다. Cornelius Plantinga Jr, *Engaging God's World: A Christian Vision of Faith, Learning, and Living* (Grand Rapids: Eerdmans, 2002), xiii.

141 *CO* 2, cols. 45-46 (*Institutes*, 1.5.6.). "... unum esse Deum, qui sic gubernat omnes naturas ut velit nos in se respicere, fidem nostram ad se dirigi, coli et invocari a nobis ..."

142 *CO* 2, col. 46 (*Institutes*, 1.5.7.). "... Nam in administranda hominum societate ita providentiam suam temperat, ..."

(3) 하나님 나라 신학의 기초인 어거스틴의 두 도성에 대한 오해

기존의 연구들은 칼빈이 어거스틴과 루터를 따라서 두 왕국설에 서 있다고 주장한다. 판드루넨은 칼빈의 두 왕국 사상이 루터와 유사하다는 전제하에서 다만 그것을 다른 방향으로 적용했을 뿐이라고 본다.[143] 조스터 역시 칼빈의 두 왕국의 선구자로서 어거스틴과 루터를 강조하고 있다.[144]

칼빈의 두 왕국 사상의 배후에 어거스틴이 존재한다는 것은 명확하다. 이 어거스틴의 두 도성은 서로 대립적이기도 하지만 종말론적인 관점에서 현세에는 서로 혼재한다는 것이 중요하다. 특히 칼빈은 어거스틴과 논쟁을 벌였던 도나티스트주의자들을 비판하면서 이 점을 강화하고 있다.[145] 이런 면에서 칼빈의 두 왕국은 판드루넨이 주장하는 것보다 더 밀접하게 관련되어 있다는 것이다. 그러나 동시에 칼빈은 어거스틴의 두 도성 사상을 그대로 복사하지 않고 16세기 문맥 속에서 두 왕국의 밀접한 관계로 재해석해 내었다.[146]

어거스틴이 루터의 두 왕국설에 영향을 주었지만, 어거스틴 자신의

---

143 VanDrunen, *Natural Law and the Two Kingdoms*, 69-70.
144 Jooste, "Recovering the Calvin of 'Two Kingdoms'?," 127-38, 그리고 138-52.
145 출판된 연도순으로 보면 다음과 같다. *CO* 51, cols. 147-148 (Comm. Eph. 1:4) (1548). *CO* 31, cols. 142-144 (*Comm. Ps.* 14:1) (1547). *CO* 31, cols. 266-267 (*Comm. Ps.* 26:5) (1557). *CO2*, cols. 756-757 (*Institutes*, 4.1.13.) (1559). *CO* 2, cols. 854-855 (*Institutes*, 4.8.12.) (1559). 이 주제와 관련한 자세한 연구를 위해서는 다음을 보시오. In-Sub Ahn, "Calvin's View of Augustine and the Donatist Church," in *Calvinus Sacrarum Literarum Interpres*: *Papers of the International Congress on Calvin Research*, Reformed Historical Theology Vol. 5 (Göttingen: Vandenhoeck & Ruprecht, 2008), 271-84.
146 In-Sub Ahn, "Calvin's Use of Augustine in his View on Church and State: Intercultural Student of Augustine," in *Calvinus Frater in Domino*: *Papers of the Twelfth International Congress on Calvin Research*, Reformed Historical Theology Vol. 65 (Göttingen: Vandenhoeck & Ruprecht, 2020), 103-24.

사상은 루터의 두 왕국설과는 달리 두 도성을 창조와 구속의 영역으로 나누지 않는다는 것이 매우 중요하다. 어거스틴은 두 도성이 본질적으로 신적인 성격과 세속적인 성격으로 대립적(antithetical)이라고 이해하면서도[147], 두 도성은 이 세상(saeculum)에서는 잠시 혼재하고 있으며 종말론적인 시점에서 분리될 것이라고 보았다.[148]

이와 관련해서 제임스 스미스(James Smith)는 어거스틴의 두 도성과 루터의 두 왕국은 "다른 동물들(different animals)"이라고까지 표현하면서 칼빈주의자들은 "어거스틴주의자(Augustinian)"인지 "루터주의자(Lutheran)"인지 선택해야 하며 둘 다 속할 수는 없다고까지 판드루넨의 논지를 비판하고 있다.[149] 스페이커(W. van 't Spijker) 역시 칼빈은 루터의 두 왕국설보다는 부처의 한 목자 아래의 두 양의 개념에 더 가깝다고 해석하고 있다.[150]

위에 나오는 세 가지 평가들을 종합해 보면, 기존의 연구들은 칼빈의 하나님 나라 신학이 보여주는 입체적이고 구조적인 측면을 제대로 보여주지 못한 측면이 있다. 칼빈의 하나님 나라 신학은 내면적인 측면에서

---

147 Aurelius Augustine, *De Civitate Dei* (*City of God*), eds. B. Dombart and A. Kalb (Turnhout: Brepols, 1955), XI.33, XIV.1과 XV.1. 어거스틴의 두 도성의 성격에 대한 권위 있는 연구는 오르트의 연구를 보시오. Johannes van Oort, Jerusalem and Babylon: A Study into Augustine's City of God and the Sources of his Doctrine of the Two Cities (Leiden: E.J. Brill, 1991). 오르트의 방점은 두 도성의 대립성이다.

148 Augustine, *De Civitate Dei*, I.35. 어거스틴의 두 도성의 종말성과 현세 내 혼재성을 강조한 고전적인 연구는 다음을 보시오. Robert Austin Markus, *Saeculum: History and Society in the Theology of St. Augustine* (Cambridge: Cambridge University Press, 1970), 71, 158.

149 James K.A. Smith, "Reforming Public Theology: Two Kingdoms, or Two Cities?," 122. 스미스는 다른 동물들(different animals)이라고까지 표현하면서 칼빈주의자들은 "어거스틴주의자(Augustinian)"인지 "루터주의자(Lutheran)"인지 선택해야 하며 둘 다 속할 수는 없다고까지 말한다.

150 W. Van 't Spijker, "The Kingdom of Christ according to Bucer and Calvin," 121. 다음을 보시오. "... it is remarkable that Calvin does not speak of a two kingdom teaching. ... Also Luther's idea of the two kingdoms has a different scope that that of Calvin."

시작해서 외적인 측면으로 보다 구조적으로 해석되어야 할 것이다.

3. 칼빈의 하나님 나라 신학: 동심원적 구조와 이중 통치의 상호 관계성

월터스토르프(Wolterstorff)는 칼빈주의가 세상을 형성하는 종교(world-formative religion)라고 했을 때 이 세상은 중립적이 아니라 사회적 세상이라고 강조했다.[151] 그는 또한 칼빈은 그리스도인의 사회 참여를 고무하고 있으며 그것은 어거스틴과 칼빈 모두 세상 가운데 하나님의 일하심을 강조하는 것이라고 보았다.[152] 같은 문맥에서 플랜팅가 역시 칼빈과 카이퍼 모두 삶의 모든 영역에 미치는 그리스도의 주권을 강조했다는 점을 환기하고 있다.[153] 그 뒤를 이어 스미스도 칼빈의 사상이 루터의 두 왕국론과 다름을 강조한다.[154] 그는 또한 어거스틴이 창조 세계와 정치 영역에서 그리스도의 주되심을 강조하는 점을 주목한다. 교회와 국가가 하나로 혼합되지는 않지만 불가결한 관계를 가지고 있음을 언급하면서, 신칼빈주의는 교회가 그 영역을 넘어서는 것이 아니라 세속 권력이 단순한 자연법에 머물지 않고 세상의 정치 영역 안에서도 그리스도의 주되심을 세워가야 한다고 강조한다.[155]

---

151 Wolterstorff, *Until Justice and Peace Embrace*, 10.
152 Wolterstorff, "The Wounds of God: Calvin's Theology of Social Injustice," *Reformed Journal* vol 37 (1987): 14-22.
153 Plantinga Jr., Engaging God's World, xiii.
154 Smith, "Reforming Public Theology: Two Kingdoms, or Two Cities?," 122.
155 Smith, *Awaiting the King*, 박세혁 역, 『왕을 기다리며』 (서울: IVP, 2017), 258, 259-80.

실제로 두 왕국 신학은 여러 영역으로 확대되어 해석되고 적용될 수 있다. 그것은 기독교 교육과 사회적 책임의 영역까지 확대될 수 있다.[156] 타위닝가(Tuininga)는 칼빈의 두 왕국 신학의 관점을 가지고 집사에 의한 구제 사역을 이해하려고 시도하고 있다.[157] 볼스터(Vorster)는 칼빈의 영혼과 육체의 인간론 위에 서서 두 왕국 교리를 다루려고 했다는 점을 다시 강조했다.[158]

이런 연구들은 결국 칼빈의 하나님 나라의 신학은 두 왕국 사상으로 설명되면서도 이 두 왕국의 관계 설명이 중요하다는 것을 시사해 준다. 그리스도의 왕국은 분명 교회론적인 성격이 있고 구원론적인 성격을 가지고 있는 것은 분명하다. 그러나 하나님께서 또 다른 은혜의 수단이요 교회와 성도를 위해 하나님이 세우신 국가가 교회와 어떤 관계를 가지며, 또한 하나님 나라는 창조 세계와 관련해서 어떤 의미를 갖는지 보다 입체적이고 구조적으로 설명할 필요가 있다. 이 주제를 칼빈 자신의 저작을 중심으로 고찰해 보고자 한다.

---

[156] John Bolt, "The Imitation of Christ as Illumination for the Two Kingdoms Debate," Calvin Theological Journal 48/1 (2013): 6-34.

[157] Matthew J. Tuininga, "Good News for the Poor: an Analysis of Calvin's Concept of Poor Relief and the Diaconate in Light of his Two Kingdoms Paradigm," Calvin Theological Journal 49 (2014): 221-47. 이 주장에 대해서는 칼빈의 사상에서 너무 벗어났다는 비판도 있었다. Simon P. Kennedy and Benjamin B. Saunders, "Characterizing the Two Kingdoms and Assessing their Relevance Today," Calvin Theological Journal 53 (2018): 161-73.

[158] Nicolaas Vorster,"'United but not Confused': Calvin's Anthropology as Hermeneutical Key to Understanding his Societal Doctrine," Journal of Church and State 58 (2016): 117-41.

1) 하나님의 이중의 통치

(1) 영적인 통치와 정치적 통치

칼빈은 먼저 인간에게는 이중의 통치가 있다고 선언한다. 그는 "이 두 측면을 영적 그리고 일시적인 통치권이라고 부르는데 이는 부적절한 명칭이 아니다"[159]라고 말한다. 전자는 영적인 것으로서 양심이 하나님을 경외하는 것에 관계되며, 후자는 정치적 통치로서 양심이 시민 사회에서 지켜야 할 의무와 결부된다.

칼빈은 인간 사회에 존재하는 하나님의 통치를 영적인 통치와 정치적인 통치로 나누고 있다. 정치적인 통치란 먹고 입는 것뿐만 아니라 사회생활에 필요한 법률을 제정하는 것에 관련된 통치다. 칼빈은 이 둘을 영적인 나라와 정치적인 나라라고 부르고 있다.[160]

칼빈이 분류하고 있는 두 통치는 하나는 성도들의 영적인 삶과 관계되는 영역이고, 다른 하나는 사회적인 영역이다. 그런데 이 두 왕국은 서로 다른 세계이며 다른 법의 지배를 받는다고 명시하고 있다. 칼빈은 이 두 세계는 각각 다른 왕과 다른 법률이 권위를 행사한다고 보고 있다.[161]

---

159 *CO* 2, cols. 622-623 (*Institutes*, 3.19.15.). "Vulgo appellari solent iurisdictio spiritualis et temporalis, non impropriis nominibus."(이하 밑줄은 필자의 강조임)

160 *CO* 2, col. 623 (*Institutes*, 3.19.15.). "Quibus significatur, priorem illam regiminis speciem ad animae vitam pertinere, hanc autem in his quae praesentis vitae sunt versari: non quidem in pascendo tantum aut vestiendo, sed in praescribendis legibus quibus homo inter homines vitam sancte, honeste modesteque exigat. Nam illa in animo interiori sedem habet; haec autem externos mores duntaxat componit. Alterum vocare nobis liceat regnum spirituale, alteram regnum politicum."

161 *CO* 2, col. 623 (*Institutes*, 3.19.15.).

(2) 이중 통치의 상호 밀접한 관계성

칼빈은 영적인 통치와 정치적 통치를 구별하고 있지만, 그렇다고 해서 국가 통치를 그 본성상 부패한 것이고 그래서 그리스도인들과는 무관한 것이라는 그릇된 사상을 맹렬히 비판하고 있다. 그는 이중 통치에 대해서 하나님 나라의 시민들이 가져야 할 바른 태도를 명확하게 제시하고 있다.

> 실제로 함부로 날뛰기를 좋아하는 광신자들은 이런 생각을 외친다. 그리스도로 말미암아 이 세상의 초등 학문에 대해서 죽은 우리는 하나님의 나라에 옮겨져 천상의 존재들 사이에 앉아 있으므로 그리스도인과도 상관 없는 일에 대한 천박하고 세속적인 근심 걱정에 얽매인다는 것은 우리의 훌륭한 신분과 거리가 먼 아주 무가치한 일이라고 그들은 말한다.[162]

칼빈은 영적인 신앙 생활과 시민 사회의 정치적이고 외적인 생활이 구별되는 것이지만 동시에 이 두 문제는 긴밀하게 연결되어 있다는 것을 높은 어조로 강조하고 있다.[163]

칼빈은 당시 정치 질서에 대해 가지고 있었던 양 극단의 주장을 예리

---

[162] CO 2, col. 1093 (*Institutes*, 4.20.2.). "Sic quidem fanatici quos delectat effraenis licentia, vociferantur ac iactant: postquam mortui sumus per Christum elementis huius mundi, et translati in regnum Dei sedemus inter coelestes, indignum hoc nobis esse, ac infra nostram excellentiam longe positum, profanis istis ac impuris curis occupari quae circa aliena a christiano homine negotia versantur."

[163] CO 2, cols. 1092-1093 (*Institutes*, 4.20.1.).

하게 분석하고 있다. 하나님이 세우신 국가 질서를 파괴하려는 급진 종교개혁 세력과 또한 국왕의 권력에 편승하고 그것을 극대화해서 하나님의 통치와 대립하게 만들었던 로마 가톨릭의 양극단을 비판하면서 이 두 통치의 관계성을 강조하고 있는 것이다. 심지어 칼빈은 이 두 해악을 모두 제거하지 않으면 신앙의 순수성이 사라질 것이라고 경고하고 있다.

칼빈은 영적인 통치는 이 지상에 우리 안에 존재하는 하늘 나라를 이미 시작하게 만들지만,[164] 국가 통치는 인간의 사회적 삶 속에서 영적인 통치와 깊은 관련을 가지고 있음을 강조한다.

> 그러나 국가 통치에 지정된 목적은, 우리가 사람들과 더불어 사는 동안 하나님께 대한 외적인 예배를 존중하고 보호하며, 건전한 교리와 교회의 지위를 보호하며, 우리의 생활을 인간 사회에 적응시키며, 우리의 행위를 사회 정의와 일치하도록 인도하며, 우리가 서로 화해하게 하여, 전체적인 평화와 평온을 증진케 하는 것이다.[165]

칼빈의 이 주장을 그가 그 시대로서는 일반적이었던 신정적인 국가를 지향했다고 이해할 수도 있겠지만 사실은 칼빈이 영적이고 정치적인 하나님의 이중 통치의 상호 밀접한 관련성에 초점을 두었다고 보는 것

164　*CO* 2, col. 1093 (*Institutes*, 4.20.2.).
165　*CO* 2, col. 1094 (*Institutes*, 4.20.2.). "At huic destinatum est, quamdiu inter homines agemus, externum Dei cultum fovere et tueri, sanam pietatis doctrinam et ecclesiae statum defendere, vitam nostram ad hominum societatem componere, ad civilem iustitiain mores nostros formare, nos inter nos conciliare, communem pacem ac tranquillitatem alere."

이 칼빈의 하나님 나라의 관점에서 볼 때 더 의미가 있을 것이다.

2) 그리스도 안에서 얻는 죄 용서와 구원

칼빈은 하나님의 영적인 통치와 정치적인 통치를 설명하고 그 두 통치의 밀접한 상호 관계를 강조하면서, 직접적인 하나님 나라에 대한 해석은 먼저 영적인 차원에서 시작하고 있다. 영적인 것이 하나님 나라의 동심원적 구조 가운데 중심으로 향하는 작은 원의 영역에 대항하는 부분이다.

> 또 그는 하나님의 나라를 선포함으로써 그들을 믿음 가운데로 초청하셨다. 그가 하나님의 나라가 가까이 왔다고 선포했을 때, 하나님의 나라란 죄 용서와 구원과 생명과 그밖에 우리가 그리스도 안에서 얻는 모든 것을 의미하였다.[166]

칼빈이 볼 때 하나님 나라의 핵심 요소는 죄인이 그리스도 안에서 얻는 죄 용서와 구원, 그리고 생명이다. 그렇기 때문에 이 하나님의 나라는 세상의 그 어떤 제도와 일치될 수 없다. 칼빈은 하나님의 나라가 영적인 성격을 가진 것으로 보면서 그리스도의 나라를 신정적인 국가나 세상의 제도에서 찾는 것을 철저하게 배제하고 있다.

166　*CO* 2, cols. 449-450 (*Institutes*, 3.3.19.). "Regnum Dei annuntiando ad fidem vocabat; siquidem per regnum Dei quod docebat in propinquo esse, remissionem peccatorum, salutem, vitam, et quidquid omnino in Christo assequimur, significabat."

육신과 영혼을 구별할 줄 알고 덧없는 현세와 영원한 내세를 구별할 줄 아는 사람은 그리스도의 영적인 왕국과 세속적인 지배는 전혀 다르다는 것을 안다. 이 세상의 초보적인 제도에서 그리스도의 왕국을 찾으며 거기에 한정하려는 것은 유대적인 허망한 생각이다.[167]

이것은 하나님의 나라를 지상의 국가에서 찾거나, 혹은 하나님의 나라를 위해서 지상의 국가를 거부하는 급진적인 재세례파 사이에서 하나님 나라 개념의 출발선을 명확하게 제시한 것으로 보인다.

칼빈은 또한 그리스도의 나라를 그리스도의 말씀을 통해서 지배하는 교회와 직결시키고 있다.

> 요약하면, 교회는 그리스도의 나라이며 그리스도께서는 그의 말씀만으로 지배하시므로, 그리스도의 홀, 즉, 그분의 지극히 거룩한 말씀과는 별개로 그리스도의 나라가 존재하는 듯이 상상하는 것은 거짓말이라는 것을 어느 누가 분명히 깨닫지 못할 것인가?[168]

정리해보면 칼빈이 말하는 하나님 나라는 먼저 그 영적인 특징이 두드러지며, 그 나라는 하나님의 말씀에 의해서 인도되는 참된 교회이기

---

167 *CO* 2, cols. 1092-1093 (*Institutes*, 4.20.1.). "Quum ergo iudaica illa sit vanitas, Christi regnum sub elementis huius mundi quaerere ac includere, nos magis quod perspicue scriptura docet, spiritualem esse fructum cogitantes, qui ex Christi beneficio colligitur, totam hanc libertatem, quae in ipso nobis promittitur atque offertur, meminerimus intra suos fines continere."

168 *CO* 2, cols. 771-772 (*Institutes*, 4.2.5.). "In summa, quum ecclesia regnum sit Christi, regnet autem ille nonnisi per verbum süum, an ullis iam obscurum erit quin ilia mendacii verba sint, quibus Christi regnum absque eius sceptro, id est sacrosancto ipsius verbo, esse fingitur?"

도 하다. 그래서 칼빈의 하나님 나라는 세상의 어떤 제도적 기관이나 국가를 의미하지 않는다. 칼빈은 더 나아가 하나님이 교회를 보호하고 다스리신다는 것을 나타나게 하기 위해서 하나님의 섭리로 온 인류에게 관심을 표명하신다고 말한다.[169]

3) 하나님 나라와 인간 사회

칼빈은 인간이 그리스도 안에서 죄의 용서를 받고 구원받았다고 해서 외적인 통치를 무시해서는 안 된다고 강조하고 있다. 구원받은 성도라 해도 국가의 통치를 받아야 하고 사회적 삶을 살아야 한다는 것이다. 이것은 칼빈의 하나님 나라의 동심원적 구조 가운데 외부로 향하는 원심력의 방향이다.

> 우리는 영적 자유에 대한 복음의 가르침을 사회 질서에 잘못 적용해서는 안 된다. 그리스도인들은 하나님 앞에서 양심의 자유를 얻었다고 해서, 외적인 통치에 관해서 인간 사회의 법에 복종할 필요가 없는 것이 아니다. 그리스도인들이 영적으로 자유롭다고 해서 모든 육적 예속으로부터 해방된 것은 아니다.[170]

---

169 *CO* 2, cols. 153-154 (*Institutes*, 1.17.1.).
170 *CO* 2, col. 623 (*Institutes*, 3.19.15.). "ne quod de spirituali libertate docet evangelium, perperam ad politicum ordinem trahamus, ac si minus secundum externum regimen humanis legibus subiicerentur Christiani, quia solutae sunt coram Deo ipsorum conscientiae; quasi propterea eximerentur omni carnis servitute, quod secundum spiritum liberi sunt."

칼빈은 몸의 부활에 대해서 설명하면서, 마니교가 육신을 불결하다고 본 것을 신랄하게 비판한다. 칼빈은 그리스도께서 성전으로 성별하신 몸을 언급하면서(고전 3:16), 육신의 중요성을 강조한다. 우리의 몸과 영혼이 모두 하나님의 것이기 때문에, 영혼뿐 아니라 몸으로도 주를 섬기라고 했던 바울을 인용하면서(고전 6:20) 몸으로도 주를 섬길 것을 강조하고 있다. 그러므로 몸도 그리스도의 통치를 받아야 하는 것이다. 결국 칼빈은 육의 세계를 다스리는 국가도 그리스도의 통치 안에 있다는 주장으로 나가는 발판을 제시하고 있는 것이다.[171]

칼빈은 인간의 육체는 성령의 전이며 그리스도의 지체이고 최후에는 몸이 천국에 들어간다고 말한다. 이런 맥락에서 칼빈은 육신의 세계를 통치하는 국가 또한 그리스도의 구속과 관련되며, 그리스도의 통치의 영역이라고 강조하고 있다는 것을 확인할 수 있다.[172]

(1) 하나님 나라의 현재적 의미

칼빈은 하나님의 나라는 인간 사회의 유대인, 헬라인, 남자, 여자, 종, 자유인 등의 구별이 없이 그리스도가 전부이고 또 그리스도가 모든 사람 위에 다스리는 나라라고 말한다. 칼빈의 강조는 그리스도의 나라에서는 인간의 사회적 지위나 국가의 구별이 없다는 것이다.[173] 그러면서 칼빈은 하나님 나라의 현재적 통치성을 강조한다. 칼빈은 하나님 나라의 현재성을 망각하고 지상의 국가적 삶을 무시하는 것은 인간성을 빼

171　*CO* 2, cols. 736-740 (*Institutes*, 3.25.7-8.).
172　*CO* 2, cols. 738-740 (*Institutes*, 3.25.8.).
173　*CO* 2, cols. 1092-1093 (*Institutes*, 4.20.1.).

앗는 것과 같은 것이라고 말하고 있다.

> 현재 우리 가운데 있는 하나님 나라가 현세 생활을 일소해 버린다면, 나는 이 모든 것이 불필요해진다는 것을 인정한다. 그러나 우리가 진정한 조국을 갈망하고 이 세상에서 나그네 생활을 하는 것이 하나님의 뜻이며 이 생활에는 이런 보조 수단들이 필요하다면, 사람에게서 이러한 것들을 빼앗는 사람들은 바로 그에게서 인간성 자체를 빼앗는 것이라 할 수 있다.[174]

칼빈은 하나님 나라의 영적인 성격이 인간 사회의 국가와 다르다고 해서, 그리스도인들이 국가 안에서 사회적 법을 무시해서는 안 된다고 강조하고 있다. 영적으로 죄 용서를 받은 성도도 외적인 국가 앞에서 법에 복종해야 하는 책임이 있다는 것이다.[175] 칼빈은 지상의 생활에 집착하는 것이 아니라 하나님의 의와 하늘의 생명을 위해서 살아가는 현장에 하나님의 나라가 있다고 강조한다.

> 이 하나님 나라에 대한 정의는 앞에서도 제시했었지만, 여기서 간단히 다시 반복하겠다. 인간이 자기를 부정하고 세상과 지상의 생활을 경멸함으로써 하나님의 의를 구하기로 맹세하며 하늘 생명을 얻으려고 애

---

[174] *CO* 2, col. 1094 (*Institutes*, 4.20.2.). "Quae omnia supervacua esse fateor, si praesentem vitam exstinguit regnum Dei, quale nunc intra nos est. Sin ita est voluntas Dei, nos dum ad veram patriam aspiramus, peregrinari super terram, eius vero peregrinationis usus talibus subsidiis indiget: qui ipsa ab homine tollunt, suam illi eripiunt humanitatem."

[175] *CO* 2, col. 623 (*Institutes*, 3.19.15.).

쓸 때에, 거기에 하나님의 통치가 있다.[176]

칼빈은 그의 공관복음 주석에서도 자기 자신이 하나님에 의해서 지배되도록 자발적으로 헌신하고 복종할 때 하나님께서 인간들 사이에서 다스리신다고 하며 그것이 하나님 나라의 정의라고 선언하고 있다. 하나님 나라의 시작은 자아의 부정이요, 하나님 나라의 첫 결과는 육신의 욕심을 길들이는 것이다.[177] 그러면서 칼빈은 하나님 나라를 성령의 능력으로 육신의 정욕을 억제하는 것과 우리 생각을 하나님의 법에 맞추는 것의 두 부분으로 설명하고 있다.[178] 칼빈은 먼저 개인부터 하나님 나라의 평화를 깨뜨리는 일에서 자신의 부패를 정결케 해야 한다고 강조한다.

> 그러므로 이 기원을 드릴 때에 순서를 올바로 지키는 사람은 자기 자신의 일부터 시작하는 사람들뿐이다. 즉 하나님 나라의 평화스러운 상태를 교란시키며 그 순결을 더럽히는 일체의 부패를 자기에게서 말끔히 씻어버리는 사람이다.[179]

칼빈은 결국 하나님의 나라의 현재성을 그 나라의 종말성과 연결시

---

176 *CO* 2, col. 667 (*Institutes*, 3.20.42.). "Etsi autem regni huius definitio ante a nobis posita est, breviter nunc repeto, Deum regnare ubi homines tam sui abnegatione quam mundi terrenaeque vitae contemptu illius iustitiae se addicunt, ut ad coelestem vitam aspirent."
177 *CO* 45, cols. 197-198 (*Comm. Mt.* 6:10).
178 *CO* 2, col. 667 (*Institutes*, 3.20.42.).
179 *CO* 2, col. 667 (*Institutes*, 3.20.42.). Itaque non alii legitimum ordinem tenent in hac prece, nisi qui a se ipsis incipiunt, nempe ut purgentur corruptelis omnibus, quae tranquillum regni Dei statum perturbant, et puritatem inficiunt.

키고 있다. 칼빈에 의하면 하나님 나라는 현재에는 명확하게 드러나 보이지는 않는다. 그러나 미래에는 빛과 기쁨과 행복과 영광이 가득하게 될 것이다.[180] 그 종말론적 하나님의 나라에서는 우리가 하나님의 의에 순종하게 될 것이고 하나님의 영광에 참여할 수 있게 될 것이라는 것이다.[181]

(칼빈이 사역했던 제네바 교회)

(2) 하나님의 대리 통치자인 국가 지도자

칼빈은 하나님께서 나라를 배치하시고 임금을 임명하시는 하나님의 섭리의 특별한 작용을 인정한다. 왕을 세우는 것, 인간 나라를 다스리는 것은 하나님이시다. 칼빈은 하나님이 왕에게 나라와 권세와 능력과 영광을 주셨다고 밝히고 있다. 인생과 모든 생물들은 왕에게 맡겨서 다스

---

180 *CO* 2, cols. 741-742 (*Institutes*, 3.25.10.).
181 *CO* 2, col. 667 (*Institutes*, 3.20.42.). "Haec enim regni Dei conditio est, ut dum nos subiicimus eius iustitiae, gloriae suae consortes reddat."

리게 하셨다는 것이다. 그러므로 세상의 나라 역시 하나님이 다스리는 것이라고 칼빈은 강조하고 있으며 세상의 왕들 또한 하나님이 통치의 범주 안에 있다는 것을 밝히고 있다.[182] 어떤 왕이 세워진 것은 하나님이 그의 통치를 원하신다는 뜻을 우리에게 보이신 것이며 따라서 우리는 그 권력에 복종해야 한다.[183]

칼빈은 세상의 국가를 통치하는 자들은 하나님의 대리자라고 지칭했다. 통치자들은 자신들을 통해서 하나님의 섭리와 보호와 공의가 나타날 수 있도록 노력해야 한다. 그러므로 국가의 지도자와 국가 또한 하나님의 통치를 수행하는 기관이며 하나님 나라의 중요한 도구가 되는 것이다.

> 요컨대 주권자들이 자기는 하나님의 대리라는 것을 생각한다면, 그들은 모든 주의와 정성과 열성을 다하여 사람들을 향해서 하나님의 섭리와 보호와 선과 후의와 공의를 나타내도록 노력해야 한다.[184]

칼빈은 주권자들은 하나님의 대리자라고 지칭하면서 그들은 자신의 정치에 대해서 하나님께 보고해야 한다고 정의하면서 위정자들에게 신적인 권위를 부여하고 있다. 그러므로 칼빈에 의하면 지상의 왕국에 속한 국가의 위정자도 하나님 나라의 일을 섬기는 자라는 것이다.[185] 칼빈

---

182 CO 2, cols. 1112-1113 (*Institutes*, 4.20.26.).
183 CO 2, cols. 1114-1115 (*Institutes*, 4.20.28.).
184 CO 2, cols. 1096-1097 (*Institutes*, 4.20.6.). "In summa, si se Dei vicarios esse meminerint, omni cura, sedulitate, industria invigilent oportet, quo hominibus quandam divinae providentiae, custodiae, bonitatis, benevolentiae, justitiae imaginem in se repraesentent."
185 CO 2, cols. 1096-1097 (*Institutes*, 4.20.6.).

은 계속해서 정치 지도자들도 하나님의 대리자로서 그들이 국가를 운영하는 것이 거룩한 직분이라고 말하고 있다. 국가의 지도자들이 국정을 수행하는 것이 하나님을 위해서 일하고 있는 것이다.[186]

칼빈은 국가의 정치 지도자들의 권위는 하나님으로부터 온다고 확인하면서, 그렇기 때문에 국가의 위정자를 공경해야 한다고 말한다. 칼빈에게 있어서 국가 지도자의 신적 지위가 의미하는 것은, 신정국가적인 의미라기보다는, 국가 또한 하나님의 일을 수행하는 중요한 매개자라는 것이다.[187] 칼빈은 기독교 위정자의 의무는 하나님께서 그들에게 은혜를 주셔서 하나님의 영광을 보호하고 선양하는데 힘쓰는 것이라고 정리하고 있다.[188]

칼빈은 자신이 위정자들의 직무를 논의하고 있는 것은 하나님께서 그들에게 위임하신 책무가 무엇인지를 알려주기 위함이라고 밝힌다. 그리고 하나님으로부터 부여받은 위정자들의 책임은 시민 사회에서 죄가 없도록 하고 겸손과 예절과 평화를 보호하고 유지하는 것이라고 명확하게 선포한다. 그래서 시민 사회 전체의 안전과 평화를 이루기 위해서 진력하라는 것이다.[189] 이런 맥락에서 칼빈은 국가의 위정자에 대한 칭호도 국가의 아버지, 국민의 목자, 평화의 수호자, 의의 보호자, 무죄한 사람을 위한 보복자 등으로 부르고 있다. 그러므로 이런 정부를 승인

---

186 *CO* 2, cols. 1096-1097 (*Institutes*, 4.20.6.).
187 *CO* 2, cols. 1097-1098 (*Institutes*, 4.20.7.).
188 *CO* 2, cols. 1099-1100 (*Institutes*, 4.20.9.).
189 *CO* 2, cols. 1099-1100 (*Institutes*, 4.20.9.). "quoniam in exponendo hic magistratuum officio, non tam magistratus ipsos instituere consilium est, quam alios docere quid sint magistratus et quem in finem a Deo positi. Videmus ergo publicae innocentiae, modestiae, honestatis et tranquillitatis protectores statui ac vindices, quibus studium unum sit, communi omnium saluti ac paci prospicere."

하지 않는 사람은 마땅히 불건전하다고 인정해야 한다는 것이다.[190]

칼빈이 강조하는 것은 위정자는 국가 사회로부터 평화를 유지하며 정의를 수행하는 책임이 있다는 것이다. 그런 정부는 정당하게 받아들여야 한다. 칼빈은 이스라엘 백성의 바벨론 포로기에도 정복자인 바벨론의 평화를 위해서 기도해야 하며, 그것은 바벨론의 통치하에서 이스라엘 백성이 번영하기 위함이라고 해석한다. 여기에서 칼빈이 강조하는 초점은 비록 바벨론이라 하더라도 위정자와 국가가 평화를 지킬 때 하나님의 백성의 평화도 지켜진다는 것을 강조하는 것이다.[191]

(3) 국가 통치자에 대한 저항의 문제

국가의 통치자가 하나님의 대리 통치자라고 한다면 불의한 정부는 어떻게 해석해야 하는가? 칼빈은 악한 정부에 대해서 저항할 것을 명확하게 주장하고 있지는 않다. 그러나 칼빈은 하나님은 압제를 받는 하나님의 백성을 구원하기 위해서 그의 선하심과 권능과 섭리를 따라 그의 종들 가운데 공적인 보복자를 일으키시기도 한다는 점을 인정하고 있다. 심지어 다른 의도를 가지고 행하는 자들을 사용해서 하나님의 목적을 이루신다고 말한다.[192]

칼빈은 하나님이 세우신 세상의 왕들에게 복종해야 하지만, 한 가지 예외를 제시한다. 세상의 왕들도 마땅히 하나님께 복종해야 하고 그의 통치하에 있어야 한다고 강조하고 있다.

---

190 *CO* 2, cols. 1111-1112 (*Institutes*, 4.20.24.).
191 *CO* 2, cols. 1114-1115 (*Institutes*, 4.20.28.).
192 *CO* 2, cols. 1115-1116 (*Institutes*, 4.20.30.).

> 우리는 마땅히 복종해야 한다고 밝힌 집권자들의 권위에도 항상 한 가지 예외가 있어야 한다. 실로 이것은 가장 우선적으로 지켜야 하는것이다. 즉, 우리는 이러한 복종으로 인하여, 모든 왕들의 욕망도 그분의 뜻에 마땅히 복종하여야 하며, 왕들의 모든 명령도 그분의 명령에 따라야 하고, 왕들의 모든 권력이 그분의 위엄 앞에 굴복해야 하며 그분에게 불순종하게 되어서는 안 된다.[193]

칼빈은 하나님은 왕들의 왕이기 때문에 하나님이 세우신 세상의 왕들에게 복종하되 주 안에서 복종해야 하며 먼저 하나님의 말씀을 순종하라고 선언한다.[194] 칼빈은 세상의 왕들조차도 하나님의 통치에서 벗어날 수 없기 때문에 그들이 아니라 하나님께 복종하라고 가르치고 있다. 이것은 세상의 나라 또한 하나님의 통치하에 있다는 것을 강력하게 선포하는 것이다. 그래서 칼빈은 "만일 그들의 명령이 하나님과 반대되는 것이라면 그 명령을 존중하지 말라. 이럴 때에는 집권자들이 가진 위엄에 조금도 관심을 가질 필요가 없다"고 말한다.[195]

칼빈의 이런 관점은 그의 로마서 주석에서도 발견된다. 칼빈의 로마서 주석 2판(1551)에서 칼빈은 "폭군들과 권력의 불의한 집행"을 하는 정부는 하나님으로부터 "임명 받은 정부가 아니다"라는 표현을 더 추가

---

[193] CO 2, cols. 1116-1118 (*Institutes*, 4.20.32.). "At vero in ea, quam praefectorum imperiis deberi constituimus, obedientia, id semper excipiendum est, imo in primis observandum, ne ab eius obedientia nos deducat, cuius voluntati regum omnium vota subesse, cuius decretis iussa cedero, cuius maiestati fasces submitti par est."

[194] CO 2, cols. 1116-1118 (*Institutes*, 4.20.32.). "Dominus ergo rex est regum: qui ubi sacrum os aperuit, unus pro omnibus simul ac supra omnes est audiendus; iis deinde qui nobis praesunt hominibus subiecti sumus; sed non nisi in ipso."

[195] CO 2, cols. 1116-1118 (*Institutes*, 4.20.32.). "Adversus ipsum si quid imperent, nullo sit neo loco nee numero."

했다.[196]

칼빈은 지상의 국가의 통치자라 하더라도 만약 그들이 하나님의 뜻과 반대되는 명령을 내린다면 그들을 존중할 필요가 없다고 선언한다. 비록 칼빈은 불의한 왕에 대한 국민적 저항을 말하고 있지는 않지만, 악한 정부에 의해서 압박받는 백성을 구출하기 위해서 합법적으로 임명된 관리들이 불의한 정부를 전복시키는 것은 "여호와께서 그들을 통해서 자신의 일을 성취"하시는 것으로 인정하고 있다.[197] 결국 칼빈은 하나님의 뜻과 부합하지 않는 통치자의 명령에 대해서는 명확하게 불순종의 가르침을 내리고 있으며, 이것은 칼빈 이후 그의 영향을 받았던 프랑스와 네덜란드와 스코틀랜드의 개혁 신앙을 가진 교회에서 더 강화되었다고 말할 수 있다.

4) 하나님의 통치와 창조 세계

칼빈은 하나님께서 하나님의 나라를 세우실 때 "전 우주를 굴복시킴으로써 그분의 나라를 세우신다"[198]고 강조한다. 칼빈은 하나님의 나라의 맥락에서 하나님의 통치 영역을 전 우주로 보고 있다. 이것은 칼빈의 하나님 나라 신학이 갖는 동심원적 구조 가운데 가장 외부로 팽창하는 영역에 해당된다고 말할 수 있다.

---

196 Iohannes Calvinus, *Ioannis Calvini Opera Exegetica* Vol. XIII *Commentarius in Epistolam Pauli ad Romanos*, eds. T.H.L. Parker and D.C. Parker (Genèva: Droz, 1999), 271-72. (Calvin, *Commentary on Romans*, 13:7).

197 *CO* 2, cols. 1115-1116 (*Institutes*, 4.20.30-31.).

198 *CO* 2, col. 667 (*Institutes*, 3.20.42.). "Regnum ergo suum erigit Deus totum mundum humiliando"

칼빈은 주의 기도 가운데 세 번째 문장을 해석하면서, 하나님의 우주적 통치를 이해하지 못하는 인간들을 위해서 하나님의 뜻이 땅에서도 이루어지도록 기원하는 내용을 첨가했으며, 그래서 만물이 하나님의 뜻에 복종할 때 하나님이 우주의 왕이 되시는 것이라고 명확하게 하나님 나라의 현세적 통치와 우주적 주권을 설명해 주고 있다.[199]

칼빈은 창조주 하나님께서 창조 세계를 그저 방관하는 것이 아니라 다스리고 통치하고 보호하시며 보존한다는 것을 강조한다.

> 하나님께서 만물의 창조주시라는 것을 발견한 즉시 그가 만물의 통치자요 보호자라는 결론을 내리지 않으면 안 된다 … 그가 만드신 만물은 하찮은 참새 한 마리까지도 유지하시고 양육하시며 보호하시는 통치자요 보존자이신 것이다.[200]

칼빈은 하나님은 천지를 다스리시는 분이라는 것을 명확하게 천명하고 있다.[201] 칼빈은 섭리를 설명하면서 섭리는 하나님께서 땅 위에서 일어나는 사건들을 하늘에서 방관하고 계신 것이 아니라 모든 사건을 주관하신다는 것을 의미한다고 말했다.[202] 칼빈은 하나님께서 세상의 사건들을 하나님의 계획하에서 조정하시며, 따라서 우연히 발생된 사건은

---

199 CO 2, cols. 667-668 (*Institutes*, 3.20.43.).
200 CO 2, cols. 144-145 (*Institutes*, 1.6.1.). "… nempe ut quem omnium creatorem esse didicit, statim quoque perpetuum moderatorem et conservatorem esse colligat; … sed singulari quadam providentia unumquodque eorum quae condidit, ad minimum usque passerem, sustinendo, fovendo, curando."
201 CO 2, cols. 146-147 (*Institutes*, 1.6.3.).
202 CO 2, cols. 147-148 (*Institutes*, 1.16.4.).

없다고 설명한다.[203] 칼빈은 이사야 주석에서 하나님의 창조 세계가 무질서와 비참함 가운데 있을 때 이 세상을 회복시킬 유일한 방법이 그리스도의 구속이라고 명백하게 말하고,[204] 그의 골로새서 주석에서는 그리스도의 전 우주적 구속 사역으로 회복된 모든 피조물들이 하나님께 영광을 돌리게 된다고 말한다.[205]

칼빈은 하나님께서 우주를 통치하시는 것은 인간을 위해서라고 밝히면서 "그러나 우주가 특별히 인류를 위하여 세워졌음을 알고 있는 우리로서는 하나님의 통치에 있어서도 역시 이 목적을 찾지 않으면 안 된다"고 강조하고 있다.[206] 그러면서 하나님께서 삶의 한계를 정해 주신 후에 인간들에게 그것을 보호하도록 맡기셨다는 점을 강조한다. 칼빈은 그의 창세기 주석에서 첫 사람은 하나님의 창조 세계를 하나님의 사랑으로 돌보라는 사명을 받았다고 기술하면서,[207] 고린도전서 주석에서는 인간은 만물이 하나님의 영광을 위할 수 있도록 하나님의 통치의 한 부분을 담당하도록 선택되었다고 말한다.[208] 결국 칼빈은 하나님은 인간에게 생명을 보호할 사명을 위임하셨다고 보았던 것이다.[209] 그러므로 종합해 보자면 칼빈은 하나님 나라의 동심원적 구조의 외연을 창조 세계로까지 확대해 주는 장엄함을 보여주었다고 평가할 수 있을 것이다.

203　*CO* 2, cols. 147-148 (*Institutes*, 1.16.4.).
204　*CO* 36, cols. 241-243 (*Comm. Is.* 11:6-7).
205　*CO* 52, cols. 85-86 (*Comm. Col.* 1:6-7).
206　*CO* 2. cols. 148-149 (*Institutes*, 1.16.5.). "Sed quia scimus humani praecipue generis causa mundum esse conditum, in eius etiam gubernatione hie nobis spectandus est finis."
207　*CO* 23, cols. 28-29 (*Comm. Gen.* 1:28).
208　*CO* 49, cols. 528-529 (*Comm. 1. Cor.* 15:27).
209　*CO* 2, col. 157 (*Institutes*, 1.17.4.).

4. 결론: 하나님 나라의 동심원적 구조와 이중 통치의 상호 관계성

본 장에서는 칼빈이 제시하는 하나님 나라 신학을 고찰했다. 먼저 이 주제로 1990년대 이후 서양권에서 진행된 주요 연구들을 분석해 보면 칼빈이 말하는 두 왕국의 상호 관계성과 하나님 나라의 구조적인 성격에 대한 이해가 더욱 필요함을 알 수 있다. 칼빈의 하나님 나라 신학을 이해하기 위해서는 하나님의 영적인 통치와 정치적 통치의 이중의 통치와 그 상호 관계성 규명이 중요하다. 하나님의 이중의 통치에 근거해서 칼빈은 하나님의 나라를 영적으로 죄 용서와 구원이라는 내적인 측면에서 시작해서, 외적으로 인간 사회와 창조 세계라는 "동심원적" 구조 속에서 이해하고 있다. 우선적으로 칼빈은 그리스도의 나라는 그리스도 안에서 얻는 죄 용서와 구원과 생명이라고 설명한다. 칼빈은 이 그리스도의 나라를 신정적인 국가나 세상의 제도에서 구하는 것을 철저하게 배제하면서, 그것을 그리스도의 말씀을 통해서 지배되는 교회와 밀접하게 연결시킨다.

그러나 칼빈에 의하면 그리스도인은 영적으로 구원을 받았다 하더라도 하나님 나라의 현재성 안에서 이 세상에서 종말론적 나그네의 삶을 살아간다. 칼빈은 하나님은 국가의 지도자를 대리 통치자로 세워서 정치적 삶을 통치하신다고 주장한다. 이런 맥락에서 그리스도인들은 국가에 복종해야 한다고 강조한다. 그러나 만약 이 국가가 하나님의 뜻과 부합되지 않는다면, 칼빈은 국가에 불순종할 수 있는 가능성을 열어놓고 있다.

칼빈은 더 나아가 하나님 나라를 우주와 창조 세계라는 거시적 차원에서 해석하고 있다. 칼빈은 하나님께서는 전 우주를 굴복시키며 우주를 다스리는 왕이시라 선언한다. 하나님은 자신의 창조 세계를 다스리시며 섭리로 통치하신다. 하나님은 인간의 삶의 한계를 정한 후에 인간에게 생명을 보호할 사명을 위임하셨다. 그러므로 칼빈의 하나님 나라 신학은 안으로는 개인적인 죄 용서 및 구원과 관계되는 영적인 나라와, 밖으로는 인간의 사회적 삶과 국가와의 관계 속에서 진행되는 정치적인 나라와의 관계라는 동심원적 구조 속에서 해석되어야 하며, 궁극적으로는 하나님의 우주적 통치의 전망 속에서 이해되어야 한다. 칼빈의 강조점은 마치 영혼과 육체가 각각의 특징을 가진 채로 인간을 이루듯이, 영적인 영역과 육적인 영역은 서로 나뉘거나 혼합되지 않고 각각 하나의 통치, 즉 하나님의 통치를 이룬다는 것이다. 그래서 칼빈은 제네바 사회 속에 존재하는 난민들과 가난한 자들에 대한 사역도 국가에만 맡겨두지 않고 교회가 국가와 함께 감당해야 하는 목양적 사역으로 접근할 수 있었다.

7장

멜란히톤, 칼빈, 그리고 팔츠(Pfalz)의 개혁파 종교개혁(1558-1561)

1. 들어가는 글

16세기 종교개혁은 단순한 도표로 설명할 수 없을 정도로 역동적인 역사와 신학 논쟁들 속에서, 때로는 그 당사자들도 의도하지 않고 기대하지 않았던 상황 속에서 진행되었다. 그 전형적인 예가 팔츠의 종교개혁이라고 할 수 있다. 일반적으로 독일의 개혁주의 혹은 칼빈주의는 네덜란드, 스코틀랜드 혹은 스위스의 제네바나 취리히 등과 연결되어 부수적으로 조명되거나, 심지어 독일의 종교개혁을 언급할 때 조차도 대개 독일의 루터파만 지칭하는 경우가 적지 않았다. 이런 맥락에서 16세기 중반의 독일의 개혁주의 역사를 살펴보는 것은 나름대로 의미가 있

7장의 내용은 저자의 다음 논문에서 사용한 것임을 밝힌다. "팔츠(Pfalz)의 개혁파 종교개혁의 발전(1558-1561): 멜란히톤과 칼빈의 관련성을 중심으로."「한국개혁신학」71 (2021).

을 것이다. 왜냐하면 독일의 개혁주의자들은 30년 전쟁이 끝난 1648년에 가서야 공식적인 신앙으로 인정받지만, 이미 16세기 중반부터 나름대로 개혁 신앙을 견지하는 교회를 형성하고 개혁주의 발전에 적지 않은 영향을 주었기 때문이다.

16세기 독일은 전통적인 봉건적 영주들과 선제후들로 나뉘어 있으면서 로마 가톨릭주의뿐 아니라 루터주의가 인정되면서 스위스에서 시작된 개혁주의를 시범적으로 적용할 수 있는 공간이 생겼다. 이 지역들에 네덜란드, 영국, 스코틀랜드, 프랑스 등에서 박해받던 종교개혁 난민들이 모일 수 있었고, 이들에 의해서 다양한 개혁주의 신앙과 예배가 실천되고 또 강화되었다. 이들이 자국에 돌아가서는 자국의 개혁주의를 더욱 공고하게 세울 수 있었기 때문에 독일의 개혁주의는 그 모판, 혹은 파일럿 프로젝트와 같은 역할을 했다고 평가할 수 있을 것이다.[210]

특히 팔츠는 선제후국의 지위를 가지고 있는 중요한 지역으로서 선제후 오토 헨리(Otto Henry: 1502-1559, 팔츠 선제후 재위: 1556-1559) 때 루터파를 수용(1556)했고 프레드릭 3세(Frederick III: 1515-1576, 팔츠 선제후 재위: 1559. 2. 12. -1576)가 그 자리를 계승하면서(1559) 개혁주의적인 제후국이 되었다. 그리고 프레드릭 3세 사후에 다시 루터주의와 칼빈주의를 오갔던 제후국이었다. 그렇다면 어떻게 팔츠는 가톨릭-루터파-개혁파로 발전될 수 있었을까? 이번 장은 그 신학적이고 역사적인 과정을 고찰할 것이다. 특히 프레드릭이 즉위하자마자 제후국 내의 신학적 혼란을 해결하기 위해 멜란히톤(Philip Melanchthon: 1497-1560)에

---

210 D. Clair Davis, "The Reformed Church of Germanry: Calvinists as an Influential Ministry," in *John Calvin: His Influence in the Western World*, ed. W. Stanford Reid (Grand Rapids: Zondervan, 1982), 123-125.

게 도움을 청하자 멜란히톤이 보낸 작품인 Iudicium de Controversia Coenae Domini(주의 만찬 논쟁에 대한 판단, 1559)을 면밀하게 분석할 것이다.[211] 멜란히톤은 그 직후 5개월 후에 사망(1560.4.19)했기 때문에 본 연구는 멜란히톤의 최종적인 신학적 성격 이해에 도움을 줄 것이다. 제네바의 칼빈은 불링거(Heinrich Bullinger: 1504-1575)로부터 자료를 넘겨받아[212] 팔츠의 신학 논쟁을 야기했던 순수-루터파(Gnesio-Lutheran) 헷수시우스(Tilemann Heshusius: 1527-1588)를 비판하는 논문인 Dilucida explicatio sanae doctrinae de vera participatione carnis et sanguinis Christ in sacra coena ad discutiendas Heshusii nebulas(성찬에서 참으로 그리스도의 살과 피에 참여하는 것에 대한 건강한 교리의 분명한 해설, 헷수시우스의 혼돈을 분산시키기 위하여)를 출판(1561)하면서[213] 팔츠의 개혁파 종교개혁에 생각보다 직접적으로 신학적 개입을 했는데 이번 장에서는 칼빈의 이 저작을 분석할 것이다. 따라서 본 연구는 16세기 팔츠 지역의 개혁주의 종교개혁의 발전을 신성 로마 제국의 정치적인 맥락과 순수-루터파와 멜란히톤주의의 분열과 갈등, 그리고 스위스 개혁주의의 연계

---

211   멜란히톤의 이 작품은 다음에 출판되어 있다. *Corpus Reformatorum: Philippi Melanchthonis opera quae supersunt omnia*, ed. by Brettschneider and H.E. Bindseil (Halle, Braunschweig: 1834-1860), vol. 9, 960-63. 이하 *CR*로 표기한다. *Iudicium*을 영역할 때 "Judgment(판단)"으로 하기도 하지만 "Advice(조언)"으로 하는 경우도 있다. 이 작품은 이하 "판단"으로 약칭한다.

212   불링거가 칼빈에게 보낸 편지는 다음을 보라. Iohannes Calvinus, *Ioannis Calvini opera quae supersunt omnia*, eds. G. Baum, E. Cunitz, and E. Reuss. 18 (Halle & Braunschweig: Schwetschke, 1878), 224, ep. 3264. 이하 *CO*로 표기함. Erik A. De Boer, "Philipp Melanchthon's *ludicium de controversia Coenae Domini*(1559) to the Palatine Elector Frederick III," *Reformation & Renaissance Review* vol. 17 No.3. November (2015): 248.

213   Calvin, *Dilucida explicatio sanae doctrinae de vera participatione carnis et sanguinis Christ in sacra coena ad discutiendas Heshusii nebulas*. *CO* 9, 457-517. 한글로 번역하면 "성찬에서 참으로 그리스도의 살과 피에 참여하는 것에 대한 건강한 교리의 분명한 해설, 헷수시우스의 혼돈을 분산시키기 위하여"이며, 이하 이 작품의 한글 제목은 "분명한 해설"로 약칭하도록 한다. 영어 번역본은 다음을 보라. Calvin, *Theological Treatises*, ed. J.K.S. Reid (London and Philadelphia: The Westminster Press, 1961), 258-324.

라는 다차원적인 맥락에서 조명해서 그 의미를 찾아보고자 한다.

2. 16세기 팔츠 지역의 역사적 배경

독일의 개혁주의 거점 지역 가운데 팔츠 지역의 하이델베르그는 개혁주의 신학에 공헌한 바가 컸다. 팔츠의 선제후 오토 헨리는 아우구스부르그 종교 화약(1555) 이후 1556년에 루터주의를 수용했다. 그의 후계자인 선제후 프레드릭 3세 때에는 칼빈주의 선제후 국가가 되어 1563년에 하이델베르그 요리문답 출판으로 국제적인 개혁주의의 중심지로서 큰 영향력을 발휘하게 되었다. 이 지역의 칼빈주의의 부흥은, 물론 선제후였던 프레드릭 3세 자신이 개혁주의를 후원했기 때문에 다른 지역보다 강력한 구심점을 이룩할 수 있었던 측면도 있다. 그러나 보다 역사적으로 고찰하면 팔츠의 종교개혁, 특히 개혁파 종교개혁은 어느 날 갑자기 폭발한 것이 아니라, 긴 잠복기를 가지고 점진적으로 진행되었다고 평가해야 하며, 따라서 팔츠 지역의 16세기 전반부를 원-종교개혁(Pre-Reformation)으로도 지칭한다.[214]

1) 원-종교개혁 (Pre-Reformation): 선제후 루드비히 5세(Ludwig V, 재

---

[214] 팔츠 지역의 종교개혁 연구는 다음을 보라. Charles D. Gunnoe Jr., "The Reformation of the Palatinate and the Origins of the Heidelberg Catechism, 1500-1562," in *An Introduction to the Heidelberg Catechism: Sources, History, and Theology* (Grand Rapids: Baker Academic, 2005): 15-47. Idem. *Thomas Erastus and the Palatinate. A Renaissance Physician in the Second Reformation* (Leiden: Brill, 2011).

위: 1508-1544)와 선제후 프레드릭 2세(Frederick II, 재위: 1544-1556) 시기의 팔츠

팔츠 지역은 이미 중세 초 메로빙거 시대부터 형성되어 있었고, 하이델베르그를 중심지로 하는 저-팔츠 지역(Lower Palatinate)과 북 바바리아(North Bavarian)의 고-팔츠(Upper Palatinate)로 나뉘어 있었다. 저-팔츠 지역은 주교좌가 있었던 보름스, 슈파이어, 마인츠 등과 함께 라인강의 양쪽을 따라서 뻗어 있었다.[215]

팔츠 지역은 종교개혁 초기부터 매우 의미 있는 곳이었다. 1518년 4월에 루터는 하이델베르그 논쟁(Heidelberg Disputation)을 벌이면서 중세 스콜라주의 신학의 영광의 신학을 버리고 십자가의 신학을 주창했다. 그 영향으로 젊은 신학도들이 종교개혁 진영으로 들어오게 되었는데, 마틴 부처(Martin Bucer), 브렌츠(Johannes Brenz) 등이 대표적이라고 할 수 있으며 이들은 팔츠 지역에 의미 있고 지속적인 영향을 미쳤다.

팔츠 지역에서 발생했던 하이델베르그 논쟁이나 보름스 회의(1521)는 선제후 루드비히 5세가 통치할 때 일어났다. 종교개혁에 적극적으로 공헌했다고는 할 수 없지만 적어도 루터가 후스처럼 희생당하지 않도록 한 것은 의미가 있다고 할 수 있다.

그 뒤를 이었던 프레드릭 2세는 독실한 개신교 신자는 아니었지만 1546년에는 종교개혁 방향을 바라보면서 1547에 교회법을 출판했다. 이 당시 독일과 주변 지역의 교회의 역사는 급격히 움직이고 있었

---

215 Gunnoe, "The Reformation of the Palatinate," 16-20.

다. 1548년에는 멜란히톤의 주도로 아우구스부르그 가신조(Augsburg Interim)가 나왔고, 1549년에는 바로 아래 위치한 스위스에서 취리히와 제네바가 취리히 협약(Consensus Tigurinus 즉 Zurich Consensus)를 통해서 성찬론의 합의를 이루었다. 1552년에는 루터파 영주들에 의한 두 번째 슈말칼덴 전쟁이 일어나 파사우 조약이 체결되어 결국 1555년 아우구스 종교 화약으로 최초로 개신교(물론 루터파만)의 영주에게 신앙의 자유를 허락하는 길에 들어서게 되었다. 한편 1552년부터 1558년까지는 칼빈과 루터파 베스트팔(Joachim Wesphal)과의 성찬 논쟁이 있었다.[216] 요약하자면 1548년부터 1555년의 기간은 독일 남부(Upper Germany) 종교개혁에 있어서 분수령으로서 매우 역동적인 시기였다고 평가할 수 있다.

2) 선제후 오토 헨리(Otto Henry, 재위: 1556-1559)의 루터파 종교개혁

오토 헨리는 그의 삼촌들과는 다른 성격을 보여주었다. 외교적이고 정치적인 이유가 아니라 개신교 신앙의 확신에 따라서 팔츠는 오토 헨리의 치하에 결정적으로 개신교 진영에 합류했다. 오토 헨리는 1530년대 후반에서 1540년대 초에 루터파 신학으로 향했고, 1542년에 팔츠-노이부르크(Pfalz-Neuburg)에 개신교를 도입했다. 프레드릭 2세와 달리, 오토 헨리는 황제에게 대립하기도 했고 1552년 파사우의 협약 이후

---

[216] 베스트팔의 성찬 신학에 대한 연구는 다음을 보라. Wim Janse, "Joachim Westphal's Sacramentology," *Lutheran Quarterly* Vol. XXII (2008): 137-160. *Idem*, "Controversy and Concordance between Calvin and Westphal on the Communion of the Sick," in *Calvinus clarissimus theologu. Papers of the Tenth International Congress on Calvin Research*, ed. H Selderhuis (Göttingen: Vandenhoeck & Reprecht, 2012): 158-178

에 지도자로서 팔츠-노이부르크에 돌아왔다. 1556년에 오토 헨리가 팔츠의 선제후좌를 계승하기 위해서 도착했을 때 팔츠의 시민들은 열렬히 환영했다고 한다. 그는 바로 루터주의 신앙을 도입했다.[217]

오토 헨리가 가장 선호했던 개혁자는 멜란히톤이었고 그는 팔츠의 개혁 정착에 영향을 주었다. 그의 치하에서 팔츠는 지역의 구석구석 목회지까지 중세 후기의 신앙을 씻어내고 개신교 신앙이 뿌리내리게 되었다. 오토 헨리는 그가 존경하는 멜란히톤을 청했으나 성공하지는 못했다. 그는 루터파 신앙을 가지고 개신교의 권리를 위해서 가장 적극적으로 통치한 선제후였으며, 루터파가 아니더라도 모든 시민들의 자유를 후원했다.[218]

오토 헨리의 중요한 공헌 가운데 하나는 하이델베르그 대학의 개혁이었다. 그는 가장 존경했던 멜란히톤의 신학적이고 학술적인 권위를 신뢰하여 그에게 의존했다. 대학을 새롭게 개혁하여 커리큘럼을 바꾸고 인문학과를 광범위하게 개혁했고 유능한 교수진을 구축하려고 노력했다.

오토 헨리의 대학 개혁을 위한 노력은 의학 부분에서 특히 성공적이었는데, 이때 팔츠의 종교개혁과 권징에 지속적으로 큰 영향을 미쳤던 의사이자 신학자인 에라스투스(Thomas Erastus: 1524-1583)도 합류하게 되었다(1558.4.). 스위스 태생의 에라스투스는 바젤 대학과 이탈리아의 볼로냐와 파도바(Padua) 대학에서 철학과 의학을 공부하고 의사로 활동했다. 그는 팔츠에 초청되어 하이델베르그 대학의 의과 교수로 일했고,

---

217 Gunnoe, "The Reformation of the Palatinate," 33-37.
218 Gunnoe, "The Reformation of the Palatinate," 33-37.

1558년 12월 19일에는 관례를 깨고 하이델베르그 대학의 총장이 되었다.[219] 이 위치는 그와 오토 헨리의 의도와 관계없이, 향후 팔츠에서 격렬하게 진행되었던 순수-루터파(Gnesio-Lutheran)와 개혁파 간의 성찬 논쟁에서 개혁파에게 유리한 방향으로 영향을 미치게 되었다.

그러나 신학부 자체의 발전은 다소 지체되었는데, 왜냐하면 멜란히톤을 비롯해서 중요한 신학자들이 하이델베르그에 오기를 사양했기 때문이다. 이때 멜란히톤의 제자였던 헷수시우스(Tilemann Heshusius)가, 보퀸(Pierre Boquin)과 함께 대학 교수진에 합류했는데 헷수시우스는 팔츠 교회의 총감독으로 큰 영향을 끼쳤다. 결국 오토 헨리는 그의 대학에 츠빙글리주의자로 알려진 에라스투스로부터 순수-루터파인 헷수시우스, 그리고 개혁주의적인 루터파 등을 구별없이 영입했다.[220] 오토 헨리로서는 선제후로서 자신의 하이델베르그 대학 교수진을 강화하기 위해서 가톨릭이나 이단이 아닌 탁월한 개신교 학자들을 영입하려다 보니 루터파와 개혁파를 구별할 겨를이 없었을 것으로 보이는데, 그 결과 곧이어 이들의 신학적 충돌을 피할 수 없게 되었다.

3. 선제후 프레드릭 3세(재위: 1559. 2. 12-1576)의 개혁 신앙 수용

오토 헨리 선제후의 사망으로 팔츠는 팔츠-짐머른(Pfalz-Simmern, Wettelsbach)계의 경건한 프레드릭 3세가 그 자리를 계승했다. 프레

---

219   Gunnoe, *Thomas Erastus and the Palatinate*, 56-60.
220   Frank Engehausen, "Strategies for Confessional Change in the Sixteenth Century: The Example of the Palatinate," in *Power of Faith: 450 Years of the Heidelberg Catechism*, eds. Karla Apperloo-Boersma and Herman J. Selderhuis (Gottingen: Vandenhoeck & Ruprecht, 2013): 83-94.

팔츠의 선제후 프레드릭 3세
사진 출처: https://de.wikipedia.org/wiki/Friedrich_III._(Pfalz)

드릭 3세가 개신교로 들어오게 된 데에는 그의 아내 마리아(Maria of Brandenburg-Kulmbach)의 영향도 있었겠지만, 그는 1548년의 아우구스부르그 가신조에 반대를 표할 정도로 자기 자신의 신념이 분명했다. 프레드릭은 선제후좌를 잇기 전 개신교에 합류하게 되면서 부친과 소원해졌다. 그러나 자식이 없었던 오토 헨리가 선제후가 되고 나서 자연스럽게 팔츠 계승의 권리가 있었던 프레드릭은 팔츠 고지방(the Upper Palatinate)을 지배할 수 있게 되었고 오토 헨리의 종교개혁을 도왔다. 프레드릭은 부친(Pfalz-Simmern의 Johann II)의 사후(1557) 그 지역에 새로운 팔츠 교회법을 도입하기도 했다. 프레드릭 선제후는 오토 헨리보다는 신학적 소양이 깊었다고 보인다.[221]

프레드릭 3세의 전임자인 오토 헨리 때에 이미 팔츠에 초청되어 왔던

---

221 Gunnoe, "The Reformation of the Palatinate," 37-40.

에라스투스는 프레드릭 3세가 팔츠의 종교개혁을 개혁주의 노선으로 나가게 하는데 크게 기여했다. 하이델베르그 요리문답의 작성 과정에서도 츠빙글리주의자라고 불려졌던 에라스투스의 역할이 적지 않았다고 볼 수 있으며, 실제로 올레비아누스(1536-1587)와 우르시누스(1534-1583)가 하이델베르그에 오기 전에 하이델베르그를 개혁주의 진영으로 갈 수 있게 만든 데에는 보퀸(Boquin)과 에라스투스의 공헌이 컸다.[222]

요컨대, 프레드릭은 선제후가 되었을 당시에는 멜란히톤주의자였고 개혁파에 호의적인 입장이었을 것이다.[223] 그러나 하이델베르그의 성찬 논쟁 과정과, 가장 결정적인 영향을 미쳤을 것으로 보이는 멜란히톤의 최후의 "판단"(1559.11.1.), 그리고 전임자인 오토 헨리 때에 이미 팔츠에 와 있었던 에라스투스의 영향 등에 의해서 프레드릭은 점진적으로 개혁파적인 신앙을 정립했을 것으로 보인다.

1) 실비우스(Stephan Silvius)의 학위 논문 사건 (1559년 3월)

이 논쟁은 프리슬란트 신학생(Friesian theology student)인 실비우스의 학위 논제와 관계된 갈등이었다. 당시 교회 감독이자 신학 교수인 헷수시우스는 실비우스의 논문을 위해서 츠빙글리주의와 가톨릭주의 모두를 공격할 수 있는 논제를 결정해 주었으나 츠빙글리를 지지했던 실비우스는 이를 거절했다. 그러자 헷수시우스는 그의 학위 통과를 막았

---

222 Gunnoe, *Thomas Erastus and the Palatinate*, 51-52. 128-132.
223 프레드릭 3세기 즉위할 당시 그의 신학적 경향에 대해서 "느슨한 숨은 칼빈주의자(latent Crypto-Calvinist)" 혹은 "멜란히톤주의적인 루터파(Philippist Lutheran)" 등의 논의가 있다. Gunnoe, "The Reformation of the Palatinate," 각주 83을 참조하라.

다.[224] 이때 대학 교수회는 이 사안을 순수-루터파와 개혁파 사이의 논쟁이라기보다는 학문의 자유의 문제라고 인식했다. 개혁파 신학자인 보퀸(Boquin)은 실비우스의 논제를 적극 지지했고, 대학 총장인 에라스투스도 후원했다. 교수회는 아마도 멜란히톤주의적 루터파가 다수였는데, 실비우스에게 동의했다. 결국 헷수시우스의 주장은 결정권을 상실했고 그는 대학 교수회의 참여도 금지되었다. 주의 만찬에 대한 논쟁은 프레드릭이 1559년 팔츠의 선제후로 왔을 때 대중에게 더 많은 관심을 끌게 되었고, 프레드릭 3세의 즉위 전에, 하이델베르그의 순수-루터주의 대표자는 이미 대학 밖에 있게 되었다. 결국 이 논쟁에서 개혁파가 승리했다고 평가된다.[225]

(하이델베르그의 성령 교회)

---

224 Gunnoe, "The Reformation of the Palatinate," 38.
225 Gunnoe, *Thomas Erastus and the Palatinate*, 63-64. 선제후 오토 헨리는 이 논쟁이 한창 진행 중이던 1559년 2월 12일에 죽었다.

2) 헷수시우스와 클레비츠(Wilhelm Klebitz)의 성찬론 충돌[226]

이 성찬 논쟁의 주인공인 헷수시우스는 원래는 비텐베르그에서 루터 사후(1546) 멜란히톤에게 공부했던 제자였다. 멜란히톤 자신은 헷수시우스를 자신의 진영이라고 보았기 때문에 그를 1558년에 팔츠의 선제후 오토 헨리에게 추천하기까지 했다. 멜란히톤의 동료였던 부겐하겐(Bugenhagen)이 죽었을 때인 1558년까지도 서로 만나기도 했다.[227] 그러나 1559년 가을에 멜란히톤의 귀에 헷수시우스가 심각하고도 복잡한 성찬 논쟁에 개입되었다는 소식이 들렸다. 멜란히톤은 헷수시우스의 성찬론이 브레멘의 티만(Timann)의 주장과 같이 떡이 본질적으로 그리스도의 몸이라고 해석하는 것으로 보고 엄히 권고했다.

헷수시우스가 본격적으로 멜란히톤의 성찬 신학과 갈라서게 된 직접적인 계기는 1559년 4월에 하이델베르그에서 벌어졌던 빌름 클레비츠와의 성찬 논쟁이었다. 이 논쟁은 성령 교회 디컨이었던 클레비츠가 하이델베르그 대학의 학위를 받기 위해서 제출한 논문이 성찬에 대해 명확하게 개혁주의적인 성격을 가지고 있다고 해서 발생했다. 클레비츠가 논문을 방어할 때 책임자였던 헷수시우스는 그의 모친 장례에 참석하기 위해서 도시 밖에 있었다. 이 기회를 이용해서 보퀸이 클레비츠의

---

226   클레비츠의 성찬 신학에 대해서는 다음을 보라. Wim Janse, "Non-Conformist Eucharistic Theology: The case of the alleged 'Zwinglian polemicist' Wilhelm Klebitz," *Nederlands Archief voor Kerkgeschiedenis/Dutch Review of Church History* 81 (2001): 5-25. Gunnoe, *Erastus and Palatine*, 64-70.

227   Rovert Kolb, "The Critique of Melanchthon's Doctrine of the Last Supper by his 'Gnesio-Lutheran' Students," in *Philip Melanchthon: Theologian in Classroom, Confession, and Controversy*, eds. Irene Dingel, Robert Kolb, Nicole Kuropka, and Timothy J. Wengert (Gottingen: Vandenhoeck & Ruprecht, 2012), 247-249.

학위를 수여했다. 헷수시우스는 도시로 돌아오자마자 지체하지 않고 설교단으로부터 클레비츠의 신학을 공격하기 시작했다. 이후 소위 "설교단 전쟁"(pulpit war)이 이어졌다. 이 사태는 매우 자극적인 상황으로 악화되었다. 프레드릭 3세의 자문가들은 물론 선제후 그 자신도 이 골치 아픈 논쟁을 중재하려고 시도했지만 해결되지 않았다.

클레비츠는 고린도전서 10:16의 떡은 그리스도의 몸의 교제라고 해석했는데, 이것은 그가 불링거와 공유되는 점이다. 결국 성찬은 믿음을 통해서만이 그 효력이 있다는 것인데 칼빈도 이 견해와 동일하다.[228] 클레비츠의 주의 만찬에 대한 개념은 첫째 주의 만찬으로 우리는 떡과 포도주뿐 아니라 그리스도의 몸과 피로 영양분을 공급받고 새롭게 된다고 보고 있다. 둘째 그는 상징들과 상징되어진 실체를 구별하면서도 이 둘의 연합을 유지하고 있다. 상징과 실체를 구별하는 점에서 클레비츠는 순수-루터파에 빠지는 것을 피하고 있다.[229]

헷수시우스는 성찬 시 그리스도의 몸이 떡 안에 존재한다는 루터의 주장을 더 강화하면서 클레비츠의 츠빙글리적인 입장을 비판했다. 강경한 태도를 견지하고 있었던 헷수시우스는 그의 직위를 사용해서 클레비츠를 해고할 뿐만 아니라 출교하기까지 했다. 헷수시우스는 결국 클

---

[228] *CO* 2, 1009-1010 (기독교강요 4.17.10), Janse, "Non-Conformist Eucharistic Theology," 6, 13-14.

[229] 얀서(Janse)는 기본적으로 클레비츠의 성찬론 자체는 츠빙글리적이어서 떡을 먹는 것은 영적으로 먹는 것이라고 본다. 그러나 얀서는 클레비츠가 "츠빙글리주의적 논쟁가(Zwinglian polimicist)"로 인식되어왔음에도 불구하고, 12개의 출판물과 9개의 출판되지 않은 작품들, 그리고 클레비츠가 보냈거나 그에게 보내졌던 25개의 편지들의 원자료들에 근거한 최근의 연구들에 근거해서 기존의 견해에 도전이 되는 질문을 던지고 있다. 얀서는 클레비츠가 성찬에서 상징 즉 떡과 포도주뿐 아니라 "참으로 그리스도의 몸과 피에 의해서" 양식을 공급받는다고 서술한 점을 예로 들면서, 클레비츠를 "중재하는(mediating)" 신학자였으며 그의 평화주의적 태도는 그를 교리적으로 중립적으로(a doctrinal middle position) 보이게까지 한다고 재평가하고 있는데 이 부분은 향후 심도있는 논의가 더 필요하다. 다음을 보라. Janse, "Non-Conformist Eucharistic Theology," 5-25. 특히 10과 15.

레비츠를 두 번째 출교시켜 버렸다. 그러나 갓 선제후 위를 계승한 프레드릭 3세가 보기에 이 사태가 이렇게까지 나가는 것은 너무 지나친 것이었다.

신학 논쟁에서 빚어진 대학의 상황이 이 정도까지 추하게 발전하자 프레드릭 선제후는 직접 이 논쟁에 개입해서 클레비츠에게 다시 성찬에 복귀하도록 명령했다. 선제후 프레드릭 3세는 더 나아가 목회자들이 성찬에서 그리스도의 현존에 대해서 "떡 안에", "떡 아래에" 임하신다는 표현을 사용하는 것을 금하는데까지 나갔다. 그 이유는 그가 볼 때 바로 이 구절이 팔츠 교회의 분열을 초래한다고 보았기 때문이다.[230]

이것은 팔츠의 종교개혁 과정에서 그 신학적 성격상 중대한 변화를 함축하고 있는 부분이다. 프레드릭 3세의 입장에서는 당장 벌어지고 있는 팔츠 교회의 극단적인 내분을 수습하기 위한 조치일 수 있다. 그러나 주지하듯이 그가 금지한 것은 전형적인 루터파 성찬론의 핵심이었다.

더 나아가 프레드릭은 이 사태를 매듭짓기 위해서 논쟁을 야기시키는 장본인들이었던 교회 감독 헷수시우스와 더불어 클레비츠까지도 1559년 9월 16일에 모두 해고해 버렸다.

선제후가 이런 조치를 취할 수 있었던 법적 근거는 당시 영주의 지역에서 종교개혁 여부는 그 영주의 고유한 권한이기 때문에 황제나 백성들이 간섭할 수 없다는 "개혁권(ius reformandi)"에 근거하는 것으로 1555년 아우구스부르그 종교 화약 이후 신성 로마 제국 지역의 종교 정책의 원칙이었다.

우리가 살펴보고 있듯이, 팔츠의 종교개혁이 공식적으로 개혁신학의

---

230 Gunnoe, "The Reformation of the Palatinate," 38-39.

노선으로 나가게 된 것은 프레드릭 3세가 선제후로 즉위했을 당시 팔츠 교회와 하이델베르그 대학의 역사적 상황과 밀접히 관계된 것이었다.

3) 하이델베르그 성찬 논쟁(Heidelberg Disputation: 1560. 6. 3-7)

1560년 12월에 하이델베르그에서 루터파인 작센의 요한 프레드릭(Johann Friedrich)과 프레드릭 선제후의 딸 도로테아 수산너(Dorothea Susanne)의 정략결혼이 계획되었는데 이것을 계기로 공식적인 신학 논쟁이 있었다. 루터파에서는 요한 슈테셀(Johann Stössel)과 막시밀리안 뫼를린(Maximilian Mörlin)이 논쟁에 나섰고 개혁파는 보퀸(Boquin)이 나왔다. 보퀸을 후원하기 위해 에라스투스가 지원했다. 결국 양측은 서로의 승리를 주장했다.[231]

4) 멜란히톤의 "판단(Iudicium)"(1559.11.1. 작성, 1560.9 출판)과 사망 (1560.4.19.)

(1) 프레드릭 3세의 도움 요청

팔츠의 선제후가 된 프레드릭 3세는 1559년 2월 즉위 직후부터 멜란히톤에게 사람을 파견하여 도움을 요청했다. 이미 전임자인 오토 헨리 때인 1556년부터 팔츠는 루터주의에 합류했는데, 3년도 되지 않아서 다양한 성찬론을 가진 인물들이 등용되어 팔츠 전체가 성찬론과 관계된

---

231 De Boer, "Philipp Melanchthon's *Iudicium de controversia Coenae Domini*(1559), 248.

큰 신학적 논쟁에 휘말리고 있었기 때문이다. 팔츠의 총감독이자 하이델베르그 대학의 교수인 헷수시우스에 의해서 야기된 교회의 균열을 수습하기 위해서는 당대 가장 권위있는 신학자이자 당사자인 헷수시우스의 스승으로서 그를 팔츠에 추천했던 멜란히톤의 도움이 절실했다.[232] 멜란히톤은 그해 11월 1일자로 답신을 보냈다. 멜란히톤이 1560년 4월 19일에 비텐베르그에서 사망했으니까 그로서는 생애 마지막 시기에 자신의 신학적 입장을 표명한 기록이 된다.

(2) 멜란히톤의 "판단"

멜란히톤의 "판단"은 크게 두 개의 편지로 구성되어 있다. 멜란히톤은 프레드릭 3세의 요청에 대해서 앞부분에는 개인적인 서한을 담고 있으며, 뒷부분에는 현재 팔츠에서 진행되고 있는 복잡한 상황에 대한 신학적 권면과 방향 제시를 담고 있다.

① 개인적 서한(Epistola)에 나타난 멜란히톤의 권고

(a) 적법한 통치는 인류를 유지하기 위한 하나님의 일하심이다

멜란히톤은 먼저 적법한 정부의 통치는 인간 사회를 유지하시기 위한 하나님의 일하심이라는 것을 전제하고 있다.

---

232 Gunnoe, "The Reformation of the Palatinate," 39. *Idem*, "De Heidelbergse Catechismus in de Theologische Context van de Palts," Arnold Huijgen, John V. Fesko, Aleida Siller, red. *Handboek Heidelbergse Catechismus* (Utrecht: KoK, 2013): 61-72.

합법적인 통치는 인류를 위한 정직한 사회를 유지하기 위해 자비로운 방식으로 하나님의 일하심이라는 것은 논의의 여지가 없습니다.[233]

그러므로 멜란히톤에 의하면 신성 로마 제국에 있는 팔츠의 합법적인 선제후로서의 프레드릭 3세의 통치 행위는 하나님의 일하심이 된다. 하나님은 프레드릭의 정당한 통치를 통해서 인간 사회를 유지시키신다. 멜란히톤이 그의 판단의 서두에 이런 명제를 제시하는 것은 팔츠에서 성찬 논쟁으로 사회가 혼란스럽게 되지 않도록 선제후 프레드릭이 나서는 것은 하나님의 사역에 다름이 아니라는 일종의 전제론적인 선언이라고 할 수 있다.

(b) 갈등 유발자를 침묵시키고 교회 연합을 위해 중재하라

그 다음으로 멜란히톤이 권고하는 구체적 내용은 헷수시우스 측 즉 순수-루터파나 클레비츠 측 즉 개혁주의 진영이나 모두 더 이상 팔츠를 혼란에 빠뜨리지 말고 침묵하도록 선제후가 명령하라는 것이라고 말한다.

전하께 드리는 제 조언은 양측 모두를 침묵하도록 명령하는 것임을 강조하고 싶습니다 …… 그동안 우리는 중재하는 조언을 통해서 가능한 한 우리 교회의 연합함을 보아야 합니다.[234]

---

233 *CR* 9, 960-611. "Certissimum est legitima imperia vere opus Dei esse, clementer conservantis honestam societatem generis humani."
234 *CR* 9, 961. "Probo igitur consilium C.V. (Celsitudinis vestrae) quod utrique parti

여기에서 양측 모두를 잠잠하게 해야 하는 이유는 중재하는 조언을 통해서 교회가 연합하고 있음을 지켜야 하기 때문이라는 것이다.

(c) 신학 분쟁은 지역 내외에 있는 권위 있는 대표가 모인 회의에서 결정하라

멜란히톤은 현재 팔츠의 신학적 분쟁을 해결하기 위해서는 통치자의 권위에 의해서 회의가 소집되어 팔츠 내외의 고명한 신학자들이 이 회의에서 논의해야 한다고 권면하고 있다.

> 나는 현명한 영주들의 조언과 권위에 의해서, 결국 종교적이고 학식있는 사람들이 지역 밖의 교회와 우리 교회 모두로부터 소집되어 모든 분쟁의 문제들이 논의될 수 있기를 바랍니다.[235]

멜란히톤이 볼 때 선제후국 팔츠 교회는 교회 내의 신학적 갈등에서 파생된 분열을 해결하고 교회 연합을 도모해야 했다. 실제로 멜란히톤 자신이 1년 전인 1558년 3월 18일 신성 로마 제국 안의 루터파 내부의 일치를 위해서 프랑크푸르트 회의(Frankfurt Recess)를 주도한 바가 있었다. 이때 세속 정치인들로서 세 명이나 되는 선제후들 즉 팔츠의 오토 헨리와 색슨의 선제후 아우구스투스 1세(Augustus I), 그리고 브란덴부

---

silentium mandarit ...... Interea quantum fieri potest, moderatis consiliis coniunctionem nostrarum Ecclesiarum foveamus."

235　*CR* 9, 961. "Opto autem, ut sapientum Principum consilio, et autoritate aliquando, et ex aliarum gentium Ecclesiis, et nostris, pii et eruditi viri convocentur, ut de omnibus controversiis deliberetur."

르크의 선제후 요아킴 2세(Joachim II)가 참여했으며, 필립의 헤세(Philip of Hesse), 뷔르템베르크의 크리스토프 공작(Duke Christoph), 그리고 팔츠의 영주 볼프강(Count Palatine Wolfgang) 등이 모여서 서명했다. 비록 순수-루터파들의 반박이 있기는 했지만 멜란히톤은 중도적인 입장을 가지고 합의를 이끌어 낼 수 있었다. 이것은 독일의 개신교 진영의 일치를 위해서 세 가지 면에서 진전된 것이라고 평가할 수 있다. 첫째 이것은 다른 새로운 신조를 작성한 것이 아니라 아우구스부르그 신앙고백과 아우구스부르그 수정안의 재진술이자 주해이며, 둘째 거부되어야 할 어떤 고위직의 사람의 이름도 언급하지 않고 있고, 셋째 그것의 교리적 형식은 전적으로 현재 공적으로 논의되고 있고 논쟁을 일으키고 있는 문제들과 관계된다는 점에서 그러했다.[236] 그러므로 팔츠의 프레드릭 3세에게 전하는 멜란히톤의 "판단"은 독일의 개신교 내부의 연합을 추구했던 프랑크푸르트 회의의 정신과 같은 맥락에 있다고 평가할 수 있다.

(d) 참된 교리가 후세에 전해져야 한다.

멜란히톤은 팔츠의 선제후 프레드릭 3세에게 보내는 "판단" 가운데 개인적인 서한을 마무리하면서 그의 바람을 명료하게 말하고 있다. 그것은 하나의 참되고 명확한 교리가 다음 세대에 전달되어야 한다는 소망이었다.

---

236   Irene Dingel, "Melanchthon's Efforts for Unity between the Fronts: the Frankfurt Recess," in *Philip Melanchthon: Theologian in Classroom, Confession, and Controversy*, eds. Irene Dingel, Robert Kolb, Nicole Kuropka, and Timothy J. Wengert (Göttingen: Vandenhoeck & Ruprecht, 2012), 123-40. 특히 131을 보라.

> 또한 어떤 모호함도 없는 하나의 참되고 명확한 동의된 교리가 후세에 전해지기를 바랍니다.[237]

그러므로 판단의 전반부에 있는 개인적 서신에서 멜란히톤의 권고에 의하면, 팔츠의 선제후는 하나님에 의해서 세워진 합법적인 통치자로서 사회 내 극도의 분쟁으로 교회 연합이 깨지 않도록 조치를 취하는 것이 하나님의 일이며 그 해결의 방향은 지역 내외의 권위 있는 통치자들과 신학자들의 회의를 통해 결정되어야 하되 명료하고 참된 교리가 세워져서 다음 세대에 전해져야 한다는 것이다.

그러나 역설적으로 멜란히톤에게 배웠던 제자들은 루터와 멜란히톤의 성찬 신학을 놓고 여러 갈래로 나뉘어졌다. 1540년대와 1550년대에 멜란히톤에게 배웠던 제자들 가운데는 루터와 멜란히톤의 성찬 신학은 본질적인 면에서 일치한다고 해석하면서 숨은 칼빈주의자적인 성격을 보여주었던 파울 에버(Paul Eber)와 파울 크렐(Paul Crell) 등이 있었다.

멜란히톤의 제자들 가운데는 요아킴 베스트팔(Joachim Westphal), 니콜라우스 갈루스(Nikolaus Gallus), 요아킴 왜르린(Joachim Mörlin), 그리고 무엇보다 팔츠의 교회 감독이자 팔츠의 성찬 논쟁의 주인공이 된 틸러만 헷수시우스(Tilemann Heshusius) 등은 멜란히톤의 성찬 신학을 강력하게 공격하면서 향후 200년에 이르게 순수-루터주의의 아성을 쌓았다.[238]

---

237   *CR* 9, 961. "et una consentiens forma doctrinae vera et perspicua, sine ulla ambiguitate posteritati tradatur."

238   Kolb, "The Critique of Melanchthon's Doctrine of the Last Supper by his 'Gnesio-Lutheran' Students," 236-62. 특히 헷수시우스와 멜란히톤의 관계에 대해서는 254-257을 보라.

② 공식적 답변인 Iudicium(판단)에 나타난 멜란히톤의 신학

후반부에 나오는 공식적인 신학적 권면에서 멜란히톤은 먼저 성찬론의 논쟁에 답하는 것이 "어렵지는 않지만 위험한 일(periculosum)"이라고 말한다.[239] 그 이유는 주의 만찬 논쟁은 우상 숭배의 죄를 제공하기에 전 세계에서 전쟁이 뒤따를 것이기 때문이라는 것이다.[240]

멜란히톤은 이어서 현재 팔츠에서 갈등하고 있는 두 당파를 침묵시킬 것을 명령하여 교회의 균열을 막고 연약한 사람들이 괴로움을 당하지 않도록 충돌하고 있는 양 당파의 경쟁자들을 제거하라고 강권한다.

> 그러므로 나는 가장 영광스러운 선제후께 두 경쟁하는 당파들에게 침묵을 유지할 것을 명령하여 연약한 교회에 분산이 없고 당신의 자리와 주위에 있는 연약한 사람들이 괴로워하지 않게 할 것을 제안합니다. 그리고 나는 양 당파의 경쟁자들이 제거되어야 할 것을 권합니다.[241]

둘째로 멜란히톤은 논쟁을 야기시킨 당사자들을 침묵하게 한 후에, 하나의 형식을 만들어 다른 사람들이 동의할 수 있도록 하라고 권면하고 있다.

---

239 *CR* 9, 961. "Non difficile, sed periculosum est respondere."
240 *CR* 9, 961. "Non dubium est de controversia coenae ingentia certamina et bella in toto orbe terrarum secutura esse, quia mundus dat poenas idolatriae, et aliorum peccatorum."
241 *CR* 9, 962. "Probo igitur consilium Illustrissimi Electoris, quod rixantibus utrinque mandavit silentium, ne distractio fiat in tenera Ecclesia, et infirmi turbentur in illo loco et vicinia, et optarim rixatores in utraque parte abesse."

둘째, 논란이 있는 사람들이 제거된 후에, 나머지 사람들이 한 형태의 문구에 동의하는 것이 유용합니다.[242]

사실상 멜란히톤의 신학은 평화와 조화를 추구하는 경향 속에서 전개되어왔는데, 그것은 멜란히톤이 복음의 본질적이고 핵심적인 것을 전파하는 것에 가장 중요한 관심을 두었기 때문일 것이다. 멜란히톤은 복음의 본질이 아닌 것에는 가능한 조화를 이루고 평화를 유지하려는 경향을 보여왔다.[243]

이제 멜란히톤은 고전 10:16을 사용해서 자신의 성찬 신학의 정수를 제시한다.

그리고 이 논쟁에서 바울의 말을 고수하는 것이 최선일 것입니다. "우리가 떼는 빵은 그리스도의 몸과의 교제입니다"[고전. 10.16].[244]

이어서 그는 "koinonia라는 단어를 명확하게 해야 한다"[245]고 재차 강

---

242 *CR* 9, 962. "Secundo remotis contentiosis, prodest reliquos de una forma verborum convenire."
243 바로 이 이유 때문에 멜란히톤은 루터를 계승하는 신학자였음에도 교리적으로 강화되는 루터주의의 흐름에서는 비판의 대상이 되기도 했다. 멜란히톤의 성찬 신학은 신성 로마 제국의 제국법의 맥락을 고려해서 이해해야 더 공정할 것이다. 다음을 보라. Dingel, "The Creation of Theological Profiles: The Understanding of the Lord's Supper in Melanchthon and the Formula of Concord," in *Philip Melanchthon: Theologian in Classroom, Confession, and Controversy*, eds. Irene Dingel, Robert Kolb, Nicole Kuropka, and Timothy J. Wengert (Göttingen: Vandenhoeck & Ruprecht, 2012): 263-281. 특히 265-272.
244 *CR* 9, 962. "Et in hac controversia optimum esset retinere verba Pauli: Panis quem frangimus, κοινωνία ἐστι του σώματου." 이 신학은 하이델베르크 요리문답의 75문, 76문, 77문 78문에 반영되어 있으며, 77문은 고전 10: 16-17을 그대로 인용하고 있다.
245 *CR* 9, 962. "Et vocabulum κοινωνία declarandam est."

조하고 있다. 교황주의자들과 브레멘 사람들[246], 그리고 헷수시우스를 지칭하며 그들이 말하는 바 빵이 그리스도의 몸이라는 주장을 비판하고 있다.[247]

> 바울은 교황주의자들이 하는 것처럼 빵의 본질이 변했다고 말하지 않습니다. 그는 브레멘의 사람들처럼 '빵은 실질적으로 그리스도의 몸'이라고 말하지 않습니다. 그는 헷수시우스처럼 '빵은 그리스도의 참된 몸입니다'라고 말하지 않습니다.[248]

당시의 잘못된 성찬 신학을 반박할 뿐 아니라, 멜란히톤은 이 논의에 교부들을 끌어들이고 있다. 멜란히톤은 헷수시우스의 주장이 교부들보다 권위 있을 수 없다고 일갈한다.[249] 멜란히톤은 투쟁하는 양 당사자들의 분쟁이 종식되어야 하며, "하나의 동일한 형식"(forma verborum una)이 제정되는 것이 유익하다고 강조하고 있다.[250] 멜란히톤은 가까운 장래에 "경건한 총회에서"(in pia synodo) 모든 문제를 논의하기를 바란다는 희망을 제시하고 있다.

그러므로 멜란히톤의 "판단"의 내용을 요약해 보자면, 멜란히톤은 프

---

246 Dingel, "Melanchthon's Efforts for Unity," 126-128. 멜란히톤은 브레멘에서 벌어졌던 하르덴베르크(Hardenberg)와 그의 동료인 뵈트커(Johann Bötker)의 성찬 논쟁을 염두에 두고 말하고 있다. 뵈트커는 그리스도의 살과 피의 실제적 현존을 주장한 바 있고, 이미 멜란히톤은 1557년 하르덴베르크를 후원한 바 있다.

247 *CR* 9, 962.

248 *CR* 9, 962. "Non dicit mutari naturam panis, ut Papistae dicunt. Non dicit ut Bremenses: Panem esse substantiale corpus Christi. Non dicit ut Heshusius: Panem esse verum corpus Christi."

249 *CR* 9, 963.

250 *CR* 9, 963.

레드릭이 클레비츠와 헷수시우스 모두를 해고했던 행위를 승인했다. 비록 헷수시우스가 멜란히톤 자신의 학생이었지만, 그는 그의 분에 넘치는 행위에 대해서 그를 꾸짖고 있다. 더 나아가 멜란히톤은 "판단"을 그의 순수-루터파 반대자들을 공격하기 위해서 활용하고 있다.

그는 논쟁적인 새로운 형식과 교리들을 피했다. 그리고 성찬에서 그리스도의 육체적 현존의 개념을 설명하거나 보존하려고 의도했다. 그는 모든 그리스도인들은 바울의 고린도전서 10:16의 모티브에 초점을 두어야 한다고 제안했는데, 그 구절은 떡은 그리스도의 몸과의 코이노니아(koinonia, communion)이라는 것이다.[251]

성찬을 설명하는 성경 구절로 공관복음이 아니라 바울 서신인 고전 10:16을 택하고, 떡을 그리스도의 몸과의 코이노니아로 해석한 것은 멜란히톤이 개혁신학의 성찬론에 근접했다는 것을 의미한다. 멜란히톤은 떡을 먹는다는 표현을 피하고 있으며, 그가 강조하고 있는 것은 성찬에서 떼는 떡은 그리스도의 몸에 참여함이다. 이런 배경에서 만약 멜란히톤이 1559년 11월에 이 "판단"을 기록한 후 5개월 후, 또한 이것이 출판되기 5개월 전인 1560년 4월에 세상을 떠나지 않았다면, 독일의 상당 부분을 차지하고 있었던 멜란히톤주의자 즉 소위 필립주의자(Philippists)들이 개혁주의 캠프로 합류했을지도 모른다는 얀서(Wim Janse)의 설명은 그리 과장이 아니다.[252] 멜란히톤의 노력들은 팔츠가 개혁주의 진영으로 들어가는 것이 용이하도록 작용했다고 평가할 수 있다. 게다가 멜

---

251 *CR* 9, 962-63: "Et in hac controversia optimum esset retinere verba Pauli: Panis quem frangimus ..."

252 Wim Janse, "Calvin's Doctrine of the Lord's Supper," *Perichoresis* 10.2 (2012): 146. Gunnoe, "The Reformation of the Palatinate," 40.

란히톤의 죽음에 의해서 신학적 지도력의 진공 상태가 되어 이제 팔츠의 지도자들은 더더욱 취리히와 제네바를 바라보게 되었다고 정리할 수 있다.

(3) 멜란히톤의 "판단"에 대한 반응들

멜란히톤의 글이 전해지자 팔츠에서는 다양한 반응들이 나타났다. 하이델베르그 대학의 총장은 여러 상황을 고려하여 "판단"의 출판을 반대했다. 당시 대학에서 가장 강력한 힘을 가지고 있었던 멜란히톤주의자들(Philippists)은 멜란히톤의 "판단"이 오용되는 것을 원치 않았는데, 왜냐하면 그들은 개혁파들이 순수-루터파를 향한 멜란히톤의 강한 공격을 왜곡하려고 한다고 생각했기 때문이다. 그래서 멜란히톤의 "판단"을 바로 출판하기를 원했던 프레드릭 3세의 의지와 달리 대학 당국은 자신들의 영향력을 사용해서 그것을 바로 출판하지 않고 지연했다가 10개월 후인 다음 해(1560) 9월에야 출판했다.[253] [254] 팔츠 밖에 있는 폴 에버 (Paul Eber)와 같은 숨은 칼빈주의자들(crypto-Calvinists)은 멜란히톤 사후에 발간된 고린도전서에 주석에 이 판단을 실으면서, 신자들은 성찬에서 믿음으로 받는 것이며 성령의 사역을 통해서 우리가 그의 몸이 된다고 설명했다.[255]

그러나 당사자였던 순수-루터파 헷수시우스는 침묵하라는 그의 스

---

[253] Gunnoe, "The Reformation of the Palatinate," 39-40. 특히 각주 88을 보라.
[254] De Boer, "Philipp Melanchthon's *ludicium de controversia Coenae Domini*(1559), 248.
[255] De Boer, "Philipp Melanchthon's *ludicium de controversia Coenae Domini*(1559)," 249. Janse, "Non-Conformist Eucharistic Theology," 14.

승 멜란히톤의 강력한 권고에도 불구하고 1560년 1월에 자신이 하이델베르그에서 썼던 "성찬주의자들에 반박하여 성만찬에서 그리스도의 육체의 현존에 관하여"(De praesentia corporis Christi in S. coena contra sacramentarios)를 예나에서 출판했다. 또한 멜란히톤의 "판단"이 나온 직후 즉시 반박하는 "필립 멜란히톤의 편견에 대한 헷수시우스의 응답. 성찬 논쟁에 관하여"(Responsio Tilemanni Heshusii ad praeiudicium Phil. Melanth. De controversia de coena domini)로 응답했다(1560).

(4) 하이델베르그 요리문답(1563)으로 가는 길

팔츠 선제후인 프레드릭 3세는 교회의 일치를 이룩하는 신앙고백서가 있어야 한다는 것을 절감했다. 당시 독일에서 가장 오래된 대학이었던 하이델베르그 대학에서 1562년 프레드릭의 명령으로 하이델베르그 요리문답이 작성되어 1563년에 출판된다. 이 작성 과정에 멜란히톤의 제자인 자카리아스 우르시누스(Zacharias Ursinus, 1534-83)와 칼빈의 제자인 올레비아누스(Kaspar Olevianus, 1536-87)의 기여를 꼽을 수 있다. 가장 결정적이고 중요한 역할을 했던 것이 우르시누스라고 할 수 있다.[256] 전체적으로 볼 때 하이델베르그 요리문답은 일종의 팀 프로젝트로서 팔츠의 여러 신학자들의 공동 작업의 결과로 볼 수 있는데, 하이델베르그 요리문답서의 작성에는 츠빙글리적인 에라스투스의 개혁주

---

256 Lyle D. Bierma, "The Purpose and Authorship of the Heidelberg Catechism," in *An Introduction to the Heidelberg Catechism: Sources, History, and Theology*, ed. Lyle D. Bierma, (Grand Rapids MI: Baker Academic, 2005). 49-74. 이남규, 『우르시누스, 올레비아누스: 하이델베르크 요리문답서의 두 거장』 (서울: 익투스, 2017), 156-162.

적 리더십도 무시할 수 없다.[257]

4. 칼빈의 팔츠의 루터파 헷수시우스 비판(1561)[258]

1) 시대적 상황

당시 팔츠의 순수-루터파와 개혁파 간의 성찬론 논쟁은 유럽의 종교개혁 역사라는 거시적인 측면에서 바라보아야 한다. 1549년 취리히 협약으로 스위스 개혁파의 성찬론이 츠빙글리를 계승하는 불링거에 의해서 츠빙글리적으로 종합되었다. 칼빈과 불링거뿐만 아니라 폴란드 난민 출신의 신학자 아 라스코(John à Lasco)도 신학적으로 한 배를 타고 있었고, 라스코는 1552년에 그것을 영국에서 출판하기도 했다.

순수-루터파가 개혁파의 성찬론 공세에 열을 올렸던 것도 이 무렵이다. 함부르크의 루터파 신학자 베스트팔(Joachim Westphal)은 실제로 1552년부터 1558년까지 칼빈과 성찬 논쟁을 벌였다. 그러나 논쟁의 초기에 베스트팔은 칼빈의 성찬론이 취리히쪽으로 경도하는 것을 반대하고 있었고 성찬 신학 자체에 대한 비판은 아니었다고 보인다. 실제로 베스트팔이 칼빈의 성찬론과 결별하게 된 것은 1555년 경이며, 그 이유는 칼빈이 츠빙글리의 성찬론을 전파하는 큰 입이라고 판단했기 때문일 것

---

257 Gunnoe, *Thomas Erastus and the Palatinate*, 128-132.
258 Calvin, *Dilucida explicatio sanae doctrinae de vera participatione carnis et sanguinis Christ in sacra coena ad discutiendas Heshusii nebulas*. CO 9, 457-517. Calvin, *Theological Treatises*, ed. J.K.S. Reid (London and Philadelphia: The Westminster Press, 1961), 258-324.

이다.[259]

헷수시우스가 1560년에 멜란히톤의 "판단"에 반대해서 출판했던 저서들에서 그는 개혁주의자들을 비판하면서 그들을 츠빙글리주의자(Zwinglianer)라고 지칭했고 더 자주 칼빈주의자(Calvinisten)라는 용어를 사용하고 있다.[260] 물론 헷수시우스는 부정적인 맥락에서 비판하는 의미로 사용했지만 헷수시우스가 공격하는 자들은 신학적으로 개혁주의자 혹은 칼빈주의자라는 것이 역설적으로 나타나게 된다.

실제로 비텐베르크 대학 안에서 루터의 사망(1546)과 멜란히톤의 사망(1560) 이후 1570년대에 크리스토프 페젤(Christoph Pezel)과 카스파르 포이서(Caspar Peucer) 등에 의해서 멜란히톤의 성찬 신학에 동의하는 해석들이 등장했고 이들은 소위 "숨은 칼빈주의(Crypto-Calvinism)" 혹은 "숨은 멜란히톤주의자(Crypto-Philippists)"라고 지칭되기도 했다.[261] 비록 작센의 선제후인 아우구스투스에 의해서 금지되기는 했지만, 이들은 칼빈의 신학과 그 간극이 한층 좁혀져 있었다. 그러므로 팔츠의 선제후 프레드릭 3세의 즉위 직후인 1559년은 전반적으로 순수-루터파와 개혁주의적 경향을 갖는 그룹 간의 긴장이 고조되던 시기였다는 것을 먼저 인지하는 것이 팔츠의 개혁과 종교개혁을 이해하는데 유익하다.

---

259 이 주제에 대해서 얀서와 딩얼은 서로 같은 입장이다. Janse, "Joachim Westphal's Sacramentology," 143. Irene Dingel, "Calvin in the Context of Lutheran Consolidation," *Reformation & Renaissance Review* 12.2-3 (2010), 165. 특히 각주 33번의 설명을 보라.
260 이남규, "'칼빈주의' 개념의 생성과 발전: 16세기 후반 하이델베르그를 중심으로," 「한국개혁신학」 27 (2010): 223-242.
261 Kolb, "The Critique of Melanchthon's Doctrine of the Last Supper by his 'Gnesio-Lutheran' Students," 236-62.

2) 불링거, 칼빈에게 멜란히톤의 "판단"을 보내다

에라스투스는 멜란히톤의 "판단"이 곧 출판되기를 원했다. 그래서 그는 1560년 10월 8일에 멜란히톤의 "판단"의 사본을 취리히의 불링거에게 보냈다.[262] 불링거는 이어서 칼빈에게 보내는 자신의 편지에서 하이델베르그 대학의 총장인 에라스투스를 칼빈에게 소개하고 있다.[263] 불링거는 칼빈에게 편지(1560. 10. 19.)와 함께 멜란히톤의 "판단"도 보냈다.

> 나는 당신에게 최근에 (에라스투스에 의해서) 하이델베르그에서 보내진 필립의 "판단"을 보냅니다.[264]

드 부어(De Boer)에 의하면 에라스투스는 "판단"에 변증적인 서문을 덧붙여서 취리히에서 출판할 것을 제안했으며, 그 이유는 멜란히톤을 주의 만찬 교리에 대한 개혁주의 교리의 증인으로 주장하자는 것이었다.[265]

그러나 칼빈의 경우, 멜란히톤의 "판단"을 제네바에서 직접 출판하지는 않았다. 아마도 칼빈은 "판단"의 분량이 많지 않고, 너무나 개인적인 것이고, 순수-루터파에 대항하는 강력한 언어로 되어 있기 때문이라고

---

262 불링거의 편지는 다음에 나와 있다. *CO* 18, 224, ep. 3264. Gunnoe, 39-40, De Boer, "Philipp Melanchthon's *ludicium de controversia Coenae Domini*(1559)," 248.

263 *CO* 18, 224. "Heri allatae sunt literae Heydelberga a clarissimo viro D. Thoma *Erasto*, medico principis, nunc rectore scholae."

264 *CO* 18, 224. "Mitto iudicium Philippi allatum heri Heidelberga."

265 De Boer, "Philipp Melanchthon's *ludicium de controversia Coenae Domini*(1559)," 249. 각주 20.

추측해 볼 수 있다.

그러나 상황은 급하게 흘러갔다. 강경한 순수-루터주의자 헷수시우스가 하이델베르그에서 쫓겨난 후, 그에게 침묵하라는 멜란히톤의 경고에도 불구하고 헷수시우스는 1560년 예나에서 "주의 성찬에서 그리스도의 몸의 현존에 대하여, 성례주의자들에 반박하며"(De praesentia corporis Christi in coena Domini contra sacramentarios)를 출판했다. 그리고 멜란히톤은 그해 4월에 세상을 떠났다. 독일에서 개혁주의적인 진영에 위기감이 감지되는 순간이 도래하고 있었다.

결국 칼빈은 불링거로부터 헷수시우스의 작품을 받아 1561년에 그에 반박하는 논문인, "성찬에서 참으로 그리스도의 살과 피에 참여하는 것에 대한 건강한 교리의 분명한 해설, 헷수시우스의 혼돈을 분산시키기 위하여"(Dilucida explicatio sanae doctrinae de vera participatione carnis et sanguinis Christi in sacra coena ad discutiendas Heshusii nebulas)를 출

(헤르보른의 호허슐레. 올레비아누스가 하이델베르그를 떠나 베를레부르크를 거쳐 1584년부터 1587년 임종 때까지 강의했던 대학의 건물. 모라비아 출신의 교육학자 코메니우스도 1611~1613에 이곳에서 공부했다)

판했다.

이것은 매우 중요한 의미를 갖는 것이다. 첫째로 칼빈 자신이 "직접" 하이델베르그의 성찬 논쟁에 뛰어들었다는 것이다. 칼빈은 개혁파를 공격하던 핵심 인물인 헷수시우스를 비판하고 있다. 둘째로 하이델베르그 요리문답이 작성되기 2년 전에, 그리고 올레비아누스가 본격적으로 활동하기 전에, 이미 칼빈은 직접 팔츠의 개혁주의 종교개혁을 후원하기 위해서 전면에 나섰다는 것이다.

칼빈은 또한 자신의 예레미야와 예레미야애가 강의를 출판하면서 1563년 7월 23일자로 그것을 팔츠의 선제후 프레드릭 3세에게 직접 헌정하고 있다.[266] 여기에서 칼빈은 프레드릭 선제후가 정통 성찬 신학을 받은 것과, 그 신학을 자신의 영토에서 인정한 것을 높이 평가하고 있다. 동시에 칼빈은 성찬에서 그리스도의 공간적 현존을 주장하는 강경한 루터파를 비판하면서 3년 전에 세상을 떠난 멜란히톤을 소환하고 있다. 순수 루터파들이 고귀한 학문과 심도 있는 신앙심을 가졌으며 자신들의 지도자로 섬겼던 멜란히톤을 맹렬하게 공격하는 것에 대해서, 그들은 날뛰는 자들이고 인간성이 없으며 부끄러움을 모르는 자들이라고 강력하게 성토하고 있다.[267] 여기에서 칼빈은 순수 루터파를 크게 비판하고 팔츠의 칼빈주의를 강력하게 후원하면서 프레드릭 선제후와 멜란

---

266   CO 20, 72-79.
267   CO 20, 76. "Qua eadem de causa Philippum Melanchthonem virum ob incomparabilem rerum optimarum scientiam, summam pietatem aliasque virtutes aetatum omnium memoria dignum, quem sibi magistrum esse antehac professi sunt, nunc diris et exsecrationibus mortuum devovent. ... Turbulentos rabulas intelligo, apud quos neque humanitas neque pudor ullus viget."

히톤과 칼빈 자신의 신학적 연대감을 강조하는 것을 발견할 수 있다.

칼빈은 세상을 떠나기(1564) 전에 베자에게 자신의 저작들을 위임하면서 교회에 필요한 것은 출판하도록 부탁했다. 베자는 자신의 서문을 붙여서 1575년에 Joannis Calvini epistolae et Responsa ("칼빈의 편지와 답장")을 출판했는데 이때 이 칼빈의 작품을 팔츠의 프레드릭 3세에게 헌정하고 있다.[268]

그러므로 종합적으로 볼 때 칼빈이 팔츠의 개혁파 종교개혁에 얼마나 특별한 관심을 가지고 후원했으며 강한 신학적 연대 의식을 가지고 있었는지를 알 수 있다.

3) 칼빈의 헷수시우스 비판의 특징

칼빈이 그의 저서에서 헷수시우스를 비판할 때 몇가지 특징을 보여주고 있다.

첫째로 칼빈은 헷수시우스의 성찬론, 특히 그리스도의 몸에 참여함에 대한 해석에 대해서 명확하게 반박하고 있다. 칼빈은 60페이지 되는 그의 저서에서 헷수시우스를 123회나 지칭하면서 개혁파적인 성찬 신학을 개진하고 있다.

둘째로 칼빈은 어거스틴을 24번 인용하면서 헷수시우스를 반박하고 있다.[269] 다른 교부들에 비해서 압도적으로 많은 인용인데, 칼빈은 헷수

---

268   Wulfert De Greef, *The Writings of John Calvin: Expanded Edition* (Louisville: Westminster John Knox Press, 2008), 169-170.
269   칼빈의 어거스틴 인용 24회는 다음과 같다. *CO* 9, 470, 477, 480에서 3회, 481, 483에 2회, 490, 500에서 2회, 501, 502에서 4회, 503에서 4회, 510, 511, 513, 514.

시우스의 성찬론이 어거스틴에 의해서 지지될 수 없음을 강조하면서, 자신의 성찬론도 교부들의 전통에서 벗어나지 않고 있음을 강조하고 있는 것이다. 예를 들어, 칼빈이 성찬에서 그리스도의 임재를 부인한다는 헷수시우스의 비판에 대해서, 칼빈은 오히려 어거스틴은 자신을 지지할 것이며, 헷수시우스는 그리스도를 입으로 삼켜 위장으로 들어가게 할 뿐이라고 일갈하고 있다.[270]

셋째로 칼빈은 동시대의 종교개혁가 가운데 루터를 6번 인용하고 있는데 부정적인 문맥은 거의 없다.[271] 헷수시우스가 전적으로 의지하고 있는 루터를 오히려 헷수시우스로부터 차별화하고자 하는 의미가 있는 것으로 보인다.

넷째로 칼빈은 멜란히톤은 8번이나 인용하고 있다.[272] 거의 대부분이 긍정적인 맥락이고 멜란히톤을 지지하는 문맥이며 개인적인 친밀한 우호 관계를 드러내 주고 있다. 칼빈은 자신은 성찬 신학에 있어서 멜란히톤과 같은 입장임을 밝히고 있는 것이다. 실제로 멜란히톤과 칼빈의 편지를 통한 신학적 우정은 학자들에게 주목을 받아 왔다.[273]

칼빈은 불과 1년 전(1560. 4. 19)에 사망했던 멜란히톤을 애타는 마음으로 추모하며 멜란히톤이 자신과 얼마나 깊은 교제의 관계인지 사적인 표현을 서슴지 않고 드러내고 있다.

---

270   *CO* 9, 477.
271   *CO* 9, 465에서 3회, 466에서 2회, 그리고 514에서 1회다. 총 6회다.
272   칼빈의 멜란히톤 인용은 총 8회다. *CO* 9, 461, 466에서 2회, 467, 468, 469, 505, 516이다.
273   Timothy Wengert, "'We Will Feast Together in Heaven Forever': The Epistolary Friendship of John Calvin and Philip Melanchthon," in *Melanchthon in Europe: His Work and Influence Beyond Wittenberg*, ed. Karin Maag (Grand Rapids: Baker Books, 1999), 19-44.

> 오 필립 멜란히톤이여! 그리스도와 더불어 하나님의 현존 안에서 살고 있는 당신에게 우리가 축복된 안식 안에서 당신과 연합할 때까지 그곳에서 우리를 기다리라고 호소합니다. 당신은 백번이나 말했습니다. 당신이 노고로 지치고 슬픔에 눌렸을 때 당신의 머리를 친근하게 내 가슴에 대었습니다. 만약, 만약 내가 이 가슴에서 죽을 수만 있다면! 그 이후로부터, 나는 천 번이나 원했습니다. 우리가 함께 가는 것이 우리의 운명이었다고 말입니다.[274]

팔츠에서 개혁파를 출교시키며 공격했던 순수-루터파의 수장인 헷수시우스에게 반박하는 글을 쓰면서 칼빈은 한때 헷수시우스의 스승이었던 멜란히톤이 개혁파인 자신과 얼마나 친밀한 유대 관계인지를 천명하고 있다.

다섯째로 특이한 점이 발견되는데, 츠빙글리에 대한 언급은 전혀 없다는 것이다. 심지어 취리히의 불링거 조차도 단 1번만 인용되고 있으며 바젤의 외콜람파디우스도 오직 한 번만 언급되고 있다.[275] 그 이유는 무엇일까? 칼빈이 스위스 개혁신학자의 인용을 자제하는 이유는 아마도 헷수시우스가 개혁파를 비판하는 것을 의식해서 스위스 개혁주의자들에 대한 언급을 줄이는 것이며, 단 한 번 인용할 때조차도 스위스 개

---

274 *CO* 9, 461-62. "O Philippe Melanchthon! Te enim appello, qui apud Deum cum Christo vivis, nosque illic exspectas, donec tecum in beatam quietem colligamur. Dixisti centies, quum fessus laboribus et molestiis oppressus caput familiariter in sinum meum deponeres: Utinam utinam moriar in hoc sinu. Ego vero millies postea optavi nobis contingere ut simul essemus."

275 칼빈이 외콜람파디우스와 불링거를 연이어 인용하고 있는 곳이다. *CO* 9, 490. "Primus hoc Oecolampadius accurate ac dextre praestitit: ut evidenter monstraret commentum localis praesentiae veteri ecclesiae fuisse incognitum. Successit Bullingerus, qui eadem felicitate peregit has partes."

혁주의자들이야말로 초대 교회의 성찬 신학을 이어가고 있다는 점을 강조하고 있는 것으로 생각된다. 헷수시우스는 초대 교회의 신학은 개혁파에 반대되며 자신의 입장을 지지한다고 주장하고 있는데, 여기에 대해서 칼빈은 자신은 이 문제에 대해 다룰 필요가 없는데 왜냐하면 이미 외콜람파디우스가 여기에 대한 작업을 했기 때문이라고 말한다. 바로 이어서 불링거가 외콜람파디우스의 입장을 뒤따르고 있다면서 이곳에서 불링거를 유일하게 언급하고 있다.

여섯째로 칼빈은 자신과 1552년부터 1558까지 성찬 논쟁을 벌였던 루터파 베스트팔의 이름은 8번 언급하고 있다. 비교적 많이 등장하는 편인데, 칼빈은 헷수시우스를 베스트팔과 같은 맥락에서 비판을 진행하고 있다는 것을 알 수 있다.

4) 고전 10:16 "그리스도의 몸에 참여함"의 해석

취리히 협약(1549) 이전에 출판된 칼빈의 고린도전서 10:16 주석(1546)은 루터적인 경향을 보이고 있었다. 당시의 칼빈은 츠빙글리보다는 루터에 근접해 있었다.[276] 그러나 취리히 협약 이후 1559년에 출판된 기독교강요에 등장하는 고전 10:16 해석에서는 다른 강조점이 포착된다.

---

[276] *CO* 49, 464. "Verum est fideles sociari per Christi sanguinem, ut unum fiant corpus. Verum est etiam eiusmodi unitatem proprie vocari *koinonian*. Idem fateor de pane. Audio praeterea quid Paulus mox adiiciat quasi exegetice, nos *effici omnes unum corpus, quia* simul communicemus eundem panem."

> 그래서 사도는 "우리가 축복하는 바 축복의 잔은 그리스도의 피에 참예함이 아니며 우리가 떼는 떡은 그리스도의 몸에 참예함이 아니냐"라고 말한다(고전 10:16). 이것은 비유적 표현으로써, 그것이 나타내는 본체의 이름을 표징에 붙인 것이라고 반대하는 것은 이유가 없다. 나는 물론 떡을 떼는 것이 상징이라는 것은 인정한다. 그것은 본체 그 자체가 아니다.[277]

여기에서 칼빈은 떡을 뗌으로 그리스도의 몸에 참여한다는 표현을 "상징"이라고 언급하고 있다. 칼빈은 떡을 떼는 것은 본질 자체가 아니라 상징이라고 분명하게 말하고 있다.

얀서는 칼빈의 기독교강요, 주석, 설교, 소논문 등을 종합적으로 분석한 후에, 칼빈의 성만찬 신학을 역사적으로 분석한 바 있다. 그 결과 얀서는 칼빈의 성찬 신학이 초기에는 츠빙글리적인 성격을 보여주었다가(1536-1537), 루터주의적 해석에 접근했으며(1537-1548), 불링거의 신학에 동의하는 취리히 협약(1549)을 기점으로 다시 영성주의적인 특징(1549-1550년대)을 보여 주고 있다고 그 강조점의 변화들을 역사적으로 밝히고 있다.[278] 이처럼 역사적이고 거시적 안목에서 칼빈의 성찬 신학을 바라볼 때, 고전 10:16 해석에서도 동일한 경향을 발견할 수 있다.

---

[277] CO 2, 1009-1010 (기독교강요 4.17.10). "Qua ratione dixit apostolus (1 Cor. 10, 16): panem quem frangimus communionem esse corporis Christi, calicem quem verbo et precibus in hoc consecramus, communionem esse sanguinis ipsius. Nec est quod obiiciat quispiam, figuratam esse loquutionem, qua signatae rei nomen signo deferatur. Fateor sane fractionem panis symbolum esse, non rem ipsam."

[278] Wim Janse, "Calvin's Eucharistic Theology: Three Dogma-Historical Observations," in *Calvinus Sacrarum Literarum Interpress. Papers of the International Congres on Calvin Research*, ed. H Selderhuis (Göttingen: Vandenhoeck & Reprecht, 2008): 37-69.

1561년 칼빈이 헷수시우스의 성찬론을 비판고 있을 때, 그는 스위스 개혁파들의 신학적 합의를 존중하면서 영성주의적인 강조점을 보여주고 있다는 것을 인지할 수 있다.

5. 결론

팔츠의 종교개혁은 신성 로마 제국의 정치적이고 외교적인 구조 위에서 열린 공간 속에서 배양되어 원-종교개혁(Pre-Reformation)이라는 잠복기를 통해 점진적으로 진행되고 있었다. 아우구스부르그 가신조(1548)과 아우구스부르그 종교 화약(1555) 사이의 기간이 팔츠 종교개혁에서는 결정적인 시기였다. 오토 헨리 선제후(재위: 1556-1559)가 루터주의를 수용하게 되었는데 이때 순수 루터주의와 개혁주의가 어설프게 공존하게 되면서 분쟁의 씨앗이 잠재되어 있었다.

개혁 신앙의 자양분을 가지고 있었던 프레드릭 3세가 즉위할 때(1559. 2.)부터 이미 하이델베르그 대학 내에는 헷수시우스의 순수-루터파와 클레비츠의 개혁파 간의 갈등이 고조되어 있었다. 이 교회의 균열을 해결하기 위해서 프레드릭은 멜란히톤에게 조언을 청했다. 멜란히톤의 중재를 위한 "판단(Iudicium de Controversia Coenae Domini)"이 1559년 11월 1일에 작성되어 팔츠 선제후에게 보내져 해결의 방향을 제시하게 되었다(출판은 1560. 9). 멜란히톤은 "판단"에서 성찬에서 떡을 떼는 것을 고전 10:16을 인용하여 그리스도의 몸에 참여함이라고 해석하여 개혁파의 성찬론에 거의 근접했다. 그러나 5개월 후(1560. 4. 19.) 멜란히톤이 사망하게 되자, 팔츠는 신학적으로 지도력의 공백을 맞아 더욱 스위스를 바라보게 되었다. 제네바의 칼빈은 불링거(Heinrich

Bullinger)로부터 자료를 넘겨받아 팔츠의 신학 논쟁을 야기했던 순수-루터파 헷수시우스를 비판하는 논문인 Dilucida explicatio sanae doctrinae de vera participatione carnis et sanguinis Christ in sacra coena ad discutiendas Heshusii nebulas (성찬에서 참으로 그리스도의 살과 피에 참여하는 것에 대한 건강한 교리의 분명한 해설, 헷수시우스의 혼돈을 분산시키기 위하여)를 출판(1561)하면서 팔츠의 개혁파 종교개혁에 직접적으로 신학적 개입을 했다.

1558년에서 1561년 사이에 위와 같은 역사적 격변이 일어나면서 팔츠는 개혁주의 종교개혁의 기반 위에 서게 되었다. 이런 개혁신학의 토대 위에서 팔츠 선제후에 의해 1562년에 시작해서 1563년에 하이델베르그 신앙고백서가 출판될 수 있었고, 그것이 각국으로 번역되고 확산됨으로 팔츠는 국제적 칼빈주의의 구심점이 되었다. 칼빈은 1563년에 팔츠의 선제후 프레드릭에게 자신의 예레미야와 예레미야애가 강의를 헌정하면서 다시 팔츠의 칼빈주의와 멜란히톤과 칼빈 자신의 성찬 신학의 연대성을 환기시키며 그를 격려했다.

그러므로 16세기 팔츠 지역의 개혁주의 종교개혁의 발전은 신성 로마 제국의 정치적인 맥락과 프레드릭 3세의 리더십, 순수-루터파와 멜란히톤주의의 분열과 갈등, 그리고 멜란히톤과 그의 사후 더 강화된 칼빈과 불링거의 스위스 개혁주의의 국제적 지원이라는 다차원적인 맥락에서 조명해야 할 것이다.

< 16세기 문맥에서 정리하는 종교개혁의 흐름들 >

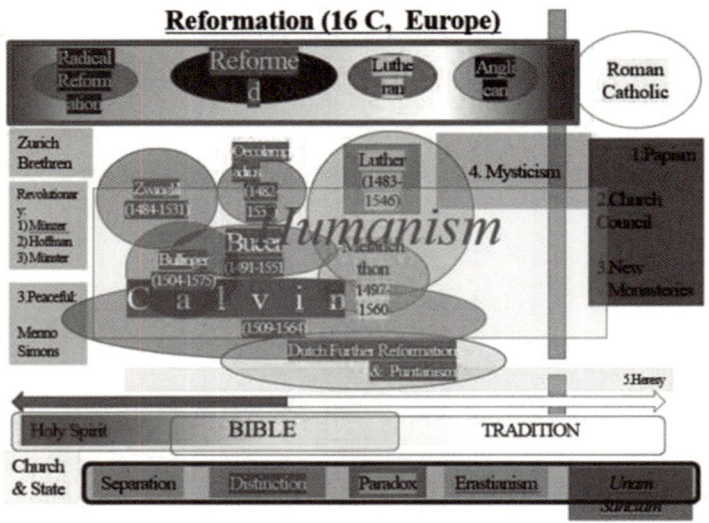

위의 표는 16세기 맥락에서 앞에서 살펴보았던 다양한 종교개혁의 흐름들을 정리해 주고 있다. 다음의 주제들에 대해서 16세기 각 진영들의 입장을 비교해 보라.

1) 개혁의 강도
2) "전통"과 "성경"과 "성령"의 관계
3) "성찬"에 대한 이해
4) "교회"와 "국가"의 관계
5) 문화에 대한 태도

3부

역동적 확산

8장

독일의 종교개혁:
루터주의의 승인과 개혁주의의 발전

1. 독일 루터주의의 승인

1) 독일 내 루터 사상의 확산

신성 로마 제국의 영토 안에서 작센주(Saxony)가 루터파(당시에는 복음주의자들[Evangelicals] 이라고 했음)를 수용했다. 이후 프러시아(Prussia)가 루터파를 받았다. 이어서 헤세의 영주 필립(Philip, Landgrave of Hesse)도 루터파를 수용했다.

1529년 슈파이어 제국 의회에서 칼 5세는 유럽 동쪽 헝가리로 침입하는 터키의 위협에 대항해서 제국을 연합시키려고 시도했다. 이런 맥락에서 칼 5세는 루터파 영주들이 종교적인 문제에 있어서도 자신의 권위에 복종하도록 하려고 했다. 이때 루터파 영주들이 항의했는데 프로테스탄트(Protestant)라는 이름이 여기에서 유래했다.

(슈파이어 교회에 있는 루터 기념 동상)

2) 독일 루터파의 발전

1529년 마부르그 회의에서 성찬론의 차이 때문에 루터파와 개혁파 간의 신학적 일치를 이루려는 노력이 무산된 후 개신고 진영은 각지의 신앙 고백을 작성하는 길로 나가게 되었다.

(1) 아우구스부르그 제국 회의(Diet of Augsburg:1530)

1530년 신성 로마 제국 황제 칼 5세가 가톨릭과 프로테스탄트 지도자를 소집하여 제국 회의를 개최하여 정치적인 동기를 가지고 가톨릭과 개신교의 화해를 모색하려고 했다. 아우구스부르그 제국 회의(Diet of

Augsburg)가 열린 1530년까지만 해도, 독일 프로테스탄트들은 가톨릭 교회와의 재결합 가능성에 대한 기대를 가지고 있었다.

이때 루터는 이미 파문을 당해 제국의 법익을 박탈당했기 때문에 의회에 참석할 수가 없었고, 코부르크(Coburg) 성에서 프로테스탄트 지도자들과 빈번하게 서신을 교환하면서 배후에서 협상을 조정했다.

(루터가 머물렀던 코부르그 성의 모습)

이 제국 회의에서 칼 5세에게 제출된 신앙고백서들은 4종류가 있었다.

① 프로테스탄트 측에서는 루터의 동료 필립 멜란히톤(Philipp Melanchthon, 1497~1560)이 「아우구스부르그 신앙고백」을 제출했고 그것이 1530년 6월 25일 의회에서 낭독됐다.
② 취리히에서는 츠빙글리의 "신앙의 이유(Fidei Ratio)"가 제출되었다.
③ 마틴 부처의 4개 도시도 신앙고백서(Confessio Tetrapolitana)가 제출되었다.

④ 가톨릭 신학자 엑크(Eck)가 주도한 "아우구스부르크 신앙고백서에 대한 반박서(Confutatio Augustana)"를 제출했다. (가톨릭 측 신앙고백)

(2) 아우구스부르크 신앙고백서(1530)

Confessio Augustana, Augsburg 1530. – Image: Verlesung der Confessio Augustana
사진 출처: https://commons.wikimedia.org/wiki/
File:Verlesung_der_Confessio_Augustana.jpg

루터가 직접 참여할 수는 없었지만, 멜란히톤이 루터의 신학 위에서 교회의 신학과 신앙을 모두 28개조로 독일어와 라틴어로 기록했다. 멜란히톤은 이 신조에서 하나님, 원죄, 세례에 대해서는 로마 가톨릭과 같은 입장을 취했지만, 이신칭의, 성찬, 선행 같은 부분에서는 다른 의견을 제출했다. 츠빙글리와 재세례파의 입장에 반대적이었고 성경의 권위에 대한 언급도 없었다. 그러나 오직 은혜, 오직 믿음에 의한 칭의를 주장하였다.

필립 멜란히톤
사진 출처: https://en.wikipedia.org/wiki/Philip_Melanchthon

(3) 멜란히톤의 "변호(Apologia)" (1531)

(멜란히톤의 "변호")
사진 출처: https://en.wikipedia.org/wiki/Apology_of_the_Augsburg_Confession

이에 대한 반론으로 가톨릭 측에서는 라이프치히 토론회에서 루터와 논쟁을 벌였던 에크(Johann Eck, 1486~1543)를 중심으로 한 신학자들이 「아우구스부르그 신앙고백서에 대한 반박서」를 제출했다. 멜란히톤은 그에 대한 대응으로 다시 「변호(Apologia)」를 저술했다(1531).

멜란히톤의 이 두 가지 저술 즉 "아우구스부르그 신앙고백서"와 "변호"는 즉시 루터교의 권위 있는 신앙고백서로 공식적인 상징이 됐다.

(4) 독일 루터파 영주들의 슈말칼덴 동맹의 결성(1531)

(루터파 영주들이 동맹을 결성했던 슈말칼덴의 모습)

종교개혁 진영에 속한 프로테스탄트 영주들은, 더 이상 황제에게 기대할 수 없다고 판단하고 슈말칼덴 동맹을 형성했는데, 독일의 프로테스탄트 교회가 정식으로 발족된 시기는 이 슈말칼덴 동맹이 결성된 1531년으로 볼 수 있다. 종교개혁이 실패하지 않도록 하기 위해서 군사적인 힘으로 보호하고 후원하는 것이 필요하다고 생각했다. 독일 안의 가톨릭 세력은, 종교개혁 운동 세력을 제거하기 위해서, 전쟁이라도 수행하겠다는 의도를 가지고 있었기 때문이었다. 그러므로 프로테스탄트 영주들은 이에 대한 대비를 하지 않을 수 없었다.

한편, 가톨릭교회의 수장인 교황도 칼 5세에 비협조적 내지는 적대적이었다. 교황의 입장에서는, 칼 5세의 권력이 너무 커지는 것은 바람직하지 않았다. 그래서 교황 클레멘스 7세는 프랑스 왕 프란시스 1세와 신성 동맹(1526, Cognac)을 맺어 칼 5세에게 대응했고, 칼 5세는 그 보복으로 1527년 로마를 공격하여 클레멘스 7세를 포로로 잡기도 했다.

(5) 아우구스부르그 신앙고백서 수정안(Augsburg Confession Variata, 1540) (Altered Augsburg Confession)

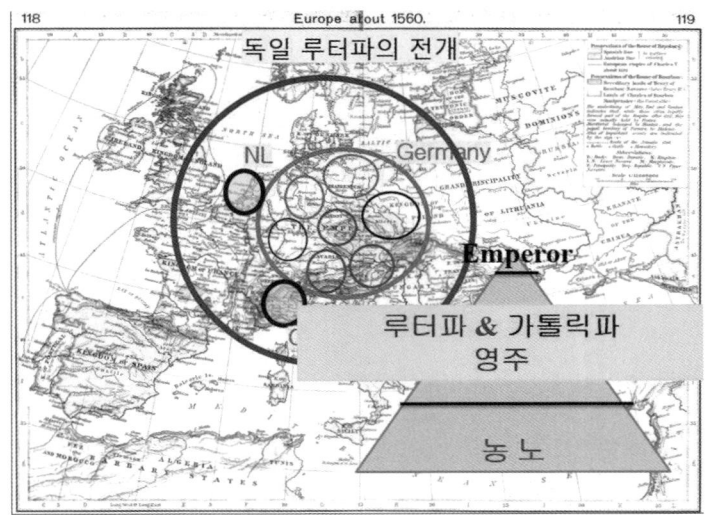

(루터 당시의 신성 로마 제국과 사회 계층 구조)

멜란히톤이 칼빈주의자들과의 합의를 위해서 성찬어서의 그리스도의 임재 부분을 수정한 것이다. 칼빈 자신도 이 아우구스부르크 신앙고백서 수정안에 서명했을 정도로 개혁파와 신학적으로 많은 공유점을 가지고 있었다.

(6) 레겐스부르그 회의(1541, 1546)

1541년 레겐스부르그에서 개최되었던 레겐스부르그 회의(1541, Regensburg Colloquy)에 멜란히톤이나 칼빈과 같은 개신교 지도자들도 참여해서 교회 일치와 개신교 변호를 위해 노력했다. 이때 황제와 에크, 콘타리니(Contarini) 등도 참석했다.

칼 5세는 1546년 6월 다시 레겐스부르그 제국 회의를 소집했다. 이 회의에 프로테스탄트 영주들은 대부분 참석하지 않았다. 칼 5세는 이제 평화적인 방법으로는 종교적 분열의 극복이 불가능하다고 판단하고, 개신교에 대해 무력을 사용하기로 결심하게 되었다.

(7) 아우구스부르크 가신조(Augsburger Interim, 1548. 5)

제1차 슈말칼덴 전쟁(1546-1548)에서 개신교 영주들의 연맹에 승리한 칼 5세는 1548년 아우구스부르크에서 제국 회의를 열었다. 일반 교회 회의를 통하지 못하더라도 독일 자체적으로 신구교 간의 교회 문제를 해결하려 했던 것이다. 이 아우구스부르크 제국 회의에서 채택된 신조를 아우구스부르크 가신조라고 한다.

이것이 가신조인 것은 일반 교회 회의에 의해서 최종적인 결정이 내려질 때까지의 잠정적인 효력을 가진다는 의미이다. 이 아우구스부르그 가신조의 특색은, 가톨릭의 교리와 관습을 토대로, 개신교의 교리와 관습을 약간 가미했다는 것이다.

그래서 7성례(세례baptismus, 성찬 eucharistia, 고해 poenitentia, 견진 confirmatio, 서품 ordo, 종유 unctio extrema, 혼배 coniugium)와 죽은 자를 위한 미사가 부활되었고, "믿음으로만"(Sola fide) 구원받는다는 교리는 사랑 없는 믿음은 아무것도 아니므로, 구원을 받기 위해서는, 믿음 외에 사랑도 필요하다는 방향으로 고쳤다. 단 프로테스탄트 성직자의 결혼 문제는 허용했으며, 성찬식 때 성직자뿐 아니라, 평신도에게도 잔을 나누어 주기로 했다.

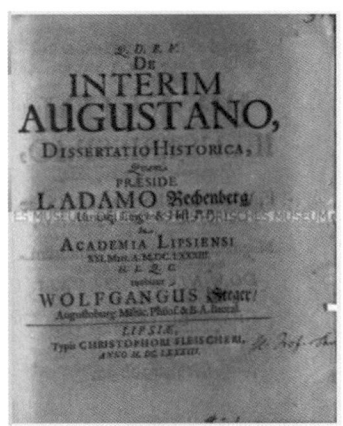

사진 출처: https://www.deutsche-digitale-bibliothek.de/item/
YBNHTJV2AKZOKVHTDSSAJOUJBSSZWIOT

아우구스부르그 가신조는, 지금까지 가톨릭 지역이었던 데는 적용되지 않고, 오직 지금까지 개신교 지역이었던 곳에만 적용되었다. 그러나 개신교 지역 중에서도 황제군의 군사적 위협을 직접 받는 남부 독일에 위치한 지역만 이 가신조를 받아들이고, 그렇지 않은 독일 북부의 지역은 거의 받아들이지 않았다. 그리고 아우구스부르그 가신조는 문제의 근본적인 해결이 아니었다.

교황은 교회 개혁의 의지를 전혀 보이지 않았고, 프로테스탄트의 양보만을 일반적으로 요구한 것이기 때문에 더 그랬다. 그러므로 개신교도들의 불만은 더 컸다. 아우구스부르그 가신조는 무력에 의해 강요된 것이지만, 무력만으로는 신앙의 문제를 해결할 수 없는 것이다.

3) 칼 5세와 종교개혁

(1) 끄레삐(Crepy)의 평화 조약1544)

대외적인 적이 많았던 칼 5세는, 1544년 프랑스 왕 프란시스 1세와 끄레삐에서 평화 조약을 체결했다. 그 이전까지 칼 5세는 독일 내의 개신교도를 억압하는 정책을 강력히 추진하지 못했다. 그러나 1544년부터는 사정이 달랐다. 프랑스와 오스만 터키는 독일과의 긴 전쟁에 지쳐있어서 더 이상 전쟁을 수행할 수 없었다. 이제 칼 5세는 독일 내의 개신교도를 향해서 공격할 여유를 가지게 된 것이다.

칼 5세는 처음부터 무력을 사용하고 싶지는 않았다. 충분한 설득 작업 내지 정치적 협상 후에 무력을 사용해도 늦지 않다고 생각했던 것이다. 그는 그래서 일반 교회 회의 (concilium generale)를 추진했다. 그는 회의주의자(conciliarism)였던 것이다. 이것은 교회의 여러 중요한 문제를 일반 교회 회의를 통해 해결해야 하며, 교황도 그 결정에 따라야 한다는 사상이었다. 종교개혁 당시에는 루터도 한때 이것을 주장했다.

중세 이래로 교황주의(papism) 혹은 교황청주의(curialism)를 주장해 온 교황청은, 칼 5세의 일반 교회 회의 추진에 대해서 반대하는 마음이 있었으나, 끄레삐 화약 성립 이후 칼 5세의 정치적 입지가 크게 강화되었고 종교 문제의 평화적 해결을 위해서 일반 교회 회의의 개최는 반드시 필요하다는 칼 5세의 주장을 반대할 명분이 없었다. 그래서 당시 교황 파울루스 3세는 굴복하여 1544년 11월에 일반 교회 회의의 소집령을 발표했던 것이다.

(2) 보름스 제국 회의(1544)

이 소집령에 의하면, 이번 일반 회의는 1545년 3월 트리엔트에서 개최될 예정이었다. 이곳으로 정한 것은, 트리엔트가 신성 로마 제국 영내의 주교좌 중에서 이태리에 가장 가까운 주교좌가 있는 곳이어서 회의의 진행을 교황청에서 콘트롤 할 수 있다고 생각했기 때문이다. 칼 5세가 이 회의를 추진한 목적은 독일 내의 종교적 분열의 해결이었고, 독일 내의 교회 분열이 해결되면 서구의 종교적 단일성이 회복되어 정치적인 안정을 이룩할 수 있다고 보았기 때문이었다. 칼 5세의 관심은 정치적인 것이었다.

칼 5세는 이 회의에 참가에 앞서 독일의 모든 영주들을 모아 종교적 분열의 해결 방안도 모색하고 트리엔트 회의 참가 대책도 마련할 겸 1544년 12월 신성 로마 제국 영내의 모든 영주를 보름스에 소집했다. 이것이 1544년의 보름스 제국 회의이다. 이 회의에서 프로테스탄트 영주들은 루터의 반교황주의적인 이론에 따라 일반 교회 회의를 개최하는데 반대하고, 그 대신 독일 국가 교회 회의를 개최할 것을 요구했음으로 보름스 국회는 아무런 결론을 맺지 못한 채 끝나고 말았다.

(3) 트렌트 회의(1545. 12 ~ 1563)

한편 트렌트 회의는 예정된 날짜보다 늦게 1545년 12월에 개최되었는데, 개신교 쪽에서는 참석을 거부했다. 트렌트 종교 회의는 로마 가톨릭교회의 개혁과 개신교의 위협에 대한 반응 등이 주된 이슈였다.

사진 출처: https://en.wikipedia.org/wiki/Council_cf_Trent

이 트렌트 종교 회의의 결과는 매우 중요해서 한마디로 기존의 로마 교회의 교리를 재확인하고 개신교를 배격하는 것이었다.[1] 가톨릭교회의 전통이 성경과 동일하다는 것을 다시 천명했고 라틴어 벌게이트 성

---

1 후버트 키르흐너, 『종교개혁사 (1532~1555-1556): 종교개혁의 강화, 칼빈, 가톨릭 개혁과 트렌트 공의회』, 225-239.

경을 공식 성경으로 인정했다. 그 외에 성경 해석과 교리의 최종 판단을 교황과 종교 회의에 두고 금서 목록을 작성하기도 했다. 그 외에 연옥 교리나 면죄부, 성인을 위한 기도, 7성례, 희생으로서의 미사 구원을 위해 공로가 필요하다고 보는 등 전형적인 기존의 가톨릭교회의 교리가 재확인되고 확정되었다.

(4) 제1차 슈말칼덴 전쟁(1546-48)과 아우구스부르그 가신조(1548)

칼 5세가 개신교 운동을 억제하기 위해서 군대를 동원하게 되었을 때, 독일 내 가톨릭 영주들도 군대를 파견했다. 한편, 1531년 이래, 슈말칼덴 동맹이라는 군사 동맹을 체결하고 있던 프로테스탄트 영주들은 이보다 더 많은 군대를 동원했다. 1546년 전쟁이 시작되었다. 1547년 뮐베르그 전투(Battle of Muhlberg)에서 황제 편에 있었던 알바공(duke of Alba)이 결정적인 승리를 거두었다.

(1547년 뮐베르그 전투(Battle of Muhlberg)에서 황제 칼 5세에게 항복하는 작센 선제후 요한 프레드릭 1세)
사진 출처: https://www.historytoday.com/archive/months-past/battle-m%C3%BChlberg

슈말칼덴 동맹이 패하게 된 결정적인 이유는, 일부 프로테스탄트 영주들이, 동맹을 배반하고, 황제 편으로 넘어갔기 때문이었다. 그 중 선제후의 지위를 위해서 동맹을 배반했던 작센공 모리츠(Moritz)가 유명하다. 슈말칼덴 전쟁에서 패한 개신교 영주들은 황제에게 많은 양보를 할 수밖에 없었다. 황제는 이 기회에 개신교도도 트리엔트 회의에 참여시키고 싶었지만, 교황의 비협조로 이루어지지 못했다.

다시 말해서 교황 파울루스 3세는 승리한 황제의 권력이 너무 방대하게 되는 것을 두려워했고, 개신교 대표가 회의에 참석한다면, 교황주의는 회의주의에 밀리게 될 것이고, 교황권의 약화를 초래할 것이라는 두려움이 있었던 것이다. 파울루스 3세는 또한 황제의 권력이 커지면 교회의 권력은 감퇴한다는 생각에서, 슈말칼덴 전쟁을 위해 독일에 파견한 교황청 직속 군대를 철수시키고 트리엔트 회의의 장소도 독일 땅이 아닌 이탈리아 볼로냐로 옮겼다. 왜냐하면 볼로냐는 고황령 안에 있었기 때문에, 교황이 회의의 진행 과정을 콘트롤하기에 매우 적합하다는 고려도 작용했다.

그런데 회의 장소를 볼로냐로 옮기는 과정에서, 칼 5세와 전혀 사전에 의논을 하지 않았다. 이것은 모든 교회 회의 소집권과 운영권과 해산권이 교황 편에 있다는 교황주의적 생각을 파울루스 3세가 가지고 있었다는 것을 보여주는 것이다. 회의 장소를 옮긴 것은, 교황령 안에서 회의가 열리게 되면, 개신교도 측에서 대표를 파견할 가능성이 거의 없었기 때문이기도 하다. 교황의 입장에서는 개신교도 측 대표가 참여하는 것은 반갑지 않았다. 이처럼, 황제가 원했던 일반 교회 회의를 통한 교회 문제의 해결은 불가능하게 된 것이었다. 그러므로 황제는 슈말칼덴 전쟁을 수행한 원래의 목적을 이룰 수 없었다.

따라서 칼 5세는 1548년 아우구스부르그에서 제국 회의를 열고 독일 자체적으로 교회 문제를 해결하려고 시도했다. 이때 아우구스부르그 제국 회의에서 아우구스부르그 가신조(Augsburger Interim: 1548. 5)가 채택되었다.

(5) 제2차 슈말칼덴 전쟁(1552)

아우구스부르그 가신조는 독일 북부 지역에서는 거의 받아들여지지 않았다. 그런데 독일 북부 지역에서의 반항의 중심지는 마그데부르그(Magdeburg)라는 한자 동맹 도시였다. 마그데부르그는 독일 종교개혁의 중심지인 비텐베르그와 가까웠다. 모리츠 공작은 잃었던 백성의 신임을 회복하는 길은 개신교도 진영을 위해서 싸우는 것임을 깨닫고, 신성 로마 황제 칼 5세를 배반할 계획을 세웠다.

칼 5세는, 반항적인 마그데부르그를 정벌하기 위해서, 모리츠 공작을 임명했다. 그러므로 그는 황제의 의심없이 군대를 증강할 수 있었다. 황제의 신뢰를 더 확증하기 위해서, 실제 마그데부르그를 일단 점령했다(1551. 11). 그러나 마그데부르그의 주민들에게는 마그데부르그가 작센의 영토로 편입되는 것을 인정하는 것을 조건으로 신앙의 자유를 허용하겠다는 비밀 약속을 했다. 그리고 또 비밀리에, 개신교 영주 및 프랑스 왕 앙리 2세(1519; 재위 1547-59)와 동맹을 맺고 병력을 이끌고 남하했다.

당시 오스트리아 인스부르그에 있던 칼 5세의 입장에서 이것은 완전히 기습이었다. 모리츠 공작은 1552년 4월 아우구스부르그에서 황제군을 격파하고, 같은 해 5월에는 황제의 사령부가 있던 인스부르그에서

약 60km밖에 떨어지지 않은 퓌센까지 진출했다. 이때 프랑스군도 칼 5세의 영지인 부르군드로 쳐들어왔으므로, 칼 5세는 프랑스 군대를 막기 위해 부르군드로 가고, 프로테스탄트와의 문제는 동생 페르디난드(Ferdinand; *1503; 1521 오스트리아 대공; 1556 신성 로마 황제)에게 맡겼다.

칼 5세의 동생인 페르디난드는 개신교도 영주들과 협상을 벌였는데, 1552년 8월에는 파싸우 조약(Passauer Vertrag)을 맺어, 개신교도 영주들과 휴전을 하게 되고, 나아가 아우구스부르그 가신조의 폐기를 선언했다. 이로써 독일의 개신교도들은, 원칙적인 면에서 신앙의 자유를 얻게 되었으나, 그 구체적은 내용은 1555년 9월에 체결된 아우구스부르그 종교 화약을 통해서 비로소 확정되게 되었다.

칼빈은 1554년 3월에 죽은 작센의 선제후 프레드릭(Johann Friedrich)의 세 아들에게 7월 31일자로『창세기 주석』을 헌정한 바 있다. 칼빈은 이 편지에서 비록 예전에서 차이가 있다 하더라도, 로마 가톨릭에 대항하는데 있어서는 순수한 교리를 믿고 따르는 자들은 소수라고 하더라도 하나가 되어야 한다고 강조했다. 그러나 루터파 신학자들은 칼빈의 성찬론이 루터파 교리에서 너무 이탈했고, 주석 여러 곳에서 루터를 비판했다는 소문이 있다면서 헌정 수납을 거절했다.

4) 아우구스부르그 종교 화약(The Peace of Augsburg, 1555)

(1) 아우구스부르그 종교 화약의 중요성

이 종교 화약은 신앙고백주의 시대의 도래를 알리는 중요한 계기가 되었다. 프로테스탄트 교회가 가톨릭 세력으로부터 그 생존권을 인정받는 최초의 사례가 된다. 독일의 프로테스탄트 교회는 가톨릭으로부터 실질적인 독립을 쟁취했으며, 가톨릭교회는 서구에서 보편성(catholicitas)을 주장할 현실적 기반을 상실했다. 이 화약을 계기로 개신교와 구교의 분리가 돌이킬 수 없는 역사적 사실이 되고 말았다.

이처럼 아우구스부르그 종교 화약 이후 서구의 프로테스탄트 교회는 단지 가톨릭교회와만 신앙 고백이 다른 것이 아니었다. 프로테스탄트 교회 자체적으로도 단일한 교회를 형성하지 못하고 각 나라별, 각 교파별로 독자적인 신앙 고백에 입각하여 조직과 교리를 달리하게 되었다. 아우구스부르그 종교 화약 이후의 시대를 "신앙고백주의 시대"라고 부른다. 바로 이점이 아우구스부르그 종교 화약이 역사적으로 중요한 의미를 갖는 이유이다.

(비록 제한되기는 하지만 최초로 개신교(루터파만)의 신앙의 자유를 인정하게 된 아우구스부르그의 모습)

(2) 아우구스부르그 종교 화약의 내용[2]

① 모든 영주에게 "개혁권 (ius reformandi)"이 부여되었다. 종교개혁을 수용할 것인지 아닌지는 전적으로 각 영주가 갖는 고유한 권한이 된다. 원칙적으로는 황제라 할지라도 이것에 간섭할 수 없고 백성도 영주의 신앙 선택에 반대할 수 없게 되어있었다.

② "그의 지역은 그의 종교"라는 대원칙이 세워졌다. 이 원리는 이후에도 서양 교회사에서 지속적인 영향력을 미치는 중요한 개념이다. 라틴어로는 "꾸이우스 레기오, 에이우스 렐리기오(cuius regio, eius religio)"라고 한다. 한 지역의 일반 백성은 그 지역의 영주가 선택한 신앙을 따라야 한다는 것이다. 영주에게 신앙의 자유가 주어지게 된 것은 높이 평가할 만 하지만 일반 백성들에게는 아직 신앙의 자유가 주어지지 못한 것이다.

③ 백성들에게는 "이주권(ius emigrandi)"을 주어서, 자기 지역의 영주와 신앙이 맞지 않을 경우에는 이사할 권리가 있다는 것이다. 명목상은 그럴 듯 해 보이지만 농업 중심의 16세기 상황에서 모든 삶의 기반을 버리고 생면부지의 땅으로 이주한다는 것은 쉬운 일이 아니었을 것이다. 따라서 이 이주권은 실제로 활발하게 사용될 수 없었다.

④ 교회령은 변함없이 가톨릭 측에게 주어졌다. 한 마디로 말하자면 "교회령 유보(reservatum ecclesiasticum)"라고 할 수 있다. 따라서 중세

---

2 김광채, 『근세 현대교회사』 (서울: 기독교문서선교회, 1992), 42-43.

이래 교회령은 지속적으로 가톨릭 측에 속하게 된다. 그러나 만약 교회령의 성직자 중 개신교도가 된 경우가 있다면 그는 성직을 박탈당하게 되며 더 이상 교회령에서 급료를 받을 수 없게 되었다.

⑤ "페르디난드의 선언(declaratio Ferdinandea)"에 의해서 "교회령 유보"를 수용했던 개신교 영주들에게 그 대신 교회령 안에 존재하는 개신교 자유시나 귀족, 기사들에게 신앙의 자유를 허락해 주게 되었다.

⑥ 개신교 도시인 프랑크푸르트, 보름스, 슈파이어, 그리고 슈트라스부르그 등에는 가톨릭교회의 예배당도 존재할 수 있도록 했다.

아우구스부르그 종교 화약 이후, 개신교는 사실상 하나의 교회 형성에 실패하고 수많은 교파와 교회로 분열되는 상황에 빠지고 말았다. 그래서 근세의 개신교는 각 나라별로, 교파별로, 조직과 교리를 달리하게 되었다.

그런데 각 교파의 조직 원리 및 교리는 각 교파가 채택한 신앙고백서에 잘 나타나 있다. 그 중요한 예로서는 루터교회의 아우구스부르그 신앙고백(Confessio Augustana, 1530, 멜란히톤 작성), 영국교회의 "39개 조항"(the Thirty-nine Articles, 1563), 프랑스 개혁교회의 갈리아 신앙고백(Confessio Gallicana, 1559), 네덜란드 개혁교회의 벨직신앙고백(Confessio Belgica, 벨기에 신앙고백이라고도 한다. 1561, 귀도 드 브레 작성, 네덜란드식 발음은 히도 드 브레인데 이하 귀도 드 브레로 표기한다.), 장로교회의 웨스트민스터 신앙고백(Westminster Confession, 1647/48) 등이 있다.

(3) 아우구스부르그 종교 화약의 영향

아우구스부르그 종교 화약을 계기로 구교와 신교의 분리는 돌이킬 수 없는 역사적 사실로 확증되었다. 이후로부터 서양 교회사는 신앙고백주의 시대로 접어들게 되었다. 아우구스부르그 종교 화약이 체결됨으로 인해서 신성 로마 황제인 칼 5세는 독일의 종교를 일치시키려고 하는 목표 달성에 실패했다고 볼 수 있다. 이것은 곧 신성 로마 제국이라고 하는 보편적 국가 개념이 근세가 열려 가는 새로운 시대에 맞지 않는다는 것을 웅변적으로 보여준 것이다.

결국 칼 5세는 종교 화약 다음 해인 1556년에 자진해서 신성 로마 제국 황제위를 오스트리아에 있는 동생 페르디난드에게 넘기게 되었다. 그 대신 스페인과 네덜란드 지역, 그리고 신대륙 등의 주요 지역은 아들인 필립 2세에게 물려주었는데, 바로 이런 정치적 구조가 앞으로 네덜란드의 칼빈주의자들에게 고난의 길을 걷도록 했다.

아우구스부르그 종교 화약 이후에 중세적 보편 제국 이념의 시대는 지나가고 근대적인 민족 국가가 형성되는 새로운 시대가 열리게 되었다. 여기에서 볼 수 있듯이 종교개혁은 근세를 여는 사상적 화살촉 역할을 했다는 것을 알 수 있다. 그러나 독일 지역 자체에서는 민족 국가가 아니라 각 영주들의 독자적인 권력이 확보될 수 있었다. 결국 각 지역의 신앙은 황제가 아니라 영주들이 결정하게 됨으로 영주들은 사실상의 소국가의 왕과 같은 위치에 서게 되었고, 그 영지 안에서는 신앙의 문제까지 간섭할 수 있는 합법적인 권리가 영주들에게 주어지게 된 것이다. 결국 이런 구조에서 신성 로마 제국 각 지역의 교회는 독립적으로 발전할 수 없었으며 교회의 운명은 영주들 즉 소국가에 의존하는 구조를 낳게 되었다.

물론 그럼에도 불구하고 아우구스부르그 종교 화약 자체는 비록 루터파에 제한되었고 영주에게 한정된 것이기는 했지만 어쨌든 개신교 신앙의 자유 보장의 공식적 첫 케이스가 된 것에는 틀림없다. 그렇지만 이 신앙의 자유는 개신교 가운데 오직 루터파에게만 제한된 것이었다. 칼빈주의자들, 츠빙글리주의자들, 그리고 재세례파 등에게는 아직 신앙의 자유가 부여되지 않았다. 이런 상황은 결국 독일 지역에서 30년 전쟁(1618-48)이 발발할 수밖에 없는 구조적인 원인 제공을 하게 되었다.

드디어 칼 5세는 1556년 브뤼셀에서 퇴위했다. 오스트리아 지역은 동생인 페르디난드에게 주었고, 네덜란드, 스페인, 스페인의 아프리카와 신대륙의 식민지 등 노른자위 땅들은 아들인 필립 2세에게 물려주었다. 칼 5세는 1558년 스페인에서 사망했다.

(4) 이후 루터파의 분열

아우구스부르그 종교 화약 이후 루터파는 양분되었는데, 그 핵심적인 내용은 아우구스 신앙고백서 가운데 1530년 판과 1540년 판 중 어느 것을 수용하느냐의 문제였다.[3]

① 멜란히톤파(=필리피스트: Philippists)
아우구스부르그 가신조 때 타협을 추구하던 사람들이다. 구원에서 어느 정도의 자유 의지를 인정했는데, 이후에는 칼빈의 구원론과

---

3 후스토 곤잘레스, 『현대교회사』, 79-90.

성화론을 닮아가고 있다. 강경한 루터파로부터 위장된 칼빈주의자(Cryptocalvinists)라고 비판을 받기도 했다.

② 엄격 루터파(Matthias Flacius Illyricus)

"오직 은총", "오직 믿음"의 루터적 신앙을 극단화 했다. 구원의 과정에서 행위에 대해서 극단적으로 반대하는 입장이었다. 이들은 성화론적 강조점을 가지고 있었던 멜란히톤파를 공격하면서 이후 루터파 안에서 주류 세력이 되었다.

③ 중도파의 등장

야콥 안드레아이(Jakob Adreae) 같은 인물은 양 극단주의 사이에서 양자의 견해를 조율하려고 시도했다. 결국 이 노력은 일치 신조(Book of Concord: 1577)로 발전했다.

중도파는 말 그대로 양 그룹을 궁극적으로 조화하자는 것이었다. 그러나 전체적으로 볼 때 이후의 루터파는 스칸디나비아 반도를 제외하고는 유럽에서 큰 영향력을 가지지 못했다. 결과적으로 유럽에서 독일 이외의 지역에서 맹렬한 종교개혁 운동은 칼빈주의를 통해서 전개되었다. 칼빈주의가 가장 역동적인 그룹으로 성장하게 된 것이다.

2. 독일 개혁주의의 발전

일반적으로 독일의 개혁주의 혹은 칼빈주의는 큰 관심을 받지 못해 왔다. 개혁주의는 주로 네덜란드, 스코틀랜드 혹은 스위스의 제네바나 취리히 등과 연결되어 집중적으로 조명되어 왔다. 심지어 독일의 종교개혁을 언급할 때 조차도 대개 독일의 루터파만 지칭하는 경우가 대부분이었다. 그 이유는 대개 그 국가나 사회에서 개혁주의가 주류를 형성했을 경우에만 관심을 주었기 때문이다.

그러나 이런 접근은 정당하지 못할 뿐 아니라, 비록 때로는 그 사회에서 소수라할지라도 진리 안에서 치열하게 하나님의 나라를 위해 헌신해온 그리스도인들과 그들의 공동체를 무시하는 태도라는 비판을 피할 수 없을 것이다. 이런 맥락에서 16세기 독일의 개혁주의 교회의 역사를 살펴보는 것은 매우 큰 의미가 있을 것이다. 왜냐하면 독일의 개혁주의자들은 30년 전쟁이 끝난 1648년에 가서야 공식적인 신앙으로 인정받지만 이미 16세기 중반부터 나름대로 개혁 신앙을 견지하는 교회를 형성하고 개혁주의 발전에 적지 않은 영향을 주었기 때문이다.

특히 16세기 독일은 전통적인 봉건적 영주들과 선제후들 가운데 로마 가톨릭주의나 루터주의 지역과 맞닿아 있으면서 스위스에서 시작된 개혁주의를 시범적으로 적용할 수 있는 공간이 생겼다. 이 지역들에 네덜란드, 영국, 스코틀랜드, 프랑스 등에서 박해받던 종교개혁 난민들이 모일 수 있었고, 이들에 의해서 다양한 개혁주의 신앙과 예배가 실천되고 또 강화되었다. 이들이 자국에 돌아가서는 자국의 개혁주의를 더욱 공고하게 세울 수 있었기 때문에 독일의 개혁주의는 그 모판 역할을 했다고 평가할 수 있을 것이다.

바로 이런 이유 때문에 독일의 개혁교회의 신학적 관심도 네덜란드나 영국에서와 같이 예정론적인 논쟁이나 은총과 인간의 의지 간의 관계가 아니라, 주로 실천적인 예배와 관계되는 성만찬 논쟁에 집중되어 있었다. 그러므로 독일의 개혁주의까지를 이해해야만 전체적인 개혁

신앙의 구조를 파악할 수 있을 것이다.

독일에서는 팔츠 선제후국과 화란과 가까운 라인강 하류 지방과 화란의 초대 총독인 빌름 판 오란녀의 영지인 나싸우 백작령 등에도 일찍부터 칼빈주의가 전달되었다. 그중에서 이젠부르그, 졸름스, 비이드, 자원, 비트겐슈타인 등의 백작령이 칼빈주의를 국교로 수용했으며, 자유시였던 브레멘도 1580년에 그러했다. 17세기 초에는 립페 백작령과 브란덴부르그 선제후국 등도 칼빈주의 국가가 되었다.

라인강 하류 지방의 영주국인 율리히, 베르그, 클레베 등의 공작령과 마르크 백작령은 화란에서 이주해온 피난민들의 영향을 받아서, 칼빈주의자가 많았으나 당시 국교는 가톨릭이었다. 그렇지만 클레베 공작령과 마르크 백작령은 1614년 브란덴부르그 선제후 요한 지기스문트(Johann Sigismund, 재위: 1608-19)에게 귀속되었기 때문에 이때부터는 칼빈주의 지역이 되었다. 전체적으로 보아서 독일의 개혁주의는 한 지역에 집중되는 형식이 아니라 몇 지역을 중심으로 다양하게 전개되었다고 묘사할 수 있을 것이다.[4]

1) 독일 개혁주의의 출발

(1) 스트라스부르그

독일의 개혁주의가 시작된 곳으로 꼽을 수 있는 지역으로는 먼저 스

---

[4] 독일 지역의 개혁주의 발전에 대해서는 다음을 보라. D. Clair Davis, "독일 개혁교회: 영향력 있는 소수파 칼빈주의자들," 『칼빈이 서양에 끼친 영향』, 143-164.

트라스부르그를 들 수 있다. 이곳은 이미 1521년에 젤(Mattew Zell)에 의해서 성경에 근거한 설교 사역이 시작되었으며 그 뒤를 이어 카피토(Capito)와 1524년에 이곳에 도착한 마틴 부처(Martin Bucer)가 개혁주의를 선도했다. 부처는 마부르그 회담에서 루터보다는 츠빙글리의 견해를 선호했으며 멜란히톤과 더불어 연합적인 태도를 보여주었다. 부처와 카피토는 위에서 언급했던 4개 도시 신앙고백서(1531)를 작성하여 독일 최초의 개혁주의 신조를 제출했다. 특히 부처는 칼빈을 비롯한 프랑스 난민 교회와 밀접한 관계를 가지고 있었다.

그러나 1549년에 작성된 "잠정 협약(Interim)"을 스트라스부르그에 강제로 적용하려 하자 부처는 영국 케임브리지로 떠나 영국의 개혁주의 발전에 공헌을 한 바 있다.

(2) 4개 도시 신앙고백서

독일 남부의 4개 도시들, 즉 스트라스부르그, 콘스탄츠, 멤밍겐, 린다우 등은 1530년 7월 9일 4개 도시 신앙고백서(Confessio Tetrapolitana)를 만들어 황제 칼 5세에게 제출했다. 이 신앙고백서는 마틴 부처와 볼프강 카피토가 작성하였는데, 개혁주의 입장에서 보면 최초의 신앙고백서라고 할 수 있다. 주목되는 점은 성경에서 말하고 있는 것을 제외하고는 어떤 것도 가르치지 말라는 내용이다. 이것은 루터파에서 제출된 아우구스부르그 신앙고백서에는 없는 내용이다. 로마 가톨릭교회는 그중 13개조를 정죄하는 반박문을 1530년 8월 3일에 발표했다.

그러나 이 4개의 도시가 신성 로마 제국 영토하의 개신교 연합이자 루터파가 주도했던 슈말칼덴 동맹에 가입한 이후에는 그 중요성이 약화된 경향이 있다.

2) 팔츠(Pfalz): 개혁주의의 인큐베이터

독일의 개혁주의 거점 지역 가운데 특히 하이델베르그는 개혁주의 신학적 관점에서 볼 때 공헌한 바가 가장 큰 지역 가운데 하나라고 할 수 있다. 독일 내에서는 팔츠 선제후국이 일찍 칼빈주의를 수용했다. 하이델베르그가 있는 팔츠 지역은 아우구스부르그 종교 화약 이후 루터주의 선제후국이 되었다.

1555년 아우구스부르그 화약으로 신성 로마 제국 안에서 각 영주들이 결정하는 종교가 그 지역의 종교가 될 수 있다는 결정이 난 다음해(1556년)에 팔츠의 오토-헨리는 루터주의를 수용했다. 이때 멜란히톤의 제자인 헷수시우스(Heshusius)가 감독으로 임명되었다. 하이델베르그 대학을 중심으로 루터파 신학자들이 포진하게 되었다. 그러나 개신교 안에서 신학적으로 일치되지 않은 견해를 가진 학자들이 무분별하게 등용되어 신학적 혼선을 가져올 수밖에 없었고, 이것은 1559년 오토-헨리의 사망 이후 후임자인 프레드릭 3세에게 큰 과제로 남겨지게 되었다.[5]

그러나 그의 후계자인 프레드릭 3세 (Friedrich III., 재위: 1559-76) 때에 칼빈주의 선제후국이 되었다. 바로 이 곳에서 1563년에 작성된 하이델베르그 요리문답은 이후 가장 국제적인 개혁교회 신조로서 큰 영향력을 발휘했다. 이 지역의 칼빈주의는 특히 선제후였던 프레드릭 3세 자

---

5 Frank Engehausen, "Strategies for confessional change in the sixteenth century: The example of the Palatinate," *Power of Faith: 450 years of the Heidelberg Catechism* (Göttingen: Vandenhoeck & Ruprecht, 2013), 83-94.

신이 개혁주의를 후원했기 때문에 다른 지역보다 강력한 구심점을 이룩할 수 있었다. 프레드릭 선제후는 자신의 영토가 급진 루터파에 의해 신학적 분쟁으로 분열되자 하이델베르그 요리문답을 작성하게 함으로 교리의 일치와 청소년을 위한 개혁 신앙의 교육에 큰 공헌을 했다. 그러나 이 지역은 급진적인 루터파의 지속적인 공격으로 그 이후 개혁주의의 중심지 역할을 지속적으로 해 내지는 못했다. 결론적으로 팔츠는 30여 년 동안 네 번이나 공식적인 신앙 고백을 변경하는 곳이 되었다. 그만큼 당시 정치-종교적 역동성이 어느 정도였는지를 보여준다.

(1) 선제후 프레드릭 3세의 팔츠: 개혁주의 선제후국이 되다

(팔츠의 위치와 스위스)
지도 출처: http://www.danielhaston.com/roots/ibersheim/ibersheim.htm

팔츠의 선제후가 된 프레드릭 3세는 1559년 2월 12일부터 멜란히톤에게 연락을 취했으며 멜란히톤은 1559년 11월 1일자로 답신했다. 멜란히톤은 1560년 4월 18일에 비텐베르그에서 사망했으니까 그로서는 생애 마지막 시기에 자신의 신학적 입장을 표명한 기록이 된다. 프레드릭이 멜란히톤에게 편지를 보낸 이유는 그의 전임자인 오토 하인리히 때에 1556년에 루터주의에 합류하게 되었는데 3년 사이에 신학적으로 다양한 입장을 가진 관료들을 등용해서 팔츠 전체가 성찬론과 관계된 큰 신학적 논쟁에 휘말리게 되었기 때문이다. 양 진영의 대표적인 신학자는 강력한 급진적 루터주의자인 헷수시우스(Heshusius)와 성찬론에 있어서 개혁주의적 견해를 가지고 있었던 클레비츠(Klebitz)의 충돌이었다.[6] 사실 헷수시우스는 당시 독일의 신학적 거목이었던 멜란히톤의 제자로서 그에 의해 추천되어 팔츠의 총감독이자 하이델베르그 대학의 교수로 활동하고 있었는데 멜란히톤보다는 더 강경한 루터파 신학을 대변하고 있었다.

헷수시우스 성찬 때 그리스도의 몸이 떡 안에 존재한다는 루터의 주장을 더 강화하면서 클레비츠의 츠빙글리적인 입장을 비판했다. 선제후위를 받게 되는 프레드릭은 헷수시우스에 의해서 증폭되고 있는 논쟁을 침묵시키고 팔츠의 신학적 혼선을 해결하기 위해서 신학적 권위가 있는 멜란히톤에게 의견을 구한 것이었다. 여기에 대한 멜란히톤은 "Iudicium de controversia coenae Domini"(주의 만찬 논쟁에 대한 조언)

---

6 Charles D. Gunnoe, "De Heidelbergse Catechismus in de theologische context van de Palts," Arnold Huijgen, John V. Fesko, Aleida Siller (red.) *Handboek Heidelbergse Catechismus* (Utrecht: KoK, 2013): 61-72.

이라는 제목의 1559년 11월 1일자 서신으로 답변을 보냈다.[7]

멜란히톤의 조언은 첫째 프레드릭은 교회의 일치를 유지하기 위해서 양 측에게 침묵을 지키도록 명령하라는 것이다. 둘째 성만찬에서 하나의 용어에 동의할 수 있도록 하기 위해서, 고린도전서 10:16절에서 성찬 때 떡을 떼는 것은 그리스도의 몸에 참여한다고 할 때 참여라는 단어가 헬라어 "코이노니아"로서 이 단어가 주의 만찬을 설명하는 열쇠가 된다는 것을 강조하면서 논쟁의 여지가 있는 내용들을 버리도록 규정할 것을 가르치고 있다. 이것은 하이델베르그 요리문답의 75문과 77문에 반영되어 있다. 셋째 멜란히톤에게 소망적인 것은 가까운 시일내에 신실한 총회(synod)에서 이 시대의 모든 논쟁들을 논의할 것이라는 것이다. 역사적으로는 1563년 1월에 하이델베르그에서 총회가 있었다. 그러나 프레드릭은 이미 1560년에 멜란히톤의 편지를 받고 총회가 있기도 전인 1562년에 바로 신학자들에게 팔츠 지역에서 신학적 일치를 가

(하이델베르그 대학의 오래된 건물)

---

7   Erik A. De Boer, "Philipp Melanchthon's Iudicium de controversia Coenae Domini(1559) to the Palatine Elctor Frederick III," *Reformation & Renaissance Review* Vol. 17 No.3. November (2015): 244-265. 멜란히톤의 "판단"에 대한 자세한 내용은 본서의 11장을 보시오.

르칠 수 있는 신앙고백서를 작성하도록 했다는 점에서 이미 1560년에 팔츠의 개혁주의적 종교개혁이 시작되었다고까지 말할 수 있다.

루터파의 거장인 멜란히톤이 헷수시우스의 제거를 인정했고 곧이어 1560년 봄에 멜란히톤이 세상을 떠나게 되면서 프레드릭 3세와 팔츠는 보다 자유롭게 스위스 개혁주의로의 전향을 진행할 수 있게 되었다.

(2) 하이델베르그 요리문답서(1563)

팔츠가 칼빈주의화 되었다는 것은 곧 팔츠의 선제후의 후원에 의해서 하이델베르그 요리문답서가 작성되어 자리를 잡았다는 것을 의미한다. 선제후국이었던 팔츠가 칼빈주의의 중심지가 됨으로 이 하이델베르그 요리문답은 국제적인 영향을 가질 수 있었다. 실제로 팔츠는 네덜란드의 독립을 지지하고 신성 로마 제국을 후원하지 않았다. 동시에 당시 이미 존재했던 개혁주의 내부의 신학적 다양성이 하이델베르그 요리문답서를 통해서 화해하고 일치하게 하는 기준이 제시되었다는 것이다.[8]

팔츠 선제후인 프레드릭 3세는 일치를 이룩하는 신앙고백서가 있어야 한다는 것을 절감했다. 당시 팔츠 선제후국의 수도인 하이델베르그에 독일에서 가장 오래된 대학이 있었다(1385이후). 그 대학에 칼빈의 제자인 카스파아 올레비안(kaspar Olevian, 1536-87)과 멜란히톤의 제자인 자카리아스 우르시누스(Zacharias Ursinus, 1534-83)가 있었다.

---

8   Christoph Strohm, "The Heidelbefg Catechism in its Palatine Homeland," *Power of Faith: 450 years of the Heidelberg Catechism* (Göttingen: Vandenhoeck & Ruprecht, 2013), 95-104.

하이델베르그 요리문답서의 작성에는 무엇보다 우르시누스가 그의 학문적 커리어를 총동원해서 작업에 참여했다. 하이델베르그 교회에서 요리문답을 설교하는 것은 올레비아누스도 했지만 주의 문답서에 보다 친밀했던 우르시누스가 맡았다. 그렇지만 전체적으로 볼 때 하이델베르그 요리문답은 일종의 팀 프로젝트로서 팔츠의 여러 신학자들의 공동 작업의 결과로 보아야 하며, 그 가운데 가장 결정적이고 중요한 역할을 했던 것이 우르시누스라고 할 수 있다.[9]

1563년에 초판이 발행된 하이델베르그 요리문답은 16세기에서 17세기를 거치면서 독일 전체와 화란, 헝가리, 루마니아, 폴란드 등에 전래되었다. 이 문답은, 1618/19년 화란의 도르트 총회에서 만장일치로 채택되었다.

(팔츠의 선제후 프레드릭 3세 사후(1576) 우르시누스는 하이델베르그에서 밀려나서 노이슈타트(Neustadt)의 카시미리아눔(Casimirianum)에서 교수 활동을 했다. 사진의 우측이 카시미리아눔 건물이다)

---

9   Lyle D. Bierma, "The Purpose and Authorship of the Heidelberg Catechism," in: (ed.) Lyle D. Bierma, *An Introduction to the Heidelberg Catechism: Sources, History, and Theology* (Grand Rapids: Baker Academic, 2005). 49-74.

3) 독일 다른 지역 개혁주의의 발전

(1) 엠던(Emden)

네덜란드 국경과 가까운 동프리슬란트 지역 또한 개혁주의가 발전하면서 유럽 개혁주의의 모델이 되었는데 엠던의 아 라스코가 그 장본인이었다. 그는 원래 폴란드 출신으로 종교 박해를 피해서 유럽을 전전하면서 개혁주의 교회 정치 체계에 공헌한 인물이었다. 특히 그는 장로교회의 교회 치리와 장로 제도 발전에 기여한 바가 컸는데, 이 엠던에서 노회와 회중, 회중과 장로의 관계와 책임에 대해 명확하게 정리되었다고 할 수 있다. 개혁주의 교회 정치 가운데 장로의 목양 사역에 대해서는 엠던의 개혁주의가 이후의 역사에 공헌한 바가 크다고 볼 수 있다.

신학적으로 엠던은 하이델베르그 요리문답서가 나온 1563년에 이미 화란어 번역본을 출판할 정도로 개혁신학에 대한 열정과 감수성이 탁월했다.[10]

특히 이 엠던은 네덜란드와 매우 가깝고 배로 연결된 곳이었기 때문에 1560년대 이후에 스페인에 의해서 박해받던 네덜란드 칼빈주의자들이 난민으로 많이 체재하면서 이곳의 개혁주의에 영향을 받기도 했던 곳이었다. 그런 의미에서 네덜란드 개혁교회의 요람 가운데 하나라고 표현할 수도 있을 것이다.

---

10 H. Selderhuis, "From Heidelberg, through Emden, and into the whole world," *Power of Faith: 450 years of the Heidelberg Catechism* (Göttingen: Vandenhoeck & Ruprecht, 2013), 19-28.

(2) 브란덴부르그(Brandenburg)

독일 역사에서 중요한 역할을 감당했던 프러시아가 속한 주 가운데 하나였던 브란덴부르그 지역 또한 독일 개혁주의 발전에서 주목할 만한 위치에 있었다. 상대적으로 관용적인 분위기 덕분에 유럽의 종교적 난민과 상인들이 초기부터 이곳에 정착하고 있었다. 결정적으로는 브란덴부르그 지역은 요한 지기스문트(John Sigismund) 선제후에 의해서 1613년에 개혁주의 지역이 되었다. 특히 30년 전쟁이 끝났을 때(1648) 역사상 처음으로 칼빈주의의 신앙의 자유를 공식적으로 인정한 것도 이 브란덴부르그의 선제후였다.

관용적인 분위기 때문에 루터주의자들을 강제로 개혁파가 되도록 하지 않았을 뿐 아니라, 유럽의 박해받던 칼빈주의자들을 수용하고 보호했다. 1688년에 영국의 명예혁명으로 네덜란드의 윌리엄 공과 그의 아내 메리(영국의 제임스 2세의 딸)가 영국으로 출항할 때 브란덴부르그에서 9천 명의 군사를 지원하여 호위할 정도였다. 그러나 그 이후의 역사 속에서 독일의 민족주의의 발흥으로 루터주의가 강성해지면서 관용적이었던 개혁파는 힘을 상실하게 되었다.

(3) 브레멘(Bremen)

독일의 북서쪽에 위치한 도시 국가였던 브레멘은 아 라스코의 동료였던 하르덴베르그(Hardenberg)에 의해서 1547년경부터 개혁주의가 소개되기 시작했다. 이 브레멘 지역은 코크(John Koch)에 의해서 계약 신학이 처음 등장한 곳이다. 성찬론에 있어서 브레멘의 개혁파들은 루터파와 개혁파가 충돌하고 있었던 성찬론을 계약 신학으로 피해가려고 했다. 이 개혁파들의 계약 신학은 성경에 나타난 하나님의 구원의 계획을 통해 나타난 하나님의 자기 계시와 행위 구조에 대한 새로운 신학적 토대를 제공해 주었다. 따라서 이들의 계약 신학은 의식법과 도덕법의 구별과 안식일과 주일의 구별 등에서 유용한 도움을 주었다.

9장

영국과 스코틀랜드의 종교개혁:
미완과 급진 사이

1. 들어가는 글

영국의 종교개혁사를 이해하고 정리하는 것은 생각보다 쉬운 일이 아니다. 그것은 두 가지 때문이라고 생각한다. 첫째는 영국의 역사 자체의 복잡하고 다양한 측면 때문이다. 지금도 영국의 공식 명칭은 United Kingdom인데 잉글랜드, 스코틀랜드, 웨일즈, 북아일랜드의 4 구성국이 연합한 입헌군주국으로서, 영국을 구성하는 각 국가들은 나름의 역사와 신앙의 전통을 가지고 있기 때문이다. 지금도 스코틀랜드가 영국에 남아있느냐 독립하느냐는 여전히 중요한 이슈이기도 한데, 실제로 영국 안에는 중세부터 존재해 왔던 로마 가톨릭은 물론, 잉글랜드 국교회와 아일랜드 감독교회, 그리고 스코틀랜드의 장로교 전통 등이 존재한다.

둘째는 영국의 종교개혁은 현재 자신의 입장에 서 있는 영국 교회들이 역동적인 16세기를 각각 다르게 해석하기 때문에 혼돈이 존재한다. 예를 들어, 영국의 경우 실제로 종교개혁이 없었다는 주장이 제기되기도 한다. 앵글로-가톨릭주의라는 경향 속에서 19세기 옥스포드 운동(Oxford Movement)과 같이 다시 가톨릭으로 돌아가려는 정서가 있었다. 이 흐름은 결국 19세기 이래로 성공회주의(Anglicanism)라는 이름으로 굳이 종교개혁의 뿌리를 강조하지 않는 현상으로 나타나기도 한다.[11]

이 경향은 영국의 종교개혁이 유럽 대륙의 종교개혁과 다르다는 것을 강조하고 있다. 특히 이들은 튜더 왕조 에드워드 6세 기간의 급격한 개혁주의적인 종교개혁을 폄하하며, 엘리자베스 1세의 혼합적인 종교 화해의 방향성을 높이 평가한다. 그러다 보니 아르미니우스주의를 튜더 왕조(에드워드 6세는 예외지만)의 중도적인 노선의 결과라고 평가하고 싶어하는 것으로 파악된다. 영국에 확실한 종교개혁이 있었다기보다는, 영국은 로마 가톨릭과 유럽 대륙의 종교개혁과는 차별되는 자신만의 성공회(Anglican)라는 것을 강조하는 방향인 것이다.

이번 영국의 종교개혁에서는 청교도 운동을 직접 다루지는 않을 것이다. 왜냐하면 영국의 청교도는 종교개혁 시대에 다루기보다는 영국 튜더 왕조 시대 종교개혁의 긴 과정이 어떻게 근세와 연결되는지를 짚는 맥락에서 이해하는 것이 더 편리하기 때문이다. 그리고 이번 장에서는 영국의 종교개혁과 함께 스코틀랜드의 종교개혁도, 길지는 않지만, 함께 다루게 될 것이다.

---

11   Diarmaid MacCulloch, *All Things Made New: The Reformation and Its Legacy* (Oxford: Oxford Press, 2016). 한동수 역, 『영국의 종교개혁』 (서울: CLC, 2018), 316-317.

2. 윌리엄 틴데일(William Tyndale: 1494-1536)의 성경 번역

(윌리엄 틴데일)

영국인들이 영어로 된 자국어 성경을 손에 쥐게 된 것은 틴데일에 의해서 가능하게 되었다. 로테르담의 에라스무스는 1516년에 신약 성경을 헬라어에서 라틴어로 번역했다. 헬라어 원문으로 돌아가자는 정신이 강조된 것이다. 틴데일은 에라스무스와 결을 같이 하면서 영어 성경 번역에 매진했다.

틴데일은 망명 기간에 비텐베르그를 방문해서 루터를 만나기도 했다. 루터의 정신과 같이하면서도, 율법과 복음의 관계에 대한 해석 부분에서 독자적인 방향으로 나갔다. 틴데일은 그리스도를 믿음으로 우리가 율법을 완성한다는 방향으로 신학을 전개하여 그리스도의 의의 전가에 대한 명확한 이해에는 아직 못 미쳤다고 평가되기도 한다.[12]

---

12 문병호, 윌리엄 "틴데일의 기독론적 율법 이해의 한계," in『칼빈 시대 영국의 종교개혁가들』

틴데일은 1536년에 순교를 당하게 되었는데, 그 당시 잉글랜드 인구가 250만 정도 된다고 하는데 그 가운데 그가 번역한 영어 성경 16,000권이 확산되었다고 하니, 인쇄술이 발달하지 못한 시대로서는 상당한 영향력이라고 할 수 있다.

에드워즈 6세 때에는, 여러 성경들의 새로운 역본들이 자유롭게 나왔는데, 1549년 스위스 독일어권인 취리히의 불링거와 스위스 프랑스 어권의 제네바가 성찬 신학에 대해서 합의한 "취리히 협약(Consensus Tigrinus, 1549)"도 출판되었다. 17세기 초 킹 제임스 성경이 번역되기 이전에, 영국에는 틴데일 역본, 카버데일 역본, 제네바 역본 등이 종합되어 있었다.

3. 튜더 왕조 시대의 종교개혁

1) 헨리 8세(1491~1547: 재위 1509~1547)

영국은 근세 초기 튜더 왕조 시대가 되면서 경제적, 사회적, 인구적으로 유럽의 변방의 국가에서 점차 강력한 국가로 성장하고 있었다. 헨리 8세의 통치를 관통하는 것은 군주제 옹호와 정복에 대한 열망이었다.[13] 16세기 초에 영국에 루터의 사상과 저술이 소개되어 영향을 주고 있었다. 그렇지만 영국은 대체적으로 루터의 사상보다는 개혁파의 신학이 전반적으로 더 영향이 컸다고 평가할 수 있다. 그럼에도 불구하고 영국

고신대학교 개혁주의학술원 (2015), 145-169.
13   케네스 모건, 『옥스퍼드 영국사』, 263-279.

(헨리 8세)
사진 출처: https://en.wikipedia.org/wiki/Henry_VIII

종교개혁의 직접적인 원인은 18세에 왕위에 오른 젊은 왕 헨리 8세의 중혼 문제로 인한 교황청과의 대립이었다.

헨리 8세는 원래는 가톨릭 교도였다. 그는 애초에 루터의 종교개혁을 지지하지 않고 반대했었다. 그 스스로가 "마틴 루터에 반대하는 7성례 선언"(Assertio septem sacramentorum adversus Martinum Lutherum)을 1521년에 발표할 정도였고, 당시 교황 레오 10세는 이 왕에게 신앙의 수호자(the Defender of the Faith)라는 칭호를 부여할 정도였다.

그러나 헨리 8세가 로마 가톨릭과 단절하게 된 직접적인 이유는 역설적으로 개인적인 이혼과 재혼 문제였다. 그는 처음에 교황의 강요로 형수인 캐더린과 결혼했지만 15년간 아들이 없고 메리라는 딸만 있었다.

현대인이 생각하면 쉽게 이해하기 어려울 정도로 자신을 계승할 아들에 집착했던 헨리는 캐더린과 이혼하고 앤 볼린(Anne Boleyn)과 재혼하려고 하였다. 그러나 문제는 교황 클레멘트 7세가 이를 허락해 주지 않았다는 것이다. 교황의 입장에서는 당시 세계 최강국이었던 신성 로마 제국의 황제이자 스페인의 왕인 칼 5세의 눈치를 보지 않을 수 없었다.

그러나 헨리는 1533년에 재혼을 단행했고, 교황청이 반대하자 1534년에 〈수장령 Acts of Supremacy〉을 발표하면서 로마 교회에서 이탈했다.[14] 영국의 왕이 영국교회의 머리임을 선포한 것이다. 그래서 로마 교황청과 갈라서는 영국의 종교개혁은 이렇듯 예기치 않게 촉발되었다. 영국 국교회는 1558/59 엘리자베스 1세 때 2차 수장령을 발표했다. 왕은 영국교회 최고의 통치자("Supreme Governor of the Church in England")라는 것이다. 수장령의 내용을 구체적으로 살펴보자.

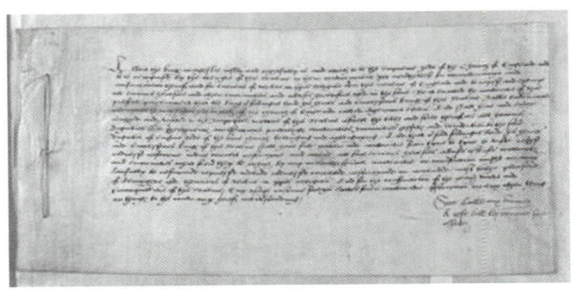

<수장령 (Acts of Supremacy, 1534)>

사진 출처: https://www.parliament.uk/globalassets/assets/parliament/heritage/documents/460px_hl_po_pu_1_1534_26h8n1_0.jpg

---

14 후스토 곤잘레스, 『종교개혁사』, 127-129.

첫째, 교회의 모든 권한은 왕에게 귀속되며, 왕이 모든 교회의 관할권을 가지고, 교황 칙서에 대한 거부권도 왕이 행사한다.

둘째, 교황권에 의해 부당하게 빼앗긴 영국교회의 모든 권리도 당연히 왕에게 귀속된다.

셋째, 교황에 의해 집행되어 온 모든 행정 관리권도 영국교회로 이전되어야 하며, 교회나 국가의 모든 회의도 왕에 의해 관장되어야 하고, 왕이 성직을 주고 박탈할 수 있으며 주교도 왕이 임명한다.

비록 헨리가 종교개혁을 주도했지만, 그의 좌충우돌하는 정책 때문에 신실한 개신교도들이 영국을 떠나 대륙으로 망명했다(Henrican exiles).

2) 에드워드 6세(Edward VI, 1537-1553 : 재위 1547-1553)와 크랜머 (1489-1556)

〈에드워드 6세〉
사진 출처: https://en.wikipedia.org/wiki/Edward_VI

헨리 8세의 뒤를 이은 것은 공식적인 세 번째 아내에서 태어난 에드워드 6세(1537-1553)였다. 그는 칼빈주의를 수용하고 주요 감독직에 신교도를 임명했다. 신교에 입각한 기도서와 42개 신조를 크랜머가 기초하여 발표했다. 에드워즈 6세 시기의 종교개혁의 특징을 정리하자면, 첫째 세계적인 개신교의 한 부분이 되는 것을 인식하게 되었다는 것이고, 둘째 곧 개혁파라고 불리게 될 비루터교 교회들을 의도적으로 수용한 것이다.

칼빈은 자신의 배려로 유능한 목사들을 영국 런던에 파송하면서 런던의 프랑스 교회를 통해서 영국 왕실과 연결되었다. 칼빈은 1548년부터 영국과 접촉하기 시작했다. 칼빈은 디모데전후서 주석을 영국의 어린 에드워드 6세를 섭정하고 있었던 영국의 써머셋 공작에게 1548년에 헌정했다. 그는 1547~1549년 사이에 어린 에드워드 6세의 보호자이자 정부 관리였다. 그는 토마스 크랜머의 후원으로 영국 종교개혁을 추진할 수 있었는데, 칼빈은 공작의 개혁 정신을 적극 칭찬하고 있다. 디모데전후서에서 바울이 제시한 교회 조직에 근거해서 영국의 종교개혁이 성공하기를 바랐다.[15]

써머셋 공작은 감사의 뜻으로 아내가 반지를 선물하도록 했으며, 칼빈은 1549년에 감사의 뜻으로 공작 부인의 딸 앤 시모어에게 감사 편지를 보내기도 했는데 그리스도를 본받는 선한 길에서 이탈하지 말 것을 격려하고 있다.[16]

칼빈은 이어서 1551년 1월 24일에 야고보서, 베드로전후서, 요한1서,

---

15   필립 에쥐컴 휴즈, "칼빈과 영국의 교회," 『칼빈이 서양에 끼친 영향』, 209-211.
16   필립 에쥐컴 휴즈, "칼빈과 영국의 교회," 『칼빈이 서양에 끼친 영향』, 216-218.

유다서 주석을 영국 왕 에드워드 6세에게 헌정했다. 여기에서 칼빈은 트렌트 공회를 다루고 있다. 칼빈은 요시야 왕을 순수한 종교 회복의 예로 제시하면서 에드워드 6세가 그런 왕이 되기를 기대했다.

칼빈은 또한 자신의 최초의 구약 주석인 이사야 주석(1551년 출판)을 1550년 12월 25일자로 영국의 에드워드 6세에게 헌정했다. 이사야가 왕족 출신이며 최고의 왕이신 그리스도의 사신이었기 때문에 이사야 주석을 왕에게 헌정한다고 말했다. 에드워드 6세 때 신성 로마 제국의 스트라스부르그가 루터파 신앙을 강요당해서 그곳을 떠나는 마틴 부처를 크랜머가 영국 캠브리지 대학 교수로 초빙하기도 했다(1549-1551). 이처럼 어린 에드워드 6세 때에는 개혁교회가 영국에 자리 잡을 수 있는 기회가 있었다.

에드워드 6세 통치 말에 잉글랜드 정부는 비텐베르그에 있던 멜란히톤(Philip Melanchthon)을 마틴 부처의 후임으로 청빙하면서 1553년 6월 말까지 도착해 달라고 했다. 그러나 어린 에드워드 6세가 세상을 떠나게 되면서 영국에서는 루터주의는 울타리 밖에 놓이게 되었다.[17] 뿐만 아니라 어린 왕의 사후에 개신교 전체가 가혹한 박해의 길을 걷게 되었다.

에드워즈 6세 시대는 비록 그 시기는 길지 않았지만, 영국의 종교개혁 시대 중 가장 급격하고 선명하게 종교개혁이 추진된 시기라고 할 수 있다. 헨리 8세 시대의 종교 난민들이 귀국하기도 했다. 이 시기의 종교개혁의 배후에는 토마스 크랜머(Thomas Cranmer: 1489 - 1556)가 있었다. 그는 캔터베리 총대주교(archbishop of Canterbury)였으며, 개혁파적

17　Diarmaid MacCulloch, 『영국의 종교개혁』, 331.

인 신학적 특징을 보여주고 있다.

토마스 크랜머의 중요한 종교개혁 작업 가운데 하나는 두 번에 걸쳐서 공동기도서를 출판한 것이다. 첫 번째는 1549년에 출판되었다(The First Book of Common Prayer : 1549).

토마스 크랜머
사진 출처: https://en.wikipedia.org/wiki/Thomas_Cranmer

<크랜머의 순교 그림>
사진 출처: https://en.wikipedia.org/wiki/File:Cranmer_burning_foxe.jpg

공동기도서 (The First Book of Common Prayer : 1549)
사진 출처: http://justus.anglican.org/resources/bcp/1549/bcp_1549.jpg

두 번째 공동기도서는 1552년에 출판되었으며 보다 진보적인 개신교 신학을 담고 있었다. 특히 1549년 취리히와 제네바가 성찬 신학에 대해서 합의했던 취리히 협약(Consensus Tigrinus)에 수렴한 것이어서 영국의 종교개혁이 가는 방향이 루터파가 아니라 개혁파의 길이라는 것을 알 수 있다.

따라서 두 번째 공동기도서는 반-가톨릭적이고, 비-루터파적인 종교개혁 진영을 결집시키게 되었고, 결국 강력한 루터주의를 주장하는 함부르크의 요아킴 베스트팔을 자극하여 루터파와 개혁파가 영원히 분열하는 결과를 낳았다.

크랜머는 에드워드 6세 사후에, 피의 메리 여왕이 등극하자 신앙을 철회하기도 했다. 그러나 결국은 순교(화형)를 당했다. 칼빈의 후계자였던 베자는 크랜머의 신앙을 높이 평가하면서 크랜머가 순교의 순간에 자신이 목숨을 구하기 위해 개종 각서에 서명한 손을 먼저 불에 타도록

했다고 기록하고 있다.[18]

3) 메리 1세(Mary I, 1516 ~ 1558. 재위: 1553-1558)

(메리 1세의 초상화)
사진 출처: https://www.history.com/news/queen-mary-i-bloody-mary-reformation

메리는 헨리 8세와 캐더린 사이의 딸로 태어났다. 그녀의 출생이 말해 주듯이 메리는 구교의 부활에 진력했다. 개신교 목사들을 화형하고 투옥해기 때문에 "피의 메리 (Bloody Mary)"로 불렸다.

메리 여왕은 스페인의 필립 2세와 결혼을 하기도 했다(1554). 그러나 그는 3개월만 같이 살고 스페인으로 돌아가 버리고 말았다.

이 메리 시대에 박해받게 된 개신교 신자들에 의한 난민(Marian exiles)이 발생했다. 메리의 통치 기간에 약 800명이 유럽 대륙으로 피신했는데 그 가운데 삼분의 일 정도가 제네바로 향했다고 한다.[19] 이때 스코틀랜드의 존 낙스(John Knox)도 제네바로 피신하게 되었다. 낙스는

---

18   베자, 『종교개혁 영웅들의 초상』 박건택 역 (서울: 크리스천 르네상스, 2017), 202-204.
19   R.T. 켄달, "칼빈 신학의 청교도적 변형," 『칼빈이 서양에 끼친 영향』, 242.

『괴물 같은 여성들의 지배에 대한 첫 번째 나팔 소리(The First Blast of the Trumpet against the Monstrous Regiment of Women, 1556)』를 저술해서 메리를 비판했다. 메리 여왕 때에 토마스 크랜머가 순교 당하게 된다(1556). 메리는 1558년에 불행하고 외롭게 사망했다.

4) 엘리자베드 1세(1533~1603: 재위 1558~1603)

(엘리자베드 1세)

사진 출처: https://www.historytoday.com/archive/coronation-queen-elizabeth

헨리 8세의 두번째 아내인 앤 불린의 딸이 1558년에 피의 메리가 죽고 왕으로 등극하여 엘리자베스 여왕이 되었다. 여왕은 44년 동안 영국을 통치하면서 영국을 안정적인 근대 국가로 형성키셨다고 평가할 수 있을 것이다.[20]

---

20 케네스 모건, 『옥스퍼드 영국사』, 306-334.

엘리자베스 1세(재위 1558-1603)가 즉위한 후, 그녀는 기대와는 달리 황제교황주의적인, 신구교 간 중도의 입장을 취하게 된다. 엘리자베스 1세 때에 수장령(Second Act of Supremacy, 1558년)이 의회를 통과했다. 여왕은 영국 의회법(Act of the Parliament of England, 1559년)에 사인을 함으로 "왕은 최고의 통치자("Supreme Governor of the Church in England")"임을 밝혔다. 참고로 여왕의 아버지였던 헨리 8세의 수장령(1534)에서는 왕은 "영국 교회의 머리(Head of the Church of England)"라고 표현했었다.

또한 엘리자베스 여왕은 1563년에는 39개조를 교회의 기준으로 제정했는데, 그 신학적 성격은 칼빈주의적인 경향으로 흐르고 있으며, 이것은 영국교회에서 중요한 신앙고백서가 된다. 이 문서는 1571년에 최종 확정되었다.[21]

정리해 보자면 엘리자베스 여왕 때에 영국 국교회가 확고하게 체계화되었다고 말할 수 있는데 그 내용은 "엘리자베스의 신앙합의(Elizabethan Religious Settlement)"라고 부른다. 먼저 수장령(Second Act of Supremacy, 1558/59)에서는 "왕은 최고의 통치자"라고 말하고 있다. 일치령(Act of Uniformity, 1558/59)에서는 영국 국교회의 예전을 통일했다. 또한 39개 조령(The 39 Articles: 1563)은 공공기도서의 한 부분을 이루게 되었는데 영국교회의 중요한 신앙고백서로서 그 신학적 성격은 칼빈주의적이었다.[22] 그러므로 종합해 보면 엘리자베스 1세 때에 확고하

21　39개 조령의 1563년본과 1571년 최종본의 본문은 다음을 보라. Philip Schaff, "Articuli XXXIX. Ecclesiae Anglicanae," in *The Creeds of Christendom with a History and Critical Notes* Vol. III *The Evalgelical Protestant Creeds* (Grand Rapids: Baker Book House, 1990/Reprinted from 1931 edition), 486-516.
22　김광채, 『근세, 현대교회사』, 100-103.

게 정립된 영국 국교회는 신학은 온건한 칼빈주의(Moderate Calvinism)적 성격을 가지면서도 가톨릭 스타일의 화려함과 의식(Catholic-style pomp and ceremony)을 보여준다고 말할 수 있을 것이다.

한편 엘리자베스 1세 때에 성직자의 의복 논쟁(Vestment Controversy)이 일어났다. 구약에서도 성직자가 의복을 사용했었으며 따라서 이것은 아디아포라(adiaphora)인가? 아니면 의복은 교황주의적 미신과 우상숭배인가? 일단의 성직자들이 "성직자 회의의 청교도적 조항"(1563)을 제출하면서 켄터베리에서 구교의 잔재(성직자의 제복 등)를 청산할 것을 주장하였다.[23] 이 사건으로 "청교도"란 이름이 유래하기도 했다. 1571년에는 엘리자베드 여왕의 39개 조령이 의회를 통과하게 되어, 이후 여왕의 종교 정책을 반대하는 모든 개신교도를 청교도라 지칭하게 되었다. 청교도들은 지성인들을 중심으로 영향력을 미치게 되었는데 그 중심지는 캠브리지 대학이었다.

엘리자베스 시대에는 지식인들의 활동도 두드러져서 이 시대를 엘리자베스 르네상스(Elizabethan Renaissance)라고 부르기도 하며 그 대표적인 인물이 셰익스피어였다.

엘리자베스 여왕은 한편 1588년에는 세계 최강 스페인의 무적함대를 격파했다. 이때 여왕은 일부 도움을 주었던 네덜란드 칼빈주의자들의 독립 전쟁을 간접적으로 지원하게 된다.

당시 네덜란드는 스페인의 필립 2세에게 가혹한 신앙의 박해를 받고 있었기 때문에 일단의 난민들이 영국의 런던(London), 입스위치(Ipswich), 노르위치(Norwich), 그리고 콜체스터(Colchester) 등으로 몰

---

23 김광채, 『근세, 현대교회사』, 103-105.

려들었다.

한편 칼빈은 1559년 1월 15일자로 자신의 이사야 주석의 이전 서문을 그대로 유지한 채로, 엘리자베스 여왕에게 보내는 헌정사를 추가해서 보냈다. 피의 메리의 시대 이후, 엘리자베스 여왕이 영국의 종교개혁을 추진해 주기를 기대했던 것이다. 그러나 여왕은 헌정을 거부했는데, 그 이유는 낙스가 "여성들의 괴물 같은 통치에 반대하는 첫 번째 나팔소리"라는 책을 썼기 때문이었다. 칼빈은 여기에 자신을 연관시키는 것이 억울하기는 했다. 왜냐하면 비록 이 책이 제네바에서 출판되었다고는 하지만 칼빈 자신은 낙스의 이 책이 출판된 후 일 년이 지나고 나서도 이 책의 존재 자체도 몰랐기 때문이었다. 그럼에도 불구하고 결과적으로 이 문제로 칼빈과 영국과의 관계가 곤란해 지기도 했다.[24]

한편 스페인과 독립 전쟁을 하던 네덜란드가 엘리자베스 여왕에게 네덜란드의 왕이 되어달라는 청원을 받았는데, 여왕은 당대 최강국인 스페인을 자극하지 않기 위해서 자신 대신에 여왕과 친근한 레스터(Leicester)의 더들리 공(Robert Dudley)을 네덜란드에 총사령관으로 파견하기도 했다.[25]

---

24 필립 에쥐컴 휴즈, "칼빈과 영국의 교회," 『칼빈이 서양에 끼친 영향』, 229-236.
25 레스터 공이 네덜란드에 총독으로 파견되어 일어난 일들에 대해서는 본서의 20장을 보시오.

4. 영국 장로교회와 회중교회의 발전

1) 토마스 카트라이트(Thomas Cartwright, 1535-1603)

사진 출처: https://en.wikipedia.org/wiki/Thomas_Cartwright_(theologian)

카트라이트는 케임브리지 대학 출신으로서, 당시 켄터베리 대주교 크랜머가 1549년에 부처를 초빙했을 때 그에게 배운 바 있었다. 카트라이트는 영국교회의 주교 제도를 부정했고, 장로 제도를 제시하였다. 그는 해임된 후에 독일 하이델베르그와 제네바에서 개혁교회에 대한 깊은 인상을 받았다. 카트라이트는 위트기프트 간의 논쟁 후에 1572년에 런던 교외에서 영국 최초의 장로교회를 세우게 된다.[26]

2) 윌리엄 퍼킨스(William Perkins, 1558-1602)

퍼킨스는 케임브리지 대학의 교수였으며, 회심에로의 열망과 양심에

---

26 김광채, 『근세, 현대교회사』, 105-111.

사진 출처: https://en.wikipedia.org/wiki/William_Perkins_(theologian)

대해 연구하였다. 그는 청교도주의 신학의 아버지이며 동시에 "경건주의의 아버지"로 불려진다. 그는 『황금 사슬(A Golden Chain)을 통해서 예정론 신학을 변증했다.[27] 그의 신학은 네덜란드의 개혁파 경건 운동(Nadere reformatie)의 푸치우스(G. Voetius)에게 영향을 주었고, 푸치우스의 독일인 제자인 운데어아익에게도 영향을 주었다. 퍼킨스는 하나님의 말씀과 신학과 성도의 삶, 이 세 가지의 조화를 강조하였다.

3) 윌리엄 에임스(William Ames, 1576-1633)

에임스는 화란에 청교도주의를 접목한 인물이다. 그는 케임브리지 대학에서 영국 장로교회의 아버지인 카트라이트와 퍼킨스에게서 청교도주의 신학을 배웠다. 그러나 1610년 화란으로 피신한 후, 1622년 화

---

27   김홍만, "윌리엄 퍼킨스의 칼빈 신학의 계승과 적용," in 『칼빈 이후의 개혁신학자들』 고신대학교 개혁주의학술원 (2013), 66-93.

사진 출처: https://en.wikipedia.org/wiki/William_Ames

란 프라네꺼(Franeker) 대학의 신학 교수를 역임하였다.

에임스의 대표작은 『신학의 정수』(Medulla Theologiae, 1623)였다. 그는 신학과 삶을 연결하였고 화란의 푸치우스에게 많은 영향을 받아서 경건 훈련과 함께 하는 신학 공부를 하였다. 에임스의 강조점은 신학과 현장의 삶을 연결하도록 했다는 것이다.[28]

에임스의 성화론은 전인이 성화의 은혜에 참여하지만, 성화는 먼저 영혼에서 발생하고, 다음에 몸으로 나아가 인간의 몸이 영혼과 같이 하나님의 의지에 순종하게 된다고 주장하였다. 따라서 그는 회개, 성화, 자기 절제의 삶을 강조하였다.

---

28 주도홍, "윌리엄 에임스," in 『칼빈 이후의 개혁신학자들』 고신대학교 개혁주의학술원 (2013), 135-156.

4) 회중교회 : '로버트 브라운(Robert Brown, 1550-1633)

영국 청교도 내에는 두 파가 존재하고 있었다. 하나는 장로파고 다른 하나는 독립파(회중파)였다. 장로파는 영국교회로부터 분리하는 것은 반대하면서 일시인 분리를 주장하는 온건파였다. 그런가 하면 독립파(회중파)는 청교도 내의 급진파였다.

브라운은 독립파의 창시자로 1581년에 회중교회를 세웠다. 이 후 네덜란드의 제이란트의 미델부르그에 피난민 교회를 세우게 된다. 브라운의 사상은 영국 국교회와 장로교회의 국가와의 관계를 모두 부정하는 것이었다. 브라운은 정교분리를 주장하고 초대 교회를 모델로 하고 있다.[29]

사진 출처: https://christianhistoryinstitute.org/study/module/browne

---

29　김광채, 『근세, 현대교회사』, 111-113.

5. 킹 제임스 성경

청교도들은 제임스 1세에게 천인청원서 제출하였다. 여기에는 장로제 도입과 주교제 폐지 등의 주장이 담겨 있었다. 당시 청교도들은 해외 무역으로 세력이 신장하여 무시할 수 없는 위치에 있었다. 제임스 1세가 소집한 햄튼궁 회의(1604)에서 청교도 측과 국교 측의 논쟁이 벌어졌고, "결국 주교 없이는 왕이 없다"며 제임스 1세는 청교도와 결별하게 된다. 청교도의 주일 성수 자극으로, 1620년 120명의 청교도가 종교의 자유를 찾아 미국으로 출발하게 된다. 이 회의에서 성경 번역이 제안되어, 1611년 킹 제임스 역본이 완성된다.

킹 제임스 역본이 그렇게 널리 읽히게 된 것은 역사적인 배경이 있다. 킹 제임스 성경은 잉글랜드의 개신교가 다시 돌이키기 어려울 정도로 분열하기 이전에, 그리고 잉글랜드 교회들과 스코틀랜드 교회들이 킹 제임스 성경의 지도 밑에서 어색하게 동행하던 1610년대의 짧은 기간에 출판되었기 때문에 놀라울 정도로 대중적으로 널리 읽힐 수 있었다.

결국 영국 근세 초기의 역사에서, 잉글랜드 국교도(영국 성공회 성도)는 〈공중기도서〉와 〈성경〉을 손에 들고 있었으며, 잉글랜드 개신교 비국교도들과 스코틀랜드 장로교회는 오직 킹 제임스 역본의 성경책만을 손에 들고 신앙생활을 했다. 사실상 다른 전통과 역사를 가지고 있었던 잉글랜드와 스코틀랜드는 영국이라는 제국으로 연합될 때에 그들을 하나로 묶을 수 있었던 것은 킹 제임스 성경이었다. 특히 대륙이 계몽주의의 격동의 시대를 겪고 있을 때, 바다 건너 영국은 킹 제임스 성경에 우상에 가까울 정도의 지위를 부여하게 되었다.

6. 스코틀랜드의 종교개혁

1) 스코틀랜드의 역사적 배경

스코틀랜드는 영국과는 다른 역사적 전통을 갖기 때문에, 스코틀랜드 종교개혁을 이해할 때도 스코틀랜드의 역사 속에서 설명이 되어야 한다. 스코틀랜드는 로마 제국이 브리튼 섬을 정복할 때 역사에 등장하고 있는데 픽트족이 주류였다. 4-5세기부터는 스코트족이 아일랜드와 서해의 도서에서 건너와서 정착하면서 스코틀랜드라고 지칭되었는데 이때 성 콜롬바(Saint Columba, 510-615)에 의해서 기독교 복음과 문화가 전파되었다. 스코틀랜드는 지리적으로 농사가 가능해 인구가 많으며 영어권 앵글족이 중심인 저지대인 남동 지역과, 산지가 많고 인구가 적으며 아일랜드어를 주로 사용하며 친족 문화가 남아있었던 북서쪽으로 나뉘어 있었고 이것은 역사와 문화에 그대로 반영되었다.

스코틀랜드 교회는 중세 초기만 해도 잉글랜드 교회의 지도를 받고 있었지만, 지속적인 투쟁으로 15세기 말에 세인트 앤드류스와 글래스고에 대주교구가 세워지면서 영국으로부터 독립하게 되었다.

당시 스코틀랜드는 매우 어린 왕들이 즉위하는 일이 많았으며 따라서 왕권보다는 섭정의 권한이 컸고, 그의 종교 정책이 스코틀랜드의 교회의 지형도를 좌우했다. 스코틀랜드는 독립심이 강해서 영국의 지배를 꺼렸고, 프랑스 왕실과의 혼인관계를 통해 밀접한 관계를 유지하고 있었다. 스코틀랜드에 대학이 세워지기 이전, 옥스포드에 유학갔던 학생들은 위클리프의 사상에 영향을 받았고, 학생들이 귀국할 때 루터의 사상이 유입되고 소개되었다.

2) 선구자 해밀톤과 점진적 확산

스코틀랜드 종교개혁의 선구자는 패트릭 해밀톤(Patrick Hamilton: 1503-28)이다. 그는 프랑스 파리와 벨기에 루뱅에 유학했는데 이때 루터에게서 영향을 받았으며 귀국 후에는 세인트 앤드류스 대학의 교수가 되어 복음을 선포했다. 그러나 이단으로 정죄되어 독일 마르부르그로 피신했다가 귀국 후 개혁 사상을 설교하다가 화형을 당하였다. 이 희생이 도화선이 되어 개신교 신앙이 저변에서 확산되고 있었다.

1520~30년대에는 종교개혁 신앙을 수용했던 많은 사람들이 박해를 받아 해외로 피신한 경우가 많았다. 그러나 1540년대에는 스코틀랜드 내부에서 비밀리에 모여서 성경을 읽는 집회(Privy Kirk)들이 늘어났다. 따라서 스코틀랜드는 민중들에게는 종교개혁이 점차 확산되고 있었으며, 섭정 중심의 지배층은 이를 탄압하는 형국이었다.

문제는 1534년 영국의 헨리 8세가 로마 가톨릭과 단절하고 종교개혁을 단행하게 되면서, 스코틀랜드에서는 개신교 세력은 친잉글랜드적이었으며, 지배층은 친프랑스적이었다. 헨리 8세는 스코틀랜드에 압력을 가하기 위해서 자신의 어린 아들(후에 에드워드 6세가 되는데)과 스코틀랜드의 어린 메리 여왕을 결혼시키려고 했다. 그러나 메리의 어머니 기즈(Guise)는 프랑스 출신으로서 이를 거절하고 오히려 프랑스의 세자와 약혼을 했다. 따라서 스코틀랜드의 종교개혁은 정치적인 역학 관계와 맞물리게 되었고, 스코틀랜드 내부에서 개신교 박해가 더 심화되었다.

3) 존 낙스(1513-1572)

사진 출처: https://en.wikipedia.org/wiki/John_Knox

낙스는 성 앤드류스 대학과 글래스고우 대학을 졸업하고 죠지 휘샤트(George Wishart: 1513-1546)를 만나서 개혁 사상을 배웠다. 낙스의 스승이었던 죠지 휘샤트는 칼빈의 영향을 크게 받은 사람으로 스코틀랜드 지식층에게 종교개혁 신학을 크게 전파했는데, 화형으로 순교하게 되었다. 이에 분노한 개신교 신자들이 세인트 앤드류스 성에 들어가 추기경을 살해하고 성 안에 포위되는 일이 발생했다. 이때 낙스가 성에 들어가 약 3개월간 설교하면서 종교개혁 지도자로 등장하기 시작했다.

그러나 세인트 앤드류스 성에 개신교를 지지하던 잉글랜드가 아니라 가톨릭을 후원하는 프랑스 함대가 먼저 들어가 함락되면서, 낙스는 쇠사슬에 묶인 채로 프랑스 갤리선의 노예 생활(약 1년 7개월)을 하기도 했다.[30] 낙스는 1549년 잉글랜드의 종교개혁 지지자인 에드워드 6세가 후

---

[30] 베자는 낙스의 생애를 간략하게 요약하면서 앤드류스 성이 함락되고 낙스는 죄인이 되었다고 간략하게 정리하고 있다. 베자, 『종교개혁 영웅들의 초상』 박건택 역 (서울: 크리스천 르네상스, 2017), 210-214.

원함으로 풀려났지만 그의 조국 스코틀랜드에 들어갈 수 없어 영국에서 순회하며 설교했다.

그렇지만 역사는 다시 후진하게 되었는데 에드워드 6세가 일찍 세상을 떠나게 되면서(1553) 헨리 8세의 첫 번째 왕비의 딸이었던 "피의" 메리가 등극하여 철저하게 개신교를 박해했다. 낙스는 1554년 메리 여왕의 박해를 피해서, 제네바에 가서 칼빈과 함께 지내면서 5년간 스코틀랜드 난민 공동체 목사로 시무하면서 칼빈의 제네바의 종교개혁을 선명하게 보고 배우고 경험하게 되었다. 그는 제네바를 하나님의 나라의 모습이 구현된 것으로 평가하기도 했다.

그러나 1558년 피의 메리가 사망하고, 그의 이복 동생인 엘리자베스 1세가 영국의 왕으로 등극하게 되어 영국의 종교 박해에 대한 상황의 변화가 보였다. 그렇지만 낙스는 바로 스코틀랜드로 돌아가지 못했다.

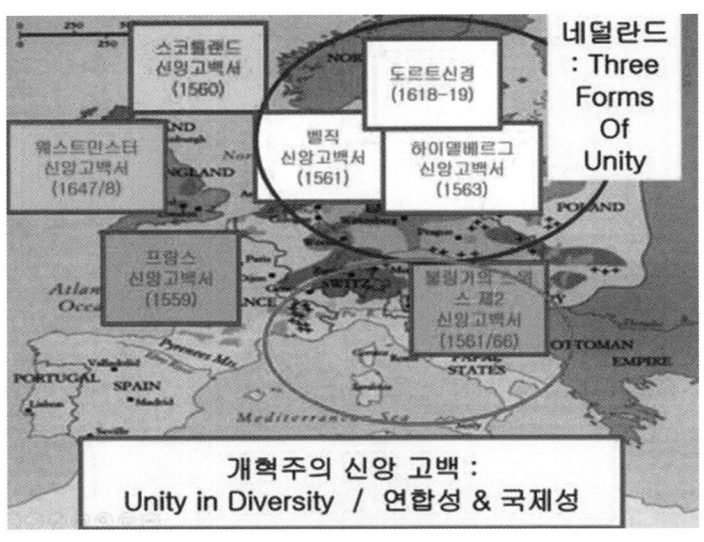

왜냐하면 낙스는 잉글랜드의 피의 메리와 스코틀랜드에서 개신교를 박해하던 기즈 메리를 비판하기 위해서 여왕의 통치에 대해 신랄하게 비판하는 팜프렛을 썼었는데 이것이 엘리자베스 여왕의 심기를 거슬렀기 때문이었다. 낙스는 어렵게 4개월 후에야 스코틀랜드에 돌아갔는데 당시 섭정 기즈 메리는 여전히 개신교를 박해하고 있었다. 스코틀랜드의 개신교 귀족 결사체인 "회중의 귀족들(the Lords of Congregation)"의 노력과 낙스의 사역, 그리고 잉글랜드의 도움으로 스코틀랜드의 종교개혁은 드디어 성공하게 되었다.

1560년 8월은 스코틀랜드에서는 개혁교회를 국교로 공인한 날이다. 스코틀랜드 신앙고백서(Scots Confession)가 작성되었다(1560).[31] 스코틀랜드 신앙고백서에는 보편 교회의 정의, 참된 교회의 세 가지 표지, 그리고 교회 제도의 신학적 기초 등의 세 가지 교회론적 관점이 정리되어 있다.[32] 1561년에는 칼빈주의에 근거한 장로교회의 조직을 법제화했다.

1561년 스코틀랜드 개혁 총회에서 "스코틀랜드 제1치리서"가 채택되었다. 그 내용은 교리와 성례에 대해서 명확하게 개혁주의적이었다. 또 목회자의 선정, 심사, 위임 등에 대해서도 구체적으로 밝히고 있다. 주목할 만한 것은 시찰 감독(Superintendents) 제도를 둔 것인데 얼핏 과거의 주교제를 연상할 수도 있지만 현실적인 상황을 고려한 것으로 보인다.

낙스의 종교개혁을 방해하고 있었던 스코틀랜드의 머리 여왕은 스페

---

31 스코틀랜드 신앙고백서의 본문은 다음을 보라. Philip Schaff, "Confessio Fidei Scoticana I," in *The Creeds of Christendom with a History and Critical Notes* Vol. III *The Evalgelical Protestant Creeds* (Grand Rapids: Baker Book House, 1990/Reprinted from 1931 edition), 437-479.

32 김요섭, 『존 녹스: 하나님의 역사 앞에 살았던 진리의 나팔수』 (서울: 익투스, 2019), 265-273.

(스코틀랜드의 메리 여왕)
사진 출처: https://en.wikipedia.org/wiki/Mary,_Queen_of_Scots

인의 필립 2세의 아들인 돈 카를로스와 재혼을 하려고 했다(1564). 이것은 스코트랜드를 가톨릭으로 되돌리려는 시도였기 때문에 낙스는 메리 여왕의 결혼을 적극 반대하였다

1567년에 스코틀랜드의 메리 여왕의 뒤를 이어 제임스 6세가 어린 나이에 등극하게 되면서 스코틀랜드는 점차 안정을 찾았다. 그러나 여왕은 탈출하여 잉글랜드의 엘리자베스 여왕에게 망명했으나 성에 감금되었다가 내란 음모죄로 처형되었다.

낙스는 "스코틀랜드 종교개혁사"를 집필하여 완성하면서 열정적인 설교 사역을 하던 중 노쇠하여 1572년 11월 9일 하나님의 부름을 받게 되었다.

4) 앤드류 멜빌(Andrew Melville: 1545-1622)

멜빌은 낙스 사후에 스코틀랜드 종교개혁의 사명은 앤드류 멜빌에게 이어졌다. 그는 진정한 의미에서 장로회주의를 세운 사람으로 평가할 수 있다. 그가 주도한 스코틀랜드 제2치리서(1578년)는 가장 장로교 정치를 잘 담아낸 치리서로 유명하다. 멜빌은 제2치리서를 중심으로 국가권력이 교회를 간섭하는 것을 반대하면서 진정한 교회의 자유와 독립을 지향하며 투쟁했다.[33] 이 치리서는 오히려 영국의 웨스트민스터 신앙고백보다 더 장로교적인 치리서로 인정된다. 결국 1592년에 장로교가 스코틀랜드에 국교로 자리잡게 되었다.

(스코틀랜드 세인트앤드류스의 수도원 터)

---

33   이상규, "스코틀랜드의 개혁자 엔드류 멜빌," in『칼빈 이후 영국의 개혁신학자들』고신대학교 개혁주의학술원 (2016), 29-48.

10장
프랑스의 종교개혁:
고난받는 개혁교회

1. 들어가는 글

프랑스의 역사적 뿌리는 무엇일까? 일반적으로 그 기원은 중세 프랑크 왕국 이후의 역사로 돌아간다. 9세기와 10세기에, 회교도, 노르만족, 마쟈르족 등의 침입에 의해서 카롤링거 왕조의 힘이 약화되었고, 결국 동프랑크 왕국은 911년에 몰락하였고, 서프랑크 왕국은 987년에 몰락하고 카페 왕조가 등장하면서 프랑스 왕국으로 재편되었다. 이 카페 왕조는 1328년 필립 4세까지만 지속되었고, 이어서 발루아(Valois) 왕조(1328년 ~ 1589년)가 이어졌다.[34]

중세 말부터 유럽에는 근원적인 사회적 변화가 일어나고 있었다. 화폐 경제가 발전하고 공산품이 생산되며 신용 제도와 교육이 발전하면

---

[34] 콜린 존스, 『케임브리지 프랑스사』 방문숙 이호영 역 (서울: 시공사, 2001/2014), 56-87.

서 새로운 계층이 형성되기 시작했고 이들의 상업 활동을 보호하며 사회 안정을 이끌 중앙집권적인 국가의 필요성이 대두되었다. 이 새로운 계층은 기존의 귀족과 대항하면서 그들의 재물로 국왕을 후원했고 왕은 이들에게 받아들인 재정으로 군대를 운용하며 그들의 활동을 보호했다. 이런 문맥에서 근대적 국가들이 나타나기 시작했는데 그 가운데 하나가 프랑스였다.

특히 프랑스는 중세 말 영국과의 100년 전쟁(1337-1475)을 겪었는데, 이 기간에 교황청이 프랑스 남부의 아비뇽으로 옮겨오기도 했고 서방 교회가 여러 교황들로 분열하던 대분열(Great Schism)을 경험하면서 교황의 권위가 약화되기도 했으며, 프랑스는 유럽의 다른 국가들보다 일찍 중앙집권적인 통일된 국가로 발전할 수 있었다. 따라서 프랑스의 강력한 국가가 후원하는 신앙 체계인 로마 가톨릭교회에 대항해서 일어나는 종교개혁적 운동은 자연스럽게 국가에 대한 반대로 이해되어 프랑스 종교개혁은 고난 속에서 전개될 수밖에 없었다.

2. 프랑스의 발루아 왕조 시대(1328-1589)의 상황

발루아 왕조는 점차 왕권신수설을 바탕으로 왕정 절대주의를 형성하게 되었다. 프랑스 교회에 대한 교황 지배를 반대하고, 왕의 지배권을 강화하기 위해 노력하였으며 실제적으로는 17세기에 프랑스 왕정 권력이 강화된다. 한편 왕은 지역대표 회의의 권위를 인정하고 자문을 구하였다. 이를 삼부회(Estates General) 라고 하며 성직자와 귀족, 도시의 지도자의 세 계층의 대표로 이루어진 대표 회의였다.

프랑스의 발루아 왕조는 영국과의 백 년 전쟁에서, 영국 세력을 몰아내면서 민족의식을 각성시켰고, 이후 삼부회를 점차 무시하면서 왕권 강화에 나선다. 프랑스의 샤를 7세(1403-1461. 재위: 1422-1461) 때에는 부르쥬의 실천 규약(Pragmatic Sanction of Bourges, 1438)을 통해서 프랑스 교회는 프랑스 국왕과 교황 양자로부터 나름대로 자율을 유지할 수 있었다.

프랑스 왕 루이 12세(1462-1515. 재위:1498-1515) 때는 이탈리아에 대한 야욕으로 인해 교황 율리우스 2세와 세력 충돌이 일어났고, 루이 12세 이후로 프랑스는 "한 신앙, 한 법, 한 왕(One King, one faith, and one set of laws)"으로 강력한 왕 중심의 중앙집권 정치 체제를 형성하게 된다.[35]

3. 프란시스 1세(재위 기간 : 1515~47) 치하의 프랑스의 종교적 상황

프랑스의 발루아-앙굴렘 가문(1515-1589)의 왕들만 따로 구분해 보면 다음과 같다.

---

35   김광채, 『근세, 현대교회사』, 46-49.

대수	초상	이름	재위 시작	재위 종료	비고
1		프랑수아 1세(프란시스 1세) (François Ier le Père et Restaurateur des Lettres)	1515년 1월 1일	1547년 3월 31일	
2		앙리 2세 (Henri II)	1547년 3월 31일	1559년 7월 10일	
3		프랑수아 2세(프란시스 2세) (François II)	1559년 7월 10일	1560년 12월 5일	
4		샤를 9세 (Charles IX)	1560년 12월 5일	1574년 5월 30일	
5		앙리 3세 (Henri III)	1574년 5월 30일	1589년 8월 2일	

표 출처: https://ko.wikipedia.org/wiki/%ED%94%84%EB%9E%91%EC%8A%A4%EC%9D%98_%EA%B5%B0%EC%A3%BC

(프란시스 1세)

사진 출처: https://en.wikipedia.org/wiki/Francis_I_of_France

프랑스에서 종교개혁이 일어나던 초기에 프랑스는 발루아 가문의 유능한 마지막 왕이자 르네상스식의 왕이었던 프란시스 1세가 다스리고 있었다.

1) 볼로냐 조약(Concordat of Bologna: 1516)

프란시스 1세는 이탈리아에서 승리한 후, 교황 레오 10세와 볼로냐 조약(Concordat of Bologna: 1516)을 체결하였다. 이 조약은 왕에게 유리한 것으로 교회법에 따른 감독 선출을 폐지하고 왕이 감독을 지명하는 것이었다. 이로 인해 왕이 교회의 이권에 개입하게 되었다.

볼로냐 조약의 내용을 보면 다음과 같다.[36]

- 프랑스 주교는 왕이 임명한다.
- 국가와 교회에 세금 징수권이 있다.
- 교회 재판 불복 시, 왕립 재판에 항소할 수 있다.
- 프랑스 성직자는 대신 교황에게 annatae를 바친다 : 보직을 받았을 때, 첫 해 급료의 전액을 교황에게 바친다.
- 교리적인 문제는 교황주의를 따른다. 대회주의가 아니다.

이 볼로냐 조약은 프랑스 국가 교회(Gallican Church)의 기초가 된다. 이것은 프랑스 국내에서 가톨릭교회의 강력한 권력과 권위를 의미하는 것이다. 프랑스 가톨릭은 로마 교황보다 프랑스 왕의 지배를 더 받게 된다. 따라서 프랑스에서 종교개혁은 곧 정치와 종교가 연합되었던 프랑스의 생존을 위협하는 것을 의미하게 되었으며 향후 프랑스 종교개혁

---

36   김광채, 『근세, 현대교회사』, 50-51.

교회의 고난의 길을 예고하게 되었다.

2) 모(Meaux) 공동체와 발루아-앙굴렘의 마가렛(프란시스 1세의 누나)

모 공동체는 1520년대부터 모(Meaux) 지역에서 인문주의적인 종교 개혁 사상을 가졌던 사람들이 형성한 학문적, 신앙적 공동체다. 고전 연구와 원어 연구 통해, 성직자 수준을 향상시켰고, 교회의 비리를 해결하려고 노력했다. 그러나 근원적으로 볼 때 이 그룹은 종교개혁 자체를 의도하지는 않았다고 볼 수 있다. 프란시스 1세의 누나인 마가렛(Margaret of Valois-Angouleme: 1492-1549)[37]의 후원으로, 르페브르, 파렐 등이 참여하였으며 이 당시에는 국가로부터 직접적인 박해는 없었고 나름대로의 관용이 있었다.

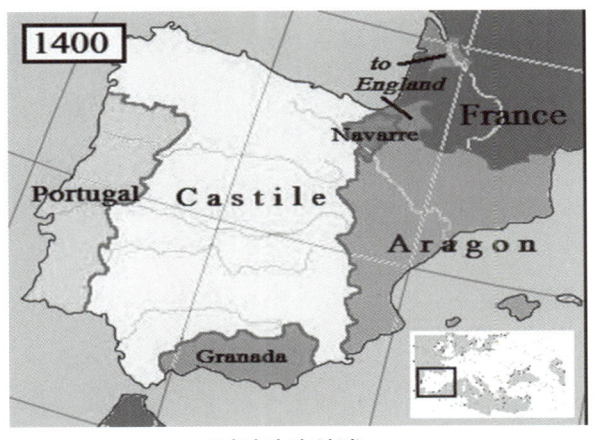

(나바라의 위치)
사진 출처: https://kids.kiddle.co/Image:Navarre1400.png

---

37 발루아-앙굴렘의 마가렛은 나바라의 마가렛(Margaret of Navarre)으로도 불린다.

이 마가렛의 딸인 잔 달브레(Jean d'Albret)는 프랑스의 칼빈주의자들의 지도자로서 위그노 전쟁을 이끌기도 했고 나중에 가톨릭과 개신교를 오갔던 앙리 4세(Henry IV of Bourbon)의 어머니다. 어떻게 보면 마가렛은 프랑스 개신교의 어머니 역할을 했다고도 말할 수 있다.

3) 흔들리는 프란시스 1세의 종교적 관용

1525년 파비아(Pavia) 전투에서 프란시스 1세가 신성 로마 제국의 칼 5세의 포로가 된 이후, 프란시스 1세는 강력한 프랑스를 위해 가톨릭으로의 종교적 통일을 주창하였고, 모 그룹도 이때 박해를 받기 시작하면서 국외로 망명하게 된다.

이어서 프랑스 종교개혁에 중대한 두 사건이 발생한다. 하나는 1533년의 콥 사건이다. 칼빈 친구 니꼴라스 콥(Cop)의 대학 학장 취임 연설에서 칼빈이 초안을 작성한 사건으로 마태복음 5장에 대한 내용이었다. 둘째는 1534년에 일어난 플래카드 사건이었는데 파리 전체와 왕실에까지 종교개혁적인 전단이 뿌려진 것이다.

이 사건들 이후, 대대적인 개신교도에 대한 박해가 시작되자 칼빈도 이때 망명했다.[38] 1535년에는 꾸시 칙령(Edict of Coucy)을 통해 츠빙글리파를 제외하고 돌아오는 자들에게는 박해를 중지하겠다고 공포하였다. 이것은 신성 로마황제인 칼 5세에 대한 견제심으로 독일 안의 루터파에게 추파를 던지는 일종의 이중 플레이였다. 사실 프랑스의 프란시

---

38 존 맥닐, 『칼빈주의 역사와 성격』 양낙흥 역 (서울: 크리스챤다이제스트, 1990/2006), 273-275.

스 1세는 그의 적대자이자 라이벌인 신성 로마 제국의 칼 5세를 견제하기 위해서 대외적으로는 신성 로마 제국의 루터파 제후들과 연대하기 위해 개신교에 관용하는 척했지만, 국내에서는 강력한 통치를 유지하기 위해 개신교에 불관용하는 상태로 가는 흔들리는 정책을 펴고 있었다.

이런 분위기 속에서, 칼빈은 기독교강요 초판을 기술하였는데, 그는 프란시스 1세에게 호소하면서, 그가 믿는 기독교 신앙을 체계적으로 설명하고자 하였다. 그 결과물이 곧 기독교강요 초판(1536)이었다. 꾸시 칙령은 추방되었던 자들에게 신뢰를 얻지 못하여 크게 환영받지 못하였고, 결국 프란시스 1세 치세 기간에 개신교는 외적으로 존속하지 못하고 지하 신앙 형태로 자라났다.

4. 앙리 2세(재위 기간: 1547~59)와 프란시스 2세(재위 기간: 1559-1560) 때의 종교적 상황

1) 화형재판소

이 시기 프랑스에서는 개신교가 더욱 강하게 박해를 받았다. 1548년에는 화형재판소(Chambre ardent)가 설치되었고, 1551년에는 샤또 브리앙 칙령(Chateaubriand)으로 화형 절차를 신속하게 하도록 했고 칼빈 저서를 금서화했다. 이어진 꼼삐녀의 칙령(Compiegne: 1557)은 종교 재판 시 판사들의 관용을 금지하는 것이었다.

앙리 2세의 사망 후, 왕위를 계승한 프란시스 2세는 몸이 허약하였다. 그는 강력한 가톨릭 후원자인 스코틀랜드의 공주 메리 스튜어트와 결혼하였다. 종교개혁 운동을 압제하기 위한 유럽의 가톨릭 진영의 강한 결속력을 볼 수 있다.

2) 프랑스 신앙고백서(French Confession of Faith, 1559)[39]

이와 같은 점진적인 박해 속에서도 오히려 개신교는 점차 증가하였으며, 제네바에서 칼빈에게 훈련받은 목사들이 이를 지도하였다. 칼빈은 프랑스에 개혁교회가 설립되는 박해의 과정 속에서 그의 조국 프랑스와 프랑스 개혁교회 성도들을 위해 기도하기를 중단하지 않았다. 프랑스 동포들이 하나님의 말씀에 굳게 서서 프랑스에 참된 교회가 세워질 수 있도록 간절하게 격려했다.[40] 1559년에는 프랑스 최초의 개신교 총회가 개최되었으며, 프랑스 칼빈주의의 전국적 조직이 형성되었다.[41] 이 총회에서는 갈리아 신앙고백서(프랑스 신앙고백서)와 교회 권징조례가 채택되었는데 이것은 모두 칼빈이 초안한 것이었다. 칼빈은 그의 조국 프랑스에서 가혹한 박해 속에 있던 동족을 향한 뜨거운 마음으로 그들의 신앙이 무엇인지 변증하기 위한 목적을 가지고 프랑스 신앙고백서의 초안을 작성했고, 이것을 칼빈의 제자인 앙뚜안 드 샹듀(Antoine de Chandieu: 1534-1592)가 개정한 것으로 알려져 있다.

샹듀는 1559년 5월 26일에 제1회 프랑스 개혁교회 전국 대회(파리

---

39 프랑스 신앙고백서의 원문을 알려면 다음을 보시오. Philip Schaff, "Confessio Fidei Gallicana," in *The Creeds of Christendom with a History and Critical Notes* Vol. III *The Evalgelical Protestant Creeds* (Grand Rapids: Baker Book House, 1990/Reprinted from 1931 edition), 356-382.
40 피에르 쿠르티알, "프랑스 칼빈주의의 황금기: 1533년에서 1633까지," 『칼빈이 서양에 끼친 영향』, 87-88.
41 존 맥닐, 『칼빈주의 역사와 성격』, 279-282.

개최)에 이 프랑스 신앙고백서를 제출했다. 같은 칼빈의 제자인 베자(Theodore Beza: 1519-1605)는 이 프랑스 신앙고백서를 1561년에 프랑스 왕 샤를 9세에게 헌정사를 붙여서 발송했다. 1571년의 제7회 프랑스 개신교 전국 총회(비스케이 만 연안의 라 로셸(La Rochelle)에서 개최)는 이 프랑스 신앙 고백을 공식적으로 인정했다.

프랑스 신앙고백서는 처음에 칼빈이 초안했던 1559년판은 35개조였다. 그러나 1571년판에 가면 40개 조가 되었고 그 형식도 약간의 변형을 거쳤다. 이 프랑스 신앙고백서는 갈리칸(Gallican) 신앙고백서라고도 하고, 또한 1571년 총회의 장소 이름을 빌려서 "라 로셸 신앙고백서"라고도 지칭하기도 한다. 프랑스 국내의 극심한 박해 속에서 영롱하게 열매 맺은 신앙 고백이라고 할 수 있다.

5. 위그노 전쟁(1562~1598)

1) 위그노(Huguenot, 프랑스의 칼빈주의자들)의 결집(1559년 이후)

1559년, 숨은 칼빈주의자였던 드 부르(Du Bourg)가 의회에서 종교적 관용을 주장하다가 화형을 당하게 되고, 이때부터 프랑스 칼빈주의의 정치화가 시작되었다. 당시 프란시스 2세가 16살의 어린 나이였기에 기즈 공(公) 프란시스와 로렌 추기경 샤를이 섭정을 하게 되었다. 이때 칼빈주의는 계속해서 탄압받게 된다.

프랑스의 칼빈주의자들은 위그노(Huguenot)라고 불렸다. 이 명칭의 기원은 불분명하지만 동맹이라는 뜻의 독일어 Eidgenosse(아이드게노세)의 프랑스어 발음일 것으로 추측된다. 1559년, 드 부르에 동조하던 프랑스 의회 내의 온건파는 부르봉가에 속한 꽁데(Conde)공 루이 1세와, 가스빠르 드 콜리뉘(Gaspard de Coligny) 제독을 중심으로 야당을 형성하였다. 이 온건파는 위그노와 연계하게 되면서 칼빈주의로 개종하게 된다.

2) 푸아시 회담(Colloquy of Poissy, 1561)의 결렬과 바씨의 학살 사건 (1562)

이때 프랑스는 구교와 신교로 나뉘어 첨예하게 대립하고 있었다. 1560년 프란시스 2세 사망 후, 그의 동생 샤를 9세는 11살이었기 때문에 그 어머니 까뜨린 드 메디시가 섭정에 나섰다. 까뜨린은 위그노에 관용적이었다. 이어 1561년 파리근교 푸아시(Poissy)에서 신,교구가 참여한 회담이 개최되었다. 개신교 측에선 칼빈의 제자인 베자가 참여했다.

베자
사진 출처: https://en.wikipedia.org/wiki/Theodore_Beza

(바씨의 학살, 1562)
사진 출처: https://en.wikipedia.org/wiki/Massacre_of_Vassy

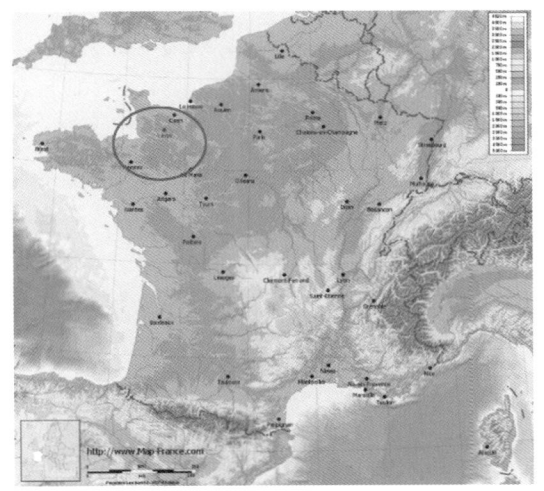

(바씨의 위치)

    이 회담은 아우구스부르그 종교 화약의 수용 여부를 위한 것이었으나 좋은 성과를 내지 못하였다. 그러나 1562년 쌍 제르멩 칙령(Edict of St. Germain)을 통해 프랑스의 칼빈주의자들인 위그노는 예배 장소를 소유할 수 없고 총회 소집이나 자금 모집이나 군대 모집 등은 반드시 허락을 받아야 하지만 도시 밖의 한정된 범위에서 비무장으로 예배를 드릴 자유를 허락받을 수 있었다.[42] 그러나 강경 가톨릭파는 이에 불만을 품게 된다. 이 불만은 1562년 3월 바씨(Vassy)의 학살로 나타났다.

쌍빠뉘 지역, 바씨에서 마구간에서 예배 드리던 1200명의 개신교도들이, 가톨릭의 기즈 공 프란시스 형제들과 200명의 무장 귀족들에 의해서 무차별하게 공격당한 것이다.[43] 기즈공은 계속해서 파리까지 입성해서 까뜨린을 축출하는 쿠테타를 일으켰다. 이로 인해 만 36년에 걸친 위그노 전쟁이 발발하게 되었다(1562-98). 이 기간 동안 치열한 전쟁이 계속되었지만, 소강 상태도 있었다.

1차 위그노 전쟁이 끝나면서 앙보아즈 평화 조약(la paix d Amboise: 1563.3.19)이 체결됨으로써 최초로 한 국가 안에 가톨릭과 개신교가 공존하는 모델을 이루게 되었다. 그러나 1567년 9월 제2차 위그노 전쟁이 기간은 단순하게 귀족들의 힘겨루기 정도가 아니라 종교가 어떻게 공존할 수 있는가의 문제가 중요했다.[44] 1570년 쌍 제르멩 화약으로 위그노는 파리를 제외한 도시 교회에서 예배를 드릴 수 있게 되었다.

---

42 후스토 곤잘레스, 『종교개혁사』, 179-180.
43 김광채, 『근세, 현대교회사』, 58-59.
44 강남수, 『프랑스 종교개혁사』 (서울: 그리심, 2000), 15-30.

3) 나바라의 여왕 잔 달브레(Jean d'Albret: 1528-1572: 재위 1555-1572) 의 종교개혁 후원

(프랑스 칼빈주의자들의 후원자였던 잔 달브레)
사진 출처: https://en.wikipedia.org/wiki/Jeanne_d%27Albret

프랑스 종교개혁과 관련해서 후에 앙리 4세의 어머니가 되는 나바라의 여왕 잔 달브레(Jean d'Albret)를 주목해야 한다. 잔 달브레는 프랑스의 왕 프란시스 1세의 누나로 모(Meaux) 그룹의 후원자였던 발루아-앙굴렘의 마가렛의 딸이다. 잔 달브레는 어려서부터 어머니와 개신교 가정 교사들의 영향으로 개신교적인 정신이 들어 있었는데 10대에 두 번의 정략결혼을 하게 되면서 하나님을 더 의지하게 되었다. 20대부터 개신교를 지속적으로 후원하다가 1560년에 공개적으로 개신교 신앙인이 되었다.[45] 그녀는 자신이 통치하는 영지인 베아른에서 종교개혁 정신을

---

[45] 후스토 곤잘레스, 『종교개혁사』, 178-179. 잔 달브레가 개혁 신앙을 수긍하고 후원한 것은 결국 프랑스 왕실에 개신교가 뿌리를 내리고 있었다는 것을 보여 준다.

선명하게 도입함으로 당시 프랑스 위그노의 최고 정치적 지도자가 되었다.

잔 달브레는 프랑스 전체적으로 가톨릭이 강했던 상황에서 "동시주의"를 내세워 로마 가톨릭뿐 아니라 개신교 신자들의 신앙의 자유도 동시에 보장한다고 했다. 이 교회 법령에 의하면 신구교도들은 다른 신앙인을 모욕해서는 안 되며, 미사 경본이나 십자가에 손을 얹고 맹세하지 말고 성경이나 하나님에 대해 서약하도록 하며, 가난한 자들을 위한 헌금 외에 강제로 헌금을 걷지 않으며, 우상 숭배를 강요하는 자는 설교하지 못하게 하는 것이었다.

요약적으로 평가하자면 잔 달브레는 로마 가톨릭이 지배하던 사회 속에서 개신교를 보호하며 후견하는 지도자로서 귀중한 역할을 해 주었다. 그녀는 1571년의 라 로셸 프랑스 개신교 총회에도 참석했다. 이 총회에는 그녀의 어린 아들 앙리 4세, 어린 왕자 콩테, 가스파르 드 콜리니(Gaspard de Coligny, 1519-1572) 등 프랑스 개신교의 핵심 지도자들이 동참했다.

4) 성 바돌로매 학살 사건(1572. 8. 16)

잔 달브레의 아들 앙리 4세는 까뜨린의 딸이자 프랑스의 왕 샤를 9세의 동생이었던 마가렛 공주와 혼인(1572. 8. 16)하게 되었다. 정치적으로 신구교도의 화해의 상징이었던 이 결혼 직후, 1572년 8월 24일 성 바돌로매 축일 전야에 역사상 끔찍한 사건이 발생했다. 위그노의 군사적 지도자인 콜리니가 살해당하고 시체가 난자되었고 위그노 2천 명도 살해되었다. 루이 드 콩데와 앙리 부르봉은 프랑스 왕 앞에 끌려가서 가톨릭으로 개종을 담보로 목숨만 건졌다. 이때 파리와 개신교 중심 지역에서 수만 명의 위그노들이 학살되었다.[46]

1572년 10월까지, 프랑스 전국에서, 2만 명의 위그노가 단지 개신교 신앙을 포기하지 않는다는 이유로 살해되었다. 당시 로마 교황 그레고리우스 13세는 이 대살륙을 축하하면서 하나님을 찬양하였다.

그러나 그 이후에도 위그노들은 반란을 일으키면서 전쟁을 계속하였다. 부르주아 계층은 점차 개신교에 영향받게 되었고, 귀족의 지도력은 사라져갔다. 프랑스 사람들은 36년간 수십만 명이 죽는 긴 전쟁에 지쳐 있었고, 앙리 4세는 탈출해서 다시 개신교로 개종하고 위그노의 저항을 실제적으로 지휘하였다. 프랑스 왕 샤를 9세 사후, 앙리 3세가 권좌에 앉았으나, 후사가 없게 되자 나바라 왕 앙리 4세를 왕위 계승자로 지목하였다. 이는 발로와 왕조가 끝나고, 부르봉 왕조가 시작된 것을 의미한다.

프랑스 개신교도들의 학살 그림(스위스 제네바 박물관)

---

46 후스토 곤잘레스, 『종교개혁사』, 180-183.

(앙리 4세)

사진 출처: https://en.wikipedia.org/wiki/File:Augustins_-_Henri_IV,_roi_de_France_et_de_Navarre_-_Jacques_Boulb%C3%A8ne.jpg

그러나 가톨릭은 이에 반대하여, 뚜르를 임시 수도로 정하고, 전쟁에 돌입했다. 전쟁은 장기화되었고, 구교 측이 가톨릭의 강력한 후원자였던 스페인의 필립 2세와 협력해서 앙리 4세를 곤란에 빠뜨렸고, 결국 앙리 4세는 다시 구교로 개종하고, 1594년에는 파리로 입성하게 된다. 마침내 1598년 4월 13일, 앙리 4세가 낭뜨 칙령을 발표함으로 전쟁은 종료되었다.

6. 낭트 칙령(1598)

1) 낭트 칙령의 내용

프랑스의 종교 전쟁을 종식하게 된 낭뜨 칙령의 내용은 다음과 같

다.[47]

(1) 가톨릭은 프랑스의 국가 교회이다.
(2) 위그노도 양심의 자유를 갖는다.
(3) 위그노는 제한된 범위에서만 예배의 자유를 갖는다
(4) 위그노에 대한 사회, 정치적 차별을 철폐한다.
(5) 위그노는 안전 구역을 계속 보유한다.
(6) 그러나 위그노도 가톨릭 명절을 지켜야 한다
(7) 위그노는 영국, 네덜란드, 독일 등 외세와 동맹을 맺을 수 없다.
(8) 위그노는 국가에 교회세를 납부해야 한다.

이 낭트 칙령은 프랑스를 계속 가톨릭으로 남게 했으며, 동시에 신교에게 종교의 자유를 허용하는 것이었다. 낭트 칙령은 결국 왕권 강화에 기여하여 프랑스가 중앙집권적인 절대주의 국가로 발전하는 계기를 마련하게 했다. 그러므로 낭트 칙령은 프랑스가 근대적 국민 국가로 성장할 수 있는 길을 열었다는데 의미가 있다고 평가할 수 있을 것이다.

2) 낭트 칙령(1598, 프랑스)과 아우구스부르그 종교 화약(1555, 독일)의 비교

프랑스의 낭트 칙령과 독일의 아우구스부르그 종교 화약을 비교하는 것은 근세 초기의 종교개혁사를 이해하는데 큰 도움을 준다. 이 둘의 공통점은 모두 신교와 구교의 공존의 길을 열었다는 데에 있다. 그러나 차

---

47 김광채, 『근세, 현대교회사』, 64-67.

이점은 아우구스부르그 종교 화약은 지역들을 각기 구교와 신교로 나눈 것이었고, 낭트 칙령은 한 지역 내 구교와 신교가 공존하도록 하자는 것이었다. 아우구스부르그 종교 화약은 독일에서 영주권 강화에 기여했으나 낭트 칙령은 프랑스가 근대 중앙집권적 국민 국가로 발전하는 계기를 마련하였다.

프로테스탄트인 위그노들은, 1598년 낭트 칙령하에서 부분적이나마 종교의 자유를 누렸으나, 앙리 4세의 사후에 다시 박해를 받아 1685년에는 아예 낭트 칙령이 폐지되었다. 그러므로 약 50만 명의 위그노들이 유럽의 화란과 프러시아로 망명을 갔으며, 상공업에 종사했던 프랑스 위그노들을 수용한 화란과 프러시아는 경제에 도움이 되었지만, 프랑스는 경제가 낙후하게 되었다.

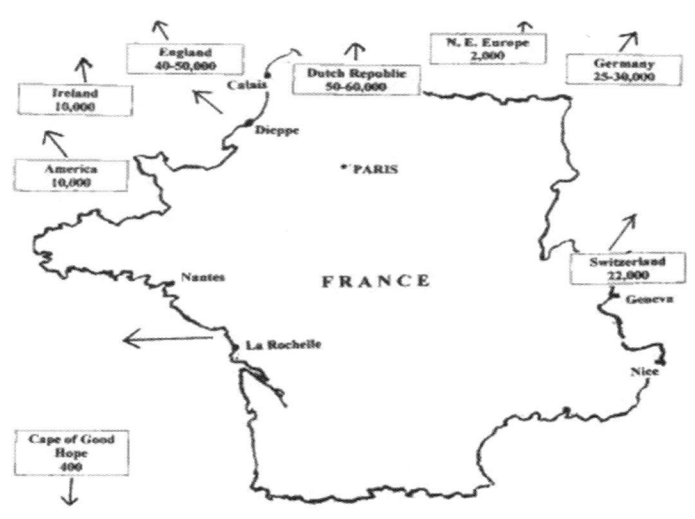

위그노의 유럽과 남아공, 미국으로의 이주 현황
지도 출처: https://www.huguenotsociety.org.uk/history.html

4부

네덜란드 개혁주의 종교개혁:
십자가 밑에 피어오른 튤립

11장

네덜란드 종교개혁의 배경

네덜란드

(좌) 지도 출처: https://en.wikipedia.org/wiki/The_Night_Watch
(우) 사진 출처: https://en.wikipedia.org/wiki/The_Milkmaid_(Vermeer)

1. 들어가는 글

튤립과 풍차로 유명한 네덜란드에서는 어떻게 종교개혁이 일어났을까?

중세 말 네덜란드에는 데이펀터(Deventer)에서 시작해서 에이슬강을 따라 쯔볼러(Zwolle) 캄펜(Kampen), 그리고 흐로닝은(Groningen)에 이르기까지 로마 교회 내에서 개혁을 추구하던 인문주의 운동인 근대적 경건(Devotio Moderna)이 있었다. 그 창시자는 흐로떠(Geert Groote)였고 토마스 아 켐피스(Thomas a Kempis)가 대표자였다.[1] 이 공동생활 형제단 출신인 로테르담의 에라스무스는 인문주의의 정점을 이루었다.[2] 합스부르그 치하에서 네덜란드는 17개 주가 느슨하게 연합되어 있다가, 1세기 반을 거치면서 강하게 결합되었다. 무역으로 부강해진 이 지역은 Gallia Belgica, Germania inferior, Nederland 등으로 지칭되어 왔는데, 1574년 오렌지공이 States General의 정치적인 권리를 변호하기 시작하면서 공유되는 문화를 형성하고 있었다.[3]

---

1 Jonathan Israel, *The Dutch Republic: Its rise, greatness, and fall*, 1477-1806 (Oxford: Clarendon Press, 1995), 41-54.
2 안인섭, 『칼빈과 어거스틴』 (서울: 그리심, 2009), 174-78.
3 Peter Arnade and Henk Van Nierop, "The political culture of the Dutch revolt", in *Journal of Early Modern History* 11 (2007): 253-261.

2. 네덜란드 종교개혁의 사상적 배경

1) 근대적 경건 운동(Devotio Moderna)

중세 네덜란드 지역은 한자 동맹의 네트워크를 중심으로 전통적으로 상업이 발전한 곳이었다. 데이펀터(Deventer)에서 시작해서 에이슬강을 따라 쯔볼레(Zwolle) 캄펜(Kampen), 그리고 흐로닝은(Groningen)에 이르기까지 로마 교회 내에서 개혁을 추구하던 인문주의 운동인 근대적 경건(Devotio Moderna)이 있었다. 흐로떠(Geert Groote)에 의해서 창시된 공동생활 형제단(Devotio Moderna)의 영향으로 로마 교회 내의 개혁을 추구하면서 인간의 내면에서 우러나오는 영성을 탐구하는 강력한 경향이 있었으며, 이 북유럽 인문주의가 네덜란드에서 발흥해서 흥왕하고 있었다. "그리스도를 본받아"를 저술했던 토마스 아 켐피스(Thomas a Kempis)가 대표자라고 할 수 있다. 인문주의자로서 헬라어 신약 성경을 편찬했던 기독교 인문주의자 에라스무스도 이 근대적 경건 공동체 안에서 훈련받기도 했다. 칼빈 또한, 비록 비연속성도 동시에 존재하지만, 그의 그리스도인의 영적 삶과 경건에 대한 사상은 이 공동생활 형제단 출신의 그의 스승들에게 빚진 바가 있었다.

2) 칼빈과 네덜란드의 가족적 관계

칼빈 자신은 한 번도 네덜란드를 방문한 적이 없었지만 칼빈은 네덜란드와 여러 측면에서 깊은 연관을 가지고 있었다. 칼빈이 취리히의 불링거에게 보내는 편지에서 스스로 "나 또한 네덜란드 사람입니다"라고 밝혔듯이 그의 어머니와 그의 아내가 모두 당시의 네덜란드 남부 출신이었다. 칼빈은 1540년에 남부 네덜란드 라익크(Luik, 프랑스어로는 Liege) 출신의 재세례파 성도의 미망인이었던 이들레뜨 드 뷔르(Idelette de Bure)라는 여인과 결혼함으로 네덜란드 사람들에게 칼빈은 낯설지 않았다.

3) 칼빈과 네덜란드 칼빈주의자들의 국제적 네트워크

네덜란드에는 성경적 인문주의자들, 루터파, 급진 종교개혁자들, 평화적 재세례파들 등과 같이 많은 종교개혁적인 흐름들이 존재했는데, 특히 1540년대부터 칼빈의 영향력이 남부 네덜란드, 즉 프랑스어를 사용하는 네덜란드 지역에서 확대되고 있었다. 프랑스어로 된 칼빈의 저작들과 네덜란드어로 번역된 그의 작품들이 광범위하게 읽히면서 네덜란드 북부 전체에도 광범위하게 칼빈의 글들이 읽히고 있었다.

특히 칼빈의 제자들에 의해서 네덜란드에 칼빈의 영향이 확산되어 갔는데, 그들은 피터 다테인(Peter Datheen 라틴어식 표기는 다테누스이다. 이하 다테인으로 표기한다.), 가스파르 판 더 헤이든(Gaspar van der Heyden uit Mechelen), 귀도 드 브레(Guido de Bres)[4] 필립 마르닉스(Philip Marnix van St. Aldegonde), 프란시스쿠스 유니우스(Franciscus Junius), 쟝 타펭(Jean Taffin), 피에르 루이셀러 드 빌리에르(Pierre Louseleur de Villiers), 얀 판 툴루제(Jan van Thoulouse) 등이라고 할 수

---

[4] 드 브레와 벨직신앙고백서의 정치적인 배경 연구는 다음을 보라. 안인섭, "벨직신앙고백서의 국가론과 네덜란드 독립에 나타난 교회와 국가의 관계 연구," 「성경과 신학」 52 (2017): 179-214.

있다.[5] 또한 칼빈이 1538년에서 1541년 동안 스트라스부르그에 머물렀을 때 칼빈과 친밀한 교제를 했고 1559년에 제네바에 아카데미를 세울 당시 중요한 통찰력을 얻었던 요한네스 스트룸(Johannes Sturm)도 네덜란드 출신이었다.

피터 다테인(Peter Datheen:1531/32-1588)은 남부 네덜란드 출신으로서 런던에 갔다가 1553년에 독일의 엠던으로 옮겼다. 1555년에는 프랑크푸르트로 갔으며 1556년부터 다테인은 이곳에서 칼빈을 만나서 큰 영향을 받는다.[6] 다테인의 중요한 공헌은 팔츠에서 난민목회를 하던 중에 하이델베르그 요리문답(1563)을 네덜란드어로 번역한 것과, 1566년에 칼빈과 베자의 제네바 시편 찬양의 멜로디와 프랑스어 가사를 네덜란드어로 번역한 것이다.[7] 그가 출판한 시편 찬양집은 급속히 전파되어 같은 해에 5판을 찍을 정도였다.[8] 다테인은 또한 1578년의 도르트 회의의 회장을 맡기도 했다. 그는 스페인의 박해 속에서도 설교단을 가지고 다니면서 수천의 군중 앞에서 칼빈주의를 설교하기도 했다.

칼빈과 네덜란드 종교개혁 성도들 간의 직접적인 소통은 코른헤르트(Dirck Coornhert: 1522-1590)와의 관계였다. 코른헤르트는 할렘(Haarlem) 출신의 인문주의자로서 1560년에『로마의 우상 숭배에 대한 변호(Verschooninghe van de Roomsche afgoderye)』를 통해서 순교를 각

---

5 Rutgers, *Calvijns Invloed op de Reformatie in de Nederlanden*, 3, 15-16. Godfrey, "Calvin and Calvinism in the Netherlands," 97-99.
6 Rutgers, *Calvijns invloed op de Reformatie in de Nederlanden*, 137-138.
7 Wim Verboom, "Catechism Teaching in the Netherlands," in *Power of Faith: 450 Years of the Heidelberg Catechism*, eds. Karla Apperloo-Boersma & Herman Selderhuis (Göttingen: Vandenhoeck & Ruprecht, 2013), 171.
8 Jan R. Luth, "Het Geneefse Psalter in Nederlanden," in *Calvijn en de Nederlanden*, 194-196.

오하면서까지 로마 가톨릭의 의식 참여를 반대하는 칼빈을 비판했다.[9] 칼빈은 2년 후에 『어느 네덜란드 사람에 대한 답변(Reponse à un certain Holandois)』(1562)이라는 소논문으로 응답했다.[10] 칼빈은 박해를 받고 있는 네덜란드의 종교개혁주의자들에 대해서 조국을 떠날지라도 자신의 종교개혁 신앙을 지켜야 하고, 그렇지 않다면 순교라도 각오해야 한다고 강조했다. 이러한 칼빈의 강력한 주장이 네덜란드 지역에 확산되면서 양심적인 종교개혁주의자들이 망명의 길에 오르거나 실제적인 저항이 발생하게 되었고, 이 난민들에 의해서 유럽의 칼빈주의는 자연스럽게 강화되었으며 역설적으로 국제화될 수 있었다.

3. 16세기 네덜란드의 정치적-종교적 상황

네덜란드 칼빈주의는 16세기 유럽 각국의 종교개혁과 비교해 볼 때 몇 가지 특징이 있다. 비교적 늦게 일어났고, 네덜란드 밖으로 피신했던 난민들로부터 기원되었고, 다른 지역처럼 이 종파가 다른 종파를 압박하면서 발전하지 않았다. 브뤼셀에서 중앙 정부에 대한 반란의 과정을

---

9 Herman Selderhuis and Peter Nissen, "The Sixteenth Century," in *Handbook of Dutch Church History*, ed. Herman Selderhuis (Göttingen: Vandenhoeck & Ruprecht, 2015), 183-184 ; den Boer, "Het Nederlands Calvinisme," 87-88.

10 Iohannes Calvinus, *Institutio Christianae Religionis*, in *Ioannis Calvini opera quae supersunt omnia*, eds. G. Baum, E. Cunitz, E. Reuss, 2 (Brunswick: C. A. Schwetschke, 1868). 이하 *CO*로 표기한다. *CO* 9 cols. 584-638. 칼빈의 이 저작에 대한 영어 번역본은 다음과 같다. Calvin, *Response to a Certain Dutchman who under the Guise of Making Christians very Spiritual Permits them to Defile their Bodies in all Idolatries: written by Mr. John Calvin to the Faithful in the Low Countries*, tr. Rob Roy McGregor, *Calvin Theological Journal* 34 (1999): 291-326. 보다 상세한 연구는 다음을 보시오. 안인섭, "칼빈의 개혁 신앙과 교회와 국가의 관계: 네덜란드의 코른헤르트(Dirck Coornhert: 1522-1590)와의 논쟁을 중심으로," 8-39.

통해 박해의 혼란 속에서 아래로부터 진행된 저항이었기 때문에 교회 조직적인 면에서는 주교 제도도 아니었고 교리적인 면에서 포괄적이지 않고 칼빈주의에 집중될 수 있었다. 칼빈주의가 국가 종교가 될 수 있는지에 대한 근원적인 질문을 품은 채로, 칼빈의 제네바의 교회 정치 모델을 따라 오렌지공의 리더십하에서 스페인 왕에게 효과적으로 저항하여 개혁주의가 주도하는 국가로 탄생했다. 네덜란드 국가는 칼빈주의와 긴밀한 관계 속에서 형성된 것이다.[11]

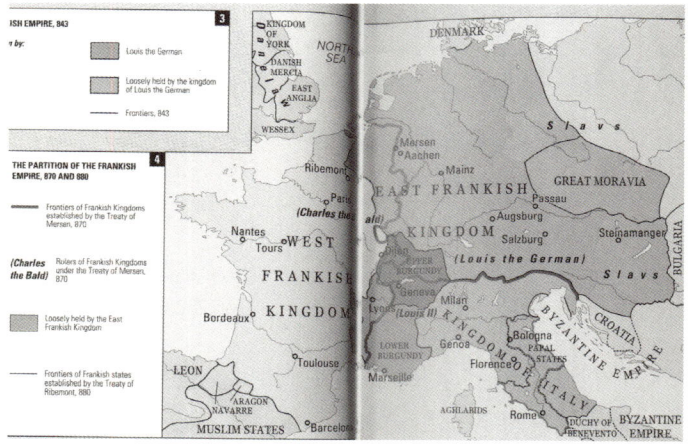

(샤를마뉴 대제 이후의 동,중,서 프랑크 제국 843년 베르덩 조약)
지도 출처: https://pages.uoregon.edu/mapplace/EU/
EU19%20-%20Italy/Maps/EU19_97.jpg

---

11   Fred A. van Lieburg, From pure church to pious culture: The Further Reformation in eh Seventeenth-Century Dutch Republic, in *Later Calvinism: International perspective* (ed.) W. Fred Graham *Sixteenth Century Essays & Studies* 22 (1994), 409.; I. Schffer, Protestantism in flux during the revolt of the Netherlands, in *Britain and the Netherlands: Papers delivered to the Anglo-Dutch historical conference* vol. 2 (Groningen: Wolters, 1962), 67-83.; Mirjam van Veen, *Een nieuwe tijd, een nieuwe kerk: De opkomst van het 'calvinisme' in de Lage Landen* (Zoetermeer: Meinema, 2009), 111-117.

칼 5세는 당시 부르군드 공국의 수도였던 네덜란드(현재는 벨기에)의 헨트(Gent)에서 태어났다. 지역적으로 보면 네덜란드 땅이다. 그는 1515년 부르군드 공이 되었고, 1516년 스페인의 왕위를 계승했으며, 1519년 신성 로마 제국의 황제로 즉위하게 되었다. 19세의 약관의 황제가 된 것이다. 그의 통치 기간 동안 그는 기본적으로 르마 가톨릭 신앙으로 제국을 통일시키려는 의지가 강했다.

그의 치하에서 루터파는 루터파 영주들을 중심으로 나름대로의 길을 갈 수 있었지만, 칼빈주의자들과 네덜란드의 재세례파는 극심한 박해를 받았다. 재세례파의 대표적 인물로는 멜키오르 호프만(Melchior Hoffmann, 1495-1543)이 있으며, 그의 뒤를 이어 멜키오르파의 지도자 얀 마티스(Jan Mattys), 얀 복켈손(Jan Bockelson)이 뮌스터에서 시온 왕국을 시도하였으나 실패로 돌아갔다 (1533년). 이후에 많은 재세례파들이 죽임을 당하게 된다. 한편, 메노 시몬즈 (Menno Simons: 1496-1561)가 이끄는 재세례파 운동은 당시에 네덜란드와 북부 독일에서 활동하였다.

신성 로마 제국의 관심은 서유럽의 종교적 통일성을 유지하는 것이었다. 서유럽은 단일한 로마 가톨릭 문화였고 신성 로다 제국의 황제는 교황과 더불어 그 상징이었다. 따라서 종교개혁과 개신교도에 대한 종교의 자유는 교황뿐 아니라 신성 로마 황제에 대한 도전으로 해석되었다. 1566년부터 1609년 휴전기까지 네덜란드 남부는 합스부르크의 승리와 트리엔트의 강압적인 정책으로 반동-종교개혁의 물결 속에서 이 지역 칼빈주의자들은 난민이 되어 국제적인 전투적 교인이 되었다. 반면에 북쪽 네덜란드 지역의 가톨릭주의자들은 공식적으로 개신교 국가

에 충성을 다하는 것과 로마 교회에 대한 헌신이 일치될 수 있었다.[12]

1550년대까지만 해도 네덜란드 지역에서 칼빈주의는 남부를 제외하면 각 지역에서 소수였다. 영국과 독일에서 조국으로 돌아온 네덜란드 난민들에 의해서 네덜란드의 칼빈주의가 강화되었지만, 이미 1540년대 중반에 왈룬(Wallon) 지역 특히 발렌시엔(Valenciennes)이나 투르네(Tournai) 등에는 칼빈주의가 뿌리를 내리고 있었다.[13]

1566년 봄에 영국, 독일, 프랑스, 스위스 등에서 활동하던 칼빈주의자들이 네덜란드로 돌아갔는데, 왜냐하면 이제 그 땅에 종교적 관용이 주어질 것이라는 기대가 있었기 때문이다. 이 영향 속에서 그해 8월에 일단의 칼빈주의자들이 교회의 성상들을 파괴하는 일이 발발했는데, 이때는 오직 플란더스(Flanders) 지역 즉 남부 네덜란드에서만 발생했다.[14] 이 운동은 신앙적인 문제와 함께 그해 기근에서 비롯된 경제적인 기근도 함께 고려해야 한다.[15]

가톨릭에 대한 반항으로 1566년 8월부터 네덜란드 남부에서 시작된 성상 파괴 운동(Beeldenstorm)은, 강력한 중앙집권에 반대하는 호족들, 종교적이고 정치적인 반대가 증폭되어갔던 하급 귀족들, 그리고 경제적

12　Geert H. Janssen, Quo vadis? Catholic perceptions of flight and the revolt of the Low Countries, 1566-1609, in *Renaissance Quarterly* 64 (2011): 472-99.

13　Jonathan Israel, *The Dutch Republic: Its rise, greatness, and fall*, 1477-1806 (Oxford: Clarendon Press, 1995), 101-105.

14　칼빈주의와 성상 파괴 운동과의 관계에 대해서는 다음을 보라. Phyllis Mack Crew, *Calvinist preaching and iconoclasm in the Netherlands, 1544-1569* (Cambridge: Cambridge University, 1978).

15　Erich Kuttner, *Het hongerjaar 1566* (Amsterdam: Querido's Uitgeverij, 1949/1964), 193-201, 271-285.

인 문제가 커갔던 중산층, 가난이 절정에 달한 빈민층 등의 사회적이고 경제적인 요소가 복합되어 전국적으로 발생한 것이었다.[16]

이것은 조직적이고 지적이고 정치적인 차원의 관주도형의 종교개혁과 사회적이고 하위 계층의 급진적인 종교개혁의 성격을 함께 보여준다고 해석된다. 이 성상 파괴 운동은 종교적인 요인이 정치적이고 사회 경제적인 환경과 결합되어 일어난 사건이었다.

오렌지공 윌리엄
사진 출처: https://en.wikipedia.org/wiki/William_the_Silent

오렌지공의 나사우(Nassau) 가문의 성

---

16 김영중 · 장붕익, 『네덜란드사』 (서울: 대한교과서주식회사, 1994), 95-104.

결국 스페인으로부터 1567년 알바공(Duke of Alba)이 네덜란드에 파견되었고, 1568년 알바공의 군대와 전투에서, 오렌지공 윌리엄은 바다 거지떼(Watergeuzen)라는 게릴라 부대와 함께 싸워 이겼고, 홀란드주와 제이란트 지역 대부분이 윌리엄의 독립군의 영역으로 들어가게 되었다. 이때 독립군의 승리에 기여했던 바다 거지떼는 주로 칼빈주의자들이었고, 그 영향으로 오렌지공 윌리엄도 1573년 칼빈주의로 개종하게 된다. 그는 사실 1568년까지만 해도 합스부르그의 충신으로 여겼지만 1571년부터 조국의 아버지(pater patriate)로 불리고 있었다.[17] 당시 네덜란드인들 앞에 놓인 가능한 두 가지 선택은 칼빈주의와 더불어 독립에 나서거나 또는 가톨릭 신앙을 따르고 스페인 절대주의의 지배에 머무르는 것이었다. 당시 칼빈주의의 수호는, 곧 네덜란드의 독립을 의미했다.[18]

1575년에 북부 네덜란드의 주요 두 개의 주인 홀란드와 제이란트는 그들의 주군이었던 스페인에 대해서 독립을 선언했고,[19] 총독직을 이어받은 모리츠(Maurits)와 올덴바르너펠트(Johan van Oldenbarnevelt)를 중심으로 네덜란드 보호라는 이유로 파견되었지만 영국의 영향력을 확장하는 데 노력했던 레스터 공을 반대하는 세력이 규합되어 그를

---

17 Alastair Duke, From 'Loyal Servant to Irreconcilable Opponent' of Spain: Koenraad Swart's Interpretation of William of Orange, 1533-72, in *William of Grange and the Revolt of the Netherlands*, 1572-84 (Aldershot: Ashgate Publishing Company, 2003) K.W. Swart, 8-25

18 네덜란드와 프랑스 칼빈주의자들의 정치적인 저항에 대해서는 다음을 보라. Robert M. Kingdon, The political Resistance of the Calvinists in France and the Low Countries, in *Church History* Sep. 1 (1958), 220-233.

19 John Lothrop Motley, *The rise of the Dutch Republic: A history* vol. 3 (Philadelphia: David McKay, n. d.), 1-55.

영국으로 축출한 후에 1588년에 7개 주의 네덜란드 7개 주 공화국(de Republiek van de Zeven Verenigde Nederlanden)이 탄생하게 되었다.[20] 오렌지공 윌리엄의 이념은 네덜란드에서 로마 가톨릭과 개신교가 자신의 신앙을 완전하게 영유하도록 하는 것이었다.[21]

베자의 영향력하에서 개혁주의 교육의 중심이요 국제적인 칼빈주의 네트워크의 심장이었던 제네바 아카데미에서 공부했던 마르닉스의 필립(Philip of Marnix: 1540-1598)은 오렌지공의 외교 상담자이자 난민이었고 국제적 개신교주의의 관계 속에서 네덜란드 독립에 외교적으로 공헌했다.[22]

유럽 역사 전체를 볼 때 중요한 시기인 1609년부터 1700년까지 네덜란드는 정치적이고 사회적인 일치성과 불일치성을 보여주었으며,[23] 네덜란드의 독립 시기에 칼빈주의와 종교적인 관용이 주요 문제로 대두되었다.[24]

---

20 이 7개 주는 세 부분으로 나뉘어 지는데, 서쪽에 홀란드(Holland), 제이란트(Zeeland), 우트레크트(Utrecht), 북쪽에 흐로닝은(Groningen), 프리슬란트(Friesland), 그리고 독일과 가까운 동쪽에 헬더란트(Gelderland)와 오버에이슬(Overijssel)이 그것이다. H. Wansink, Holland and Six Allies: the Republic of the Seven United Provinces, in *Britain and the Netherlands: Papers delivered to the Anglo-Dutch historical conference* vol. 4 (Groningen: Wolters, 1962), 135.

21 S.B.J. Zilverberg, *Geloof en geweten in de zeventiende eeuw* (Bussum: Unieboek, 1971). 15.

22 Monique Weis, Philip of Marnix and 'International Protestantism': The fears and hopes of a Dutch Refugee in the1570s, in *Reformation and Renaissance Review* 11.2 (2009), 204-217.

23 Maarten Prak, *The Dutch Republic in the seventeenth century* (tr.) Diane Webb (Cambridge: Cambridge University, 2002).

24 (eds.) R. Po-Chia Hsia & Henk van Nierop, *Calvinism and religious toleration in the Dutch Golden Age* (Cambridge: Cambridge University, 2002). 17세기 네덜란드 교회개혁의 역사를 주제와 지역별로 일목요연하게 정리된 연구도 있다. Huib Noordzij, *Handboek van de reformatie: De Nederlandse kerkhervorming in de zestiende eeuw* (Kampen: Kok, 2003).

4. 네덜란드 종교개혁의 기원

1) 1540년대: 남부 프랑스어권 중심

이 지역의 종교개혁은 다른 나라보다 상대적으로 늦게 시작되었지만 스페인의 가혹한 박해를 거치면서 아래로부터 진행되었기 때문에 오히려 더 강한 응집력을 보여주었다. 스페인의 국왕에서 저항하는 과정에서 가장 격렬했던 칼빈주의는 이후 네덜란드 독립의 역사에서 중심축을 이루게 되었다.[25]

네덜란드 종교개혁의 기원을 살펴보면 첫째, 1540년대부터 박해를 피해 유럽 대륙의 아헨(Aachen), 베이슬(Wesel), 프랑크푸르트(Frankfurt), 엠던(Emden), 그리고 영국의 런던(London) 등 해외로 나갔던 네덜란드 피난민 교회에서 종교개혁 신앙이 고양되기도 했고, 둘째, 직접 칼빈에게 배웠던 16세기 네덜란드 지역(특히 남부 프랑스어권) 출신의 제자들을 포함한 칼빈의 인적 네트워크를 통해서 네덜란드의 칼빈주의가 크게 발전했다.[26] 칼빈의 신학은 1540년대가 되어 남부의 프랑스어를 사용하는 왈룬(Wallon) 지역 특히 발렌시엔(Valenciennes)이나 투

---

[25] Fred A. van Lieburg, "From Pure Church to Pious Culture: The Further Reformation in the Seventeenth-Century Dutch Republic," *Later Calvinism: International Perspective*, ed. W. Fred Graham (1994), 409; Mirjam van Veen, E*en Nieuwe Tijd, een Nieuwe Kerk: De Opkomst van het 'Calvinisme' in de Lage Landen* (Zoetermeer: Meinema, 2009), 111-117.

[26] Frank van der Pol, "Calvin and the Netherlands," in *The Calvin Handbook*, ed. Herman Selderhuis (Grand Rapids: Eerdmans, 2009), 87-96. 영국의 난민 교회들이 유럽 교회의 모판이 되었다는 연구에 대해서는 다음의 책을 보시오. O. Boersma & A.J. Jelsma, ed. *Unity in Multiformity: The Minutes of the Coetus of London, 1575 and the Consistory Minutes of the Italian Church of London, 1570-1591* (Amsterdam: Publications de la Commission de l'Historie des glises et de la Bibliothque Wallonnes, 1997).

르네(Tournai) 등에서 자리를 잡기 시작했다.[27] 그렇지만 1550년대까지만 해도 칼빈주의는 네덜란드의 남부 외에는 크게 확장되어 있지 못했다. 이때 신성 로마 제국은 통치의 편의를 위해서 종교적인 통일을 강요하며 새로운 신앙 운동을 박해하였기 때문에 네덜란드의 종교개혁 지도자들은 영국이나 독일 지역으로 망명을 떠나기도 했다. 이런 맥락에서 북쪽 네덜란드어권에서 가톨릭주의자들도 비록 신앙은 가톨릭교회 안에 있어도 그들의 국가인 네덜란드가 개신교 국가로 발전하는 것에 큰 갈등이 없었다.[28]

(베이슬(Wesel)에 있는 니더라인뮤지엄(Niederrheinmuseum)

---

27 Jonathan Israel, *The Dutch Republic: Its Rise, Greatness, and Fall, 1477-1806* (Oxford: Clarendon Press, 1995), 101-105.

28 Geert H. Janssen, "Quo Vadis? Catholic Perceptions of Flight and the Revolt of the Low Countries, 1566-1609," *Renaissance Quarterly* 64 (2011): 472-99.

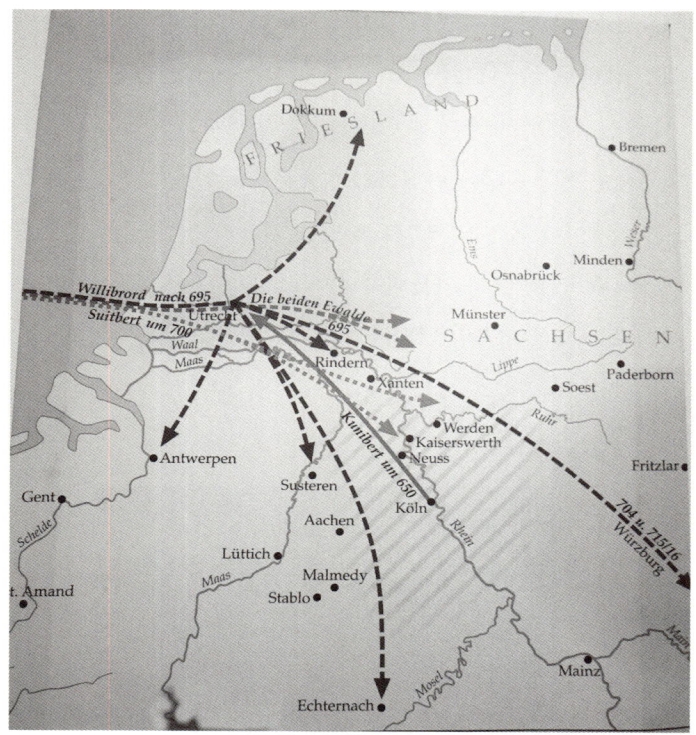

(이 박물관에 전시된 네덜란드 남부 종교개혁자들의 피난 경로)

2) 1560년대 이후: 북부 네덜란드어 지역까지 확대

한편 남부 네덜란드에서는 강경한 칼빈주의자들에 의해서 1566년에 성상 파괴 운동(Beeldenstorm)이 일어났다.[29] 여기에는 칼빈이 코른헤르

---

29 다음을 참조하라. Phyllis Mack Crew, *Calvinist Preaching and Iconoclasm in the Netherlands, 1544-1569* (Cambridge: Cambridge University, 1978).

트를 반박하는 소논문(1562)을 통해서 종교개혁 신앙을 숨기고 위선의 태도를 갖고 있었던 니고데모주의자들을 비판했던 영향도 있었을 것이다.[30] 또한 지나치게 독재적인 스페인 정부에 대해 불만이 커진 호족, 하층 귀족들, 상업에 종사하는 계층, 그리고 빈민층 저항심 등의 전반적인 요인이 있어서 전 네덜란드로 퍼져간 것으로 파악된다.[31] 종교적 동기와 사회-경제적 동기가 종합적으로 작용하여 칼빈주의적인 운동이 확산된 것이다. 당시에 북부 네덜란드에서 칼빈주의자들은 수적으로는 열세한 통치자였지만, 인쇄술의 발달로 화란어로 번역된 벨직신앙고백서와 개혁 신앙 소책자들이 뿌려짐으로 북부 대중들에게도 개혁 신앙이 광범위하게 확산될 수 있었다.[32]

성상 파괴 운동의 여파로 스페인의 알바공(Duke of Alba)이 네덜란드에 도착해(1567)서 폭동재판소(Raad van Beroerten)를 세우고 종교개혁적인 네덜란드인들을 박해하는 것은 물론 이 지역의 가톨릭인들에게는 이단에 확고하게 대응하지 못했다는 이유로 박해를 진행함에 따라 난민들이 대거 발생하였다.

네덜란드는 북부의 오렌지공 윌리엄을 중심으로 1568년부터 무력 저항을 시작하게 되는데 1570년대에 열정적인 칼빈주의자들이 참여하여 가열찬 독립 전쟁을 전개하게 되고, 그 결과 1573년 윌리엄은 칼빈주의

---

30 안인섭, "칼빈의 개혁 신앙과 교회와 국가의 관계: 네덜란드의 코른헤르트(Dirck Coornhert: 1522-1590)와의 논쟁을 중심으로," 「한국개혁신학」 55 (2017): 8-39.
31 김영중 · 장봉익, 『네덜란드사』 (서울: 대한교과서주식회사, 1994), 95-104.
32 A. J. Jelsma, *Frontiers of the Reformation: Dissidence and Orthodoxy in Sixteenth-Century Europe* (Aldershot: Ashgate Publishing, 1998), 120-132. 이 책의 네덜란드어판은 다음을 보라. Idem. *Zonder een Dak Boven het Hoofd: In het Grensgebied tussen Rome en Reformatie* (Kampen: Kok, 1997), 149.

로 개종하게 된다.[33] 북쪽 네덜란드의 경우 맹주 역할을 하던 홀란드와 제이란트가 중심이 되어 스페인에 독립을 선언했다(1575).[34] 이 1560-70년대의 네덜란드는 팜플렛 전쟁(pamflettenoorlog)이라고 할 정도로 신, 구교의 각 진영에서 출판물을 통해서 자신의 신앙을 변증하려고 했다.[35] 네덜란드 칼빈주의자들은 종교적 난민으로서 전 유럽에 흩어지면서 칼빈주의 신앙과 네덜란드라는 민족 정체성을 공고하게 하면서 수동적인 피해자에서 신앙고백적인 투사로 발전해 나갔다.[36] 네덜란드인의 신앙 정체성은 그들의 역사적 상황과 결합하여 형성되었던 것이다.

33　김영중 · 장붕익, 『네덜란드사』, 95-104.
34　John Lothrop Motley, *The Rise of the Dutch Republic: A History* vol. 3 (London: George Routledge and Co.: 1858), 1-55.
35　A. A. Van Schelven, *Marnix van Sint Aldegonde* (Utrecht: Oosthoek's Uitg., 1939), 33-34.
36　Geert H. Janssen, "Exiles and the Political of Reintegration in the Dutch Revolt," *History* 94 (2009): 38-40.

12장

순교자 드 브레(Guido de Bres: 1522-1567)의 벨직신앙고백서(1561)와 네덜란드

1. 들어가는 글

　신앙고백서는 교회와 성도 자신을 변호하고 교리 일치를 공개적으로 표현하며 교리를 순수하게 보존하기 위해서 필요하다.[37] 벨직신앙고백서는 개혁주의 3대 신앙고백서(Three Forms of Unity) 가운데 하나이고 신앙의 개념을 잘 정리해 준다고 평가되지만 상대적으로 많은 관심을 받지 못했었다.[38] 벨직신앙고백서는 1561년 남부 네덜란드의 도르

본 12장은 저자의 다음 논문에서 사용한 것이다. "벨직신앙고백서의 국가론과 네덜란드 독립 과정의 상호 관계에 대한 연구"「성경과 신학」82 (2017).

37　A.D.R. Polman, *Onze Nederlandsche Geloofsbelijdenis: Verklaard uit het verleden geconfronteerd met het heden* (Franeker: Wever, 1948), 52-61.

38　Wes Bredenhof, *For the cause of the Son of God: The missionary significance of the Belgic Confession* (Fellsmere, Florida: Reformation Media & Press, 2011), 1. 개혁주의 3대 신앙고백서(Three Forms of Unity)는 벨직신앙고백서와 함께 하이델베르그 신앙고백서 (Heidelberg

닉(Doornik, 프랑스어로는 Tournai)에서 처음 나타났는데 개신교를 박해하던 국가로부터 저자인 귀도 드 브레(Guido de Bres, 1522-1567)는 순교했고,[39] 신앙고백서는 몰수되었다. 30년 전쟁(1618-1648) 초기에 네덜란드 북부는 개신교 국가로 독립의 길을 갔지만, 남부는 로마 가톨릭을 신봉하면서 스페인에 잔류함으로 벨직신앙고백서의 자료들은 수난을 겪기도 했다.[40] 벨직신앙고백서의 등장과 전파 과정 자체가 국가와의 관계 속에서 이루어졌음을 웅변적으로 말해준다. 이 벨직신앙고백서는 1571년 엠던 총회(Reformed Synod at Emden)와 1619년 도르트 총회(National Synod of Dort)에서 채택되었다.[41]

이 벨직신앙고백서를 받아들였던 네덜란드인들은 스페인에 대한 전쟁을 통해 독립을 쟁취했는데, 독립 전쟁을 두고 네덜란드인들은 정당한 저항으로 보았고 스페인인들은 자비로운 왕에 대한 반란으로 보았다.[42] 그러므로 이번 장에서는 20세기 네덜란드 종교개혁 연구 경향이 신학 일변도에서 다각도에 걸친 접근으로 발전하고 있는 것을 고려하면

Catechism) 도르트신경(Canons of Dort) 등이다.

39   Guido De Bres에 대해서는 다음의 최근 연구들을 보라. P. Korteweg, *Guido de Bres* (Barneveld: Gebr. Koster, 2010).; Émile Braekman & Erik de Boer (red.), *Guido de Bres: zijn leven, zijn belijden* (Utrecht: Kok, 2011).

40   Nicolaas H. Goojtes, *The Belgic Confession: Its History and Sources* (Grand Rapids: Baker, 2007), 13.

41   Philip Schaff, *The Creeds of Christendom*. Vol. III: *The Evangelical Protestant Creeds* (Grand Rapids: Baker, 1983), 383.

42   Yolanda Rodriguez Perez, "The pelican and its ungrateful children: the construction and evolution of the image of Dutch rebelliousness in golden age Spain", in *Journal of Early Modern History* 11. 4-5 (2007), 285-302.

서,[43] 벨직신앙고백서에서 가르치는 교회와 국가의 관계와 네덜란드 독립 역사의 관계를 고찰하고자 한다. 특히 벨직신앙고백서의 36조에 등장하는 국가론과 16세기부터 17세기에 걸쳐 실제로 발생된 네덜란드 독립과의 상호 관계를 역사적이고 신학적인 차원에서 살펴보게 될 것이다.

드 브레
사진 출처: https://cjts3rs.wordpress.com/2014/11/05/guido-debres-love-letter-to-his-wife-april-1567/

2. 드 브레 생애

16세기 당시 네덜란드 남부는 상업으로 항구 도시가 발전하고 있었고 다른 지역과는 달리 독서능력이 있는 시민들이 많았는데 안트베르펜은 1523년부터 1545년간 자국어 성경 번역 출판의 국제적인 중요 거

---

43 Wim Janse, "The protestant reformation in the low countries: developments in twentieth-century historiography", *Reformation and Renaissance Review* 6.2 (2004), 179-202.

점이었다.[44] 드 브레는 이런 분위기에서 네덜란드 남부의 몽스(Mons, 네덜란드어로는 Bergen)에서 태어났다. 그의 신학적 회심 시기는 불명확하지만,[45] 1548년 에드워드 6세 치하의 영국으로 난민으로 떠나기 이전인 1547년경에 종교개혁으로 들어왔을 것이다.[46] 당시 런던은 유럽의 종교적 난민의 거점 도시였다. 1552년에 다시 네덜란드로 돌아와 릴(Lille)에서 1555년까지 3년간 설교 목회를 했다. 이때 그는 익명으로 신앙의 무기(Le Baston de la foy Chrestienne)를 출판한다.

칼 5세가 그의 아들 필립 2세에게 왕위를 물려주자 위험을 느낀 드 브레는 1555년 릴을 떠나 안트베르펜을 거쳐 1556년에 프랑크푸르트로 갔으며, 그곳에서 낙스(John Knox), 아 라스코(Johannes a Lasko), 칼빈 그리고 절친이 된 크레스핀(Jean Crespin, 1520-1572)과 만나 교제한다.[47] 드 브레는 1537년 이래 신학교가 있었던 로잔으로 가서 1년 반동안 히브리어와 헬라어와 인문학과 철학을 배웠는데 베자의 지도를 받았고 베자가 1558년 제네바로 갈 때 함께 갔다.[48] 칼빈은 제네바에서 1556년부터 이사야 강해를 하고 있었고, 1558년부터 에베소서를 설교하고 있었다. 드 브레는, 비록 제네바 아카데미가 세워지기 전에 도르닉(투르네)으로 떠났지만,[49] 1년

---

44   Paul Arblaster, "Totius mundi emporium: Antwerp as a centre for vernacular Bible translations 1523-1545", in *The Law Countries as a crossroads of religious beliefs* (ed.) Arie-Jan Gelderblom, Jan L. de Jong and Marc van Vaeck (Leiden: Brill, 2004), 9-31.

45   P. Korteweg, *Guido de Bres*, 21-26.

46   W. Moehn, "Focus op de kerkvaders", 4.; A.D.R. Polman, *Onze Nederlandsche Geloofsbelijdenis*, 104.

47   P. Korteweg, *Guido de Bres*, 99-103.

48   P. Korteweg, 103-104.

49   제네바 아카데미 졸업생 명부에 드 브레의 이름은 없다. Émile Braekman, "Studie en Huwelijk", in Émile Braekman & Erik de Boer (red.), *Guido de Bres: zijn leven, zijn belijden*,

동안 제네바에서 칼빈의 강의와 설교를 통해 신학적 훈련을 받게 되었다. 로잔과 제네바에서의 3년간의 신학 공부를 마치고 개혁신학이 무르익은 드 브레는 1559년 남부 네덜란드의 투르네의 교회의 청빙을 받아 1562년까지 그곳에서 결혼도 하고 자녀를 낳으면서 목회를 하게 되며 이 기간에 벨직신앙고백서가 등장한다.[50] 1561년 11월 1-2일에 벨직신앙고백서를 자신의 신앙을 변증하기 위해 필립2세에게 보내는 서신과 함께 성벽에 투척하고 12월에 탈출한다. 드 브레의 은신처에는 칼빈, 루터, 멜란히톤. 츠빙글리, 외콜람파디우스 등의 작품들이 있었던 것으로 보인다.[51]

그 이후 네덜란드와 프랑스 국경에서 순회 설교를 했으며 1566년 프랑스 인근의 발랑시엔에 청빙을 받아 목회를 하던 중 1567년 5월 31일 교수형으로 순교했다.

(드 브레는 1558~1559년까지 2년간 제네바에서 칼빈의 설교와 강의를 들으며 신학이 성숙하게 되었다. 사진은 칼빈이 설교했던 제네바 교회의 설교단이다.)

110-113.
50   P. Korteweg, 105-108.
51   A.D.R. Polman, *Onze Nederlandsche Geloofsbelijdenis*, 105.

3. 벨직신앙고백서와 네덜란드 교회

칼빈의 제자들에 의해서 네덜란드에 칼빈의 영향이 확산되어갔는데, 그들은 카셀의 피터 다테인(Petrus Dathenus uit Cassel in Vlaanderen), 가스파르 판 더 헤이든(Gasper van der Heyden uit Mechelen), 베르겐의 귀도 드 브레(Guido de Bres uit Bergen), 장 타펭(Jean Taffin uit Doornik), 피에르 루이셀러(Pierre Loiseleur de Villers), 필립스 판 마르닉스(Philips van Marnix van St. Aldegonde uit Bressel)과 얀 판 툴루제(Jan van Thoulouse) 등이었다.[52]

폴만에 의하면 벨직신앙고백서는 칼빈이 다루었던 주제를 상당부분 따르고 있으며, 프랑스 신앙고백서를 맹목적으로 추종한 것이 아니어서 1561년에 초판이 나온 이후 바로 1562에 네덜란드어 판이 나왔고 드 브레가 네덜란드 목사들에게 이것을 잘 감수하도록 했다.[53] 따라서 네덜란드 남쪽 프랑스어권에서 시작된 칼빈주의가 북쪽에서 성장할 수 있었다.[54] 당시에 북부 네덜란드에서 칼빈주의자들은 소수의 지배자였지만, 신앙의 원칙을 선명하게 세우기 위해서 벨직신앙고백서에 서명하도록 촉구했고, 또 당시 발달한 인쇄술로 개혁 신앙을 담아내는 많은 소

---

52 F.L. Rutgers, *Calvijns invloed op de Reformatie in de Nederlanden* (Leeuwarden: De Tille, 1980), 15-16.

53 A.D.R. Polman, *Onze Nederlandsche Geloofsbelijdenis*, 108.

54 D. Nauta, *Het Calvinisme in Nederland* (Franeker: Wever, 1949), 22-44. 1562년의 벨직신앙고백서의 텍스트와 관련해서는 다음을 참조하라. A.J. Jelsma and G.J. van Klinken, "Opkomst van de Gereformeerde Kerk 1550-1572", C. Augustijn, F.G.M. Broeyer, P. Visser, E.G.E. van der Wall (red.) in *Reformatorica: Teksten uit de geschiedenis van het Nederlandse protestantisme* (Zoetermeer: Meinema, 1996), 83.

책자들이 배포됨으로 북부 네덜란드에 개혁 신앙이 광범위하게 확산될 수 있었다.[55] 그 고백서의 내용은 칼빈도 좋게 평가했다. 이 고백서의 본문은 1566년 안트베르펜 회의에서 처음 채택된 후 엠던 대회(Reformed Synod at Emden, 1571)에서 수납되었으며 약간의 수정을 통해서 1618-19에 도르트 총회(National Synod of Dord, 1619)에서 약간의 수정을 거친 후 공인되어 화란개혁교회의 중요 교리 표준이 되었다.[56]

4. 벨직신앙고백서의 교회와 국가론

벨직신앙고백서에 등장하는 국가론은 로마 가톨릭 지배자들이 개혁주의자들을 지속해서 혁명주의자라고 매도했기 때문에 그들이 재세례파의 국가론과는 다르다는 것을 제시해야만 했다. 또한 신조의 27조에서 35조까지 영적 정부인 교회에 대해서 설명했기 때문에 그와 상응하게 이 세상의 정부에 대해서 해설을 할 필요가 있었기 때문이다.[57] 벨직신앙고백서의 국가론은 전체 37개의 항목 중에서 교회와 은혜의 수단들을 설명하고 있는 27-35조에 바로 이어서, 36-37에 국가와 종말론을

---

55 A.J. Jelsma, *Frontiers of the Reformation: Dissidence and Orthodoxy in sixteenth-century Europe* (Aldershot: Ashgate Publishing, 1998), 120-132. 이 책의 네덜란드어판은 다음을 보라. Auke Jelsma, *Zonder een dak boven het hoofd: In het grensgebied tussen Rome en Reformatie* (Kampen: Kok, 1997), 149.

56 John T. McNeill, *The History and Character of Calvinism* (New York: Oxford University Press, 1954), 260-262. Philip Schaff, *The Creeds of Christendom*. Vol. III, 383.

57 Daniel R. Hyde, *With heart and mouth: An exposition of the Belgic Confession* (Grandville, MI, Reformed Fellowship, 2008), 478-479.

설명하고 있는 문맥에 등장한다.[58]

드 브레의 벨직신앙고백서의 국가론은 기본적으로 칼빈과 베자의 국가론을 배경으로 하면서 네 가지 측면을 바탕에 깔고 있다. 첫째 모든 피조물은 하나님의 영광을 높여드려야 한다는 것이고, 둘째 국가는 하나님의 말씀, 특히 하나님의 법에 그 통치가 구속된다는 것이며, 셋째 교회와 국가의 구별과 독립은 계속 유지되어야 한다는 것이고, 넷째 교회와 국가의 지속적인 협력은 성경의 요구라는 것이다.[59]

1) 필립 2세에게 보내는 서신에 나타난 교회와 국가

드 브레는 필립 2세에게 보내는 서신에서 개혁주의자들은 하나님의 말씀과 하나님에 의해서 임명된 왕과 군주와 행정 장관의 가르침을 받는 자들이라고 밝히고 있다. 따라서 이 국가 권위에 대한 저항은 곧 하나님의 통치에 대한 저항이며 정죄를 받을 것이라고 주장한다.[60] 더 나아가 드 브레는 가이사의 것은 가이사에게 하나님의 것은 하나님께 돌리라는 마태복음 22: 21을 인용하면서 왕관을 취하려고 시도하거나 왕에 대한 어떤 음모에 가담하는 것은 이성적인 인간이 정신을 잃지 않고

---

58 A.D.R. Polman, *Onze Nederlandsche Geloofsbelijdenis*, 108.

59 A.D.R. Polman, *Onze Nederlandsche Geloofsbelijdenis*, 266-273.

60 Guido de Bres, Dedicatory Epistle to Philip II, (tr.) Alastair Duke in Daniel R. Hyde, *With heart and mouth: An exposition of the Belgic Confession* (Grandville, MI, Reformed Fellowship, 2008), 500. "For we are instructed both by the Word of God and by the continual teaching of our ministers that kings, princes and magistrates are ordained of God and that whoever resists the authorities, resists the ordinance of God and shall be condemned."

서는 불가하다고까지 주장한다.[61]

국가에 신적인 권위를 부여하면서 국가에 대한 순종을 전제하는 점은 칼빈이 프랑스의 왕 프란시스 1세에게 헌정했던 기독교강요의 서문과 유사하며,[62] 칼빈의 로마서 13장 1절 주석과도 동일하다.[63] 전체적으로 볼 때 벨직신앙고백서와 함께 있었던 드 브레의 서신을 보면, 국가와 위정자의 신적인 권위를 분명하게 하고 있으며, 국가에 대한 저항이나 위정자에 대한 내란 음모는 용납될 수 없다고 명백히 주장하고있다.

2) 벨직신앙고백서 36조에 나타난 교회와 국가

(1) 국가 권위의 근거

① 위정자는 하나님께서 세운 신적 기원

우리는 은혜로우신 하나님께서 왕과 군주와 행정 장관을 세우셨음을

---

61 Guido de Bres, Dedicatory Epistle to Philip II, (tr.) Alastair Duke in Daniel R. Hyde, *With heart and mouth: An exposition of the Belgic Confession* (Grandville, MI, Reformed Fellowship, 2008), 501. "A reasonable man would never suppose, unless he were purblind and robbed of his senses, where it is written, 'Render to Caesar the things that are Caesar's and to God the things that are God's' would ever attempt to take the crown from the King, or engage in any conspiracy against him."

62 Calvin, *Institutes of the Christian Religion*, trans. Ford L. Battles (Philadelphia: Westminster Press, 1960), Prefatory Address to King Francis I of France, 7. (이후 Institutes로 인용함).

63 Calvin, *Commentary on the Epistle of Paul the Apostle to the Romans*, trans. and edit. John Owen, 13:1.

믿는데[64]

벨직신앙고백서는 기본적으로 국가를 통치하는 위정자들이 하나님에 의해서 임명된 것임을 천명한다. 정부는 하나님이 세우신 것이다. 그러므로 그리스도인들은 국가 그 자체를 부정할 수 없다. 지상의 모든 권위가 왕과 권력자의 손에 있는 것은 하나님이 그렇게 하시기를 기뻐하시기 때문이라고 밝히고 있는 칼빈과 동일하게,[65] 위정자는 하나님이 세우신 것으로 인정하고 있는 것이다.

② 인간의 타락에 대한 하나님의 은혜로 주신 것

우리는 은혜로우신 하나님께서, 인간의 타락으로 말미암아, 왕과 군주와 행정 장관을 세우셨음을 믿는데[66]

이 조항에서 국가를 통치하는 자들을 세우신 주체이신 하나님에 대한 수식어로 영어와 한글 번역은 은혜로운 하나님이라고 설명하고 있다. 그러나 도르트 총회의 라틴 텍스트는 자비로운 혹은 선한(benignum)으로 되어있으며 그 이전의 라틴본은 지고하신(Highest 혹은 Greatest)로 되어있다. 여기에서 벨직신앙고백서 27장에서 35장까지 설

---

64 P. Schaff, *The Creeds of Christendom*, vol. 3. 432. "We believe that our gracious God… hath appointed kings, princes, and magistrates, …."

65 Calvin, *Institutes*, 4.20.4.; *Commentary on the Romans*, 13: 1. "qui iuris politici author est."

66 P. Schaff, *The Creeds of Christendom*, vol. 3. 432. "… because of the depravity of mankind, …."

명하고 있는 교회를 통해 구원을 이루시는 구원자와는 구별되는 창조자 하나님이 국가의 기원이 되신다는 의미가 도출된다.[67] 교회와 국가 모두 신적 기원을 가지지만, 그 역할이 서로 구별된다는 점에서 칼빈의 국가관이 이어지고 있다고 평가된다.[68]

그러나 칼빈은 기독교강요(1559년)에서 지상의 모든 일에 대한 권위가 왕들과 다른 권력자들의 수중에 있다는 것은 인간의 패악성 때문에 생긴 일이 아니라 하나님의 섭리와 거룩한 명령에서 유래한 일이라는 뜻이라고 하는 것을 볼 때[69], 칼빈보다는 드 브레가 국가의 권위와 기원으로서 인간의 타락을 강조하는 것을 볼 수 있다. 이것은 드 브레 당시 네덜란드 남부에서 스페인에 의한 가혹한 박해가 진행되고 있었기 때문에 브레는 타락한 인간의 잔인함을 보다 깊이 성찰할 수 있었을 것이다.

③ 법치로 인간의 방종을 막고 질서 유지하기 위함

> 법과 정책에 의해 다스려짐으로 인간의 방종이 제어되고, 만사가 선한 질서와 순서에 따라 움직여지도록 하기 위해서[70]

국가는 인간의 죄성으로 말미암은 사회의 죄를 억제하도록 하나님

---

67   Daniel R. Hyde, *With heart and mouth: An exposition of the Belgic Confession* (Grandville, MI, Reformed Fellowship, 2008), 480-481.
68   Calvin, *Institutes*, 3.19.15.; 4.20.1.
69   Calvin, *Institutes*, 4.20.4.
70   P. Schaff, *The Creeds of Christendom*, vol. 3. 432. "… willing that the world should be governed by certain laws and policies; to the end that the dissoluteness of men might be restrained, and all things carried on among them with good order and decency."

으로부터 권한을 부여 받았다. 벨직신앙고백서가 강조하는 것은 국가가 정당한 법과 정책에 의해서 통치되어야 한다는 것이다. 여기에서 칼빈의 사상이 반영된다. 칼빈의 기독교강요에 의하면 국가는 치안을 보호하며, 시민의 재산을 보호하고, 인간 상호 간의 선한 교제를 가능하게 하며, 정직과 겸양의 덕을 보존한다.[71] 인간 사회의 법과 질서를 유지하기 위해서 하나님이 국가를 세우셨다는 것이다.

(2) 국가의 직무

① 권선징악을 위한 무력 사용

> 이 목적을 위해서 그는 행정 장관에게 검을 부여하셔서, 악한 자를 처벌하고 선을 행한 자를 칭찬하게 하신다.[72]

벨직신앙고백서는 국가는 사회 안에 질서를 유지하며 악한 자를 처벌하고 선한 자를 존중하기 위해서 검을 사용하도록 허락되었음을 말한다. 이 부분 또한 칼빈의 사상과 동일하다.[73] 당시 필립 2세는 네덜란드 남부 지역에서 선한 양심과 신앙을 가졌던 칼빈주의자들을 무차별하게 처형했는데 이것은 진정한 국가의 직무가 아니라는 것을 벨직신앙고백

---

71 Calvin, *Institutes*, 4.20.3.

72 P. Schaff, *The Creeds of Christendom*, vol. 3. 432. "For this purpose he hath invested the magistracy with the sword, *for the punishment of evil doers, and for the praise of them that do well.*"

73 Calvin, *Commentary on the Romans*, 13: 3-4. "Nam gladio armatos diserte pronuntiat, non ad inanem modo speciem, sed quo maleficos feriant."

서는 그 배후에서 강조하고 있다.

② 국가의 신앙적 기능: 복음 전파와 예배를 보호

> 그러므로 그들의 직분은 시민들의 복지 생활을 관심을 가지고 보살피는 것뿐만 아니라, 신령한 사역을 보호함으로써 모든 우상 숭배와 거짓된 예배를 제거하거나 막아내고, 그리하여 적그리스도의 나라가 망하고 그리스도의 나라가 신장되도록 하는 것이다. 따라서 그들은 모든 곳에서 전파되는 복음의 말씀을 경청하여서 하나님께서 그의 말씀에서 명하신 것처럼, 모든 사람들로부터 찬송과 경배를 받으시도록 하여야 한다.[74]

벨직신앙고백서는 국가 또한 하나님의 나라와 무관하지 않다고 본다. 국가의 통치자는 국가와 국민을 보호하고 지킬 뿐 아니라 교회의 거룩한 사역을 보호해야 한다고 주장한다. 벨직신앙고백서는 국가가 우상 숭배와 잘못된 예배를 막을 수 있도록 국가에게 신적인 사명을 부여하고 있다.

이것은 칼빈을 비롯한 당대의 칼빈주의자들의 일반적인 개념이었다. 칼빈은 국가는 교회를 후원하고 인간의 사회적 삶을 보호하는 것이 그

---

[74] P. Schaff, *The Creeds of Christendom*, vol. 3. 432. "And their office is, not only to have regard unto and watch for the welfare of the civil state, but also that they protect that sacred ministry, and thus may remove and prevent all idolatry and false worship.; that the kingdom of antichrist may be thus destroyed, and the kingdom of Christ promoted. They must, therefore, countenance the preaching of the word of the gospel everywhere, that God may be honored and worshiped by everyone, as he commands in his Word."

목적이라고 요약하면서, 국가의 기능에 대해서 하나님께 대한 외적인 예배를 존중하고 보호하고, 건전한 교리와 교회의 지위를 수호하며라고 기술함으로 국가에 종교적이고 교리적인 과제들을 인정하고 있다.[75]

그렇다고 해서 벨직신앙고백서가 국가가 적그리스도와 우상 숭배자들을 실제적으로 박해하도록 촉구하는 것은 아니다. 오히려 작성자인 드 브레는 국가로부터 순교한 사람이다. 결국 국가는 어디서나 복음의 말씀이 전파되고 그래서 하나님이 영화롭게 되고 경배 받을 수 있도록 하기 위함이라는 것을 바로 이어서 강조하고 있는 것에 주목해야 한다. 그러므로 벨직신앙고백서는 국가에게 강력한 신정적인 의무를 부여하고 있다기보다는, 국가 또한 복음 전파와 하나님의 나라의 증진과 무관하지 않고 하나님의 통치하에 있다는 측면을 강조하는 차원에서 이해할 수 있을 것이다.[76]

(3) 국가 통치자에 대한 복종

① 위정자에게 순종하라

> 더 나아가 형편과 자격 또는 조건이 어떠하든지 간에 국가를 다스려 나가는 자들에게 순종하는 것은 주어진 의무이다.[77]

---

75 Calvin, *Institutes*., 4.20.2. "externum Dei cultum fovere et tueri, sanam pietatis doctrinam et Ecclesiae statum defendere."

76 Daniel R. Hyde, *With heart and mouth*: *An exposition of the Belgic Confession* (Grandville, MI, Reformed Fellowship, 2008), 482-484.

77 P. Schaff, *The Creeds of Christendom*, vol. 3. 433. "Moreover, it is the bounden duty of

드 브레는 국가를 통치하는 위정자에게 복종하는 것이 그리스도인들의 의무라고 강조한다. 그리스도인들의 국가에 대한 복종은 칼빈의 주장과 일치한다.[78]

② 국가에 대한 납세의 의무와 하나님의 말씀 안에서의 순종

> 세금을 내며 하나님의 말씀에 그릇되지 않는 모든 일에 있어서 그들을 높이고 존경하며 순종해야 할 것이다.[79]

벨직신앙고백서는 그리스도인이 국가에 세금을 납부해야만 한다고, 비록 짧지만, 강하게 강조하고 있는데, 칼빈 또한 국가는 세금을 거두어야 하고 그것으로 신하들의 평화를 지키고 악한자에게 대항해야 한다고 주석한 바 있다.[80]

③ 위정자를 위해 기도함으로 평안하라

> 하나님께서 그 모든 길에 있어서 그들을 다스리시고 인도하시도록, 그리고 '모든 경건과 단정한 중에 고요하고 평안한 생활'을 할 수 있도록

---

every one, of what state, quality, or condition soever he may be, to subject himself to the magistrates."

78 Calvin, Commentary on the Romans, 13: 1, 5.

79 P. Schaff, *The Creeds of Christendom*, vol. 3. 433. "to pay tribute, to show due honor and respect to them, and to obey them in all things which are not repugnant to the Word of God."

80 Calvin, *Commentary on the Romans*, 13:6.

그들을 위해서 기도해야 한다.[81]

벨직신앙고백서는 국가와 위정자를 위한 그리스도인의 중요한 책임 중 하나로 그들을 위해서 기도할 것을 요청하고 있다. 위정자를 위한 기도의 목적은 그들이 정당한 통치 행위를 할 수 있도록 하는 것과 그 결과로 성도들이 평안 중에 신앙생활을 할 수 있도록 하기 위함이다.

④ 폭력으로 국가에 저항하는 재세례파를 배격

재세례파와 다른 폭동적인 자들의 실수를 혐오하는데, 그들은 권세자와 통치자들을 거부하고 정의를 전복시키며 하나님이 인간 사이에 세우신 품위와 좋은 질서를 혼란하게 하는 자들이다.[82]

벨직신앙고백서는 위정자와 사회 질서는 하나님이 세우신 것이기에 그것을 폭력으로 전복시키는 것은 반대한다고 명확하게 천명하고 있으며 그렇기 때문에, 그 당시의 재세례파를 배격하고 있다. 실제로 벨직신앙고백서가 작성된 후 5년 후 남부 네덜란드 지역에서 1566년에 성상

81　P. Schaff, *The Creeds of Christendom*, vol. 3. 433. "to supplicate for them in their prayers, that God may rule and guide them in all their ways, and that we may lead a quiet and peaceable life in all godliness and honesty."

82　P. Schaff, *The Creeds of Christendom*, vol. 3. 433. "Wherefore we detest the error of the Anabaptists and other seditious people, and in general all those who reject the higher powers and magistrates, and would subvert justice, and confound that decency and good order which God hath established among men."

파괴 운동이 발발했을 때 드 브레는 이 운동을 반대했었다.[83] 그러므로 드 브레와 그의 벨직신앙고백서는 국가에 대한 어떤 형태의 저항과 반란도 거부하고 있는 것을 알 수 있다.[84]

6. 결론: 벨직신앙고백서의 국가론과 네덜란드 독립의 관계

(네덜란드 캄펜신학대학교 교정에 있는 칼빈 동상)

벨직신앙고백서의 국가론은 그리스도인은 국가의 통치자에게 하나님의 말씀 안에서 순종하라고 강조한다. 그리스도인이 국가에 대해서 저항할 수 있는 신학적 가능성은 전혀 인정하지 않고 있다. 벨직신앙고백서는 1561년에 작성되어 1566년 안트베르펜 총회부터 시작해서

---

83 Daniel R. Hyde, *With heart and mouth: An exposition of the Belgic Confession* (Grandville, MI, Reformed Fellowship, 2008), 484.

84 A.D.R. Polman, *Woord en belijdenis : Eenvoudige verklaring van de Nederlandse geloofsbelijdenis*, 317-318.

1618-19년의 도르트 총회까지 지속적으로 네덜란드 개신교도들에게 수납되어 왔다. 그렇다면 국가에 대한 저항권을 인정하지 않고 있는 이 신앙고백서를 받았던 네덜란드인들은 어떻게 1568년부터 80년 동안의 전쟁(Tachtigjarige Oorlog)을 통해 스페인에 대한 저항을 가열차게 진행할 수 있었을까? 벨직신앙고백서의 교회와 국가의 관계론과 스페인에 대한 네덜란드 칼빈주의자들의 반란은 어떻게 신학적으로 조화될 수 있는가? 이에 대한 대답은 세 가지 측면에서 가능하다.

1) 종교적 난민으로서의 역사적 고난을 통해 칼빈주의적인 민족 정체성이 각성되어 새로운 개혁주의 국가인 네덜란드를 위해 스페인에 저항할 수 있는 길이 열리게 되었다.

1567년 알바공이 네덜란드에 도착해서 폭동재판소(Raad van Beroerten)를 세우고 1566년의 성상 파괴 폭동에 대해 많은 자들에게 사형이나 영구 추방이 언도되었다. 그래서 많은 난민들이 발생하였다. 종교적 난민으로서 이동해 다니면서 자신의 칼빈주의적인 민족 정체성을 확고하게 했고 그 결과 수동적인 피해자 정신이 신앙고백적인 투사 정신으로 발전하게 되었다.[85] 이와 같은 네덜란드 민족의식의 각성으로 인해서, 벨직신앙고백서를 적극적으로 수용했던 네덜란드인들에게, 국가에 복종하는 것은, 스페인이라는 국가가 아니라, 네덜란드라는 새로 형성될 개혁주의 국가에게 복종하는 것으로 해석될 수 있었고, 이에 근거

---

85 Geert H. Janssen, "Exiles and the political of reintegration in the Dutch Revolt", in *History* 94 (2009): 38-40.

하여 스페인에게 저항하여 독립할 수 있게 된 것으로 해석된다.

네덜란드인의 신앙 정체성의 형성을 난민됨의 역사와 결합해서 이해하는 것이다.[86]

네덜란드에 칼빈과 베자 모두의 영향이 컸지만 특히 제네바에서 칼빈의 후계자인 베자가 1574년에 상위 독재자에 대한 하위 관원의 저항권을 인정한 *De jure magistratuum in subdito*를 출판한 이후 네덜란드 개혁주의자들에게 크게 수용되어 이론적 토대를 형성했을 것이다.[87]

2) 1560-70년대 스페인의 박해를 소재로 하는 소책자, 연극, 그림이 1609년 휴전기 이후 중요한 역할을 했으며, 그것이 칼빈주의자들과 인문주의자들을을 연대해서 반스페인-독립을 지향할 수 있게 했다.

1609년 스페인과의 휴전기에 네덜란드 칼빈주의자들과 인문주의자 모두 1560-70년대의 스페인의 박해에 대한 그림과 역사 이야기, 또 그것을 토대로 한 연극 등을 통해서 스페인에 반란하고 독립하는 것이 정당하다는 것을 강조했다. 이런 흐름 속에서 벨직신앙고백서의 내용 자체에는 불의한 국가에 대한 저항이라는 직접적인 언급은 없었지만, 벨

---

86 영국의 난민 교회들이 유럽 교회의 모판이 되었다는 연구에 대해서는 다음을 보라. O. Boersma & A.J. Jelsma (ed.), Unity in multiformity: The minutes of the coetus of London, 1575 and the consistory minutes of the Italian Church of London, 1570-1591 (Amsterdam: Publications de la Commission de l'Historie des glises et de la Bibliothque Wallonnes, 1997). 참고로 셀더하위스는 칼빈의 신앙 정체성 형성도 그의 난민됨의 과정과 깊은 관련이 있음을 강조한 바 있다. H. Selderhuis, 『칼빈』.

87 Karla Apperloo-Boersma & Herman Selderhuis, *Calvijn en de Nederlanden* (Alblasserdam: Verloop, 2009), 94-95.

직신앙고백서의 작성자인 드 브레 자신이 그런 순교를 당한 인물이었기에 더욱 강력하게 스페인에 대항하는 독립에 칼빈주의자들이 앞장 설 수 있는 신학적이고 실천적인 가능성을 열어주었다고 볼 수 있다. 특히 요스트 판 덴 폰델(Joost van den Vondel, 1587-1679)을 주목할 만 하다.[88]

네덜란드, 특히 북부 네덜란드인들이 보다 강력한 독립의 의지를 갖게 된 것은, 신학적이고 신앙적인 이유와 더불어 1609년 휴전 이후 광범위하게 읽히게 된 유린된 네덜란드 여성들에 대한 기록들의 역할이 크다고 할 수 있다. 이런 이유로 칼빈주의자들뿐 아니라 인문주의 작가들도 반스페인-독립에 연대할 수 있었던 것이다.[89]

당시 네덜란드의 17개 주 중에서 북쪽의 7개 주가 하나의 민족 국가로 형성되어 네덜란드 공화국(Dutch Republic)을 이루게 되었는데, 1600년만 해도, 이 7개의 주의 연합은 중앙화 되어 있지 않았고, 정치적인 측면에서 상충되는 부분들이 많았고, 신앙적으로도 다양했다. 그러나 그 이후 10여 년이 지나면서 이 공화국은 네덜란드적인 공화국이 되었다. 그 이유는 저자들과 예술가들이 부단한 작품 활동으로 독립을 위한 네덜란드인들의 투쟁을 정당화했고, 이에 따라서 네덜란드인들의 민족적 정체성을 형성하는데 공헌하게 되었다고 볼 수 있다.[90] 심지어 교리적으로 도르트 총회에 동의하지 않았던, 즉 벨직신앙고백서를 받지

---

88 James A. Parente, Jr., *Religious drama and the humanist tradition: Christian theater in Germany and in the Netherlands* 1500-1680 (Leiden: Brill, 1987), 95-153.

89 Amanda Pipkin, "'They were not humans, but devils in human bodies': depictions of sexual violence and Spanish Tyranny as a means of fostering identity in the Dutch Republic", in *Journal of early modern history* 13 (2009), 229-264.

90 이런 네덜란드 공화국(Dutch Republic)의 형성과 발전에 대해서는 다음을 보라. Jonathan I. Israel, *The Dutch Republic: Its rise, greatness, and fall* 1477-1806 (Oxford, 1995).

않았던 저자들과 예술가들조차도, 그들의 종교적이거나 정치적인 성향과 관계없이, 스페인 군대들의 성적 폭력에 대해 자극적인 그림들을 사용해서 의견을 표출함으로 네덜란드 공화국이라는 연합의 정체성을 세우는데 동참할 수 있었다는 것이다. 그러므로 박해를 묘사하는 예술과 인쇄 활동을 통해서 네덜란드인들의 정체성은 지역성을 넘어서서 (supra-regional identity) (1) 폭군에 싸우는 사람들(1609년까지의 스페인의 폭군), (2) 평범한 사람들을 보호하고, 특히 (3) 여성과 어린아이들을 보호하는 것으로 공감했을 것이다.

3) 순수한 교회를 지향했던 네덜란드 칼빈주의자들은 스페인에 저항하여 국가를 수립함으로 국가 교회의 성격을 갖게 되었는데 이 양면성의 딜레마가 후에 17세기 네덜란드 개혁파 경건주의의 심화된 종교개혁(Nadere Reformatie)으로 발전하게 되었다.

스페인 군대가 물러나고 페르디난드 2세가 1558년에 황제직을 이양받으면서, 신성 로마 제국에서 스페인의 영향력은 약화되고 있었다. 1567년 알바공의 도착 이전까지는 스페인과 네덜란드 간의 자연적인 적대감(een naturelicke vijantschap은 강하지 않았다.[91]

그러나 그 직후 스페인에 대한 두려움 때문에, 네덜란드의 가톨릭주의자들이 그들의 적이었던 칼빈주의자들과 연대하게 되었고 그들은 네

---

91 Alastair Duke, "A legend in the making: News of the 'Spanish Inquisition' in the Low Countries in German Evangelical pamphlets, 1546-1550", in *Nederlands Archief voor Kerkgeschiedenis* 77-2 (1997): 142.

딜란드의 칼빈주의화에는 관심이 없었다. 북부 네덜란드 지역의 칼빈주의의 급격한 성장은 이런 사회적이고 종교적인 상황과 관계 있었다.

그러므로 벨직신앙고백서를 수납했던 네덜란드의 칼빈주의자들은 순수한 교회를 지향하며 출발했지만, 스페인에 저항하여 국가를 수립함으로 국가 교회의 성격을 갖게 되었는데 이 양면성의 딜레마가 후에 17세기 개혁파 경건주의의 심화된 종교개혁(Nadere Reformatie)으로 발전하게 되었다. 듀크가 말하듯이 1572년에서 1619년까지 네덜란드의 개혁주의 교회는 벨직신앙고백서가 가르치는 것과 같이 순수한 교회를 원했지만, 결국 국가 종교의 성격을 갖게 되면서 정치적으로 채색된 공적인 교회의 성격을 갖게 되었던 것이다.[92]

이와 같은 상황에서 네덜란드 개혁교회의 지도자들은 정치화된 교회의 성도들이 보다 철저하게 훈련되어야 함을 절실하게 되었으며 1572년 이후 17세기에 점차 교회의 권징과 훈련이 강화되어 갔다.[93] 이런 맥락에서 네덜란드 교회는 제2의 종교개혁인 개혁파 경건주의의 Nadere Reformatie(영어로는 Further Reformation으로 번역함)의 시대로 발전되어 갔다.[94]

---

92 Alastair Duke, "The ambivalent face of Calvinism in the Netherlands, 1561-1618", in *International Calvinism*, 1541-1715 (ed.) Menna Prestwich (Oxford: Clarendon Press, 1985), 112-117.

93 Derk Visser, "Establishing the Reformed Church: Clergy and Magistrates in the Low Countries 1572-1620", in *Later Calvinism: International perspective* (ed.) W. Fred Graham *Sixteenth Century Essays & Studies* 22 (1994), 389-407.

94 Fred A. van Lieburg, "From pure church to pious culture: The Further Reformation in eh Seventeenth-Century Dutch Republic", in *Later Calvinism: International perspective* (ed.) W. Fred Graham *Sixteenth Century Essays & Studies* 22 (1994), 409-429.

13장

고난 속에 피어난 개혁파 경건주의의 출발: 쟝 타펭(Jean Taffin: 1529-1602)

1. 들어가는 글

이번 장에서 제기하는 문제는 16세기 칼빈의 개혁신학의 유럽 확산이라는 역사적 상황과, 칼빈과 칼빈 이후 개혁주의의 신학적 특징들을 고찰하는 문맥에 들어있다.[95] 16세기 제네바에서 진행된 칼빈의 종교개혁 신학이 칼빈 이후에 어떻게 유럽으로 확산되었으며, 그들과 칼빈의 신학은 어떤 특징을 가지고 있는가? 당시 신성 로마 제국의 한 부분으로서 스페인의 가혹한 박해하에 있었고 북부 네덜란드어권과 남부 프랑스어권으로 분리되어 있었던 네덜란드가 1566년 성상 철거 운동 이후 박해 속에서도 개혁 신앙을 확립하고 전파하며 정치적인 독립의 길

---

[95] 본 장은 필자의 다음 논문에 나오는 내용이다. "개혁신학자 쟝 타펭(Jean Taffin: 1529-1602)의 생애와 신학 연구." 「총신대논총」 40 (2021).

로 나갈 수 있었다.[96] 네덜란드의 경우 도르트 총회(1618-19)로 개혁신학을 확립한 이후 황금의 시대인 17세기를 맞이하던 네덜란드 교회에 성화를 강조하면서 개혁주의적 건강한 교리와 경건의 통전성을 강렬하게 지향했던 운동이 있었으며, 그것을 네덜란드 심화 종교개혁(Nadere Reformatie, 영어로는 Further Reformation), 혹은 제2의 종교개혁(Second Reformation)이라고 부른다. 이 개혁 운동은 종합적인 신학적 운동들로부터 영향을 받아 형성되었는데, 공동생활 형제단(Devotie Moderna)과 같은 네덜란드 내부에 있었던 전통적인 신앙 운동의 흐름을 바탕으로 스위스의 개혁주의의 영향을 받았으며 영국의 청교도 운동과 병렬해서 발전했다. 비키는 Nadere Reformatie를 "네덜란드 청교도 운동"으로도 설명하는데, 이번 장에서는 신학적 성격을 고려해서 "네덜란드 개혁파 경건주의"라는 용어도 자주 사용하게 될 것이다.[97]

칼빈은 네덜란드의 자유주의적 니고데모주의자인 코른헤르트(Dirck Coornhert: 1522-1590)를 반박하는 소논문을 1562년에 직접 보내기도 했지만,[98] 칼빈의 신학은 이미 그 이전부터 네덜란드 남부 프랑스어권에서 칼빈에게 공부했던 제자들에 의해서 확산하기 시작했다.[99] 칼빈과 네덜란드 칼빈주의와의 관계와 개혁신학의 확산에 대해 가장 잘 설명

---

96 Fred A. van Lieburg, "From pure church to pious culture: The Further Reformation in eh Seventeenth-Century Dutch Republic," in *Later Calvinism: International Perspective* (ed.) W. Fred Graham *Sixteenth Century Essays & Studies* 22 (1994), 409.

97 Joel R. Beeke, "Personal Assurance of Faith: English Puritanism and the Dutch 'Nadere Reformatie': From Westminster to Alexander Comrie" (Ph.D. Dissertation, Westminster Theological Seminary, 1988.), 401-403.; *Idem*. "The Dutch Second Reformation (Nadere Reformatie)," *Calvin Theological Journal* 28 (1993): 309.

98 안인섭, "칼빈의 개혁 신앙과 교회와 국가의 관계: 네덜란드의 코른헤르트(Dirck Coornhert: 1522-1590)와의 논쟁을 중심으로,"「한국개혁신학」 55 (2017): 8-39.

99 Frank van der Pol, "Calvin and the Netherlands," in *The Calvin Handbook*, (ed.) Herman Selderhuis (Grand Rapids: Eerdmans, 2009), 87-96.

해 줄 수 있는 인물을 꼽으라면 그중에 쟝 타펭(Jean Taffin: 1529-1602)을 들 수 있다.[100] 그는 네덜란드 남부 프랑스어권에서 태어나 전형적인 가톨릭 엘리트로 자랐으나 개혁 신앙을 수용함으로 박해의 위협 속에서 난민이 되었고 결국 제네바에서 칼빈과 베자에게 교육을 받으며 개혁신학이 심화되었다.[101] 이후 그가 목회하거나 거쳐 갔던 곳은 프랑스의 메츠(Metz)와 스트라스부르그(Strasbourg), 네덜란드의 안트베르펜(Antwerpen), 할렘(Haarlem), 암스테르담(Amsterdam), 그리고 독일의 하이델베르그(Heidelberg)와 엠던(Emden) 등에 이른다. 그는 이 기간중 네덜란드의 독립의 아버지인 오렌지공 윌리엄(Willem van Oranje)의 궁정 목사로 10년 가까이 봉사하기도 했다. 그는 결국 북부 네덜란드어권에 정착해서 프랑스어권 난민 목회를 하면서 이후 네덜란드의 개혁파 경건주의와 영국의 청교도 운동에 통찰력을 주는 책들을 저술했다. 이런 의미에서 타펭은 최초의 네덜란드 개혁파 경건주의(Nadere Reformatie) 신학자이자, 국제적인 개혁파 경건주의의 핵심 인물이라고 평가할 수 있다.[102]

특히 이번 장에서 주로 연구하게 되는 타펭의 『하나님의 자녀들의 표지와 그들의 고난에 대한 위로에 대하여』(1586)는 종교개혁 신앙을 받

---

[100] F.L. Rutgers, *Calvijns Invloed op de Reformatie in de Nederlanden* (Leeuwarden: De Tille, 1980), 3, 15-16. Robert Godfrey, "Calvin and Calvinism in the Netherlands," in *John Calvin: His Influence in the Western World*, ed. W. Standford Reid (Grand Rapids: Zondervan, 1982), 97-99. D. Nauta, *Het Calvinisme in Nederland* (Franeker: Wever, 1949), 45-46.

[101] van der Linder, *Jean Taffin: Hofprediker en raadsheer van Willem van Cranje*, (red.) W. Balke and W. van 't Spijker (Amsterdam: Uitgeverij Ton Bolland, 1982). Repinted (Middelburg: Stchting de Gihonbron, 2009), 22-23.

[102] 타펭을 네덜란드 개혁파 경건주의의 선구자로 보기보다는, "최초의" 네덜란드 제2의 종교개혁 신학자라는 주장은 S. van der Linde에 의해서 주장되며 비키도 이에 동조한다. S. van der Linde, *Jean Taffin: Hofprediker en raadsheer van Willem van Oranje*. ; Joel R. Beeke, "The Dutch Second Reformation (Nadere Reformatie)," 299.

아들였다는 이유 하나로 극심한 핍박과 고난, 그리고 난민이 되는 상황을 경험하고 있었던 성도들에게 신앙인의 정체성을 일깨워주고 개혁신학은 고난에 대해 어떻게 해석하고 있는지를 알게 해 주는 중요한 작품이다. 이 책은 처음에 프랑스어로 출판되었고,[103] 1588년에는 네덜란드어로 번역되어,[104] 1590년, 1593년, 1594-97년, 1598년, 1600년, 1613년, 1617년, 1620년, 1628년, 1659년 등 계속 출판되었다. 영어 번역본은 1590에 출판되어 1591년, 1597년, 1598년, 1608년, 1615년, 그리고 1634년 등 지속적으로 번역본이 뒤따랐다.[105] 타펭의 본 저서의 번역과 출판을 보면 알 수 있듯이 이 책은 국제적으로 개혁주의 성도들에게 큰 영향을 주었다.

그러나 비키 교수의 지적처럼, 네덜란드의 개혁주의적 경건주의에 대한 연구는 그 "언어적 장벽" 때문에 영미권 학자들에게 제대로 소개되지 못했으며,[106] 특히 타펭과 같이 프랑스어로 기록한 개혁주의 작품에 대한 연구는 극도로 미미하다. 그것은 개혁주의 교회가 프랑스 국가와 로마 교회로부터 극도로 박해받았을 뿐 아니라 프랑스어로 된 개혁신학적 저작들이 국가에 의해서 소실되었기 때문이다.[107] 그러므로 본 연구

---

103 프랑스어 번역본의 제목은 *Des Marques des enfans de Dieu et des consolations en leurs afflictions* 이다.

104 네덜란드어 번역본의 제목은 다음과 같다. *Van de Merck-Teeckenen der Kinderen Gods, Ende van vertroostinghen in haere verdruckinghen; aen den gheloouighen Nederlanderen.*

105 16세기 영어로 된 초판의 팩시밀리본은 다음을 보라. Jean Taffin, *Of the Markes of the Children of God, and of their Comforts in Afflictions: To the Faithfull of the Low Countrie*, in *The Early Modern Englishwoman: a Facsimile Library of Essential Works, Part 2. Printed Writings 1500-1640*. Vol. 12. (tr.) Anne Lock Prowse (Aldershot: Ashgate Publishing Company, 2001). 여기에서는 1590년판 영어본을 사용할 것이다.

106 Joel R. Beeke, "The Dutch Second Reformation (Nadere Reformatie)," 229.

107 G.J. van Kleef, *A Dieu ta vie En Dieu ta fin: La place de Jean Taffin dans le Pietisme reforme francophone aux XVIeme et XVIIeme siecles et son engagement dans le debat a Metz dans la deuxieme moitie du XVIeme siecle* (Utrecht University, 2008). , 28.

는 이 분야의 연구에 작은 안내가 될 수 있을 것이다.

2. 타펭의 생애와 저작

1) 생애

(1) 가톨릭 청년에서 종교개혁 신앙인으로(1529-1557)

타펭은 1529년 네덜란드 남부이자 프랑스와도 가까운 투르네이 (Tournai)에서 태어났다. 그의 부친은 법률 자문관으로서 유명한 가문

사진 출처: https://en.wikipedia.org/wiki/Jean_Taffin#/media/File:Jean_Taffin.png

출신이었다. 5남 1녀의 형제 자매들은 쟝 테오도르(Jean Theodore)라는 가톨릭 성직자에게 교육을 받았고 이것은 그들이 가톨릭 배경이었

다는 것을 보여준다. 타펭은 이탈리아의 파도바 등의 몇몇 대학에 다닌 후에, 네덜란드 남부의 아라(Arras)[108]에 있는 앙투안 페레노 드 그랑벨(Antoine Perrenot de Granvelle) 추기경의 비서인 피기우스(Pighius)의 추천으로 사서로 발탁되었다. 이때 타펭은 그랑벨과 친분이 있었던 오렌지공 윌리엄을 비롯한 고위 관직에 있는 인사들을 만났을 것으로 보인다.

타펭은 1557년에 그랑벨을 떠났는데 그 이유는 개신교로 개종했기 때문으로 보인다. 타펭의 직업이 사서이기 때문에 새로 출판된 책들을 구입해서 추기경의 도서관에 채우기 위해 안트베르펜(Antwerpen)에 있는 서점을 여러 번 방문하기도 했는데, 이런 일련의 과정에서 개신교 책을 접했던 것이 그 원인이 되었던 것으로 생각된다.[109] 1557년 말에 타펭은 안트베르펜에 있는 지하 교회 즉 "십자가 밑에 있는 교회(de gemeente onder het kruis)"에서 평신도로서 참여하고 있었다.[110] 이것이 타펭의 1차 안트베르펜 체재다. 당대에 교육받은 지역 사회의 한 사람으로 타펭은 그 역할이 기대되고 있었다.

(2) 제네바에서 칼빈과 베자의 제자 되기(1559/60-1561)

안트베르펜 지역에서 개혁주의자들에 대한 박해가 점점 심해지자 타펭과 일단의 성도들은 1558년 6월 이후에 안트베르펜을 떠나 아헨(Aachen)으로 갔다. 그러나 이때 아헨의 정부가 모든 외국인은 도시

---

108 네덜란드어로는 아트레크트(Atrecht)라고도 한다.
109 van Kleef, *A Dieu ta vie En Dieu ta fin*, 13.
110 van der Linder, *Jean Taffin: Hofprediker en raadsheer van Willem van Oranje*, 16.

를 떠나야 한다고 결정했기 때문에 아헨에 오래 머물지 않고 보름스(Worms)로 갔으나 여기에서도 허락을 받지 못해서 1559년 말에 다시 보름스를 떠나 스트라스부르그(Strasbourg)를 거쳐 제네바로 갔는데, 아마도 타펭은 스트라스부르그에서 퀸틴(Quintine)이라고 불리우는 아내와 결혼했을 것으로 보인다. 바로 이 1559년 말에서 1561년 사이에 타펭은 제네바에서 칼빈과 베자 밑에서 신학을 공부했다.[111] 아라의 그랑벨 추기경의 사서로 종교개혁 도서를 읽고 종교개혁 신앙을 가졌던 타펭은 이제 칼빈과 베자를 직접 만나서 확고한 개혁주의 신학자이자 목회자로 세워지게 된 것이다. 타펭이 제네바 아카데미 졸업생이었는지는 확인이 되지 않지만, 칼빈의 제자로서 타펭의 신학에 드리운 칼빈의 영향력은 매우 컸다는 것은 당연했다.

(3) 메츠와 안트베르펜의 개혁주의 난민 목회(1561-1567)

타펭은 1561년 봄 경에 파렐(Farel)에 의해서 메츠(Metz)에 있는 유서 깊은 개혁교회의 목사가 되었다. 1565년에는 귀도 드 브레(Guy de Bres)가 메츠에 찾아와서 타펭과 개신교회의 연합을 논하기도 했고, 타펭은 1566년에 당대 남부 네덜란드의 개혁주의의 중심지였던 안트베르펜의 부름을 받아 다시 안트베르펜에 가서 목회를 하게 된다. 여기에서 로마가톨릭에 대항하는 왈론 총회(Wallonian Synod)에서 저항서를 쓰기도 했다.

필립 2세로부터 이 네덜란드 지역을 통치하도록 위임받았던 마가렛

---

111 van der Linder, *Jean Taffin: Hofprediker en raadsheer van Willem van Orarje*, 22-23.

공주(Marguerite de Parme)는 타펜은 막대한 해악을 끼칠 수 있는 엄청난 이단자라고 지목하면서 체포를 명령했다. 마가렛은 이 안트베르펜을 "저주받은 이단의 온상(dat het een vervloekt ketternest is)"이라고 부를 정도였다.[112]

따라서 타펜은 두 번째로 다시 안트베르펜을 떠나, 1567년 4월 17일에 메츠로 돌아가서 다시 이곳에서 목회를 하게 되었다. 이 당시 네덜란드 남부에서 시작된 스페인의 압제에 반대하는 전 계층의 저항은 전체 네덜란드로 확산해 가고 있었다.[113]

(4) 하이델베르그의 난민 목사로 네덜란드 개혁교회 세우기(1567-1575)

(안트베르펜의 대성당)

---

112 van der Linder, *Jean Taffin: Hofprediker en raadsheer van Willem van Oranje*, 5.
113 김영중 · 장붕익, 『네덜란드사』 (서울: 대한교과서주식회사, 1994), 95-104.

타펭은 안트베르펜을 떠나 메츠로 돌아왔지만 정치적인 위협뿐 아니라 전염병으로 인해 어려운 환경을 맞게 되었다. 1569년 4월 6일 프랑스의 샤를 9세(Charles IX)는 개혁주의 예배를 공개적으로 금하는 명령을 발표했고 예배당이 철거되었다. 다시 메츠의 개혁주의 신앙 공동체가 붕괴하고 있었던 것이다.

타펭은 지역 사회의 일행과 함께 하이델베르그로 피난했다. 당시 하이델베르그는 팔츠의 선제후 프레드릭 3세가 칼빈주의를 관용하고 후원하고 있었기 때문에 많은 칼빈주의자들의 안식처였다. 하이델베르그에서 타펭이 한 활동은 알려져 있지는 않지만 프레드릭 3세와 밀접한 관계를 가졌다는 것은 분명해 보인다.

타펭은 하이델베르그에서 뿐 아니라 국외의 개혁교회를 위한 국제적 활동을 이때 하게 된다. 네덜란드 출신의 난민 개혁교인들은 1571년 북부 네덜란드와 인접한 한자 동맹 도시인 엠던에서 총회(Synode van Edmen)를 개최했다. 타펭은 다테인(Datheen), 콜로니우스(Colonius) 등과 함께 책임 있는 위치로 초청되어 이 회의에 참석했다. 이 엠던 총회의 중요한 결정은 제네바의 교리문답을 사용하는 프랑스어권 왈론 공동체와 하이델베르그 요리문답을 사용하는 네덜란드어권 공동체가 서로의 신학의 일치를 확인하고 상호 승인했다는 것이다.[114] 이 총회로 프랑스어권과 네덜란드어권의 남북 네덜란드 출신의 칼빈주의자들과 프랑스, 벨기에, 그리고 독일에 흩어져 있었던 개혁자들이 연합할 수 있었

---

114 그러나 동시에 판 더 린더는 엠던 총회는 네덜란드 개혁주의가 처음부터 진정한 합일을 보여주지는 못하고 있다는 점을 지적하고 있다. van der Linder, *Jean Taffin: Hofprediker en raadsheer van Willem van Oranje*, 40.

다.[115] 이 화해는 오렌지공 윌리엄과 팔츠의 선제후 프레드릭 3세 모두에게 매우 유익한 것이었다. 실제로 엠던의 네덜란드 난민 신앙 공동체는 오렌지공 윌리엄의 네덜란드 독립 운동을 체계적으로 뒷받침할 수 있는 소수의 조직체 가운데 하나가 되었다.[116] 타펭은 1572-1575년에 플리싱은(Vlissingen), 미델부르그(Middelburg) 및 페이러(Veere) 등에서 순회 목회자(travelling minister)로 활동했다.

(5) 오렌지공 윌리엄의 궁정 목사 활동(1575-1583)

타펭은 1575년부터 네덜란드의 국부인 오렌지공 윌리엄의 궁정의 법정에서 높은 임금을 받으며 일하게 되었다.[117] 타펭은 윌리엄의 궁정 목사로서 1575년 7월 15일 덴 브릴(Den Briel)의 흐로터께르끄(Grote Kerk)에서 윌리엄과 부르봉의 샬롯(Charlotte de Bourbon)의 결혼식 사회를 보기도 했다.

궁정 목사의 업무는 법정에서 매일 사무를 보는 것이었는데 윌리엄은 궁정 목사들에게 정치적이거나 목회적 업무를 의뢰했고 또 정치 문제를 상의하기도 했으며 타펭도 이 임무들을 바쁘게 수행했다. 궁정에서의 교회 관련 업무들은 결국 네덜란드 개혁교회의 설립과 직접적으로 관계되는 일들이었다. 왜냐하면 박해 속에서 뿌리내리지 못하고 있었던 네덜란드 개척교회라는 젊은 교회는 지역 사회에서 권위, 구조, 그

---

115 van Kleef, *A Dieu ta vie En Dieu ta fin*, 15-16.
116 William den Boer, "Het Nederlands Calvinisme," in *Calvijn en de Nederlanden*, eds. Karla Apperloo-Boersma & Herman Selderhuis (Alblasserdam: Verloop, 2009), 92.
117 당시에 일반적으로 목사의 월급은 300길다였는데 타펭은 500길다를 받았다고 하니 상당한 대우였던 것으로 보인다.

리고 교리 등의 많은 문제와 불화를 안고 있었기 때문이다. 궁정 목사는 일련의 과정에서 발생되는 문제들의 해결을 위해서 노력해야만 했다. 타펭과 그의 동료 목사인 빌리에(Loyseleur de Villiers)는 네덜란드의 여러 종교 회의와 노회에 참석했고 타펭을 통해서 노회의 요구 사항이 윌리엄에게 전달되었다. 두 목사들은 공동체를 위해서 교회의 규율을 확립하기 위해 노력하기도 했다.[118]

1582년 5월에 윌리엄의 아내인 부르봉의 샬롯이 세상을 떠난 후 다음 해(1583)에 타펭은 윌리엄의 법정을 떠났다. 아마 타펭은 궁정 목사의 업무에 대한 한계와 회의를 느꼈던 것으로 보인다.

(6) 국제적 개혁교회의 목회자(1584-1602)

오렌지공 윌리엄의 궁정 법정을 떠난 이후 타펭은 잠시 델프트를 거쳐 남부 네덜란드의 중심 도시인 안트베르펜에 머물렀다.[119] 타펭의 동료였던 마르닉스(Philip Marnix van St. Aldegonde: 1540-1598)는 1583년에 안트베르펜의 시장이 되었다. 그러나 1584년에 오렌지공 윌리엄이 암살되자 타펭은 당시 안트베르펜의 시장이었던 동료 마르닉스를 따라 난민으로서 세 번째로 안트베르펜을 떠나 북쪽으로 가야만 했다. 타펭은 지친 몸과 마음을 회복할 겸 엠던으로 갔다가 북부 네덜란드에서 요청을 받아 프랑스어권 남부 네덜란드 출신의 난민들이 많았던 할렘

---

118 van der Linder, *Jean Taffin: Hofprediker en raadsheer van Willem van Oranje*, 43.

119 Guido Marnef, "Antwerpen als Centrum van Calvinisme in de Zuidelijke Nederlanden," in *Calvijn en de Nederlanden*, eds. Karla Apperloo-Boersma & Herman Selderhuis (Alblasserdam: Verloop, 2009), 64-85.

(Haarlem)에 정착했다.[120] 이 시대에 인쇄술이 발전했기 때문에 네덜란드 북쪽은 개혁신학 책자들이 인쇄되어 배포될 수 있는 좋은 환경이었다.[121]

타펭이 네덜란드의 신실한 성도들에게 보내는 헌정사를 담아 『하나님의 자녀들의 표지와 그들의 고난에 대한 위로에 대하여』를 출판했던 것이 바로 이 어간인 1586년이다. 타펭의 책은 1588년부터 네덜란드어로, 또 1590년부터 영어로 지속적으로 번역되어 그의 영향력은 유럽 대륙과 영국으로 확산되었다. 타펭은 1587년을 포함하여 여러 차례 왈론 총회(Wallonian Synod)를 주재하기도 했다.

타펭은 암스테르담에서 마지막 교회 공동체를 섬기며 네덜란드의 유력한 신학자들과 목회자들과 교제하며 갈등을 해결하기도 했다. 당시 전염병이 도시를 여러 차례 휩쓸었고 1602년 여름에 타펭의 아내가 병에 걸렸는데 그 여파로 타펭 자신이 병에 걸려 세상을 떠났으며 그의 장례식은 1602년 7월 17일에 행해졌다.[122]

2) 저작

(1) 『하나님의 자녀들의 표지와 그들의 고난에 대한 위로에 대하여』 (1586)의 출판과 번역

---

120 van der Linder, *Jean Taffin: Hofprediker en raadsheer van Willem van Oranje*, 66-68.
121 A.J. Jelsma, *Frontiers of the Reformation: Dissidence and Orthodoxy in Sixteenth-Century Europe* (Aldershot: Ashgate Publishing, 1998), 120-132.
122 van Kleef, *A Dieu ta vie En Dieu ta fin*, 18.

타펭의 저작들의 특징은 목회자적인 작품이라는 것이다. 그는 목회자로서 항상 자신의 교구의 성도들을 대상으로 작품을 썼다. 그러던 타펭이 대중에게 폭발적인 반응을 얻은 저서가 바로 『하나님의 자녀들의 표지와 그들의 고난에 대한 위로에 대하여』라고 할 수 있다. 이 저서는 1585년에서 1586년 그의 칼빈주의 동료인 마르닉스가 시장으로 있었던 안트베르펜이 스페인의 군대에 항복한 후에 안트베르펜을 떠나 독일의 엠던에 체재하던 시기에 기록된 것이다. 타펭은 1586년에 네덜란드 지역에서 프랑스어권 난민들의 목사로 사역하게 되면서 본 저서를 레이든에서 프랑스어로 출판했다.[123] 그 제목은 "하나님의 자녀들의 표지와 그들의 환난에 대한 위로"(Des Marques des enfans de Dieu et des consolations en leurs afflictions)이다.

타펭의 이 책은 1588년에 화란어로 바로 번역되었으며 그 제목은 *Van de Merck-Teeckenen der Kinderen Gods, Ende van vertroostinghen in haere verdruckinghen; aen den gheloouighen Nederlanderen*이다. 그 이후 1590년, 1593년, 1594-97년, 1598년, 1600년, 1613년, 1617년, 1620년, 1628년, 1659년 등 지속적으로 출판되었다. 이 저서의 네덜란드어 번역본은, 1594년에 프랑스어로 출판되어서 다음 해인 1595년에 바로 영어와 네덜란드어로 번역되었던 "삶의 참회"(De Boetvaardigheid des Levens / The Amendment of Life)와 두 권이 묶여서 출판되기도 했는데, 이 합본은 매우 영향력 있는 저서였다.

타펭의 본 저서의 최초의 영어 번역본은 네덜란드어 번역본보다 2년 늦은 1590에 출판되었다. 초판의 16세기 영어로 된 원래의 제목은

123　van Kleef, *A Dieu ta vie En Dieu ta fin*, 18.

*Of the Markes of the Children of God, and of their Comforts in Afflictions: To the faithfull of the Low Countrie*이다.[124] 그 이후 1591년, 1597년, 1598년, 1608년, 1615년, 그리고 1634년 등 지속적으로 영어판이 출판되었다. 타펭의 본 저서는 그 외에도 독일어로도 번역된 것을 보면 알 수 있듯이 당시로서는 흔하지 않은 국제적인 베스트셀러였다.

(2) 타펭의 그 외 저서들

타펭은 1589년에 『재세례파의 오류에 대한 소개』를 프랑스어로 출판했다. 본래의 프랑스어 제목은 *Introduction contre les erreurs des Anabaptistes*이며 영어 번역본의 제목은 *Advice Opposing the Anabaptists' Errors*인데 한글 제목은 프랑스어의 의미를 더 살린 것이다. 타펭의 이 저서는 *Onderricht tegen de dwalingen der Wederdopers*라는 제목으로 네덜란드어로 번역되었다.[125]

1591년에 타펭은 처음부터 네덜란드어로 출판되었던 *Vermaninghe Tot Liefde ende Aelmoesse, Ende van de Schuldighe Plicht ende Troost der Armen*을 출판했다. 직역한 제목은 『사랑과 자선, 그리고 의무적인 직무와 가난한 사람들의 위로에 대한 훈계』이며 영어 번역본의 제목은 *Admonitions on Love and Alms*이다.[126] 타펭이 네덜란드어로 작품을 저술하기에는 어려웠을 것이며 누군가 네덜란드어로 번역한 것을 처음 출판했을 것으로 보인다.

124　Jean Taffin, *The Marks of God's Children* (Grand Rapids: Baker Academic, 2003), 18-19.
125　Jean Taffin, *The Marks of God's Children*, 21.
126　Jean Taffin, *The Marks of God's Children*, 21.

1551년에 프랑스 왕에 의해서 선언된 샤토브리앙 칙령에 의해서 프랑스 안에서 종교개혁 도서가 금지되었다. 1598년 낭트 칙령으로 조금 숨통이 트였지만, 1685년에 낭트 칙령이 다시 폐지되면서 전 프랑스에서 개혁주의 저서들이 파기되었다. 따라서 프랑스 개혁주의는 프랑스 국경 밖에서 프랑스어를 사용하는 개혁자들에 의해서 발전하게 되었는데, 그 중심에 타펭이 있었던 것이다.

3. 『하나님의 자녀들의 표지와 그들의 고난에 대한 위로에 대하여』 (1586)

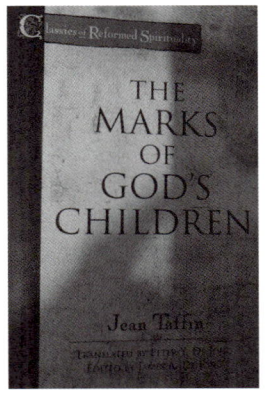

(타펭의 『하나님의 자녀들의 표지와 그들의 고난에 대한 위로에 대하여』 (영어번역본)

1) 저술 동기

타펭은 그의 책의 서문에서 이 책을 "네덜란드에 있는 신실한 성도들"에게 헌정하고 있다. 현재 네덜란드에 있는 교회는 세상의 공격과 경건하지 못한 자들의 도전과 이단의 확산 등에 시달리고 고난을 당하고 있지만 그것은 곧 전투하는 교회의 정체성이기도 하다.[127] 타펭은 이 책을 통해서 성도들이 박해와 역경 속에서도 하나님의 은혜를 체험하고 하나님의 자녀로 입양됨을 확증하기를 기대하고 있다. 그는 성도들이 고난 중에도 말씀 안에서 위로받고 성령 안에서 영광의 나라를 사모하기를 바란다. 타펭은 자신의 이 책을 통해서 네덜란드의 신실한 성도들이 성령의 능력으로 위로가 되고 구원에 도움이 되며 그리스도의 나라를 확장하기 위해서 더 힘써 줄 것을 당부한다.

그리고 이 저서의 맨 끝에서는 이 책을 통해 건전한 교리로 성도들이 힘과 격려를 받고 그 안에 굳게 서며, 경건과 사랑의 역사로 그것을 확증하기를 전심으로 기도하며 바라고 있다. 그리스도 예수 안에서 하나님의 귀한 자녀로서, 또 성령의 능력으로 모든 유혹과 시험을 이겨내고, 하나님이 예수 그리스도를 통해 그의 자녀에게 예비하신 영광의 면류관을 마침내 받을 것을 위해서 기도하겠다고 마무리하고 있다.[128]

그러므로 타펭은 본서를 통해서 고난 중에 있는 네덜란드 성도들, 그리고 나아가 전 세계의 고난당하는 성도들이 건강한 교리를 가지고 세상과 비진리의 도전 앞에서도 하나님의 나라를 위해 더욱 전진할 것을 당부하고자 했던 것이다.

---

127 Taffin, *Of the Markes of the Children of God, and of their Comforts in Afflictions*, A 2.
128 Taffin, *Of the Markes of the Children of God, and of their Comforts in Afflictions*, 117-118.

2) 신학적 내용

(1) 하나님의 자녀됨의 외적 표지(External Mark)와 내적 표지(Internal Mark)

타펭은 하나님의 자녀의 표지를 외적인 표지와 내적인 표지로 나누고 있다.[129] 외적인 표지는 그리스도의 교회를 이루는 구성원이 되는 것이다. 참된 교회의 표지는 첫째 하나님의 말씀이 진실되게 선포되는 것이다. 둘째 표지는 성례와 성찬이 순수하게 집례 되는 것이다. 셋째 표지는 하나님의 독생자 예수 그리스도의 이름으로만 한 분 하나님께 나아가는 것이다. 하나님을 아버지로 여기는 모든 사람들은 교회를 어머니로 여기기를 바란다. 교회를 어머니로 받아 그 안에서 거듭나고 양육받은 사람이라면 하나님을 아버지로 부르는 것은 당연하다.

하나님의 자녀의 내적인 표지는 첫째는 믿음으로 의롭다함을 받은 우리 마음을 성령께서 인치시는 것이다. 둘째는 삶의 열매, 즉 하나님 때문에 이웃을 사랑하고, 악을 미워하며 전심으로 하나님께 순종하는 삶이다. 이때 내적 표지와 외적 표지들을 아우르는 것이 성령의 증거라는 것이 타펭의 신학에서 특징적이라고 할 수 있다.

(2) 구원의 확신

타펭은 영원한 생명(Eternal Life)을 3단계로 나누어 설명하고 있다.

---

129 Taffin, *Of the Markes of the Children of God, and of their Comforts in Afflictions*, 2장 (11-17).

첫 단계는 영혼이 예수 그리스도 안에서 하나님과 화해함으로 양심의 평강과 성령 안에서의 기쁨을 누리는 것이다. 두 번째 단계는 영혼과 육체가 분리될 때 영원한 생명을 경험하는 것이다. 신자에게 죽음은 곧 영생이다. 영원한 생명의 세 번째 단계는 예수 그리스도께서 다시 오실 영광스런 그날에 우리 몸이 잠에서 깨어나 부활할 때 경험하게 되는 것이다.[130]

타펭은 구원의 확신에 대해 공격을 받는 사람들을 두 종류로 보고 있다. 첫째 자기가 하나님의 자녀가 될 자격이 있는지를 확인해서 구원의 확신을 얻으려는 사람들이다. 그러나 그들에게는 끝없는 의심과 절망이 있을 뿐이다. 두 번째 사람들은 하나님의 택하신 자 중에 자기가 있는지 확인하려고 하는 자들다. 그러지만 타펭에 의하면 하나님이 우리를 여전히 사랑하셨고 지금도 사랑하시고 그리스도 예수 안에서 자녀로 받아주신다는 결론은 오직 복음 안에서만 가능한 것이다. 하나님은 우리가 하나님의 자녀라는 믿음을 복음 안에서 계시하시고 성례의 집행을 통해서 강화시켜 주신다. 즉 교회의 참된 표지인 거룩한 복음의 선포와 거룩한 성례의 집행을 통해 우리는 우리의 구원에 대한 확신을 얻는다. 이 믿음은 하나님의 선물이며, 우리가 양자됨은 하나님의 선한 뜻이다. 성도는 교회의 지체이며 하나님의 자녀이고 영원한 하나님 나라의 상속자임을 확신할 책임이 있다.[131]

그러므로 하나님의 자녀됨의 표지들, 즉 양자됨에 대한 감정과 증거가 미약해서 실패하고 공격받는 경우가 많지만, 우리는 이런 표지들을

---

130   Taffin, *Of the Markes of the Children of God, and of their Comforts in Afflictions*, 1장 (1-11).
131   Taffin, *Of the Markes of the Children of God, and of their Comforts in Afflictions*, 3장 (17-25).

소유하고 있는 분명한 하나님의 자녀들이며 영원한 생명의 상속자들이므로 타펭은 이 사실을 확신할 수 있으며 또한 확신하라고 강조하고 있다.[132]

타펭은 그럼에도 불구하고 우리가 하나님의 자녀라는 것을 의심하게 만드는 외적인 유혹을 두 가지 제시한다. 첫째 교회와 교회의 가르침을 버리고 배교한 사람들이 공격하거나 둘째 혹독하고 중단없는 박해가 그것이다. 그러나 하나님은 이 모든 상황을 통해서 교회가 거룩해지기를 원하신다.[133]

(3) 고난은 하나님의 자녀됨의 표지이며, 징계/치료책

1560년대 이후 네덜란드 남부에서는 스페인의 박해로 고난이 극대화되어 있었고 난민들이 발생했으며 타펭 자신도 그 당사자였다. 당시 네덜란드의 성도들은 물건을 약탈당하고 재산을 몰수당하고 직위에서 쫓겨나고 조국에서 난민으로 유리 방황하게 되었다. 친척이나 친구들이 개혁 신앙을 가진 성도들을 미워하고 감옥에 넣고 조롱하고, 칼과 불로 박해 했다. 더군다나 그리스도의 나라인 하나님의 교회가 세상의 권력자들로부터 무서운 공격을 받았으며, 신실한 성도들이 가난의 고난을 당하는 동안 그들은 권력과 명예를 향유했으며, 오히려 성도들은 국가 반란자요 급진적인 혁명주의자로 몰렸다.

타펭은 개혁교회 성도들이 고난을 받는 상황들을 상세하게 설명한

---

132   Taffin, *Of the Markes of the Children of God, and of their Comforts in Afflictions*, 4장 (26-47).
133   Taffin, *Of the Markes of the Children of God, and of their Comforts in Afflictions*, 5장 (47-56).

후에, 이런 고난이 있는데도 하나님의 자녀일 수 있는가를 반문한다. 타펭은 역설적으로 이런 고난이 오히려 우리가 하나님의 자녀이고 축복을 받은 자임을 더 확신케 해 준다고 강조한다. 성령은 하나님의 자녀들이 박해당할 것이며 가난과 박해와 압제를 겪을 것이라고 자주 예언하셨다는 것이다. 요컨대, 성도가 고난당할 때 고난은 성도의 정체성을 명확하해 주는 표지라는 것이다.[134] 하나님은 성도들이 교회의 구성원임을 확인하게 해 주기 위해서 주시는 표지 중에 우리의 상처와 고난도 있는 것이다.[135]

그러므로 고난에 대해 요약해 보자면, 교회가 박해받고 교인들이 핍박을 받을 때, 과연 이들이 참된 교회이며 참된 하나님의 자녀인지 의심이 생길 수 있다. 그렇지만 16세기 말에 네덜란드 개혁교회 성도들이 고난을 받는 것 이전에 이미 훌륭한 성도들이 고난을 받았다. 타펭에 의하면 성경에 고난과 십자가가 거짓된 교회의 표지요 세상의 자녀들의 표지라는 말이 없다는 것이다. 오히려 정반대로 성도들이 박해를 받을 때 그 박해가 하나님의 자녀됨의 정체성을 알려주는 증거가 된다. 핍박받는 사람은 그리스도의 몸의 지체인 다른 사람들과 함께 영광스러운 표지를 받을 것이라고 타펭은 말한다.[136]

타펭은 한 단계 더 나간다. 하나님의 자녀들이 받는 고난은 하나님의 징계이자 치료책이라고 보았다. 성도의 고난은 자신의 죄를 보게 하며 겸손하게 한다. 하나님의 자녀는 고난 중에 회개하고 다시는 범죄하지 않겠다는 진정한 결심을 하게 된다는 것이다. 성도의 박해는 영혼의 치

---

134 Taffin, *Of the Markes of the Children of God, and of their Comforts in Afflictions*, 6장 (56-58).
135 Taffin, *Of the Markes of the Children of God, and of their Comforts in Afflictions*, 7장 (58-63).
136 Taffin, *Of the Markes of the Children of God, and of their Comforts in Afflictions*, 8장 (63-74).

료약이다. 이 맥락에서 타펭은 하나님을 창조주이자 구원자임을 강조한다. 하나님은 아버지로서 우리에게 고난을 허락하시기 때문에, 우리를 사랑과 지혜로 대하시며 하나님의 영광과 우리의 평안과 구원에 유익한 방식으로만 일하신다는 것을 확신할 수 있다. 그러므로 성도들은 고난의 학교에서 하나님께 대한 순종의 진정한 의미를 알게 된다는 것이다.[137]

(4) 고난의 종말론적 성격

타펭은 하나님의 자녀에게 주어지는 고난은 명예로운 것이기도 하다고 설명한다. 의와 복음과 교회와 예수 그리스도의 이름, 그리고 하나님에 대한 사랑으로 인해서 발생하는 박해와 고난이 그것이다. 이런 고난 가운데서도 성도는 하나님의 섭리 안에서 평안과 만족을 발견하게 된다. 그러므로 신자들은 고난 중에도 영생에 약속된 보상을 바라보아야 한다. 비록 세상의 권세가 성도들의 재산을 강탈한다 할지라도 하나님은 하늘나라를 주실 것이다. 세상 사람들은 성도들을 지상 도성에 속한 자들로 보지 않지만, 하나님은 성도들에게 하늘의 예루살렘의 시민권을 주신다. 여기에서 우리는 타펭이 고난을 종말론적이고 섭리론적인 차원에서 설명하고 있음을 발견할 수 있다.[138]

그래서 성도들은 예수님의 이름으로 고난을 받을 때 오히려 영원한 유익을 얻게 된다. 더 나아가 고난의 다른 열매는 고난당하는 성도들이

137　Taffin, *Of the Markes of the Children of God, and of their Comforts in Afflictions*, 9장 (75-85).
138　Taffin, *Of the Markes of the Children of God, and of their Comforts in Afflictions*, 10장 (85-95).

예수님의 진리의 증인으로 세워지는 것이다. 진리를 지키다가 박해를 당하고 순교하는 사람들은 이런 다양한 방식으로 결국에는 하나님을 영화롭게 하며 이웃을 세워주게 되는 것이다.[139]

종말론적으로 볼 때 성도들은 고난 중에도 그리스도 안에서 영원한 생명을 얻게 될 것이다. 이것이 세상에서 고난 당하는 성도들에 대한 최고의 위로와 소망이다. 산상 수훈도 의를 위해 박해를 받는 자에게 천국이 저희 것이라고 가르치고 있다.[140]

(5) 고난과 성화

타펭은 우리가 하나님의 자녀로 입양된 이유는 우리 안에서 그리스도의 모습을 닮아가게 하기 위함이라고 강조하고 있다. 예수 그리스도를 믿어 칭의(justification)를 얻은 성도들은 성령을 따라 살아야 한다. 신자의 성화를 위해서도 성령이 필요하다. 타펭에게 있어서 중요한 것은 자기 사랑을 버리고 하나님이 우리를 사랑하신 것처럼 서로 사랑하는 것이다. 바로 이 사랑이 하나님의 자녀들을 마귀의 자녀들과 구별하는 시금석이 되며 신자들은 그리스도의 충성스런 제자가 되는 것이다. 성도는 한 몸의 지체로서 불화나 다툼이 없어야 하며 우는 자들과 함께 울고, 기뻐하는 자들과 함께 기뻐해야 한다.

특별히 사람들에게 남아 있는 하나님의 형상을 중하게 여기고 사랑하면서 서로 한 형제임을 인정하라고 권면한다. 성도들은 이웃에게 빛

---

139 Taffin, *Of the Markes of the Children of God, and of their Comforts in Afflictions*, 11장 (95-100).
140 마태복음 5:10.

진 사람들이며, 우리가 가진 모든 재능들을 나누어야 할 의무가 있다고 보았다. 타펭에 의하면 그렇지 않으면 하나님은 우리에게 책임을 물을 것이다.[141]

(6) 교회와 하나님의 나라

타펭에 의하면 교회는 하나님의 집이다. 하나님은 성도를 이 교회로 부르시고 자라게 하시며 양자됨의 인침을 허락하셨다. 그리고 우리가 하나님의 자녀임을 나타내는 표지들을 교회에 주셨고, 교회에서 그 아들 예수 그리스도의 형상을 본받게 하는 일을 시작하셨다. 그러므로 성도들은 어머니가 되는 하나님의 교회에 확고하게 거하여 하늘 아버지의 상속자가 된다. 성도는 교회의 구성원으로 남아야 한다. 교회는 진리의 기둥이며 하나님의 자녀들의 어머니이기 때문이다. 타펭은 교회는 그리스도인들에게 학교이기 때문에, 처음 성도들을 "제자들"이라고 불렀다고 말한다. 인간은 연약한 존재이므로 교회 안에서 일생동안 그리스도의 학생들로 남아 있어야 한다.[142]

그러나 타펭의 시대 개혁교회는 사방에서 극심한 공격을 받고 있다. 그러므로 하나님의 교회를 보호하고 교회의 안전과 성장을 위해 매일 기도해야 한다.[143] 타펭은 그의 『하나님의 자녀들의 표지와 그들의 고난에 대한 위로에 대하여』의 맨 마지막에 등장하는 거룩한 묵상과 기도를 기록하면서 남은 자들을 보호하시고 무너져 흩어진 교회를 다시 회복

---

141 Taffin, *Of the Markes of the Children of God, and of their Comforts in Afflictions*, 12장 (108-118).
142 Taffin, *Of the Markes of the Children of God, and of their Comforts in Afflictions*, 12장 (101-118).
143 Taffin, *Of the Markes of the Children of God, and of their Comforts in Afflictions*, 13장 (118).

해 달라고 하나님께 탄원한다. 타펭은 성도들의 보호만을 간구하는 것이 아니라, 적극적으로 복음이 전해지지 않은 곳에 주의 거룩한 말씀이 선포되기를 기도하고 있다. 그래서 주께서 택한 자녀들을 모으시고 그리스도의 나라가 왕성하게 확장되기를 간구하면서 이 책을 마치고 있다.[144]

(칼빈이 제네바에서 축출되어 1539~1541년간 머물면서 목회했던 스트라스부르그 프랑스 난민 교회. 지금의 교회 공동체는 자신의 초대 목회자가 칼빈이었다고 기록하고 있다.)

4. 『하나님의 자녀들의 표지와 그들의 고난에 대한 위로에 대하여』의 역사적-신학적 의미

1) 타펭과 교부

타펭은 하나님의 자녀들의 표지에 대한 자신의 저작에서 교부들을 인용하고 있다. 본 작품에서 절대적인 비중으로 긍정적인 문맥에서 인

---

144 Taffin, *Of the Markes of the Children of God, and of their Comforts in Afflictions*, 13장 (124).

용되고 있는 교부는 어거스틴이다.[145] 타펭은 어거스틴을 사용해서 모든 성도는 흠없이 하나님 앞에 서기를 갈망하지만 죄악된 육신을 벗고 하나님 앞에 서기까지는 그 목표에 도달할 수 없다고 말하고 있다. 성례를 보이는 말씀이라고 했던 어거스틴을 인용하면서 하나님의 자녀됨의 표징으로서 교회를 설명한다. 하나님께 대한 기도를 설명할 때도 어거스틴이 사용된다. 또한 하나님께서 택한 자를 끝까지 선하게 인도하신다는 설명에서 타펭은 어거스틴을 인용한다.

어거스틴 외에 갑바도기아의 교부인 나지안주스의 그레고리와 어거스틴과 동시대 동방 최대의 교부인 크리소스톰이 적은 빈도지만 인용되고 있다. 그러나 어거스틴 다음으로 가장 많이, 그리고 긍정적으로 등장하는 것은 중세의 클레르보의 베르나르다. 나지안주스의 그레고리는 하나님의 징계에 대해서 설명할 때 이용되고 있으며[146], 크리소스톰은 하나님의 자녀는 기도해야 한다는 부분과, 박해 중에도 영원한 생명을 바라보며 두려워하지 말고 기도하라는 부분에서 인용되고 있다.[147] 타펭은 베르나르의 글을 통해서 우리가 하나님을 사랑하는 이유는 하나님 안에 사랑이 있기 때문이라는 것과 우리 안에 내재하시는 성령께서 우리를 진리로 인도하시며 우리가 하나님의 자녀임을 확증해 주신다는 것을 설명하면서 베르나르를 사용하고 있다.[148]

---

145 타펭은 『하나님의 자녀들의 표지와 그들의 고난에 대한 위로에 대하여』에서 하나님의 자녀들에게 약속된 영원한 생명(1장), 하나님의 자녀의 표지(2장), 교회의 증표(3장), 하나님의 자녀로 입양됨의 표지(4장), 배교자 때문에 성도의 양자됨을 의심하지 말 것(5장), 그리고 성도들의 고난(9장)을 다루고 있는 부분에서 어거스틴을 인용하고 있는데 특히 4장에서 가장 많이 나타나고 있다.

146 Taffin, *Of the Markes of the Children of God, and of their Comforts in Afflictions*, 9장.

147 Taffin, *Of the Markes of the Children of God, and of their Comforts in Afflictions*, 4장과 12장.

148 베르나르의 경우는 타펭의 책에서 1장과 2장, 그리고 9장과 11장에서 사용하고 있다.

정리해 보면, 타펭은 그의 책에서 거의 전체 장에 걸쳐 교부들을 인용하고 있다. 어거스틴을 가장 많이 사용하고 있고 그 다음이 중세의 베르나르, 그 외에 동방 교부 중에서도 나지안주스의 그레고리와 크리소스톰 등을 광범위하게 활용하면서 자신의 신학이 보편적인 기독교 전통 위에 서 있음을 드러내고 있다.

2) 타펭: 칼빈의 제자

타펭의 신학적 특징을 이해하기 위해서는 칼빈의 신학과 비교하는 것이 유익하다. 왜냐하면 타펭은 1554-1557년에 그랑벨 추기경의 사서로 일하다가 종교개혁 신앙을 가지게 되었지만, 1559년 말에서 1561년 사이에 제네바로 가서 직접 칼빈과 베자 밑에서 신학을 공부함으로 그의 개혁신학이 확립되었기 때문이다. 그러므로 타펭의 신학 가운데 어떤 부분에 칼빈의 신학이 반영되어 있으며 타펭의 신학적 특징은 무엇인가를 고찰하는 것은 큰 유익이 있을 것이다.

(1) 하나님의 자녀의 외적인 표지인 교회의 강조

타펭은 하나님의 자녀의 표지를 외적인 표지와 내적인 표지로 나누고 있다. 외적인 표지는 그리스도의 교회의 구성원이 되는 것인데 타펭은 첫째 하나님의 말씀이 바르게 선포되고, 둘째 세례와 성찬이 순수하게 집행되고, 셋째 예수 그리스도의 이름으로만 하나님께 나가는 것을 제시하고 있다. 타펭은 또한 하나님을 아버지로 여기는 모든 사람들은 교회를 어머니로 여겨야 한다고 강조하면서 어머니 되시는 교회 안에서 거듭나고 성장하고 양육 받을 것을 강조하고 있다.[149] 교회가 어머니라 하는 것은 이 어머니의 배에서 잉태되는 것 외에는 영생으로 가는 다른 길이 없다는 것이다. 교회는 성도들을 낳고 그 품에서 먹이고, 마침내 우리를 영원히 다스리고 보호하며 보존한다.[150]

바로 이 지점에서 타펭이 말하는 앞의 두 개의 교회의 외적인 표징은 칼빈이 말하는 참된 교회의 표지와 정확하게 일치한다. 칼빈도 참된 교회는 말씀이 선포되고 세례와 성찬이 집례되는 곳이라고 강조하고 있다.[151] 칼빈 역시 교회를 어머니로 보면서 성도들이 교회에서 양육되어야 한다고 역설하고 있다.[152]

(2) 하나님의 자녀에게 내주하시는 성령

타펭에 의하면 성령은 우리가 하나님의 자녀임을 증거해 주는 내적인 표지다. 성령으로 인해 우리가 믿음으로 의롭게 된 하나님의 자녀라는 확신을 갖게 된다. 성령의 내적 증거에 의해서 성도는 마음의 평강과 양심의 자유를 얻는다. 동시에 삶 속에서 하나님을 사랑하고 이웃을 사

---

149 Taffin, *Of the Markes of the Children of God, and of their Comforts in Afflictions*, 2장 (11-17).

150 Taffin, *Of the Markes of the Children of God, and of their Comforts in Afflictions*, 12장 (108-118).

151 Iohannes Calvinus, *Institutio Christianae Religionis*, in *Ioannis Calviai opera quae supersunt ominia*, eds. G. Baum, E. Cunitz, E. Reuss. Vol. 2 (Brunswick: C. A Schwetschke, 1868), cols. 753-754. "Hinc nascitur nobis et emergit conspicua oculis nostris ecclesiae facies. Ubi enim cunque Dei verbum sincere praedicari atque audiri, ubi sacramenta ex Christi instituto administrari videmus, illic aliquam esse Dei ecclesiam nullo modo ambigendum est; quando eius promissio fallere non potest…." 이하 *CO*로 표기한다. John Calvin, *Institutes of the Christian Religion*, trans. Ford L. Battles (Philadelphia: Westminster Press, 1960), 4.1.9. 이하 *Institutes*로 표기한다.

152 Calvin, *CO* 2, cols. 745-746 (*Institutes*, 4.1.1.). 이것은 결국 타펭이 키프리안부터 어거스틴을 거쳐 칼빈에 이르는 신학적 흐름과 일치하고 있음을 잘 보여주고 있다.

랑하는 열매를 맺게 하는 것도 성령의 증거다.[153] 이와 동시에 타펭은 성도는 성령 안에서 살아야 한다고 권면하고 있다. 우리가 성령의 도우심으로 예수 그리스도를 믿어 칭의(justification)를 받았다면, 성화를 위해서도 성령의 도우심이 필요하다.[154]

타펭의 스승인 칼빈 또한 성령은 우리를 그리스도와 연합하게 하는 신비한 능력이며 성령의 사역으로 우리가 믿음을 가지게 된다고 가르치고 있다.[155] 칼빈은 우리 안에 내주하시는 성령만이 우리가 하나님의 자녀인 것을 증거한다고 명백하게 말한다.[156] 칼빈 또한 타펭과 같이 성화에 있어서 성령의 사역을 강조하고 있다.[157]

경건에 대한 개념도 타펭은 칼빈을 그대로 따르고 있다. 타펭이 명확하게 표현하는 것은 성경은 경건, 하나님을 향한 사랑, 하나님에 대한 순종을 "하나님을 경외함"이라는 말로 표현한다는 것이다. 하나님을 경외하는 사람이 하나님의 자녀다. 하나님을 경외한다는 것은 하나님을 향한 존경이 너무 커서 그분을 노하게 하는 걸 두려워하는 태도다.[158]

타펭이 말하는 경건의 신학 역시 칼빈의 신학을 그대로 반영하고 있다. 칼빈은 경건은 하나님의 은혜를 깨달음으로 생기는 하나님에 대한 사랑에 경외심이 결합된 것이라고 강조하고 있다.[159] 그러므로 하나님의 자녀됨과 그 자녀의 삶에서 역사하는 내주하시는 성령(Spiritus Sancti

---

153 Taffin, *Of the Markes of the Children of God, and of their Comforts in Afflictions*, 2장 (11-17).
154 Taffin, *Of the Markes of the Children of God, and of their Comforts in Afflictions*, 11장 (95-100).
155 Calvin, *CO* 2, cols. 393-394, 396-397 (*Institutes*, 3.1.1, 4.).
156 Calvin, *CO* 2, cols. 429-430 (*Institutes*, 3.2.39.).
157 Calvin, *CO* 2, cols. 403-404 (*Institutes*, 3.2.8.).
158 Taffin, *Of the Markes of the Children of God, and of their Comforts in Afflictions*, 4장 (26-47).
159 Calvin, *CO* 2, cols. 34-36 (*Institutes*, 1.2.2.).

internum)에 대한 타펭의 신학은 칼빈의 신학을 그대로 반영하고 있다는 것을 발견할 수 있다.

(3) 성도의 고난에 대한 해석

중세에서 현대에 이르기까지 역사상 가장 드라마틱한 시대 중 하나인 16세기에 성경과 종교개혁 정신에 근거한 참 신앙인은 현세에서 로마 교회와 정치 지도자들에 의해서 박해와 고난을 피할 수 없었다. 칼빈과 타펭은 이런 고난을 직접 겪었던 개혁자였다. 칼빈 자신도 개혁주의 신앙을 지키기에 위험한 상황 때문에 조국 프랑스를 떠난 난민이었다. 타펭은 그가 목사로 일했던 교회에서 박해를 당해 난민이 되었다. 이러한 상황에서 타펭은 목회적인 마음으로 고통받는 성도를 위해서 『하나님의 자녀들의 표지와 그들의 고난에 대한 위로에 대하여』라는 책을 썼다. 그러므로 칼빈과 타펭의 저작에 나타난 고난에 대한 이해를 비교하는 것도 유익할 것이다.

칼빈과 타펭의 고난에 대한 해석에 있어서 유사한 점이 몇 가지 있다. 신실한 그리스도인들이 이 세상에서 그리스도의 이름으로 혹독한 박해와 고난을 겪는 것은 당연하다는 것이다. 그리고 두 신학자들은 모두 이 기독교인의 고난을 목회적으로 해석하고 있다. 칼빈과 타펭 모두 성도들의 고난을 성화의 맥락에서 말한다. 성도들은 고난을 통해서 더욱 성숙한 그리스도인으로 성화된다. 그러므로 고난은 결국 그리스도인됨을 나타내주는 표지가 된다. 또한 두 신학자들 모두 성도의 고난은 하나님 나라를 향해 순례하는 과정으로서 종말론적 의미를 갖는다. 칼빈과 타펭은 베드로전서 4:17의 성경 본문을 해석하면서, 경건한 그리스도인의

고통 후에 경건하지 않은 자의 최후 심판의 때가 반드시 올 것이라고 강조하고 있다.[160]

3) 최초의 네덜란드 개혁파 경건주의(Nadere Reformatie) 신학자

네덜란드의 제2의 종교개혁은 도르트 총회(1618-19) 이후 17세기 네덜란드 교회의 게으름을 배격하고 성화를 강조하면서 개혁주의적 건강한 교리와 경건의 통전성을 강렬하게 지향했던 운동이다. 비키에 의하면 이 개혁 운동은 공동생활 형제단(Devotie Moderna)와 같은 네덜란드 내부에 있었던 전통적인 신앙 운동과 스위스의 개혁주의로부터 영향을 받아 영국의 청교도와 병행해서 발전했다.[161]

타펭과 네덜란드 개혁주의와 관계를 해석할 때 타펭을 단순하게 네덜란드 제2의 종교개혁(Nadere Reformatie)의 "선구자"라고 말하기보다는, "최초의" 네덜란드 제2의 종교개혁 신학자로 이해하는 것이 더 의미 있을 것이다. 타펭『하나님의 자녀들의 표지와 그들의 고난에 대한 위로에 대하여』(1586)의 네덜란드어 번역본이 출판된 1588년이 "네덜란드 경건주의 기원"이라는 오프 엣 호프(Op 't Hof)의 주장도 같은 맥락이다.[162] 타펭은 16세기를 살았던 인물이지만 그의 신학적 특징을 분석할 때 네덜란드 개혁주의의 흐름인 제2의 종교개혁 안에서 보아야 한다는 것이다. 특히 타펭이야말로 칼빈과 베자로부터 직접 신학을 배운 사람

---

160   In-Sub Ahn, "Suffering in J. Calvin(1509-1564) and Jean Taffin(1529-1602)," 11th International Congress on Calvin Research (Zürich, 2014. 8. 26).
161   Joel R. Beeke, "The Dutch Second Reformation (Nadere Reformatie)," 309.
162   G.J. van Kleef, *A Dieu ta vie En Dieu ta fin*, 51-52.

(1559/60-1561)으로서 제네바의 신학과 네덜란드의 개혁파 경건주의를 연결하는 중요한 교량 역할을 했다는 것이 중요하다.[163]

타펭을 네덜란드 개혁주의의 구심점으로 보는 것은 16세기 당시 네덜란드 자체가 남부는 프랑스어권이었다는 것과, 타펭이 주로 프랑스어로 작품을 썼지만 그의 책은 곧바로 네덜란드어로 번역되었고 또한 1585년 안트베르펜이 스페인에게 함락된 이후 북부 네덜란드에 정착해서 그의 삶의 절반을 그곳에서 살면서 활동했기 때문이다. 타펭은 약 10년 동안 네덜란드 건국의 아버지인 오렌지공 윌리엄의 궁정 목사로서 그의 결혼식에 사회도 보고 그가 암살당할 때까지 핵심적 신학자로 활동했을 정도로(1575-1583) 네덜란드 개혁주의의 깊은 내부에서 개혁교회를 섬기고 있었다.

타펭과 네덜란드 개혁주의와의 관계에서 더 중요한 것은 타펭이 하이델베르그에 머물고 있을 때 1571년에 개최된 엠던 총회와 관계된다. 타펭은 이 총회의 참석해서 부회장 혹은 평가자로 섬겼는데 제네바 요리문답을 사용하는 네덜란드 남부의 왈론 공동체와 하이델베르그 요리문답서를 사용하는 안트베르펜 이북의 네덜란드어권의 공동체가 이때 연합했다는 것이다.[164] 그러므로 타펭은 칼빈의 제네바에서 이어지는 개혁신학의 중심 흐름을 네덜란드 개혁주의에 연결시킨 네덜란드 개혁파 경건주의 최초의 신학자라고 평가할 수 있다.

---

163   Joel R. Beeke, "The Dutch Second Reformation (Nadere Reformatie)," 299. 그런 의미에서 네덜란드 개혁주의 초기 역사에서 영국의 청교도에서 영향을 받았던 빌럼 떼일링크(Willem Teellinck, 1579-1629) 보다는 타펭의 위치가 더 중요하다고 말할 수 있을 것이다.
164   van Kleef, *A Dieu ta vie En Dieu ta fin*, 15-16.

5. 결론: 개혁신학의 국제적 네트워크

지금까지 프랑스 개혁파 경건주의는 네덜란드 개혁파 경건주의나 영국의 청교도 운동, 그리고 독일의 경건주의에 비해서 거의 알려지지 않았었다. 그러나 16세기 종교개혁 시대부터 칼빈과 베자와 같이 신학과 삶의 통전성을 강조했던 프랑스어권 개혁주의의 특징이 타펭에게 잘 드러나고 있다. 프랑스어권의 개혁파 경건주의가 타펭을 통해서 그 신학적 좌표가 설정되고 있는 것이다.

타펭은 네덜란드 남부 프랑스어권에서 태어나 가톨릭 교육을 받았지만 종교개혁 신앙으로 회심했고 제네바에서 칼빈과 베자에게 교육을 받아 개혁신학이 확고하게 자리잡게 되었다. 타펭의 『하나님의 자녀들의 표지와 그들의 고난에 대한 위로에 대하여』(1586)는 프랑스어, 네덜란드어, 영어, 그리고 독일어본으로 출판되어 전 유럽에 확산되었다. 이것은 개혁주의의 국제적 네트워크 형성을 의미한다. 지역적으로 프랑스 국내로 한정하지 않고, 프랑스어를 사용하는 종교개혁자들이 정착해서 활동했던 프랑스, 스위스, 그리고 네덜란드의 프랑스 언어권을 하나로 묶는다면 타펭을 중심으로 하는 국제적 개혁파 경건주의 운동을 발견할 수 있다.

그러나 이것은 동시에 개혁 신앙을 강렬하게 추구하면서 관용 정책을 폈던 네덜란드가 국제적 개혁 신앙 확산과 성숙을 위한 인큐베이터 역할을 했다는 것을 입증하는 것이기도 하다. 1571년 엠던 총회에서 네덜란드어권 개혁주의와 프랑스어권 개혁주의가 연합한 네덜란드 개혁주의는 이후 국제적 칼빈주의 발전에 중요한 역할을 하게 되었는데 그 중심에 타펭이 있었다. 타펭은 칼빈의 제자이자 최초의 네덜란드 개혁파 경건주의(Nadere Reformatie) 신학자이고, 국제적인 개혁파 경건주의의 핵심 인물이라고 평가할 수 있다. 타펭은 칼빈의 신학을 네덜란드 개혁주의와 연결시켰으며, 또한 네덜란드 개혁주의와 프랑스 개혁주의 사이의 교량 역할을 했다.

14장

칼빈주의의 연합과 국제화: 필립 마르닉스
(Philip Marnix van St. Aldegonde: 1540-1598)

1. 들어가는 글

네덜란드는 종교개혁자 칼빈의 신학이 큰 영향을 끼쳤을 뿐 아니라 그 결과로 정치적이고 사회적인 변혁까지 도출했던 지역 가운데 하나다. 네덜란드는 특히 칼빈주의의 영향으로 독립을 쟁취(1648)한 나라로 그 이후 칼빈주의의 신학적이고 역사적인 발전에 큰 공헌을 해 왔다.[165]

칼빈은 개인적으로 네덜란드와 밀접한 관계를 가지고 있었다. 적지 않은 네덜란드 신학자들이 칼빈에게 신학을 공부했고 칼빈과 친밀한 네트워크를 형성하고 있었다.[166] 칼빈과 깊은 관계를 맺고 있었던 인물들

---

165   이 장은 다음에 게재된 내용이다. 안인섭, "칼빈의 제자, 네덜란드의 종교개혁자 필립 마르닉스의 신학 연구" 「개혁논총」 54 (2020).

166   F. L. Rutgers, *Calvijns Invloed op de Reformatie in de Nederlanden* (Leeuwarden: De Tille, 1980), 3, 15-16. 그리고 Robert Godfrey, "Calvin and Calvinism in the Netherlands," in *John Calvin: His Influence in the Western World*, ed. W. Standford Reid (Grand Rapids:

은 초창기에는 대개 프랑스어를 사용하던 당시 네덜란드의 남부 지역 출신이었다는 것이 특징적이다.

이번 장은 네덜란드의 종교개혁자 필립 마르닉스(Philip Marnix van St. Aldegonde: 1540-1598)를 연구할 것이다. 그는 네덜란드 루뱅에서 종교개혁 저술을 접하면서 옛 종교를 떠나서 새 신앙에 합류했고, 유럽 여러 지역을 거치다가 결국 제네바에서(1559-1561) 칼빈과 베자에게 직접 배워서 개혁신학에 뿌리를 내린 후 네덜란드에 돌아가서 칼빈주의 신학을 확고하게 했다. 그는 언어(네덜란드어와 프랑스어)와 경제와 문화적으로 양분되어 있었던 남북 네덜란드가 칼빈주의 신앙으로 연합할 수 있도록 리더십을 발휘하면서 네덜란드의 독립을 위해서 국제적으로 헌신했던 칼빈주의 정치가이기도 하다. 마르닉스의 위상은 칼빈이 마르닉스를 통해서 네덜란드에 영향을 행사했다고 평가할 정도였다.

본 장은 아직까지 학계에 소개되지 못한 칼빈주의자 마르닉스와 그의 저서 『로마 교회의 벌집(Den Byencorf der H. Roomische Kercke: 1569)』에 대한 연구다. 16세기 고(古) 화란어로 기록된 이 책의 배경과 내용을 분석한 후에 그것의 신학적이고 역사적인 의미를 고찰하게 될 것이다. 특히 1567년 알바공이 네덜란드 지역에 총독으로 와서 칼빈주의자들에 대해 가혹한 박해를 진행했고, 동시에 가톨릭 신학자들은 칼빈주의자들을 공격하는 책을 쏟아내고 있을 때 마르닉스의 본서가 어떤 역할을 했는지 그 의미를 살피게 될 것이다. 그러므로 본 연구를 통해 16세기 유럽의 역동적인 정치적이고 종교적인 상황 속에서도, 가장 불안하고 불확실하던 1560-70년대 네덜란드에 칼빈의 신학이 어떻게 뿌

Zondervan, 1982), 97-99.

리내리게 되었는지 귀중한 역사적 예를 발견하게 될 것이다.

2. 마르닉스의 생애

필립 마르닉스: 네덜란드의 개혁주의자이자 외교관
(독일 엠던 도서관에 전시되어 있는 마르닉스 초상화와
엠던 총회 450주년 기념 전시회)

칼빈주의 신학자요 국제적 정치가요 네덜란드의 국부인 오렌지공의 오른팔(rechterhand)로 불리는 필립 마르닉스는 1540년에 남부 네덜란드의 브루셀(Brussels)에서 제이콥 마르닉스(Jacob Marnix)의 아들로 태어났다. 그의 집안은 브라반트(Braband)의 소귀족이라고 할 수 있다. 그의 형 쟝(Jean Marnix, 1537-1567)과 함께 1553년 10월부터 1555년까지 루뱅에서 공부하면서 칼빈, 루터 멜란히톤의 저작들을 접하면서 구교의 신앙을 버리고 개신교 신앙을 갖게 된 것으로 보인다.[167] 그 이후에

---

167 Visser 't Hooft, "Het Tijdstip van Overgang tot het Protestantisme van Marnix van St. Aldegonde," *Nederlands Archief voor Kerkgeschiedenis* Vol. 23. Issue 1 (1930): 100-14.

프랑스의 파리와 돌르(Dôle), 그리고 이탈리아의 파도바(Padua) 등에서 공부하면서 그는 인문주의를 배운 것뿐 아니라 가톨릭에서 개신교로 입문한 것이다.[168] 결국 그와 그의 형은 1559년에 개혁신학의 본산인 스위스 제네바로 건너가서 칼빈과 베자를 만나 신학을 배우고 1561년까지 머무르면서 개혁주의적 신학 정체성을 확고하게 세울 수 있었다.[169]

마르닉스는 강력한 칼빈주의자가 되어 1561년에 그의 조국 네덜란드로 돌아갔다. 그는 1566년엔 남부 네덜란드 플란더(Flanders) 지역에서 발생한 성상 파괴 운동(Beeldenstorm)을 정당화했다. 1565년부터 스페인의 왕에 대한 네덜란드 귀족들의 저항에 참여한 일 등 그의 신앙과 종교적인 활동 때문에, 1567년 스페인의 알바공(Duke of Alba)이 상륙하자 네덜란드를 떠나 망명의 길에 올라 엠던(Emden)과 브레멘(Bremen)으로 갔다.

1569년에 마르닉스는 숨은 칼빈주의자 팔츠의 선제후인 프레드릭(Frederick III, the crypto-Calvinist Elector Palatine)의 법정에서 일했다. 이 독일 체재 기간 동안에 마르닉스는 연합된 네덜란드 개혁교회를 조직하기 위해서 노력했다. 1569년에 마르닉스는 로마 가톨릭의 신학을 풍자적으로 비판하는 명저 『로마 교회의 벌집』을 출판했는데 이 책

---

168   D. Nauta, *Het Calvinisme in Nederland* (Franeker: Wever, 1949), 4.
169   뤼트허스(Rutgers), 판 스켈븐(Van Schelven), 바우메이스터(Bouwmeester), 엇 호프트('t Hooft)는 마르닉스가 1559년경에 제네바로 왔을 것이며 1561년경까지 제네바에 머물면서 칼빈과 베자 밑에서 신학을 공부했을 것으로 본다. F.L. Rutgers, *Calvijns invloed op de Reformatie in de Nederlanden*, 141-143. A.A. Van Schelven, *Marnix van Sint Aldegonde*, 7-11. G. Bouwmeester, *Marnix van Sint Aldegonde en Zijn Werk* ('s-Gravenhage: Willem de Zijjgerdtichting, 1955), 3. 't Hooft, "Het Tijdstip van Overgang tot het Protestantisme van Marnix van St. Aldegonde," 99. 그러나 나우타(Nauta)나 덴 부어(den Boer) 등은 1560년에 제네바에 온 것으로 본다. 다음을 보라. D. Nauta, *Het Calvinisme in Nederland*, 45-46; den Boer, "Het Nederlands Calvinisme," 92.

은 1761까지 최소한 23판이나 나왔다.[170] 마르닉스는 이 성공적인 책에서 로마 가톨릭교회의 성직 제도와 정치, 그리고 성찬에 대해서 신랄한 신학적 비판을 하고 있다. 무거운 신학적 주제를 대중을 위해서 이해하기 쉽게 메타포(metaphor)를 사용해서 풀어서 저술한 것이다. 벌집(beehive) 꿀(honey), 그리고 만나(manna) 등의 메타포를 이용해서 로마 가톨릭과 칼빈주의의 성찬의 차이점을 설명하고 있다.

1562년에는 런던의 난민 교회를 방문해서 그들을 도우려고 했으며, 1568년부터 1569년까지 런던의 네덜란드어권의 성도들을 신학적으로 격려하기도 했다. 1571년에 마르닉스는 오렌지공 윌리엄(William of Orange) 밑에 가서 외교 고문으로 활발하게 활약했다. 그는 스페인 군대들의 안트베르펜(Antwerpen) 학살(1576) 사건으로 촉발된 헨트평화회의에서 중요한 역할을 하기도 했다.[171]

마르닉스는 1575년부터 1580년까지 네덜란드 시편 찬양을 만들어 『다윗의 시편집(Het boeck der Psalmen Davids)』이라는 이름으로 출판했는데 특히 다윗의 시편을 히브리어에서 직접 네덜란드어로 번역했다.[172] 그의 사후 1591년에 2판이 나왔다. 마르닉스의 시편 찬양이 피터 다테인의 시편 찬양집보다 덜 성공적이었던 것은 그의 언어가 너무나 귀족적이어서 대중적이지 못했다는 것과 당시의 도서 출판 상황상 도서 유통업자들의 저항을 받았기 때문이다.[173]

170　이 작품의 영어식 제목은 *The Beehive of the Holy Roman Church*이다. F. E. Beemon, "Poisonous Honey or Pure Manna: The Eucharist and the Word in the Beehive of Marnix of Saint Aldegonde," *Church History* Dec. 1 (1992): 382.

171　Bouwmeester, *Marnix van Sint Aldegonde en Zijn Werk*, 12.

172　Herman Selderhuis and Peter Nissen, "The Sixteenth Century," 211.

173　Jan R. Luth, "Het Geneefse Psalter in Nederlanden," 209.

마르닉스의 생애를 전체적으로 조망하자면 신학적인 면과 국가적인 면에서 공헌점을 꼽을 수 있다. 먼저 마르닉스는 네덜란드, 특히 남부 네덜란드에서 칼빈주의에 대한 가톨릭교회의 압력이 극에 달하고 있는 상황에서 가톨릭 지식인들에 의한 칼빈주의에 대한 신학적 공격으로부터 『로마 교회의 벌집』이란 책을 통해서 일반 대중에게 칼빈주의 신앙을 변증했다는 것이다.

정치적인 면에서 보면 네덜란드의 독립을 주도했던 오렌지공 윌리엄이 사망한 1584년까지 개혁신학적 깊은 식견을 갖춘 외교 자문가로 활동했다는 것이다. 특히 네덜란드가 스페인에 대해 저항하는 것에 대해 국제적인 이해를 이끌어내기 위한 마르닉스의 외교적 활동이 두드러진다. 그는 서신 교환과 방문을 통해서 국제적인 개신교 네트워크를 형성하여 네덜란드가 스페인으로부터 독립하기 위한 지원을 끌어내기 위해서 노력했다. 특히 마르닉스는 팜플렛과 책들을 통해서 당시 매우 역동적이었던 유럽의 정치적-종교적 상황 속에서 국제적 칼빈주의 형성에 크게 공헌했다.[174]

1583년에 마르닉스는 안트베르펜의 시장이 되었다.[175] 그러나 1584년 마르닉스가 충성을 다했던 오렌지공이 가톨릭 광신자에게 살해되고 1585년에 스페인의 광폭한 침입에 더 많은 피해를 막기 위해서 그는 안트베르펜을 스페인에게 넘겨줄 수밖에 없었다.

---

174   Weis, "Philip of Marnix and 'International Protestantism': The Fears and Hopes of a Dutch Refugee in the 1570s," *Reformation and Renaissance Review* 11.2 (2009): 203-205.
175   안트베르펜은 16세기에 상업과 무역의 도시로서 루터와 칼빈의 저서들이 이미 많이 소개되고 있었으며, 남부 네덜란드의 칼빈주의의 중심지가 되고 있었다. 다음을 보라 Guido Marnef, "Antwerpen als Centrum van Calvinisme in de Zuidelijke Nederlanden," in *Calvijn en de Nederlanden*, eds. Karla Apperloo-Boersma & Herman Selderhuis (Alblasserdam: Verloop, 2009), 64-85.

그 이후 마르닉스는 그가 1589년에 브라반트(Brabant)와 플란더(Vlanderen) 등의 지역의 교회 공동체에 보낸 편지를 통해 알 수 있는 것처럼,[176] 정계를 은퇴하여 그의 임종까지 신학자요 영적 지도자로서 살아갔다.[177]

3. 칼빈과 마르닉스의 만남

필립 마르닉스는 이미 루뱅에서(1553-1555) 종교개혁 신앙으로 들어온 이후 인문주의적인 교육 과정을 밟았는데, 결국 1559년에 스위스 제네바로 와서 1561년까지 2~3년간 칼빈이 세웠던 제네바 아카데미에서 칼빈과 베자 밑에서 개혁신학을 공부했다.[178] 당시의 제네바는 칼빈과 베자의 영향력하에서 개혁주의 교육의 국제적 센터가 되고 있었다. 더 나아가 제네바는 유럽의 각 지에서 찾아온 칼빈주의자들이 회동하여 네트워킹을 형성하는 핵심적인 국제적 칼빈주의의 심장이었다.

당시 제네바는 전 유럽에서 학생 혹은 난민의 신분으로 찾아 온 선교사들이 개혁신학을 공부하고 훈련 받는 중심지였다. 유학 중간 과정에 이들은 실제로 목회에 참여하기도 했는데 이 인턴십 과정을 통해서 그들의 신학과 학문이 검증되었다. 이들은 네덜란드와 프랑스에서 안전

---

176 Philips van Marnix, Heer van St. Aldegonde, *Trouwe Vermaninge aende Christelijke Gemeynten* in *Reformatorica: Teksten uit de Geschiedenis van het Nederlandse Protestantisme*, red. C. Augustijn, F.G.M. Broeyer, P. Visser, E.G.E. van der Wall (Zoetermeer: Meinema, 1996), 105-106.

177 Beemon, "Poisonous Honey or Pure Manna," 382-83.

178 각주 1과 19를 보시오.

하고 공식적인 청빙이 있을 때에만 제네바 교회의 지도자에 의해 공인된 공식적인 증명서를 가지고 제네바를 떠나서 프랑스와 네덜란드로 돌아갔다. 마르닉스도 이런 과정을 통해서 제네바에서 칼빈에 의해서 검증된 신학자요 목회자로서 네덜란드로 돌아간 것인데, 제네바와 칼빈의 국제적 영향력은 이런 방식을 통해서 더욱 확고하게 되었다. 네덜란드에서는 런던과 하이델베르그 등에도 적지 않은 학생들이 신학을 공부하러 가기도 했지만, 그중에서도 특히 제네바는 프랑스, 영국, 그리고 남부 네덜란드 지역의 목회자를 공급하는 모판이었다.[179] 마르닉스는 철저한 개혁주의자가 되어 1561년에 제네바에서 네덜란드로 돌아갔다. 로버트 킹던(Robert Kingdon)은 마르닉스의 신학은 그의 스승이었던 칼빈의 교리에 충실하게 헌신되어 있었다고 평가하고 있다.[180]

(칼빈의 제네바 아카데미)

179　Robert M. Kingdon, "The Political Resistance of the Calvinists in France and the Low Countries," *Church History* Sept. 1 (1958): 220-222.
180　Robert M. Kingdon, "The Political Resistance of the Calvinists in France and the Low Countries," 224.

4. 마르닉스의 신학적 평가와 역사적 의미

1) 칼빈주의 신학의 확립

마르닉스의 『로마 교회의 벌집』의 특징은 에라스무스가 가톨릭의 구조나 성직자의 타락을 비판하는 것과는 본질적으로 다르게 가톨릭의 신학과 교리 자체를 비판하고 있다는 점이다. 마르닉스는 일상의 메타포를 사용해서 극심한 고난 속에 신앙이 흔들릴 수도 있는 네덜란드 칼빈주의자들의 신앙을 강화하기를 원했고, 아직 신앙적으로 결정하지 못한 자들에게 칼빈주의 메시지를 명확하게 전달하기를 원했다.[181]

(1) 벌집에 대한 칼빈의 해석

칼빈은 교황과 가톨릭교회를 묘사하기 위해서 『기독교강요』에서 벌집의 이미지를 사용한 바 있다.[182]

그러나 소수 사이에서 있은 일이 곧바로 단독으로 전 세계를 지배할 수 없는 세계 전체에 적용될 수는 없다. 그러나 그들은 자연의 일부뿐 아니라 전체에도 유일한 최고 우두머리가 있어야 한다고 한다. 그것이 하나님을 기쁘게 한다면 그들은 언제든 한 지도자만 택할 뿐 여럿을 택하지 않는 두루미와 벌을 통해 이것을 입증한다. 물론 나는 그들이 공표

---

181 Beemon, "Poisonous Honey or Pure Manna," 386-387.
182 비몬(Beemon)은 칼빈의 『기독교강요』 4.4.8에서 칼빈 "벌"의 비유를 사용하고 있다고 인용했으나 이것은 오류다. 『기독교강요』 4.6.8에 등장한다.

한 예를 인정한다. 그러나 벌들이 한 통치자를 선거하기 위해서 전 세계에서 모이는가? 모든 여왕벌은 각각 자기 벌집에 만족한다. 마찬가지로 두루미 사이에도 떼마다 지배자가 있다. 이 사실에서 그들은 개교회마다 자체의 감독이 있어야 한다는 사실 이외의 무엇을 증명하겠는가?[183]

칼빈에 의하면 로마 가톨릭은 자연에도 전체를 다스리는 최고의 머리가 있다면서 두루미와 벌을 예로 제시하고 있는데, 칼빈은 전 세계가 한 여왕벌을 받들지 않고 각 벌집마다 여왕벌이 있다고 강조하고 있다. 칼빈은 보편적이고 세계적인 교황의 우위권을 인정할 수 없다는 의미에서 벌집 비유를 사용하고 있다.

(2) 고대 교부, 종교 회의, 법령보다 성경이 최고의 권위

『로마 교회의 벌집』에 나타난 마르닉스의 신학의 특징은 교황제에 대항해서 성경의 권위를 강조하는 것이다. 마르닉스는 로마 가톨릭교회는 성경뿐 아니라 교회 회의들과 법령등과 같이 잡다한 꽃에서 꿀을 모은 벌집이기 때문에 독이 든 꿀의 치명적인 위험을 가지고 있다고 보았다. 마르닉스의 스승이었던 칼빈이 트렌트 종교 회의의 교회와 공의회

---

183 *CO* 2, col. 817 (*Institutes*, 4.6.8.). "Sed quod inter paucos valet, non protinus trahendum ad universum orbem terrarum, ad quem regendum nemo unus sufficit. Atqui illud, inquiunt, non minus in naturae universitate quam in singulis partibus locum habet, ut sit unum summum omnium caput. Et huius rei, si Deo placet, probationem summut a gruibus et apibus, quae sibi ducem unum semper eligunt, non plures. Recipio sane quae proferunt exempla; sed an ex toto orbe confluunt apes ut regem unum eligant? suis alvearibus contenti sunt reges singuli, Ita in gruibus unaquaeque caterva proprium regem habet. Quid inde aliud evincent quam singulis ecclesiis debere suos episcopos attribui?" (밑줄은 필자 강조임).

의 성경 해석권을 비판하는 것과[184] 같은 신학적 맥락에 서 있다고 할 수 있다.

로마 가톨릭의 꿀벌들은 다양한 꽃을 날아다니며 꿀을 모은다. 그러나 참된 교회는 참된 말씀에서 발견된다는 칼빈주의적인 표준 안에서, 마르닉스는 하나님께서 이스라엘 자손들에게 광야에서 꿀이 흐르는 만나를 주었던 것처럼, 하나님은 그분의 말씀으로 양식을 제공해 주신다는 것이다.[185]

(3) 말씀과 성찬: 독이 든 꿀의 해독제인 순수한 만나

마르닉스는 신학적으로 타락한 가톨릭교회를 참된 교회로 대체해야 한다고 강조하면서 가톨릭교회의 성찬론을 집중적으로 공격하고 있다.[186] 마르닉스는 칼빈과 동일하게 가톨릭교회의 교리와 성찬 신학은 성경에 대한 왜곡이라고 보았다.[187] 가톨릭은 성찬에서 말씀을 제거하고 포도주와 빵의 종교로 만드므로 하나님의 말씀을 타락시켰다. 로마 가톨릭은 만나와 꿀을 인간의 창작물로 전락시키면서 하나님의 진리를 상실했다는 것이다.

마르닉스는 칼빈의 신학을 충실하게 수용하면서도 네덜란드 상황에 맞게 해석했다. 벌집 비유가 단순하게 벌 집단의 우두머리인 여왕을 교

---

184 문병호, "그리스도의 의의 유일성과 객관성: 칼빈의 트렌트 회의 비판의 요지와 요체,"「개혁논총」32. 2014: 54-55.
185 *CO* 2, cols. 762-763, 771 (*Institutes*, 4.2.1. 그리고 4.2.4.).
186 Beemon, "Poisonous Honey or Pure Manna," 389-390.
187 *CO* 2, cols. 769-771 (*Institutes*, 4.2.3.).

황에 비유하는 정도가 아니다. 마르닉스는 로마 가톨릭교회의 벌들이 모아서 가지고 있는 꿀이 오염되고 부패한 것이라고 보았다. 이것을 해독하는 것이 칼빈주의이며, 만나가 생명의 떡이듯이 칼빈주의의 성찬은 생명을 준다고 보면서, 영적인 만나를 말씀과 연결시키면서 말씀과 성찬이 칼빈주의 신학의 심장과 같음을 선명하게 천명해 주고 있는 것이다. 칼빈은 말씀이 성령과 더불어 일하신다고 한다.[188] 말씀이 영적인 양식인 것이다. 그래서 주의 만찬에서 현존하는 것은 영적인 것이고, 신자를 위해서 성령의 효과로 인치시는 것이다.[189]

칼빈주의의 해독제는 독이 든 꿀을 토해내고 하나님의 하늘의 꿀을 먹는 것이다. 이것이 바로 말씀과 성찬이며 이것을 통해서 하나님의 은혜로 독이 든 꿀을 먹었던 개인의 건강은 회복될 것이다.[190]

(4) 말씀에 근거한 종교개혁 교회들

1560년대에 네덜란드에서 급속하게 확대되고 있었던 칼빈주의에 대한 스페인의 박해가 점차 심해지자 칼빈주의는 이단이나 급진적인 혁명주의자가 아니라는 것을 변증할 필요가 더욱 커지고 있었다. 그래서 마르닉스는 『로마 교회의 벌집』에서 "루터주의, 위그노, 츠빙글리주의" 등 다른 개신교 신앙을 거명하면서 칼빈주의 역시 하나님의 말씀의 권위에 서 있다는 보편적인 신학적 좌표를 명확하게 설정해 주고 있다.[191]

---

188 *CO* 2, cols. 855-856 (*Institutes*, 4.8.13.).
189 *CO* 2, cols. 1004-1005 (*Institutes*, 4.17.4.).
190 Beemon, "Poisonous Honey or Pure Manna," 393
191 Marnix, *De Bijenkorf der H. Roomsche Kerke*, 1. 318. "Waer willen nu dan blijven alle dese

2) 사회적 의미

(1) 대중을 위한 쉬운 신학 해설

마르닉스는 당시 네덜란드에서 가톨릭과 개신교가 서로 사람을 끌어당기려고 경쟁하는 가운데, 저지대 사람들의 특별한 정서에 호소하면서 가톨릭주의의 위험을 설명하고 있다. 스페인의 알바공이 네덜란드에 입성한 것보다, 그리고 가톨릭과 개신교 간의 인간적 갈등보다 더 중요한 것은 가톨릭교회의 신학은 인간의 창작물이기 때문에 그들의 꿀은 인간에게 독이 된다는 것이다.[192] 『로마 교회의 벌집』은 그것을 기록한 언어와 관련해서 중요한 정치적이고 사회적인 의미를 함축하고 있다.

마르닉스는 귀족적이고 중상위층인 사람들의 라틴어식의 용어가 아니라 당시 장인들이 사용하는 대중적인 용어를 사용함으로 신학적으로 중요한 이슈를 일반 대중도 이해할 수 있도록 만들고 있다. 그는 일상생활에서 친숙한 벌, 벌집, 꿀 등을 신학적 상징으로 사용하되, 16세기 네덜란드의 사회문화적 문맥에서 사용하고 있다. 당시 네덜란드에서는 벌집이 가톨릭을 상징하는 경우가 많았다.[193] 특별히 네덜란드 남부는 그리스도의 육신 축제(Corpus Christi festival)의 중심지였기 때문에 마르닉스는 성찬과 가톨릭주의를 인간에 대한 독소라고 공격하면서 가톨

---

ketters, Lutherianen, Hugenoosen, Zwinglianen ende Calvinisten, d'een hoop met den anderen, die sich so hooge roemen op het woort Gods?"

192　Beemon, "Poisonous Honey or Pure Manna," 392.
193　Beemon, "Poisonous Honey or Pure Manna," 389. 마르닉스가 말하는 벌집은 피터 브뤼겔(Pieter Brueghel)의 그림 (The Struggle between Carnival and Lent (1559)의 그림에도 등장하듯이 그 시대 그 지역에서는 가톨릭의 상징이었다.

릭주의의 위험을 부각시키면서 칼빈주의를 해독제로 제시하고 있다.

(2) 이질적 문화 계층의 교량 역할

마르닉스의 『로마 교회의 벌집』 맨 후반부에 나오는 벌집에 대한 설명의 주요 독자는 상대적으로 교육을 덜 받은 네덜란드어를 사용하는 재단사, 양조업자, 짐꾼, 금세공인, 그리고 이발사 등 장인들이었다. 그러나 앞부분의 긴 반박은 교육받은 상층의 사람들을 목적하고 있다. 그런데 이 두 계층은 동일한 대중문화를 공유하고 있었다. 마르닉스 자신은 식자층이고 궁중문화에 익숙한 자로서 지적인 세계와 대중문화 사이에 교량 역할을 하고 있다.[194]

칼빈주의 입장에서는 마르닉스가 이 책을 네덜란드어로 출판했다는 것이 중요하다. 왜냐하면 당시 대륙의 칼빈주의는 크게 두 부류로 나뉘어져 있었는데 마르닉스의 작품이 그들을 하나로 묶을 수 있었기 때문이다. 당시 네덜란드의 칼빈주의는 주로 프랑스어권을 중심으로 하고 있었다. 이들은 궁중문화에 익숙하고 고위 계층이 많았으며 교육을 받은 자들이 많았고 제네바를 롤 모델로 삼고 있었다. 한편 네덜란드어권은 엠던(Emden)을 중심으로 상대적으로 교육을 많이 받지 못한 자와 장인들이 많았으며 이전에 가톨릭 사제였던 사람들이 많았다. 아마도 마르닉스는 이 벌집 메타포를 통해서 네덜란드어를 사용하는 지역의 신앙을 더 확고하게 하고, 그들과 프랑스어를 사용하는 칼빈주의자들 간에 신앙적 연대를 공고히 하기를 원했을 것으로 본다.

---

194 Beemon, "Poisonous Honey or Pure Manna," 384-385.

또한 마르닉스는 대중 가운데 아직도 칼빈주의 신앙을 결정하지 못하고 망설이고 있는 사람들도 염두에 두고 있다고 보인다. 그는 이들이 고백주의의 투쟁 가운데 칼빈주의로 합류하기를 기대하고 있었을 것이다.

3) 교회와 국가

마르닉스는 무턱대로 칼빈의 사상을 수용하려고 하지 않았고 극단적으로 혁명을 주장하지도 않았다. 통치권에 대한 그의 사상을 보면 순수하게 칼빈주의적이었다. 스페인에 대한 저항에 있어서도 마르닉스는 혁명적인 운동의 지도자가 아니라 국가와 신앙의 유익을 위해서 손을 내밀 수 있는 사람이었으며, 신앙의 자유를 위해서 가능하면 교회와 국가의 관계를 분리시키려는 방향에 서 있었다.[195]

(1) 국가에 대한 저항의 신학적 근거: 칼빈주의적 양심의 자유

마르닉스의 교회와 국가의 관계를 이해하기 위해서는 칼빈주의적 양심의 자유라는 키워드가 중요하다. 마르닉스가 네덜란드 칼빈주의자들의 국가에 대한 저항을 정당화 할 수 있었던 신학적 근거는 칼빈과 영국의 청교도와 프랑스의 위그노의 경우와 같은 맥락이다.[196] 네덜란드의 칼빈주의자들이 스페인에 대해서 반란을 일으키는 것이 정당한 것은,

---

195 Bouwmeester, *Marnix van Sint Aldegonde en Zijn Werk*, 16-17.
196 F. E. Beemon, "Calvinist Conscience and Rebellion: Marnix of Saint Aldegonde's Justification of the Dutch Revolt," *Fides et historia* Sept. 1 (1991): 91-99.

마치 발쩌(Michael Walzer)가 성도의 양심의 자유에 근거해서 칼빈에게서 국가에 대한 교회의 저항의 권리를 추출하는 것과 같다.[197] 이것은 또한 영국의 청교도 혁명을 청교도들의 시민적 양심(civic consciousness)과 은총의 행동으로서의 소명(the calling as an act of grace)이라는 개념을 가지고 해석하는 것이나, 프랑스 위그노의 국가에 대한 저항을 이해하는 것이나 동일한 맥락인 것이다.[198]

이렇게 볼 때 마르닉스에 의하면 네덜란드 칼빈주의자들의 스페인에 대한 저항은 신앙인으로서 양심의 자유에 근거한 신앙적인 행위가 된다. 즉 마르닉스는 양심의 문제를 국가라는 공적인 기관에서 성도 개인과 교회의 훈련이라는 영역으로 돌려놓은 것이다. 그는 스페인에 대해서 전쟁과 혁명을 일으키는 내적인 권위는 칼빈주의적인 양심이라고 보았다. 마르닉스는 이런 신학을 견지하고 있었기 때문에 1566년에 남부 네덜란드에서 발생한 성상 파괴 운동에서 나타난 폭력성을 변호했으며 그것은 공적인 우상을 제거해야 하는 양심의 의무였다고 강조했다.

---

197 Michael Walzer, *The Revolution of the Saints: A Study in the Origins of Radical Politics* (Cambridge: Harvard University Press, 1965), 64.
198 Beemon, "Calvinist Conscience and Rebellion," 91-92.

(2) 하위 공직자(inferior magistrate)에 의한 국가에 대한 저항

하위 공직자에 의한 국가에 대한 무력 저항에 대한 이론은, 킹던(Kingdon)에 의하면 1550년 마그데부르그(Magdeburg)에서 출판된 Bekenntnis(신앙 고백)에 기원한다.[199] 루터의 신앙을 받아들였던 북부 독일의 마그데부르그에서 신성 로마 제국의 황제와 선제후 간의 잠정 협약(Interim)에 대해 발생한 사건에 기인한 것이다. 칼빈주의자들은 이 것에 주목해서 역사적 상황에서 필요할 때마다 하위 공직자가 상위의 국가에 저항할 수 있는 저항의 근거로 활용했던 것이다. 네덜란드에서 1566년에 일단의 젊은 귀족들에 의한 스페인에 대한 무력적인 반란은 이런 맥락에서 수용 가능한 길이 열릴 수 있었다.

마르닉스가 말하는 국가에 대한 저항은 당시의 급진적인 재세례파들이 주장했던 민중들에 의한 공적인 질서 자체를 흔드는 것은 아니었다. 마르닉스는 급진적인 영성주의자들(spiritualisten)에 대항하는 글을 남기고 있다.[200] 또한 마르닉스가 1556년에 베자에게 보낸 서신에 의하면 비가시적 교회를 주장하면서 급진성을 보여주었던 자들은 종교적인 질서와 개신교의 정신을 위협하는 존재들이다.[201] 따라서 마르닉스는 공직에서 은퇴한 그의 말년인 1595년에도 재세례파들이 공적인 질서를 무너뜨리는 것을 우려했다. 마르닉스에 의하면 그들은 성경의 순수성

---

199 Robert M. Kingdon, "The Political Resistance of the Calvinists in France and the Low Countries," 227-228.

200 Philips van Marnix Heer van St. Aldegonde, *Tegen de Spiritualisten* in *Reformatorica: Teksten uit de Geschiedenis van het Nederlandse Protestantisme*, red. C. Augustijn, F.G.M. Broeyer, P. Visser, E.G.E. van der Wall (Zoetermeer: Meinema, 1996), 76.

201 Beemon, "Calvinist Conscience and Rebellion," 94.

을 음해하는 자들이며 하나님에 대한 두려움과 경건에 대한 사랑을 제거하는 자들이고 궁극적으로는 모든 기관들과 합법적인 정부를 파괴하는 자들이다. 결국 마르닉스는 양심의 자유에 근거해서 국가에 대해 반란을 일으킬 수 있는 신학적 길은 열었지만, 그것은 어디까지나 참된 종교를 지키기 위한 하위 공직자에 의한 국가에 대한 저항이었다. 이와 같은 마르닉스의 신학적 입장은 그의 스승이었던 칼빈의 태도를 그대로 이어가는 것이라고 해석된다.[202]

(3) 국제적 칼빈주의 외교 활동

마르닉스는 1567년에 개혁주의적인 신앙과 활동 때문에 난민이 되어 네덜란드를 떠나 다시 해외로 전전하며 국제적인 경험을 풍부하게 쌓았다. 1565년 이래로 네덜란드의 귀족들이 스페인의 강경 정책에 저항하는 것을 찬성한 것도 같은 이유였다.[203] 네덜란드를 탈출한 마르닉스는 신성 로마 제국 영토인 엠던(Emden)과 브레멘(Bremen)에 머물렀고, 1569년부터는 숨은 칼빈주의자인 프레드릭 3세 치하의 법정에 있었다. 이 독일 난민 시절부터 그는 네덜란드 개혁교회의 연합을 이룩하기 위해서 노력하게 되었다. 그는 1562년에는 런던의 난민 교회를 방문해서 격려하기도 했으며, 1568-69년에는 런던의 네덜란드어 공동체를 위해서 신학적인 논문을 저술하기도 했다.

마르닉스의 공헌은 특히 칼빈주의 외교에서 돋보였다. 1570년 10월

---

202   *CO* 2, col. 1116 (*Institutes*, 4.20.31.)
203   Weis, "Philip of Marnix and 'International Protestantism'," 204.

17일 슈파이어(Speyer)에서 개최되는 제국 회의(Rijksdag)에 제출한 청원서(Libellus Supplex)를 통해서 마르닉스는 독일의 영주들이 알바공의 말을 듣고 네덜란드 난민들을 처벌하지 말 것을 요청하기도 했다.[204] 여기에 네덜란드 혁명의 역사적 배경이 제시되어 있다. 마르닉스의 노력에도 불구하고 팔츠의 선제후와 낫소의 백작을 제외하고 독일의 제후들은 네덜란드의 반란에 대해서 경제적이고 정치적이고 군사적인 후원을 거부했다. 또한 덴마크와 영국 등의 개신교 국가들도, 당시의 스페인의 왕에 맞서는 것을 두려워해서 네덜란드의 박해받는 형제들을 돕는 것을 주저했다. 우호적이었던 것은 팔츠의 선제후와 프랑스의 위그노였다고 할 수 있다. 결국 당시의 상황에서 오렌지공 윌리엄의 네덜란드 독립을 조직적으로 도울 수 있었던 종교개혁 공동체는 사실상 영국의 런던(London)과 독일 지역의 엠던(Emden)의 네덜란드 난민 교회뿐이었다고 할 수 있다.[205]

전체적으로 볼 때 1570년대에 마르닉스는 네덜란드의 독립을 위해서 오렌지공 윌리엄의 외교 자문으로 큰 활약을 함으로 국제적인 관계를 확충했고 1570년대 이후에 네덜란드의 독립을 위한 국제 정치에 영향을 미쳤다고 평가된다. 베이스(Weis)에 의하면 특히 마르닉스가 네덜란드의 독립을 위한 마지막 단계에서 공헌한 것은 1589/90년에 개신교도로서 16세기 후반 유럽의 국제 정치의 중요한 인물들이었던 나바르의 앙리(Henry of Navarre, 나중에 프랑스의 Henry IV가 되는데)와 영국

---

204 D. Nauta, "Marnix Auteur van de Libellus Supplex aan de Rijksdag van Spiers (1570)," *Nederlands Archief voor Kerkgeschiedenis* Vol. 55 Issue 2 (1975): 152-156, 170. Weis, "Philip of Marnix and 'International Protestantism'," 205-206.
205 William den Boer, "Het Nederlands Calvinisme," 92.

의 엘리자베스 1세와의 관계를 발전시킨 것이다.[206] 마르닉스는 전 유럽 공동체의 연합에 대한 자신의 구상을 1570년대부터 팜플렛과 소논문으로 작성하여 몇 개의 언어로 번역하여 유럽에 뿌림으로 영향을 주었는데 이것은 마르닉스가 개신교주의의 국제화에 큰 공헌을 했다는 것을 의미한다.

5. 결론

16세기 당시 세계 최강국 스페인의 직접적 박해와 신성 로마 제국의 압력 속에서 네덜란드에 칼빈의 종교개혁 신학이 강력하게 뿌리를 내릴 수 있었던 이유는 무엇일까? 여기에는 칼빈을 매개로 한 친밀한 국제적 네트워크가 중요한 역할을 했으며 그 중심에 조국을 떠나 난민이 되어 제네바에서 칼빈과 베자에게 직접 신학을 배웠던(1559-1561) 필립 마르닉스의 공헌이 존재한다.

네덜란드 남부 프랑스어권에서 시작한 종교개혁 신앙이 전국으로 확산되자 1567년 알바공의 입성 및 가혹한 박해와 칼빈주의에 대한 엘리트 가톨릭 신학자들의 공격이 이어졌다. 마르닉스는 공포와 혼란이 극에 달했던 1560-70년대 네덜란드 사람들을 위해서 대중도 이해할 수 있는 쉬운 비유를 사용하여 『로마 교회의 벌집(Den Byencorf der H. Roomische Kercke: 1569)』을 출판했다.

마르닉스는 신학적으로 타락한 가톨릭교회를 참된 교회로 대체해야

206　Weis, "Philip of Marnix and 'International Protestantism'," 211-212 와 216-217.

한다고 강조하면서 성경이 최고의 권위임을 밝혔고 가톨릭교회의 성찬론을 집중적으로 공격했다. 로마 교회의 신학은 종교 회의나 로마 교황의 법령에서 독이 든 꿀을 딴 꿀벌들이 만든 벌집과 같으며, 그것을 해독하는 길은 순수한 만나인 하나님의 말씀을 먹는 것이라고 설명했다.

당시 네덜란드의 칼빈주의는 남부 프랑스어권을 중심으로 하고 있었고 이들은 교육을 받은 고위 계층이 많았으며 제네바를 롤 모델로 삼고 있었다. 엠던(Emden)을 중심으로 하는 북부의 네덜란드어권은 상대적으로 교육을 많이 받지 못한 계층과 이전에 가톨릭 사제였던 개혁주의자들이 많았다. 그러나 마르닉스는 『로마 교회의 벌집』을 네덜란드어로 출판함으로 양 지역과 계층을 개혁 신앙으로 묶어주는 중요한 사회적 교량 역할을 했을 뿐 아니라, 아직도 칼빈주의 신앙에 합류하기를 망설이는 자들을 격려했다.

또한 마르닉스는 네덜란드 칼빈주의자들이 스페인에 대해 저항하는 것을 양심의 자유에 근거한 신앙적인 행위로 변호했다. 양심의 문제를 국가라는 공적인 기관에서 성도 개인과 교회의 훈련이라는 영역으로 돌려놓았다. 그는 칼빈주의적 국가론에 근거해서 오렌지공 윌리엄의 외교 자문으로 안트베르펜의 시장도 역임했고 국제적 공조를 이끌어 내려고 노력하기도 했다.

그러므로 마르닉스에 대한 본 연구는 16세기 유럽의 역동적인 정치적이고 종교적인 상황 속에서도, 가장 불안하고 불확실하던 1560-70년대 네덜란드에 칼빈의 신학이 어떻게 뿌리내리게 되었는지를 파악할 수 있는 귀중한 역사적 사례가 될 것이다.

15장

네덜란드 피난민 교회의 엠던 총회
(Emden Synod, 1571): 장로교회의 기원

엠던의 요한네스 아 라스코 도서관_엠던 총회 450주년 기념 전시회.
마르닉스와 타펭 등의 원자료도 전시됨(2021년 7월)

1. 들어가는 글

2021년 독일 북쪽 네덜란드에서 가까운 항구 도시 엠던(Emden)에서 교회사적으로 매우 의미있는 행사가 있었다. 1571년 이곳에서 개최되었던 네덜란드 피난민들의 개혁주의 총회 450년을 기념하는 뜻깊은 일이었다. 엠던 총회가 중요한 이유는 네덜란드 개혁주의자들에 의해서 유럽 대륙 최초로 장로교회의 노회와 총회가 조직되었던 원년이기 때문이다.

(엠던 총회 450주년을 기념하는 인쇄물)

이 총회가 어떻게 형성되었으며, 그 신학적이고 역사적인 특징이 무엇이기에 오늘날 네덜란드뿐 아니라 독일의 신학자들이 큰 관심을 기울이는 가를 알아보는 것은 매우 중요하다.

2. 엠던 총회의 역사적 상황

엠던은 폴란드 출신의 종교개혁자인 요한네스 아 라스코(Johannes a Lasco)가 1540년에 박해를 피해 네덜란드를 거쳐 정착해서 사역을 했던 곳이기도 하다.[207] 1571년의 엠던 총회는 피난민들의 교회 총회였다. 주로 네덜란드의 이웃 지역에서 스페인의 필립 2세의 보복으로부터 피난처를 찾은 왈룬과 플랑드르 난민 공동체의 구성원들에 의해 소집되고 파송되어 이루어진 총회였다. 총회가 있던 전후에 1567년부터 1573년까지 스페인령 네덜란드의 총독을 역임한 알바 공작의 박해에서 대규모 탈출이 있었다.

(스페인의 종교적 박해를 피해 암스테르담에서 밤에 배를 타고 목숨걸고 독일 엠던으로 피난 가던 모습의 그림. 엠던 아 라스코 도서관 전시)

---

207 폴란드 출신의 종교개혁자로서 네덜란드와 영국의 종교개혁에도 영향을 주었던 아 라스코에 대한 국내 연구는 매우 흔하지 않으며 다음의 연구가 유익하다. 김․민,『아 라스코: 개혁주의 교회법의 토대를 놓다』(서울: 익투스, 2019).

이때 긴박하고 변화된 상황 속에서 "십자가 아래" 있는 교회들이 자체적으로 조직화 되어야 한다는 필요가 절실했다. 물론 엠던 총회가 있기 직전인 1568년 늦가을에 역시 네덜란드에서 가까운 독일 땅 베이슬에서 베이슬 회의(Wesel Convention)가 있었다.[208] 하이델베르그의 프랑스어권 네덜란드 교회에서 목회하던 필립 마르닉스도 동참했던 것으로 보인다. 이때 장로교회적인 교회 구조를 세우는 것에 대해서 논의한 바는 있었다. 그렇지만 베이슬 회의는 공식적으로 소집되고 각 지 교회에서 대표단을 파송한 정식으로 구속력이 있는 총회는 아니었다. 그러므로 정식으로 초청되고 참석되어서 진행된 진정한 총회의 역할은 엠덴 총회(Emden Synod)가 최초이며, 엠던 총회에 의해서 구속력 있고 권위 있는 총체적인 교회 구조가 세워질 수 있었다.

이 엠던 총회에 앞서 1571년 6월 30일 하이델베르그에서 피터 다테인(Petrus Dathenus, 대략 1531-1588), 쟝 타펭(Jean Taffin), 그리고 피터 콜로니우스(Petrus Colonius van Keulen, 약 1530-1571) 등의 세 명의 목사가 보낸 공식적 초청장이 있었다. 이 총회의 초청장은 1571년에 독일의 팔츠, 니더 라인, 그리고 동 프리슬란트의 네덜란드 교회 공동체와 아직 네덜란드에 남아 있던 지역 교회들에게 전달되었다.[209]

---

208 Matthias Freudenbert and Aleida Siller, *Emder Synode 1571: Wesen und Wirkungen eines Grundtextes der Moderne* (Göttingen: Vandenhoeck & Ruprecht Verlage, 2020), 18-19.
209 Matthias Freudenbert and Aleida Siller, *Emder Synode 1571: Wesen und Wirkungen eines Grundtextes der Moderne*, 19-20.

(좌) 피터 다테인
출처: http://nl.wikisage.org/wiki/Petrus_Datheen

(우) 다테인이 네덜란드 플랑드르를 탈출해서 영국에 피난 갔다가 메리 1세의 박해로 다시 유럽으로 피난하여 팔츠의 프레드릭 3세의 호의로 정착했던 프랑켄탈 (Frankenthal)의 플랑드르 난민 교회 유적.

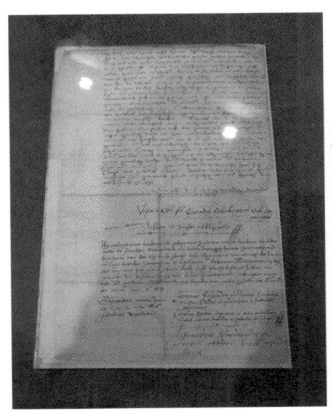

(엠던 아 라스코 도서관 전시된 당시의 편지와 엠던 총회의 초청장)

3. 총회 참석 인사들

엠던 총회에 참석한 사람들은 대체로 다음의 세 가지 이유 때문에 참석하여 서명했다고 볼 수 있다.

(1) 엠던 총회 참석하라는 초청을 그리스도의 이름으로 모이라는 초청으로 받아들였다(마 18:20).
(2) 엠던 총회의 교리적 유용성이 강조되었다. 당시 박해받고 혼란한 상황에서 총회를 통해야 개혁교회 교리의 순수성과 통일성을 지킬 수 있었다.
(3) 네덜란드 피난민 교회의 지도자들인 다테인 및 콜로니우스가 이 총회를 필수 불가결한 것으로 간주했다.

(1571년 엠던 총회가 모였던 장소인 당시의 무기고(좌)와 현재의 모습(우))

드디어 1571년 10월 4일부터 10월 13일까지 독일 북쪽의 항구 도시 엠던에서 총회가 진행되었다. 네덜란드와 독일에 흩어져 있던 네덜란드 개혁교회로부터 전체 29명의 대표단이 참석했는데 24명의 목사와 5명의 장로가 그들이었다.

그들 대부분은 독일 지역(도시 포함)의 네덜란드 피난민 교회로부터 왔다. 물론 그 교회 공동체들이 항상 자체적인 독립 구조를 가진 것은 아니었지만, 엠던(Emden)의 네덜란드어를 사용하는 난민 교회처럼 그 지역 도시 교회 공동체에 느슨하게 연결되어 있었다. 엠던 총회 참석자들은 예수 그리스도를 머리로 하는 보편 교회에 속한다는 의미를 부여하면서 네덜란드 개혁교회가 지속적으로 존재할 수 있도록 보장해 주는 해결책을 찾기 위해 엠던에 모였다고 할 수 있다.

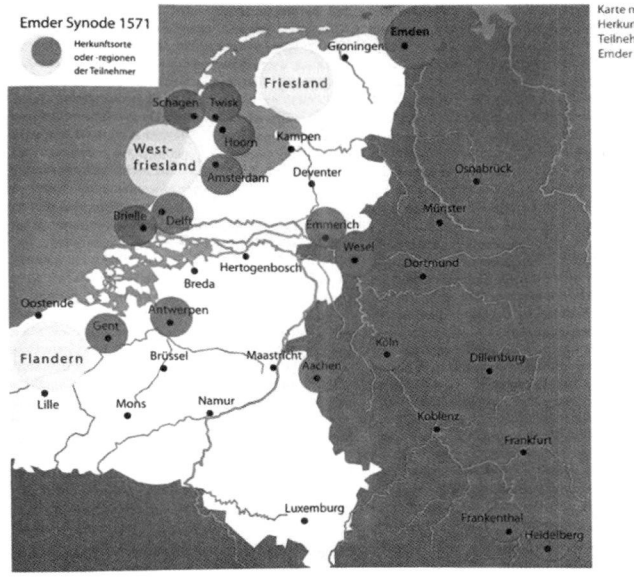

(엠던 총회에 참석했던 지역 교회들의 분포도)

제4부 • 네덜란드 개혁주의 종교개혁: 십자가 밑에 피어오른 튤립   401

4. 엠던 총회의 결정 사항

스페인의 알바 공의 가혹한 박해와 한 치 앞도 예측할 수 없었던 불확실한 상황에도 불구하고 네덜란드와 독일 각지에서 목숨을 걸고 모여든 대표단들에 의해서 엠던 총회는 교회의 조직적 체계를 세울 수 있는 기초를 성공적으로 놓을 수 있었다.

총회가 진행되는 10일 동안 총대들은 개혁신학의 교리와 장로교회의 공식적 제도, 공적 예배 및 교회 권징 등에 대한 내용을 담아서 총 53개의 항목을 합의했다.

53개 주요 조항 뒤에 25개 특별한 조항(Partikularia)이 있었는데, 이 조항은 공동체의 특정 관심사를 다루었고 주요 조항(Generalia)에 규제를 받는 것이었다. 맨 마지막 부분은 장로교 교회 조직을 위한 일종의 절차적 규칙이 26개 조항으로 구성되었다.

주요 조항(Generalia)의 53개 조항의 구조적 틀과 26개 조항에 나타나는 노회-총회의 원칙은 특별히 중요했다. 무엇보다 의미 심장했던 것은 총회(Generalia)의 일반적인 방향이다. 원본은 라틴어로 기록되었다.

> 어떤 교회도 다른 교회 위에 군림하지 않는다.
> 어떤 목사도 다른 목사 위에 군림하지 않는다.
> 어떤 장로도 다른 장로 위에 군림하지 않는다.
> 어떤 집사도 다른 집사 위에 군림하지 않는다.[210]

---

[210] "Nulla Ecclesia in alias, nullus minister in ministros, nullus Senior in Seniores, Diaconus in Diaconos primatum sed dominationem obtinebit, sed potius ab omni et suspitione et occasione cauebit." "Acta Synodi Ecclesiarum Belgicarum, quae sub cruce sunt, et per

이 항목이 보여주듯이 엠던 총회는 로마 교회의 계층구조적인 교회를 배격하면서 교회 안에 계층적 위계질서가 없어야 한다는 근본적인 기초를 명확하게 적시하고 있다.

그러나 그렇다고 해서 총회에 참석한 대표단은 각 지역 교회들의 자유와 자율성을 극단적으로 주장하는 회중주의는 아니었다. 그렇게 되면 스페인의 박해를 피해 망명해 있는 상태에서 이들의 미래를 보장할 수 없었을 것이다. 따라서 총회는 회중을 초월하는 총회의 결의에 규범적 구속력을 정해 주면서도 개 교회 공동체의 자유를 보장해 주는 살아있는 보편 교회를 구성했던 것이다.

(엠던 총회에 동참한 노회들.
좌는 십자가 밑의 네덜란드 개혁교회들. 우는 피난민 교회들)

Germaniam et Phrisiam Orientalem dispersae: habitae Embdae 4. Octob. Anno etc. 71." 엠던 총회 결의 사항의 내용에 관해서는 다음을 보라. *ACTA van de Nederlandsche Synoden der Zestiende Eeuw* F. L. Rutgers (red.) (Dordrecht: Van Den Tol, 1980), 55.

개별 교회 공동체도 존중하면서도 총회의 결정의 규범성을 인정하는 절묘한 질서와 균형이 잡힌 엠던 총회의 항목들은 만장일치로 작성되었다. 그러나 교회의 용도에 따라 언제든지 변경되고 증감될 수 있되, 모든 사람이 이 질서를 유지하기 위해 부지런히 노력해야 한다고 했다.

엠던 총회에 따르면, 개별 교회와 그 위에 있는 노회와 총회 사이의 원활한 상호 작용이 보장되는 것이다. 장로교회 제도에 대한 26개 조항에서 그것을 분명히 인식할 수 있다. 무엇보다 당회 중심의 회중으로부터 노회를 거쳐 총회에 이르기까지 온 교회의 민주적 의사 결정 과정이 질서 있게 나타나고 있다.

그러므로 각 지역 교회의 당회에서 해결할 수 없는 문제는 노회로 가져가야 하며, 노회에서 해결할 수 없는 문제만 총회로 가져오면 되는 것이다.

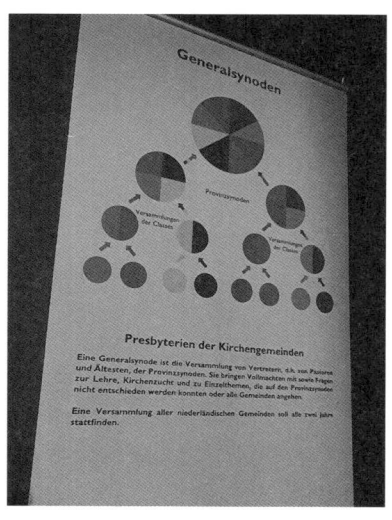

(각 지 교회와 노회가 모여서 총회를 이룬다는 구조를 보여주는 전시물)

5. 총회의 의미와 중요성

1571년의 엠던 총회는 몇 가지로 그 중요성을 요약할 수 있다.

1) 첫째 이 총회는 망명자들의 교회 총회로서 네덜란드 이웃 지역에서 가톨릭 당국의 보복으로부터 피난처를 찾은 네덜란드 난민 공동체의 구성원들이 주로 소집하고 참석했다는 것이다. 이들은 교회의 조직 구조를 논의하고 보편 교회의 의미에서 교회의 존재를 보장할 해결책을 찾기 위해 엠던에 왔다는 것이다.

2) 둘째는 총회 결의안의 기본 이념과 규제 원칙에 이를 반영하였다. 계층 구조적인 위계가 없는 장로교회 구조를 확립하면서도 동시에 개별 공동체의 절대적 자율성의 위험을 피하려고 했다.

이 엠던 총회가 선명하게 보여주는 것은 네덜란드 개혁교회에 속한 개개 성도, 공동체 간에 개체와 전체의 유기적인 연합의 개념인데, 이것을 확장하면 사회와 국가, 더 나아가 국제적 연대 속에서도 개체의 자율을 존중하면서도 전체의 권위를 존중하는 정신으로까지 확장될 수 있는 것이다. 보다 크게 바라보면 이 엠던 총회의 정신은 근대 세계의 연방공화국, 그리고 심지어 유럽 공동체의 정신으로까지 확산될 수 있는 것이다.

5부

종교개혁, 근세로 향하다

16장

신앙의 자유와 은총의 승리:
도르트 총회(1618-1619)로 가는 길

1. 들어가는 글[1]

종교개혁 사상의 중심에 은총의 신학이 있다고 할 때 그것이 신학적으로 정리되고 국제적으로 공인된 것은 도르트 총회(Synod of Dort, 1618-19)였다고 할 수 있다. 이 도르트 총회는 종교개혁 신학의 열매라고 할 수 있으며 최초의 국제적 칼빈주의 대회로서, 개혁주의 3대 신조(Three Forms of Unity)인 벨직신앙고백서, 하이델베르그 요리문답, 그리고 도르트 신경이 이 회의를 통해서 확정되었다.[2] 이런 의미에서 반

---

[1] 본 장은 필자의 다음의 연구들에서 발췌한 것이다. "도르트 총회(1618-1619) 직전 시대의 네덜란드 교회와 국가 관계의 배경 연구" 「한국개혁신학」 57 (2018). "항쟁파(Remonstrants)의 교회와 국가의 관계: 위텐보가르트(Johannes Wtenbogaert: 1557-1644)를 중심으로" 「한국개혁신학」 60 (2018).

[2] 도르트 총회에서 공인된 3대 신앙고백서의 본문에 관해서는 다음을 보라. J.N. Bakhuizen van den Brink, *De Nederlandsche Belijdenisgeschriften: Vergelijkende Teksten* (Amsterdam: Uitgeversmaatschappij Holland, 1940). 이 가운데 도르트 신경과 관련된 부분은 218-81에 나

틸이 도르트 총회에서 결정한 하나님의 절대적인 주권 은혜를 강조하는 신학적 의미가 현대에 중요하다고 평가한 것은 그 의미가 크다.[3] 사실상 도르트 총회가 소집되었을 때 참석자들은 아르미니우스주의가 정죄되고 강력한 칼빈주의가 인정될 것임을 신학적인 맥락에서는 알고 있었을 것이지만, 더 나아가 결정이 신경으로 기록됨으로 인해서 대중이 이해할 수 있고 보편적인 성격을 갖는 목회적인 신학이 제시된 것이었다.[4] 도르트 총회에서 결정된 신학적 내용들은 성경적으로 은혜의 교리를 잘 드러낼 뿐 아니라 주권적 은혜 자체가 그리스도인들이 그것에 의해서 경건한 삶의 진보를 이룰 수 있는 수레라는 것을 증거해 준다고 평가된다.[5] 역사적으로 보면 도르트 총회가 소집될 수 있었던 것은 정치적인 재가가 있었기 때문이었다. 또한 이 총회의 결정은 국가의 승인과 추진을 통해 진행되었다.

온다.

3   Cornelius Van Til, "The significance of Dort for today," in *Crisis in the Reformed Churches*: *Essays in commemoration of the great Synod of Dort*, 1618-1619 (ed.) Peter Y. De Jong (Grand Rapids: Reformed Fellowship, 1968), 186.

4   W. Robert Godfrey, "Popular and Catholic: The Modus Docendi of the Canons of Dordt," in *Revisiting the Synod of Dordt* (1618-1619) (eds.) Aza Goudriaan and Fred van Lieburg (Leiden: Brill, 2011), 243-60.

5   Matthew Barrett, "Piety in the Canons of Dort," *Puritan Reformed Journal* 3 (2011): 223-52.

2. 도르트 총회의 교회와 국가론의 법적이고 역사적인 기초들

1) 헨트 평화 회의(De Pacificatie van Gent, 1576)에 나타난 교회와 국가

당시 네덜란드는 라인강을 따라 움직이는 상선에 의한 상업 활동에 의해서 남부가 비교적 번성하고 있었다. 그러나 알바 공 이후 남부 네덜란드는 스페인 군인들에 유린당하고 개혁주의자들이 로마 가톨릭으로부터 가혹한 박해를 받게 되면서 많은 인구가 북쪽으로 유입되고 있었다. 따라서 네덜란드 북부의 주들이 정치적이고 경제적인 차원에서 점차 성장하고 있었다.

이런 흐름 속에서 홀란드주와 제이란트주를 중심으로 1576년에 이루어진 헨트 평화 회의는 네덜란드 근대 국가 형성의 맥락에서 의미 있는 첫 출발을 내딛는 것이었다. 이때 체결되었던 협약으로 북부 네덜란드는 정치적, 군사적, 경제적인 연대를 이루면서 커 가고 있었으며 팽창해 가는 개혁주의자들에 대한 주 정부의 차원의 보호를 공적으로 보장받을 수 있었다.

(1) 헨트 평화 회의의 직접적 배경: 스페인 폭동 사건(de Spaanse Furie: 1576)

스페인의 필립 2세가 볼 때 스페인의 네덜란드 통치는 성상 파괴 운동과 그 진압을 위한 알바공의 진입 등 그리 만족할 만 하다고 볼 수는 없었을 것이다. 그 뒤를 이어 네덜란드의 총독으로 새롭게 부임한 인물은 레스퀜스(Resquens)였는데 그는 전임자처럼 강경주의자는 아니었다.

그러나 레스퀜스가 급사(1576)하자 스페인 군인들이 안트베르펜에서 폭동을 일으켜서 약 18,000명의 시민들이 유린을 당하는 사건(de Spaanse Furie: 1576)이 발생했다.[6]

이에 네덜란드 국가 의회(Staten-Generaal) 개최가 요구되었고 드디어 헨트에서 평화 회의가 열렸다(1576). 이 헨트 평화 회의는 개혁주의적인 주만 참석한 것은 아니어서, 개혁주의 주였던 홀란드와 제이란트 그리고 브라반트 외에도 가톨릭 주도 동참했다.[7] 필립 마르닉스도 대표로 참여했다.[8]

(헨트의 모습)

---

6 Jonathan I. Israel, *The Dutch Republic: Its Rise, Greatness, and Fall 1477-1806* (Oxford: Clarendon Press, 1995), 196-197. 이하 *The Dutch Republic: Its Rise, Greatness, and Fall 1477-1806*로 표기함

7 Jonathan I. Israel, *The Dutch Republic: Its Rise, Greatness, and Fall 1477-1806*, 185.

8 필립 마르닉스의 교회와 국가에 대한 연구를 참조하려면 다음을 보라. 안인섭, "칼빈의 신학과 네덜란드 종교개혁과의 관계: 필립 마르닉스(Philip Marnix van St. Aldegonde: 1540-1598)의 교회와 국가의 관계를 중심으로," 개혁신학회 종교개혁 500주년 기념 학술대회 (2017. 4. 28, 총신대학교), 265-77.

(2) 헨트 평화 협약에 나타난 교회와 국가 사상

헨트 평화 회의의 결과물로 나타난 헨트 평화 협약(1576년 11월 8일)의 내용을[9] 분석해 보면 네덜란드 개혁교회와 국가의 관계에 관해서 법적 근거가 어디에 있는지를 알 수 있으며, 더 나아가 도르트 총회(1618-19)가 어떤 교회와 국가 이해 위에서 진행되었는지 그 출발점을 알 수 있다. 이 평화 협약의 내용과 의미는 다음의 몇 가지로 분석될 수 있다.

① 네덜란드인들이 국민으로서 복종해야 할 국가는 더 이상 스페인이 아니라는 각성을 일으킨 최초의 공식적인 선언이었다.

이 헨트 평화 협약을 보면 네덜란드인들이 겪고 있는 고통스러운 상황은 브뤼셀에 있는 스페인 정부 책임이라고 지적한다. 따라서 네덜란드 주의 시민의 자유와 권리를 되찾고 과거와 같이 번성하기 위해서 네덜란드 주들은 상호 연대하여 스페인 세력과 그들을 돕는 자들을 네덜란드에서 떠나게 하자는 것이다.[10] 헨트 평화 협약을 통해서 네덜란드 칼빈주의자들의 국가에 대한 개념이 새롭게 형성되어 가고 있었다는 것을 보여주고 있다.

---

9   헨트 평화 협약에 대한 네덜란드 원어 자료를 위해서는 다음을 보라.
http://www.dutchrevolt.leiden.edu/dutch/bronnen/Pages/1576_11_08_ned.aspx 이 회의 기록에 대한 영어로 된 일차 자료는 아직 없다.

10 "Allen dengenen, die dese jegenwoirdige letteren zullen sien oft hooren lesen, saluyt. Alzoe die landen van herwaertsovere die lestleden negen oft thien jaeren doer d'inlandsche orloghe, hoochveerdige ende rigoureuse regieringe, moetwillicheyt, roovinge ende andere ongeregeltheden van de Spaengnaerden ende henne adherenten gevallen zijn in groote miserie ende alendicheyt, ende dat omme daertegens te versiene ende te doen cesseren alle voirdere troublen, oppressien ende aermoeden van de voirsz."

이 헨트 평화 회의의 결과로 네덜란드는 의회의 기능이 강화되었고, 오렌지공 윌리엄이 홀란드와 제이란트주의 정치적 지도자로 인정되었다. 교회와 국가 사상의 관점에서 살펴보면, 이전까지의 네덜란드의 교회와 국가의 관계는 "스페인과 네덜란드 교회"와의 관계였다. 따라서 국가로서의 스페인의 왕이 가톨릭 후원을 명분으로 교회를 박해하는 형국이었다. 그러나 헨트 평화 회의 이후 국가 권력에 대한 이해가 달라진 것이다. 네덜란드인들이 복종해야 할 국가는 스페인이 아니라는 민족적 정체성이 각성되게 되었다.[11] 이런 정치적인 발전은 국가에 복종할 것을 강조하는 벨직신앙고백서를 공식적으로 수용했던 네덜란드 칼빈주의자들이 큰 거부감 없이 스페인 왕에게 저항할 수 있었던 정황을 잘 이해하도록 도와준다.[12]

이에 더해서 1574년에 고위 위정자가 독재자가 되었을 때 하위 위정자가 저항할 수 있다고 인정한 제네바의 베자의 저서가 출판된 것도 네덜란드 칼빈주의자들의 정치적인 발전에 한몫 영향을 주었을 것이다.[13]

② 회의에 참여한 네덜란드 각 주는 개혁주의나 가톨릭의 구별 없이 신앙의 자유를 획득할 수 있었다. 그러나 각 주가 개혁주의를 수용해야 한다는 것은 아니었다.

---

11 Geert H. Janssen, "Exiles and the political of reintegration in the Dutch Revolt," in *History* 94 (2009): 38-40.
12 네덜란드 칼빈주의자들의 국가에 대한 저항에 대해서는 다음을 보라. 안인섭, "벨직신앙고백서의 국가론과 네덜란드 독립에 나타난 교회와 국가의 관계 연구," 「성경과 신학」 52 (2017): 179-214.
13 이 시기에 베자의 저서인 *De jure magistratuum in subdito*가 크게 영향을 끼쳤을 것으로 보인다. 다음을 보라. Karla Apperloo-Boersma & Herman Selderhuis, *Calvijn en de Nederlanden* (Alblasserdam: Verloop, 2009), 94-95.

헨트 평화 회의를 주도했던 홀란드와 제이란트주는 개혁주의적인 주였다. 그러나 그렇다고 해서 오직 개혁주의만을 수용해야 한다고 강요한 것은 아니었다는 것을 주목해야 한다. 물론 이 조약으로 홀란드와 제이란트주의 개혁주의자들이 처음으로 공식적인 신앙의 자유를 보장받게 되었다. 그러나 가톨릭이 주류였던 남부의 다른 주들은 자신의 주에 개신교를 수용하는 것에 동의한 것은 아니었다.[14]

따라서 헨트 평화 회의가 갖는 의미는 개혁 신앙의 자유를 가지고 있었던 주에게 그 신앙의 자유를 공식적으로 인정해 주었다는 것이다. 이것은 동시에 원래 가톨릭이 중심 세력이었던 주에서는 그들의 본래의 신앙의 자유도 계속 유지된다는 것이지 로마 가톨릭주의를 떠나서 개혁 신앙을 수용하라고 강제하는 것은 아니었다. 그러므로 서양의 근대 역사의 맥락에서 본다면 헨트 평화 회의야 말로 근대적인 의미의 신앙의 자유를 인정한 매우 중요한 선구적인 회의의 의미를 갖는다고 평가할 수 있을 것이다.

③ 스페인의 필립 2세를 아직까지는 군주로서 인정하고 있었다.

헨트 평화 회의에서 네덜란드 안에 있는 스페인 군대의 철수를 주장했다고 해서 스페인 필립 2세가 자신들의 왕이라는 것 자체를 부정하는 것은 아직 아니었다. 또한 이 회의에 스페인의 대표단이 참여해서 상호 협의한 것도 아니었다. 완전한 네덜란드의 독립을 선언하거나 혹은 그것을 합의한 회의는 아니라는 것이다.

---

14   Jonathan I. Israel, *The Dutch Republic: Its Rise, Greatness, and Fall 1477-1806*, 185-187.

그렇지만 헨트 평화 회의 결과 개인의 신앙의 자유가 보장되기 시작했으며, 네덜란드의 의회가 보다 힘을 갖게 되었다는 것을 주목해야 한다.[15] 종합적으로 평가해 볼 때, 헨트 평화 회의는 네덜란드 근대 국가 형성에 매우 중요한 지렛대가 되었다. 그래서 바로 3년 후에 북쪽의 네덜란드 주들의 연합인 우트레크트 연합이 형성되었다. 게다가 이 우트레크트 연합은 공공연하게 헨트 평화 회의의 정신을 이어간다고 밝히고 있다.

2) 우트레크트 연합(De Unie van Utrecht, 1579)의 교회와 국가

도르트 총회 전후의 네덜란드 교회사의 특징을 한마디로 정리하면 네덜란드 개혁교회의 발전과 네덜란드 국가의 형성이 서로 맞물려 진행되었다는 것이다. 특히 네덜란드 북부 주의 정치적인 자유는 종교적인 자유와 서로 손잡고 진행되어 갔다.[16] 그렇기 때문에 헨트 평화 회의에

(우트레크트 돔)

---

15 김영중 · 장붕익, 『네덜란드사』, 109.
16 Willem Frijhoff, "Religious toleration in the United Provinces: from 'case' to 'model'," in R. Po-Chia Hsia and H.F.K. Van Nierop (eds.) *Calvinism and Religious toleration in the Dutch Golden Ages* (Cambridge: Cambridge University Press, 2002), 30, 37, 38.

이어서 네덜란드 개혁교회의 교회와 국가 사상에 있어서 가장 중요한 국가법적 토대를 놓았던 우트레크트 연합에 대해서 분석하는 것은 항쟁파의 교회와 국가의 관계를 알기 위해서 매우 중요하다고 할 것이다.

(1) 남부 가톨릭 주들의 아라 동맹(Unie van Atrecht, 영어로는 Union of Arras:1579) 결성

레스퀜스 총독 사후 돈 후안(Don Huan)이 그 후임으로 스페인에서 파송되었지만 네덜란드 의회는 그가 로마 가톨릭주의의 확산을 도모하는 것에 불만을 가지기 시작했다. 이런 맥락에서 북부 네덜란드 의회는 오스트리아의 황제 막시밀리안 2세의 아들 마티아스에게 총독의 지위를 부여했다. 스페인과 북부 네덜란드의 정치적인 긴장이 높아지게 되었다. 게다가 네덜란드에 속한 각 주간에 신앙적인 갈등 즉 칼빈주의자와 가톨릭주의자들의 갈등이 심화되어 가고 있었다.

이런 정치적 배경하에서 스페인의 필립 2세는 파르네세를 총독으로 파송했다(1578). 그는 탁월한 정치적인 감각을 가지고 네덜란드의 남과 북이 종교적으로도 나뉘어 있음을 갈파하고 분열을 도모하기 위해서 네덜란드의 가톨릭 교인들에 대한 보호를 자처했다. 아라 동맹(1579년 1월 6일)이 결성된 것은 이런 역사적인 상황과 맞물려 있었다. 실제로 아라 동맹을 통해서 남부 네덜란드의 주들은 스페인의 통치를 용인했다. 또한 공식적으로 가톨릭이 유일한 종교라고 선언했다. 동시에 칼빈주의와 같은 다른 신앙은 금지되어야 한다고 주장했다.[17]

---

17 아라 동맹의 문서를 위해서는 다음을 보라.

(2) 북부 7개 주의 우트레크트 연합의 결성(1579): 네덜란드 7개 주 연합 공화국(1588)의 모체

스페인의 지배를 강화하고 가톨릭 이외의 신앙을 금지하는 아라 동맹에 놀란 북부에서는 그로부터 2주 후인 1월 23일에 우트레크트 연합(Union of Utrecht)이 조직되었다. 네덜란드의 국부인 오렌지공 윌리엄의 형인 얀 판 낫소(Jan van Nassau)를 지도자로 내세웠으며 올덴바르너펠트가 실제적인 동력을 발휘했다.

이 연합은 홀란드(Holland), 제이란트(Zeeland), 우크레크트(Utrecht), 프리슬란트(Friesland), 드렌터(Drenthe), 오버에이슬(Overijssel), 브라반트(Brabant), 플란더(Flanders), 투르노이(Tournai)와 발렌시안(Valenciennes) 등이 참여했는데 전체적으로 보아서 네덜란드의 동부와 북부, 그리고 벨기에 중서부를 포함하는 넓은 지역이었다. 그렇지만 1580년대 후반에 벨기에 지역에 속한 구성원들은 이탈했고 따라서 우트레크트 연합의 영토는 오늘날의 네덜란드와 거의 동일했다.[18] 안트베르펜(Antwerpen)은 스페인 군대에 의해서 몰락할 때까지(1585) 이 연합의 중심지였다.[19]

이 우트레크트 연합에서 합의한 문서는 네덜란드 북부의 7개 주 연합 공화국의 헌법적 기초가 되었다. 특히 16세기 네덜란드의 각 주가 자신

---

http://www1.umassd.edu/euro/resources/netherlands/29.pdf
18   김영중 · 장붕익, 『네덜란드사』, 110-111.
19   안트베르펜은 필립 판 마르닉스(Philip Marnix van St. Aldegonde: 1540-1598) 때에 1585년에 스페인에게 넘어가게 되었다. 필립 판 마르닉스의 교회와 국가 사상에 대해서는 다음을 참고하라. 안인섭, "칼빈의 신학과 네덜란드 종교개혁과의 관계: 필립 마르닉스(Philip Marnix van St. Aldegonde: 1540-1598)의 교회와 국가를 중심으로," 2017년 봄 개혁신학회 학술대회 발표 논문. 총신대학교 (2017년 4월 8일): 265-277.

의 영역에서 개인의 신앙의 자유를 보장한다고 하는 매우 중요한 역사적인 의미를 담고 있었다. 이 우트레크트 조약은 당시 30대의 젊은 올덴바르너펠트(Oldenbarnevelt, 1547-1619)가 완성했을 것으로 본다. 이 연합의 합의문은 그 이후 지속적으로 네덜란드 공화국 내에서 하나의 기준을 제시할 정도로 막중한 무게를 갖고 있었다.[20]

이 우트레크트 연합에서 강조하고 있는 각 주의 신앙의 자유를 주 정부가 보호하라는 정신은 그로부터 40년 후 네덜란드를 달구었던 아르미니우스주의자와 호마루스주의자의 논쟁과도 관련이 있다. 이 항쟁파와 반항쟁파의 논쟁의 결과로 국가적인 도르트 총회(1618-19)가 열리게 되었을 때, 우트레크트 연합은 도르트 회의의 성격과 과정을 이해할 수 있는 법적인 근거를 제공해 준다고 평가된다. 그러나 스페인은 1609년부터 12년간 이어졌던 휴전기까지는 이 우트레크트 연합을 공식적으로 인정하지 않았다.

---

20 Willem Frijhoff, "Religious toleration in the United Provinces: from 'case' to 'model'," 38-39.

(3) 우트레크트 조약 제13조에 나타난 교회와 국가

우트레크트 조약은 개인의 신앙의 자유를 완전하게 허락한 종교적 관용을 정신을 강조하고 있다. 심지어 로마 가톨릭주의에 잔류하기를 원하는 주나 도시들에게도 연합 가입의 문호를 열어놓았다. 이 우트레크트 연합의 조약 가운데서 본 연구의 주제인 도르트 총회와 항쟁파의 교회와 국가의 관계를 이해할 수 있도록 도와주는 네덜란드의 교회와 국가의 관계에 대한 내용은 제13조에 나타나 있다. 바로 이곳에 네덜란드 연합에 속한 개인의 자유와 신앙의 자유가 보장되어 있다.[21] 그러므로 우트레크트 연합의 13조의 내용을 분석해 보면 이후 네덜란드의 교회와 국가의 관계에 대한 법적인 기초를 잘 이해할 수 있다. 13조의 내용은 다음과 같다.

> 제13조
> 종교의 문제에 대해서는 홀란드와 제이란트 국가는 그들 자신의 만족에 따라 법을 제정할 것이며, 이 연합에 속한 다른 주들은 의회(Generael Staten)의 조언에 따라 총독(gouverneur)이자 이 국가들의 총사령관(cappiteyn generael)인 아르크두커 마티아스(Archduke Matthias)에 의해서 초안이 작성된 종교적인 평화에 항목화 된 법규들을 따를 것이다.[22]

---

21 특히 개인의 신앙의 자유를 보장해 주는 근거가 되었던 우트레크트 연합의 제13조에 대한 연구의 목록을 위해서는 다음 논문의 각주 31을 보라. 안인섭, "도르트 총회(1618-1619) 직전 시대의 네덜란드 교회와 국가 관계의 배경 연구," 「한국개혁신학」 57 (2018): 290.
22 "Ende soeveel tpoinct van der religie aengaet, sullen hem die van Hollant ende Zelant draegen naer haerluyden goetduncken ende dandre provincien van dese Unie sullen hem

우트레크트 연합의 13조에 의하면 스페인에 의해서 네덜란드 지역의 총독으로 임명되었고 남부 네덜란드에서 가톨릭 주들을 규합해서 친 스페인 연합인 아트레크트 연맹을 형성하도록 했던 파르네세를 총독으로 인정하고 있지 않다. 이 자체가 이미 북부 네덜란드 주들은 스페인의 왕을 자신의 왕으로 여기고 있지 않다는 것을 천명하고 있는 셈이다. 우트레크트 연합은 네덜란드의 총독으로서 마티아스를 인정하고 있으며 그의 권위 아래서 우트레크트 연합의 조약을 설명하고 있다는 것을 발견하게 된다. 네덜란드 의회 스스로가 자신의 왕을 선택하고 있는 것이다.

또한 이 우트레크트 연합의 조약은 다음과 같이 계속 그 내용을 이어가고 있다.

> 또한 그들이 주들과 도시들과 개인들의 안식과 복리, 그리고 성직자나 평신도나 개개인의 재산과 권리의 보전을 위해서 좋고 가장 알맞은 것을 발견함에 따라 이 문제에 있어서 일반적이거나 혹은 특별한 규정들을 세울 것이다.

이 조약의 구문은 사실상 새롭게 형성되고 있는 네덜란드라는 북부 7주의 연합 공화국이 앞으로 교회와 어떤 관계를 가질 것인지를 명확하게 보여주고 있다. 네덜란드의 각 주들은 도시민과 주의 국민들의 평안

---

moegen reguleren naer inhoudt van de religionsvrede, by den eerstshertoge Mathias, gouverneur ende cappiteyn generael van dese landen, met die van sinen Rayde by advis van de Generael Staten alrede geconcipieert,..."
https://www.law.kuleuven.be/personal/mstorme/unievanutrecht.html (2017년 12월 8일 접속).
이 우트레크트 연합의 영어 번역본을 참조하려면 다음을 보라. (2017년 12월 8일 접속).

과 복리를 보호하고 개인의 재산과 권리를 지키기 위한 법을 제정한다는 것이다. 그리고 이 문맥에서 네덜란드의 주의 성직자들의 재산과 권리도 지키겠다고 밝히고 있다.

우트레크트 조약의 13조는 다음과 같이 계속되고 있다.

> 헨트 평화 협약(pacificatie tot Ghendt)에 제시된 것처럼 만약 개인이 자신의 종교 안에서 자유롭게 존재할 수 있다면, 그리고 누구도 자신의 종교 때문에 조사를 받거나 박해를 받지만 않으며, 다른 어떤 주도 간섭을 받거나 곤경에 처하도록 허락되지 않을 것이다.[23]

우트레크트 연합은 이전의 헨트 평화 회의(1576)에서 협의했던 것을 명확하게 환기시키고 있다. 앞서 헨트 평화 회의에서는 스페인을 축출하고 네덜란드 의회의 기능은 강화하며 각 개인의 신앙의 자유를 인정했었다. 칼빈주의의 신앙의 자유를 보장했지만 동시에 가톨릭 신앙도 계속 인정하고 있었다. 이 정신을 이어받은 우트레크트 연합은 더 나아가 구체적인 신앙의 자유의 방법을 제시하고 있다.

신앙의 문제로 인해서 스페인의 종교재판소가 했던 것과 같이 신앙을 심문하고 그 신앙에 따라서 그에 상응하게 처벌하지 않겠다는 것이

---

23 "ofte daerinne generalick oft particulierlick alsulcke ordre stellen als si tot rust ende welvaert van de provincien, steden ende particulier leden van dyen ende conservatie van een ygelick, gheestelick ende weerlick, sijn goet ende gerechtigcheyt doennelick vynden sullen, sonder dat hem hierinne by enyge andere provincien enich hynder ofte belet gedaen sal moegen worden, mits dat een yder particulier in sijn religie vrij sal moegen blijven ende dat men nyemant ter cause van de religie sal moegen achterhaelen ofte ondersoucken, volgende die voorsz. pacificatie tot Ghendt gemaeckt."
https://www.law.kuleuven.be/personal/mstorme/unievanutrecht.html (2017년 12월 9일 접속).

다. 동시에 자신이 믿고 있는 신앙 때문에 주 정부가 박해를 가하지 않겠다는 약속을 제시하고 있는 것이다.

우트레크트 연합의 내용은 그 방향성은 이 후의 네덜란드의 교회와 국가의 관계 형성에 있어서 중요한 토대가 되었다. 이 연합에 속한 주들은 전쟁, 재정, 방어 등의 외적인 영역에서는 공동으로 맞선다. 그렇지만 이 연합에 속한 각 주는 내적으로 고유한 권리 권한 행정 종교를 갖는다는 것이다. 이 우트레크트 연합은 그 이후 1588년 형성되는 "네덜란드 7개 주 연합 공화국(de Republiek van de Zeven Verenigde Nederlanden)"이 출범하는 요람이 되었다.

우트레크트 연합의 13조의 내용을 분석해 보면 이후 네덜란드의 교회와 국가의 관계에 대한 법적인 기초를 잘 이해할 수 있다.

① 종교 문제는 주 정부에서 법으로 다루되, 의회의 조언을 따라야 한다.

제13조는 구체적으로 네덜란드의 군주는 스페인 왕이 아니며 따라서 네덜란드 종교 문제에 스페인이 간섭할 수 없다는 것을 명확하게 밝히고 있다. 그 대신 신성 로마 제국의 대공 마티아스(Archduke Matthias)를 총독으로 선언하고 있다.[24] 스페인에 의해서 네덜란드 지역의 총독으로

---

24 "Ende soeveel tpoinct van der religie aengaet, sullen hem die van Hollant ende Zelant draegen naer haerluyden goetduncken ende dandre provincien van dese Unie sullen hem moegen reguleren naer inhoudt van de religionsvrede, by den eerstshertoge Mathias, gouverneur ende cappiteyn generael van dese landen, met die van sinen Rayde by advis van de Generael Staten alrede geconcipieert,…."
https://www.law.kuleuven.be/personal/mstorme/unievanutrecht.html
이 우트레크트 연합의 영어 번역본을 참조하려면 다음을 보라.

임명되었고 남부 네덜란드에서 가톨릭 주들을 규합해서 친 스페인 연합인 아트레크트 연맹을 형성하도록 했던 파르네세를 총독으로 인정하지 않고 있다. 결국 네덜란드는 스페인으로부터 분리한다는 것을 의미하는 것이다. 네덜란드 국민의 대표인 의회 스스로가 자신의 왕을 선택하고 있는 것이다.

그런데 그 내부에 근세 유럽의 역사를 열어가는 몇 가지 중요한 원칙이 내포되어 있다.

(i) 첫째로 국민의 종교의 문제는 주 정부에서 법으로 취급해야 한다는 것이다. 구체적으로 홀란드와 제이란트를 언급하고 있다.
(ii) 둘째로 국민의 종교 문제에 대해서 위정자는 국회의 조언을 따라서 하라는 것이다. 위정자가 혼자 독재적으로 할 것이 아니라 국민의 대표와 협의해야 할 것을 밝히고 있는 것이다.
(iii) 셋째로 네덜란드의 각 주 정부는 의회의 조언을 받아서 종교적 평화를 유지하되, 제정된 법규에 따라서 해야 한다는 것이다. 위정자의 개인적인 선호도나 일시적인 분위기에 따라서 개인의 종교의 문제가 집행되어서는 안 된다는 것이다.

② 정부는 성직자나 평신도를 포함한 국민의 복리를 보호한다.

이 우트레크트 연합의 조약 13조는 다음과 같이 이어진다. 네덜란드 각 주의 도시와 개인의 복리는 국가의 법에 의해서 보장되어야 한다는

---

http://www.constitution.org/cons/dutch/Union_Utrecht_1579.html

것이다. 법치의 원칙에 따라서 국민의 삶을 통치해야 한다는 것이다. 그뿐 아니라 우트레크트 연합 13조에 의하면 국민은 개인의 재산과 권리를 보전 받을 수 있는 권리가 있다. 그런데 이처럼 주의 정부가 개인의 재산과 권리와 복리를 보장해 준다고 할 때 성직자도 그 범주에 들어가고 있다.[25] 이 성직자라는 개념 속에 칼빈주의나 가톨릭 등과 같은 구체적인 종파가 언급되어 있지 않다. 정리하면 우트레크트 연합에 의하면 국가는 그들이 프로테스탄트나 로마 가톨릭에 속한 성직자인가에 상관없이 법을 제정하여 국민들의 평안과 복리를 보호하고 개인의 재산과 권리를 지켜야 한다는 것이다.

이 사항은 지금 서서히 등장해 가고 있는 네덜란드라는 북부 7주의 연방 공화국이 교회에 대해서 보여줄 앞으로의 태도를 알려준다. 네덜란드 연방 공화국에 속한 각 주들은 신앙의 문제로 도시민과 주의 국민들의 평안과 복리를 해쳐서는 안 된다. 개혁교회에 속한 성직자나 평신도는 물론이고 그 종파에 대한 조건 없이 그들 개인의 재산과 권리를 보호해 주라는 것이다. 당연히 가톨릭 시민들도 법에 의해서 박해나 불이익을 받지 않도록 보장된 것이다. 이와 같은 내용은 같은 해에 네덜란드 남부에서 제정된 아라 동맹의 종교 정책과 완전하게 상반되는 것이다. 아라 동맹 측에서는 오직 가톨릭만 공식적인 종교로 인정했고 칼빈주의를 공식적으로 배격했었다.

---

25 "ofte daerinne generalick oft particulierlick alsulcke ordre stellen als si tot rust ende welvaert van de provincien, steden ende particulier leden van dyen ende conservatie van een ygelick, gheestelick ende weerlick, sijn goet ende gerechtigcheyt doennelick vynden sullen, sonder dat hem hierinne by enyge andere provincien enich hynder ofte belet gedaen sal moegen worden,…."
https://www.law.kuleuven.be/personal/mstorme/unievanutrecht.html

이 정신을 도르트 총회와 연결시켜 이해해 보자면 주 정부는 아르미니우스주의자인지 호마루스주의자인지 구별하지 않고 그 성직자나 국민의 복리와 권리를 보호해 준다는 것이다. 이런 법적인 정신에서 보면 위텐보가르트가 5개의 항쟁서를 홀란드주에 제출하고 호마루스주의자가 반항쟁서를 제출했을 때 그들은 어떤 박해나 위협 없이 그 신학적인 내용을 다룰 수 있다는 것을 뜻한다.

③ 헨트 평화 협약(1576)을 이어받아, 개인에게 신앙의 자유가 보장되고 종교적 이유로 조사받거나 박해를 받지 않으며, 주의 경우도 종교 문제로 간섭 받지 않고 어려움을 받지 않는다.

우트레크트 조약 13조에서는 헨트 평화 협약의 정신을 이어가면서 교회와 국가의 관계를 정리해 주고 있다. 우트레크트 연합의 13조는 스페인 폭동 사건(de Spaanse Fruie: 1576년) 이후에 북부를 중심으로 이루어진 헨트 평화 회의(1576)의 정신과 연속성 위에 있음을 명확하게 밝히고 있다.[26] 앞에서 살펴보았던 것처럼, 헨트 평화 회의에 의하면 네덜란드 각 주는 개혁주의나 가톨릭이나 구별 없이 각자의 공식적인 신앙을 인정받을 수 있었다. 스페인을 축출하는 상황에서 칼빈주의의 신앙의 자유를 보장한 것이지만, 동시에 로마 가톨릭주의도 계속 인정하고 있었다.

---

26 "…mits dat een yder particulier in sijn religie vrij sal moegen blijven ende dat men nyemant ter cause van de religie sal moegen achterhaelen ofte ondersoucken, volgende die voorsz. pacificatie tot Ghendt gemaeckt."
https://www.law.kuleuven.be/personal/mstorme/unievanutrecht.html

우트레크트 연합은 진일보하여 구체적인 신앙의 자유의 방법을 제시하고 있다. 과거 성상 파괴 운동(Beeldenstorm, 1566) 이후 스페인이 설치했던 폭동재판소(Raad van Beroerten, 1567)와 같이 신앙의 문제로 인해서 심문하고 고문하며 그에 따라 박해하지 않는다고 선언하고 있다. 이 정신은 이론적으로는 40년 이후의 도르트 총회 전후의 아르미니우스 논쟁에도 그대로 적용해서 해석할 수 있다. 아르미니우스주의나 호마루스주의나 모두 국가로부터 신앙적인 자유를 보장받을 수 있다는 것이다.

위에서 살펴본 것처럼, 우트레크트 연합은 네덜란드 국가가 종교적인 문제를 다루는 문제에 있어서 법적 기조를 가지고 접근해야 한다는 것을 일깨워 줌으로 이후의 교회와 국가 관계에 중요한 토대를 세워 주었다. 또한 국가가 개인의 신앙의 자유를 보장해 주어야 한다고 주장함으로 그 이후 신학적인 토론에 있어서 국가가 신정주의적인 태도를 가지고 개인의 경우에 직접 어떤 신학을 강요하거나 신앙적 간섭을 할 수 없다고 하는 사회적 시스템을 세우게 되었다.

이 우트레크트 연합은 9년 이후 등장하는 "네덜란드 7개 주 연합 공화국(de Republiek van de Zeven Verenigde Nederlanden)"을 위한 헌법적 기초를 수립하는데 결정적인 공헌을 했다. 이 연합을 구성하는 각 주들에게 내적인 종교의 문제에 있어서 자율권을 준 것이다. 그러나 전쟁이나 국방과 같이 국가적인 외적인 사안들은 함께 다룬다는 것이다.

3. 16세기 종교개혁 시대의 네덜란드 지역의 교회와 국가의식의 성장

네덜란드는 원래는 합스부르그의 지배 밑에서 17개 주가 유연하게 연합되어 있는 지역이었다. 네덜란드에는 1520년대에 루터주의가 수용되었고 1530년대에는 재세례파가 영향력을 미치고 있었다. 1540년대에 네덜란드 남부로부터 칼빈주의가 점차 강력하게 수용되기 시작했다. 네덜란드는 스페인의 중앙 정부에 대한 저항과 박해 속에서 세워진 교회였기 때문에 주교 제도가 아니었고 칼빈주의라는 신학적 집중성을 가질 수 있었다.[27] 네덜란드 종교개혁의 가시적인 움직임은 1566년 8월에 남부의 급진적인 칼빈주의자들에 의해서 발생했던 성상 파괴 운동(Beeldenstorm)에서 나타났다.[28] 이 운동에는 스페인의 강력한 중앙집권에 불만이 있는 호족들, 종교적이고 정치적으로 스페인에 저항하는 하급 귀족들, 중산층, 빈민층 등 네덜란드 사회 전체로부터 종합적인 이유에서 발생되었다.[29]

스페인의 필립 2세는 결국 1567년에 알바공(Duke of Alba)을 네덜란드에 파견해서 가혹한 박해를 시작했다. 이때 오렌지공 윌리엄은 1568

---

27 Fred A. van Lieburg, "From pure church to pious culture: The Further Reformation in eh Seventeenth-Century Dutch Republic," in *Later Calvinism: International perspective* (ed.) W. Fred Graham *Sixteenth Century Essays & Studies* 22 (1994), 409.; I. Schffer, "Protestantism in flux during the revolt of the Netherlands," in *Britain and the Netherlands: Papers delivered to the Anglo-Dutch historical conference* vol. 2 (Groningen: Wolters, 1962), 67-33.; Mirjam van Veen, *Een nieuwe tijd, een nieuwe kerk: De opkomst van het 'calvinisme' in de Lage Landen* (Zoetermeer: Meinema, 2009), 111-17.

28 Phyllis Mack Crew, *Calvinist preaching and iconoclasm in the Netherlands*, 1544-1569 (Cambridge: Cambridge University, 1978).

29 김영중 · 장붕익, 『네덜란드사』 (서울: 대한교과서식회사, 1994), 95-104.

년부터 스페인과 전쟁을 시작했는데 칼빈주의자들이었던 바다 거지떼 (Watergeuzen)로부터 후원을 받아 승리로 이끌게 되었다. 이때부터 네덜란드는 칼빈주의 신앙과 국가의 독립이 맞물리게 되면서 역동적인 역사를 만들게 되었다. 알바의 공격으로 네덜란드 남부 지역은 스페인의 지배하에 들어가게 되었다. 그러나 레이든 시민들의 성공적인 항전은 네덜란드에 승기를 가져다 주었다. 요컨대, 네덜란드는 스페인의 정치적인 압제와 신앙적인 박해에 대항해서 민족 의식이 각성되었으며 1570년대에 하나의 정치적인 권역으로 형성되기 시작했다.[30]

4. 네덜란드 공화국 출범(1588) 전후의 정치적 발달

1) 외국인 군주 시대의 종식(1587)

1579년 까지만 해도 남부의 아트레크트 연합은 물론 북부의 우트레크트 연합까지도 네덜란드 지역의 국왕은 스페인의 필립 2세로 인정하고 있었다. 그러나 1580년에 이르자 필립 2세와 오렌지공 윌리엄은 서로를 공격하게 되었으며, 1581년에는 급기야 네덜란드 의회가 자신의 왕은 필립 2세가 아니라는 결별선언서(Het Plakkaat van Verlatinghe)를 결정하면서, 네덜란드의 새로운 왕으로서 프랑스의 앙주(Anjou) 공을 추대했다. 스페인으로부터의 독립을 위해 프랑스의 힘을 이용하려는

---

30 Peter Arnade and Henk Van Nierop, "The political culture of the Dutch revolt," *Journal of Early Modern History* 11 (2007): 253-61.

의도였다. 그러나 그는 실망스러운 행보를 남기고 프랑스로 돌아가서 1584년에 죽었다. 같은 해에 그동안 네덜란드의 정치를 이끌고 있었던 오렌지공 윌리엄도 스페인의 계략에 살해되었다.

격변의 상황에서 네덜란드 의회는 스페인을 견제하고 개신교를 후원할 수 있는 영국의 엘리자베스 1세를 왕으로 추대하려고 했으나 그의 아끼는 신하인 레스터 공(Earl of Leicester, 본명은 Robert Dudley)이 1585년에 네덜란드의 총사령관(Governor General)으로 오게 되었다. 급변하는 흐름 속에서 스페인에 의해서 세워졌었던 파르네저 총독은 1585년 남부 네덜란드의 중심지 안트베르펜을 점령했다. 이때 수많은 지성인과 상인 난민들이 네덜란드 북부로 흩어지게 되었다.

영국에서 부임한 레스터 공은 우트레크트를 중심으로 하는 열광적인 칼빈주의자들을 활용해서 당시 네덜란드에서 가장 강력했던 홀란드주를 견제하면서 중앙 권력을 강화하려고 했다. 그는 홀란드와 제이란트가 적(스페인)과 무역하는 것을 용인하려고 하지 않았다.[31] 더 나아가 레스터 공은 네덜란드 전국에서 자신의 권력을 강화하려고 시도했다. 그 결과 네덜란드는 레스터 공을 반대하는 힘이 규합되고 있었고 올덴바르너펠트와 모리츠가 양두마차의 위치였다. 이때 네덜란드 지역은 홀란드주와 우트레크트주로 양분되었다.

여러 가지 정황상 네덜란드에서의 통치가 한계에 달하자 레스터 공은 1587년 12월에 네덜란드를 떠나 영국으로 돌아가 버렸다. 이 사건으로 네덜란드는 더 이상 주변의 국가에서 왕을 구하는 시대를 마치게 되

---

31 Carl Bangs, "All the best bishoprics and deaneries: the enigma of Arminian politics," *Church History* 42 (1973): 6.

었다. 1588년부터는 네덜란드 의회가 모든 실권을 잡으면서 자체적으로 통치하는 일종의 연방 공화국을 세우게 되었다. 시민 사회적으로는 올덴바르너펠트가 중심이 되었고, 군사적으로는 모리츠가 통치권을 행사하는 형국으로 진행되었다. 네덜란드 7개 주 공화국(de Republiek van de Zeven Verenigde Nederlanden)은 이런 역사적 과정을 통해서 역사에 등장하게 되었다.

2) 네덜란드 공화국(1588) 출범 이후의 정치적 발전

우트레크트 연합 이후 네덜란드 지역을 이끌어가는 주는 홀란드였다. 이 홀란드 주의 정치 지도자들은 당시 세계 최강국 스페인과의 무역을 통해서 부를 축적할 수 있기 때문에 가톨릭이나 스페인을 지나치게 반대하는 것은 원하지 않았다. 경제력을 바탕으로 새롭게 형성된 레헨트(Regenten)라고 하는 지배 계층은 이런 배경 때문에 영국 출신의 레스터 총독이 추진하는 강력한 반스페인 정치를 반대하고 있었다. 올덴바르너펠트(Johan van Oldenbarnevelt)는 홀란드의 경제적 지배층을 대변하면서 실제로는 네덜란드 전체의 실세로 역할을 감당하고 있었다.[32] 그가 1602년에 신항로를 통해 인도네시아로 진출하여 무역하는 회사들을 통합하여 창설한 동인도 회사 VOC(Verenigde Oost-Indi Compagnie)는 세계로 진출하여 무역을 했다.[33]

홀란드주에서 행정 장관을 맡고 있는 올덴바르너펠트의 신념은 네덜

32　Jonathan I. Israel, *The Dutch Republic: Its Rise, Greatness, and Fall* 1477-1806, 341-44.
33　Jonathan I. Israel, *The Dutch Republic: Its Rise, Greatness, and Fall* 1477-1806, 344-48.

란드는 명목상의 군주가 아니라 각 주의 의회에 권력이 있다는 지방주의였다. 그러므로 그의 생각에 홀란드와 제이란트주에서 부친 오렌지공 윌리엄을 총독직을 승계했던 모리츠는 명목상의 지도자일 뿐이며 의회를 섬기는 자일 뿐이라고 여겼다. 그렇지만 모리츠도 그렇게 단순한 직책을 가진 것이 아니어서 군주로서 사면권과 도시의 관리 임명권을 행사할 수 있는 위치였다.[34]

이런 정치적 상황을 고려할 때 네덜란드 공화국의 동력은 각 주의 주의회였다. 그 중에서도 스페인 독립 전쟁의 경비를 절반 이상 대고 있는 홀란드주가 강력한 실세였다. 각 주 의회의 대표들이 헤이그에서 형성한 국가의회(Staten-Generaal)는 네덜란드 공화국에서 중요한 역할을 차지하고 있었다.

(네덜란드 도르트레크트의 흐로터 께르끄)

5. 도르트 총회(1618-1619)의 배경: 교회와 국가의 관계

16세기 후기 종교개혁 시대 네덜란드의 역사를 보면 1570년대는 어

---

34 김영중 · 장붕익, 『네덜란드사』, 112-115.

두운 시기였다고 할 수 있으며 1580년대로부터 그 이후는 황금의 17세기로 가는 분수령이었다고 볼 수 있다. 1590년대에 접어들면서 네덜란드는 원거리 항해와 식민지 개척이 시작되었다. 네덜란드의 국력이 팽창하기 시작하는 국가적 발전 현상은 1590년대에 일어났던 정치적이고 경제적인 도약에 의해서 도출된 새로운 역동적 흐름의 열매였다.[35]

1) 아르미니우스파와 호마루스파의 대결

17세기 레이든(Leiden) 대학의 신학 교수인 프란시스쿠스 호마루스(Franciscus Gomarus)와 야코부스 아르미니우스(Jacobus Arminius) 사이에 시작된 유명한 예정론 논쟁은 이 문제를 해결하기 위해서 종교 회의 소집이 요구되었고 따라서 국가가 개입하게 되었다. 1579년에 북부의 주들이 결정한 우트레크트 연합 13조의 정신은 각 주의 신앙적인 문제는 그 지역의 정부가 결정할 수 있는 것이었다. 이것은 이미 독일의 루터파 영주들과 가톨릭 황제파 간의 갈등과 투쟁 끝에 1555년에 이루어진 각 영주가 그들의 종교를 결정한다고 하는 아우구스부르그 종교 회의와 맥락을 같이하는 것이다. 네덜란드의 경우 각 주가 신앙의 문제를 처리하지만 주의 영역을 넘어 전국적인 문제는 각 주의 대표자들의 네덜란드 국가 의회(State General 네덜란드어로는 Staten Generaal)에서 처리하게 된다. 특히 홀란드주에서 아르미니우스파와 호마루스파의 대립이 심했으며, 우트레크트나 오버에이슬 등의 지역에서도 상당한 갈등이 고조되고 있었다.

---

35 Jonathan I. Israel, *The Dutch Republic: Its Rise, Greatness, and Fall* 1477-1806, 318-27.

1607년 5월에 헤이그에서 위정자의 소집으로 총회의 준비위원회가 모였을 때 홀란드에서는 아르미니우스와 그의 친구 위텐보가르트뿐 아니라 강력한 칼빈주의자 호마루스와 헬미키우스 등이 참석했다. 비록 여러 일치점도 있었지만 결정적으로 가장 중요한 신앙고백서의 개정 부분에서는 근원적인 차이가 있었다. 호마루스와 그의 동료들은 교회가 국가로부터 자유로우며 성직자에 의해서 정통주의 신앙이 강화될 수 있는 신앙고백적인 교회를 생각했다. 그러나 아르미니우스와 위텐보가르트는 신앙적으로 자유롭고 위정자에 의해서 그 자유가 보장되는 국가 교회를 원했다.

1608년에는 양 그룹의 갈등이 더 심화되었으며 1609년에 국가에 의해서 헤이그에서 컨퍼런스가 소집되었는데 아르미니우스는 몇 주 후인 1609년 10월 19일에 사망했다. 1610년 1월 14일에 홀란드의 46명의 아르미니우스주의 목사들이 하우다에서 회합을 했으며 자신의 입장을 올덴바르너펠트에게 5개로 제시했는데 이것이 소위 항쟁서(Remonstrance)다. 1611년에 플란키우스(Plancius)와 호마루스 등 5명의 다른 총회 대표들은 항쟁서에 대한 대답을 반항쟁서(Counter-Remonstrance)로서 응답했다. 이 문서는 이제 화란 교회와 국가에서 명확하고 타협불가한 그룹을 결속하는 문서가 되었다. 이 두 당파 간의 논쟁은 여러 측면에서 목사의 임명에서 위정자의 권위에 대한 지역적인 논쟁을 계속 야기시켰다.[36]

---

36 Jonathan I. Israel, *The Dutch Republic: Its Rise, Greatness, and Fall* 1477-1806, 421-28.; Carl Bangs, "All the best bishoprics and deaneries: the enigma of Arminian politics," 10-13.

2) 아르미니우스파와 호마루스파의 교회와 국가론: 에라스투스주의 vs. 칼빈주의

17세기 후반부터 시작된 아르미니우스파와 호마루스파의 신학 논쟁은 이 시기의 급변하는 사회적 환경 속에서 그들의 교회와 국가에 대한 관점의 차이도 드러내고 있다. 항쟁파와 반항쟁파는 개혁주의 신학의 은총론과 예정론의 문제뿐 아니라 그들의 교회와 국가에 대한 태도에 있어서도 극명한 차이를 보여주고 있었다.

첫째로 항쟁서를 제출했던 아르미니우스주의자들의 교회와 국가론은 에라스투스(Thomas Erastus, 1555-1584)의 사상을 따랐다면, 호마루스파들은 교회는 국가로부터 자유로워야 한다는 신학을 견지했다.

비록 아르미니우스 자신은 한번도 에라스투스를 언급하고 있지는 않지만, 뱅스에 의하면 아르미니우스가 바젤에서 공부했을 때에 그의 인생의 말년에 몇 개월 동안 그를 개인적으로 알았을 것이다. 그는 출교에 대한 에라스투스의 책을 빌려서 1589년에 베자의 응답과 더불어 출판했다.[37] 항쟁파들은 아르미니우스를 뒤따라서 교회는 국가의 통제를 받아야 한다는 입장이다.

그러나 이에 대항해서 전통적인 개혁주의 신학과 은총의 교리를 지키려고 했던 반항쟁파들은 그들이 신뢰하고 의지했던 칼빈의 제네바의 경우와 같이 전형적인 칼빈주의적 교회와 국가론을 보여준다고 볼 수

---

37 Carl Bangs, "All the best bishoprics and deaneries: the enigma of Arminian politics," 8. 아르미니우스가 영향을 받았던 네덜란드의 코르헤르트(Dirck Coornhert)는 1560-1562년 칼빈과 니고데모주의 논쟁을 벌인 바 있다. 칼빈과 코른헤르트의 교회와 국가 관계의 비교를 위해서는 다음을 보라. 안인섭, "칼빈의 개혁 신앙과 교회와 국가: 네덜란드의 코른헤르트 (Dirck Coornhert: 1522-1590)와의 논쟁을 중심으로," 「한국개혁신학」 55권 (2017): 8-39.

있다. 호마루스는 시민 정부의 권위 또한 하나님 밑에 있다고 보았다. 시민 정부의 권력과 권위는 전능하지도 않고 절대적이지도 않다. 정부와 그 정부의 법은 모두 하나님의 의지와 말씀에 의해서 재갈이 물려야 한다고 주장했다. 교회와 국가는 하나님의 뜻 아래 서로 보완하는 신적 기구로서 하나님의 말씀을 위해서 봉사해야 한다는 것이다.[38]

반항쟁파는 권징권이 국가가 아닌 교회에 속한다고 보았지만 항쟁파들은 국가가 그것을 집행해야 한다는 생각이었다. 정통 칼빈주의자들은 목회자에 의해서 강화되는 신앙고백적인 교회를 원했다. 그러나 아르미니우스와 위텐보가르트는 국가에 의해서 보장되는 자유로운 교회를 지향했다.

더 용(De Jong)은 아르미니우스파들의 태도를 "자유로운 국가 안에 존재하는 자유로운 교회"라고 명쾌하게 정리하고 있다. 네덜란드 개혁교회가 1586년 헤이그 총회에서 교회 내부의 문제를 자체적으로 해결할 수 있을 정도로 팽창하고 있었기 때문에[39] 올덴바르너펠트를 중심으로 하는 홀란드주의 정치 세력은 점증하는 개혁교회의 힘을 두려워해서 1618년까지 국가적인 총회를 개최하는 것을 거부했다.[40] 우트레크트주는 영국 출신의 총독인 레스터 공이 자국으로 돌아간 이후 1588부터 열정적인 칼빈주의자들 대신 국가 교회적인 경향을 가진 목회자들로 채워

---

38 Gomarus, *Verclaringhe, Over de vier hooftstucken, der leere, waer van hy met sijn weerde mede Professore D. Iacobo Arminio, ghenconfereert heeft, voor de E. E. moghende Heeren Staten van Hollandt ende Westvrieslandt ; overghelevert den achtsten Septembris*, 14. (Martin van Gelderen, "'Dimittimini, exite' Debating civil and ecclesiastical power in the Dutch Republic," https://eu.spb.ru/images/RESPUBLICA/RepTradition/12.van_Gelderen_-_Civic_and_Ecclesiastical_Powers.pdf, 11에서 재인용.)
39 헤이그 총회에 대한 내용을 확인하려면 다음을 보라. F. L. Rutgers (ed.) *Acta van de Nederlandsche Synoden der Zestiende Eeuw* (Dordrecht: Vanden Tol, 1980), 481-643.
40 Peter Y. De Jong, "The rise of the Reformed Churches in the Netherlands," 14-15.

지고 있었다. 결과적으로 도르트 총회가 개최되었을 때 우트레크트주는 개혁주의 총회와 다른 입장을 가진 것으로 보이기도 했다.[41] 5대 항쟁서가 제시된 후 연이어서 위텐보가르트가 교회 문제에 대한 최고의 권위는 하나님의 말씀 아래에 있는 네덜란드의 모든 주의 국가에 있다고 천명한 것도 아르미니우스주의자들이 우트레크트 연합의 원칙 안에 있으면서도 가급적 국가의 결정권을 강화하는 국가 교회의 방향으로 가려고 했는지를 단적으로 보여준다.[42]

둘째로 아르미니우스파와 호마루스파는 각각 지역주의와 전국주의라는 정치적 입장의 차이를 드러냈다.

특히 교회와 국가의 관계에서 볼 때 새로운 네덜란드 공화국 내에서 발생하는 신학적 문제가 각 주의 자치의 범위를 초월할 경우 어떻게 해야 하는가라는 문제와 결부되는 것이다. 네덜란드는 1600년대가 되면서 전쟁보다는 평화를 바라는 흐름이 점증했다. 그 결과 12년의 휴전 기간에 들어가게 되었다. 스페인과의 전쟁 시기에 네덜란드 내부에서는 심지어 개혁주의와 가톨릭 간에도 표면적인 갈등과 투쟁은 두드러지지 않았다. 그러나 네덜란드 공화국 내에서 신학적인 문제로 분열이 가중된 것은 휴전기였다.

레스터 공이 영국으로 돌아간 이후 1588년 이래로 시민 사회에서는 올덴바르너펠트가 그 권력을 이었다고 할 수 있지만, 군사적으로는 모리츠가 계승했다. 레스터 공이 있을 때는 올덴바르너펠트와 모리츠는

41　Alastair Duke, *Reformation and Revolt in the Low Countries* (London: The Hambledon Press, 1990), 248-50.

42　Louis Praamsma, "The background of the Arminian controversy (1586-1618)," in *Crisis in the Reformed Churches: Essays in commemoration of the great Synod of Dort, 1618-1619* (ed.) Peter Y. De Jong (Grand Rapids: Reformed Fellowship, 1968), 31.

같은 입장이었지만 그의 후퇴 이후 올덴바르너펠트는 강력한 주였던 홀란드의 지역주의를 지향했고 모리츠는 네덜란드 공화국 전국주의를 주창하면서 둘은 다른 길을 택했던 것이다.

홀란드주의 위정자인 올덴바르너펠트는 지역주의(Particularisme)와 권력의 분산화(decentralisatie)를 지향했다. 북부의 각 주들은 자치를 강조했다. 이들은 신앙 자체에 대해서 자유로운 입장을 견지하면서 자신의 주의 신앙의 노선도 강경한 칼빈주의자들을 선호하지 않았다. 이것은 스페인의 필립 2세 이후 네덜란드의 총독들이 추구했던 권력의 중앙집중화(centralisatie)와 전적으로 다른 입장이었다. 홀란드는 주요 무역의 파트너가 가톨릭 국가이자 적국인 스페인, 그리고 성공회의 국가인 영국 등이었기에 투철한 신학적 관점에는 관심이 적었고 홀란드 지역의 교회에 신앙의 자유를 보장하여 경제적 성장을 도모하고 싶었다. 이런 맥락에서 1610년 이후 항쟁파와 반항쟁파의 신학 논쟁이 지속되는 동안 항쟁파는 지역주의와 손을 잡고 나갔다.

그러나 반항쟁파는 다른 태도를 가지고 있었다. 그들은 네덜란드 공화국의 명목상의 대표라고 할 수 있는 모리츠와 연계하면서 각 주의 결정을 초월하는 중대한 신학적 문제는 전국적인 총회를 통해서 결정해야 한다는 입장이다.

정리해 보면, 항쟁파는 최근의 스페인과의 휴전과 그를 통한 무역의 활성화를 기대했고, 신앙의 문제에 대해서 주 정부가 관할한다는 입장이었다. 그 국가의 지도하에 종교적인 관용을 선호했다. 이 항쟁파는 올덴바르너펠트와 같은 노선을 형성했다.

그러나 반항쟁파는 스페인과 가톨릭에 대해서 미온적이지 않고 강경한 입장을 가질 것을 주장했다. 동시에 신학적인 면에서 교리적 일치성을 중요시했다. 이것은 곧 보편적인 진리가 대중적으로 광범위하게 확산되어야 한다는 신념이기도 하다. 따라서 지방 분권보다는 정치 권력이 중앙으로 집권되기를 바랐다. 이 점에서 모리츠와 같은 배를 타게 되었다. 교회와 신앙생활에 대해서는 국가가 개입할 것이 아니라 교회 특히 칼빈의 제네바의 모델처럼 콘시스토리의 사역을 통해서 신앙과 삶이 일치해야 함을 강조하는 입장이라고 할 수 있다.

셋째로 아르미니우스파의 교회와 국가론은 1618-19년 도르트 총회 이후로 급격하게 바뀌었다.

헤릿 포그트(Gerrit Voogt)는 항쟁서를 제출했던 아르미니우스주의자들의 정치적인 입장이 도르트 총회 이전과 이후가 달랐다는 것을 밝히고 있다. 총회가 열리게 되는 과정에서 항쟁파들은 국가가 신앙의 문제를 결정해 줄 것을 기대했다. 그러나 도르트 총회 이후 아르미니우스주의자들은 자신의 입장을 바꾸어 국가는 종교적인 다양성을 지켜주어야 한다고 주장했다. 이때 이들은 1579년의 우트레크트 연합의 13조에 의지해서 자신들에게 유리한 입장을 주장하게 되었다는 것이다.[43]

6. 도르트 총회(1618-1619)와 칼빈주의 5대 교리

아르미니우스 사후에, 에피스코피우스가 아르미니우스의 사상을 계승해서 호마루스와 논쟁에 나섰다. 호마루스는 아르미니우스주의자들

43　Gerrit Voogt, "Remonstrant-Counter Remonstrant debates: Crafting a Principled Defense of Toleration after the Synod of Dordrecht(1619-1650)," *Church History and Religious Culture* 89.4 (2009): 489-524.

을 교수직에서 축출하기 위해서 운동을 벌였고, 아르미니우스파는 위텐보게르트(1557-1644, 당시 궁정 목사)에게 이 문제를 의뢰하였다. 1610년, 위텐보게르트는 관용파 정치인인 올덴바르너벨트의 조언대로 아르미니우스파 목사 46명의 서명을 받아, 의회에 항쟁서(Remonstrantia)를 제출했다. 그래서 위텐보게르트, 에피스코피우스 등 아르미니우스파를 간쟁자(항쟁자)라고 부르게 되었다.

1) '아르미니우스주의'

① 예정 : 창세 전에 그리스도를 믿고 구원받을 자를 미리 아시고 예정하셨다. 이때 복음을 믿는 것이 선택의 조건이다.
② 구속 : 그리스도의 구속은 모든 인간을 위한 것이다. 예정된 자들(praedestinati)만을 위한 것이 아니라 만인을 위한 것을 의미한다.
③ 죄/자유 의지 : 타락 후 선한 의지의 상실로, 인간은 스스로는 선행할 수 없다. 그러나 그리스도의 구속 사역은 사람들의 자유 의지에 달려있다.
④ 은혜 : 모든 인간에게 원죄의 영향력 깰 수 있는 충분한 은혜를 주셨다. 성령과 협력하여 중생의 삶을 살 수 있다. 중생하지 못한 자는 은혜를 잘 활용하지 못한 것이다.
⑤ 성도의 견인 : 중생한 성도들도 은혜에서 떨어져 나갈 수 있다.

간쟁자들은 칼빈주의가 국가 종교이기에, 올바른 칼빈주의의 결정권이 국가에 있다고 주장하였지만 호마루스는 이에 반대하면서, 1611년

"반항쟁서"를 의회에 제출하여, 국가가 정통 칼빈주의를 지지할 것을 호소하였다. 초기에는 간쟁자들이 우세하였으나 1609년 휴전 이후, 국가와 교회의 관계 문제로 격렬한 다툼이 발생하게 된다.

관용파는 네덜란드 귀족의 후원을 받았고, 스페인 등 강국과의 국교는 네덜란드 국가 발전과 경제 개발에 유리하다고 생각하였다. 국가 지도층=친스페인=상위 층=가톨릭우호적(cf.친일파: 일제 시대/해방 이후-일본과의 수교 주장 등 유사함)

이에 반해 원칙파는 네덜란드를 정치적으로 억압했던, 그리고 당시 네덜란드(오늘은 벨기에)를 무력 강점했던 스페인과의 관계 개선에 적극 반대하였다. 스페인과의 관계 개선으로 국내 가톨릭이 증가할 것이며, 칼빈주의적인 국가 정체성에 위협된다고 생각한 것이다. 스페인의 압제 통치를 반대하는 다수의 네덜란드인들(중류 이하 계층)은 정통 칼빈주의 지지자들이었다. 따라서 간쟁자//비간쟁자 간에 벌어진 아르미니우스 논쟁은, 관용파(간쟁자 후원)//원칙파(반간쟁자 후원)로 복잡하게 전개되었다. 원칙파는 국가 교회 회의를 소집해서 해결하기를 주장했고, 관용파는 지방별로 문제 해결을 주장하였다. 당시 관용파는 상업과 무역의 중심지였던 홀란드 지방(암스텔담, 로텔담, 레이든 대학 등)을 정치적 기반으로 하고 있었다. 만일 연방 정부가 국가 회의를 소집하지 못하고, 지방별로 해결하게 되면 레이든 대학의 아르미니우스파 교수들의 문제를 처리할 수 없을 것이었다. 그렇게 되면 정통 칼빈주의 세력은 약화될 것이고, 원칙파도 약화될 것이었다.

이때, 원칙파의 대표인 네덜란드 국가원수였던 모리츠가 1618년 7월에 친위 쿠테타를 일으켜서 연방 의회에서 관용파를 축출하고 관용파의 대표자인 올덴바르너벨트와 흐로티우스(Hugo Grotius: 1583-1645)를 체포하였다. 관용파를 축출한 오란지공 모리츠는 1618년에 국가 회의를 소집해서 아르미니우스 논쟁을 마무리 지었다.

오렌지공 모리츠가 소집한 회의에로 네덜란드, 영국, 스코틀랜드, 스위스, 독일, 프랑스 등 유럽의 모든 개혁교회 대표들을 초청함으로 칼빈주의 역사상 최초의 세계 대회가 열리게 되었다. 네덜란드에서 약 70명이 참석하고 그 외 국가에서 27명이 참석하였으나 프랑스의 위그노 대표는 당시 루이 13세의 금지로 참석하지 못하였다.

(도르트 총회의 모습)
사진 출처: https://en.wikipedia.org/wiki/Synod_of_Dort

2) 회의 결과 :

도르트 총회의 결과 유명한 "개혁주의 3대 일치 신조(Three Forms of Unity)"가 완성되었다. 그 내용은 다음과 같다.

① 벨직신앙고백서를 공인했다. (최초 작성은 1561년)
② 하이델베르그 요리문답을 공인했다. (최초 작성은 1563년)
③ 도르트 신경을 채택했다.

도르트 총회 헌장을 채택했다. 그러나 아우구스부르그 신앙고백서는 부결했는데, 왜냐하면 그것이 인간의 전적 타락을 덜 강조했기 때문이었다.

도르트 총회 직후, 1619년 올덴바르너벨트는 참수형에 처해졌고, 100명의 아르미니우스주의자들은 정죄되어 국외로 추방당했다. 그러나 1625년 오렌지공 모리츠 사후에, 프레드릭 하인리히가 네덜란드 총독이 된 이후에 아르미니우스 주의자들에게도 종교의 자유가 주어지게 된다.

3) 칼빈주의 5대 교리(TULIP)

도르트 총회에서는 각 항목의 앞자를 따라서 소위 TULIP으로 불리는 칼빈주의 5대 교리가 확정된 것이다.

① 전적타락(Total Depravity): 자유 의지 무능력
② 무조건적 선택(Unconditional Election): 예정의 절대성
③ 제한적 구속(Limited Atonement): 구속은 예정자들에게만
③ 불가항력적 은혜(Irresistible Grace): 은혜는 신인 협력이 아님
⑤ 성도의 견인(Perseverance of the Saints): 선택된 자는 은혜에서 떨어지지 않는다.

그러므로 칼빈주의 핵심 교리인 5대 교리는 위와 같은 역사적 과정에서 형성된 것이다.

7. 결론

도르트 총회는 16세기 중기 네덜란드 종교개혁 이래 수만 명의 순교와 박해와 난민됨의 고난 끝에 얻은 눈물겨운 신학적 열매다. 이 도르트 총회를 통해서 네덜란드 개혁주의는 교회사의 한 획을 긋게 되었는데, 그 배후에는 네덜란드가 스페인에서 독립하는 역사적 과정이 맞물려 있었다. 네덜란드 독립의 역사라는 수레에 빛나는 개혁신학이 운반된 것이다. 그러므로 도르트 총회는 신학적으로 보면 벨직신앙고백서와 하이델베르그 요리문답을 잇는 개혁주의 신학의 핵심이다. 동시에 도르트 총회는 교회와 국가의 관계의 문제이기도 했다.

본고에서 도르트 총회의 역사적 배경을 고찰함을 통해 네덜란드 개혁교회와 국가의 관계를 살펴본 바에 의하면 아르미니우스파와 호마루스파의 신학적 차이는 동시에 그들의 교회와 국가관에도 드러났다. 이 두 신학적 경향은 모두 다른 사상과 종교를 가졌다고 해도 국가로부터 조사와 박해를 받을 수 없고 신앙의 자유를 갖는다는 1579년의 우트레크트 연합의 정신 위에 서 있었다. 그러나 명확한 차이점이 존재했다. 자신의 자유로운 신앙을 국가의 통제 밑에 넣고자 했던 국가 교회주의적인 항쟁파와는 달리, 반항쟁파는 교회와 국가 모두 하나님의 말씀의 통치하에 있으며, 교회와 신학적인 문제에 대해 교회는 국가로부터 자유하며 독립적이라는 것을 주장했다.

이후의 네덜란드 역사는 18세기 말 프랑스 혁명 때까지 교회는 국가에 간섭을 받지 않으면서 동시에 국가와 함께 파트너가 되어 하나님의 나라를 세워왔다고 평가할 수 있다. 그러나 프랑스 혁명 이후 계몽주의에 의해 세례 받은 국가는 다시 교회와 신학을 통제하려고 했으며 그 결과 1834년의 네덜란드 개혁 교회는 압스케이딩(Afscheiding)과 1886년의 돌레앙찌(Doleantie)를 겪으면서 다시 한번 교회와 신학의 국가로부터의 자유를 위한 투쟁을 전개하게 되었고, 교회와 국가 모두 하나님의 통치를 수행하는 기관임을 확인하려고 했다.

오늘날 한국 교회는 종교개혁 500주년을 맞아 이 도르트 총회 직전의 네덜란드 교회의 국가와의 관계를 통해서 몇 가지 교훈을 얻을 수 있을 것이다.

한국 교회는 아직도 신앙의 자유와 양심의 자유를 국가로부터 보장받지 못하고 마치 16세기의 네덜란드 남부 개혁주의자들의 경우처럼 가혹한 박해를 받고 있는 북한의 지하 교회 성도들과 북한 시민들을 기억해야 한다. 한국 교회는 가능한 모든 방법을 사용해서 그들이 진정한 자유를 얻을 수 있도록 헌신해야 할 것이다.

한국 교회는 한국 사회 속에서 경제적인 이익이나 세속적인 이권을 위해서 신학적 정체성을 희석시켜서는 안 될 것이다. 세계는 더욱 세속화의 페달을 가속화 할 것이며 이미 맘몬이 지배하는 세상이 되어 버렸지만 한국 교회는 그 속에서도 명확한 신학고백적 삶을 통해서 오히려 세상을 변혁시킬 수 있는 동력이 되어야 할 것이다.

17장
황금의 17세기와 네덜란드의 개혁파 경건주의

1. 들어가는 글

네덜란드는 스페인으로부터 독립을 위해 80년 전쟁(1568~1648)을 치루었다. 이 기간은 정치적인 독립뿐 아니라 네덜란드 개혁 교인들의 신앙의 자유를 위한 투쟁의 시간이기도 했다. 30년 전쟁의 결과 네덜란드는 드디어 1648년에 독립을 인정받게 된다. 이처럼 17세기는 전쟁의 시기였지만, 다른 한편으로 네덜란드로서는 황금의 시기이기도 했다. 사상, 문학, 예술, 과학 등 큰 성과를 거두었고, 특히 문화적인 성과가 탁월하였다. 당시 네덜란드는 뛰어난 상업 국가로 세계의 창고 역할을 하였다.

17세기에는 세계 해상 무역의 2만 척의 배 중에서 네덜란드의 배가 무려 1만 5천 척이 되었다. 즉 세계 해양 물류의 75% 정도가 네덜란드의 배를 통해서 이동할 정도로 네덜란드는 해상 무역에서 탁월한 성과

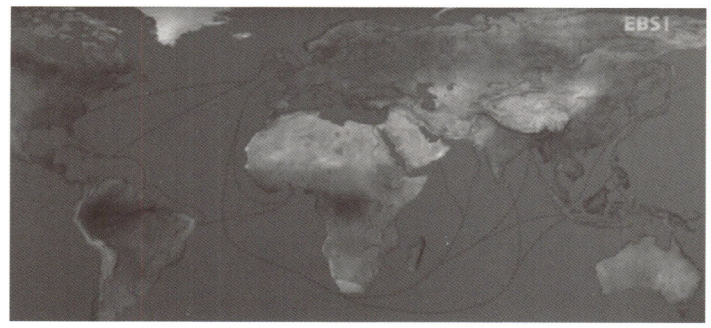

를 거두며 번영하고 있었다. 이런 분위기에서 관용 있고, 자유로운 공기로 인해 전 유럽의 지성인들의 피난처가 되었다. 철학자 데카르트, 로크, 스피노자 등과 신학자 코메니우스와 같은 인물들이 암스테르담으로 망명을 오게 된다.

자연과학과 회화도 중요하였다. 램브란트(1606-69)가 그 대표적 인물이다(램브란트 하우스, 암스테르담). 그는 빛과 어두움의 극명한 대조(야경꾼)를 통해 네덜란드의 자유로움을 잘 표현하였다. 또한 성경에서 주제를 끌어오면서도 전통적인 방법이 아닌 다른 방법으로도 표현하였다.

2. 화란의 개혁파 경건주의(Nadere Reformatie)의 발전

17세기는 화란의 국가적 전성기였다. 경제적 번영기요 국제적 전쟁과 승리의 시기요 교리적 정통의 자부심기였다. 그러나 자신들이 그들의 신학대로 살지 못하고 있다는 역설을 발견하게 된다. 종교개혁 신학이 삶으로 연결되지 못하고 있었다. 이때 신학적으로 주목할 것은 "나더러 레포르마찌(Nadere Reformatie)"이다. 네덜란드의 나더러 레포르마찌(Nadere Reformatie)는 "심화된 종교개혁(Further Reformation)" 혹은 제2의 종교개혁(The Second Reformation)으로 번역될 수 있는데 그 의미를 담아서 "개혁파 경건주의"라고 부를 수도 있다.

나더러 레포르마찌에 대한 전통적인 개념은 개인의 경건뿐 아니라 교회 개혁과 삶의 개혁을 추구하여 개혁주의 교리와 삶의 일치를 추구하는 운동으로서[44] 17-18세기에 네델란드 개혁교회 안에서 살아있는 신앙이 약화되자 개인의 경건과 교회와 사회적 개혁을 지향하는 운동이라는 것이다.[45] 그러나 그 이후 네델란드 개혁교회의 "고백화 과정(confessionalization)"이라는 주장도 제기되면서 여전히 활발한 연구가 진행되고 있는 신학 분야가 되고 있다.[46]

개혁파 경건주의는 한편으로 보면 기독교인이 구원과 신앙의 확신을 추구하는 신학적 주제에 대해서는 종교개혁과 "전적으로" 동일한 신학적 구조로 보인다. 다른 한편으로 네델란드의 독립과 신앙의 자유를 위한 투쟁에 참여했던 성도들이 점차 투쟁이 약화되는 역사적 상황을 경험하면서 네델란드 개혁교회의 성도들 자신들의 삶이 개혁주의적인 모습으로 변화되지 않는 현실을 깨닫게 되어 나온 갱신 운동이라는 점이 종교개혁과 차별되는 성격이다.[47]

최초의 네델란드 개혁파 경건주의자라고 할 수 있는 인물은 쟝 타펭

44　Joel Beeke, "The Dutch Second Reformation (Nadere Reformatie)," *Calvin Theological Journal* 28 (1993): 289-327.
45　C. Graafland, op't Hof, and Fred van Lieburg, "Nadere Reformatie: Opnieuw een Poging tot Begripsbepaling," *Documentatieblad Nadere Reformatie* 19 (1995): 105-84.
46　이의석, "나더러 레포르마치 개념에 대한 최근 논쟁과 그에 대한 평가," 「한국개혁신학」 72 (2021): 127-160.
47　W. van't Spijker, "네델란드의 제2 종교개혁." 이신열 역. 「갱신과부흥」 제12권 (2013): 189-211.

(Jean Taffin, 1528-1602)이다. 타펭은 네덜란드 남부 프랑스권에서 출생해서 로마 교회를 떠나 회심했고 제네바에서 칼빈과 베자에게 교육을 받았다. 이후 피난민 목회를 하면서 칼빈의 신학과 네덜란드 개혁주의의 교량 역할을 했으며, 엠던 총회를 통해(1571) 네덜란드어권 개혁주의와 프랑스어권 개혁주의가 연합하는데 공헌했다.[48] 그 외에 대표적인 네덜란드 개혁파 경건주의 신학자들은 빌름 떼일링크(Willem Teellinck, 1579-1629), 히스베르투스 푸치우스(G. Voetius, 1589-1676), 테오도루스 아 브라클(Theodorus a Brakel), 야코부스 꿀만(Jacobus Koelman, 1632-1695), 요도쿠스 판 로덴스타인(Jodocus van Lodenstein), 빌레무스 스코르팅하위스(Wilhelmus Schortinghuis), 호더프리두스 우데만스(Godefridus Udemans) 등이 있다.

경건주의 운동은 화란에서 개혁파 경건주의 운동으로 시작되었다. 독일에서는 화란의 개혁파 경건주의에 직접 영향을 받은 독일 개혁파 경건주의 운동과, 또한 독일 루터파 경건주의 운동으로 각각 발전하였다.[49] 경건주의의 "전 교우 운동"은 종교개혁의 만인제사장설의 발전으로 볼 수 있다. 경건주의는 성령과 내적 생명을 존중하는 운동으로서 성도들의 "경건 모임"을 통해서 "경건 서적"을 독서하는 것이 특징적이었다.

네덜란드의 나더러 레포르마치 혹은 개혁파 경건주의(Reformed Pietism)에 대한 연구는 미국에서는 조엘 비키(Joel R. Beeke, Puritan

---

48 안인섭, "개혁신학자 쟝 타펭(Jean Taffin: 1529-1602)의 생애와 신학 연구," 「총신대논총」 40 (2021): 119-149.

49 네덜란드 개혁파 경건주의의 영향으로 운데어아익(Theodor Undereyck)으루부터 독일의 개혁파 경건주의가 일어났으며, 그 후에 독일의 루터파 경건주의가 뒤를 이었다는 것에 대해서 주도홍의 연구를 보라. 주도홍, 『개혁교회 경건주의』 (서울: 대서, 2011).

Reformed Theological Seminary, Grand Rapids, Michigan), 화란에서는 판 엇 스페이커르(W. van 't Spijker), 판 아셀트(W.J. van Asselt), 오프 엇 호프(W.J. Op 't Hof), 용어네일(J.A.B. Jongeneel), 그리고 독일에서는 요한테서 발만(Johannes Wallmann)과 벨기에의 안드레아스 벡(Andreas J. Beck, Evangelical Theological Faculty Leuven) 등에 의한 연구를 참고하면 유익하다.

3. 개혁파 경건주의와 청교도 및 루터파 경건주의 비교

네덜란드의 개혁파 경건주의는 영국의 청교도 운동과 기본적으로 유사한 점이 많다. 그러나 이 두 운동은 차별점 또한 존재한다. 이 네덜란드의 개혁파 경건주의와 영국의 청교도는 서로 존중하고 있었으며 개인, 교회, 국가 속에서 하나님을 영화롭게 하는 실천적 경건과 윤리적 엄밀성을 기르도록 했다는 점에서 서로 부합된다.

그럼에도 불구하고 네덜란드의 개혁파 경건주의는 영국 청교도와 비교할 때 다음의 특징이 나타난다.[50]

첫째 영국 청교도와 네덜란드의 나더러 레포르마찌는 교리와 삶의 통전성이라는 점에서는 서로 일치하는 목표를 가지고 있다. 그러나 상대적으로 볼 때 네덜란드의 개혁파 경건주의가 영국의 청교도보다 더 청교도적이라고 볼 수 있을 것이다. 그 이유는 당시 네덜란드의 상황이

---

50 조엘 비키, 『개혁주의 청교도 영성』(서울: 부흥과개혁사, 2009), 492-522.

영국보다는 치열한 정치 개혁의 필요성이 강하지 않았다는 요소와 관계가 있다. 따라서 네덜란드 개혁파 경건주의는 실천과 행동만 강조하는 것이 아니라 순수한 신앙을 마음으로 끌어와서 내면화하는 면이 강조되었다는 것이다.

둘째 이런 맥락에서 네덜란드의 개혁파 경건주의와 영국의 청교도는 모두 사회 개혁적 아이디어를 가지고 있었음에도 불구하고, 영국의 청교도가 네덜란드의 개혁파 경건주의보다 더 정치적이었다고 평가할 수 있다. 그 이유는 아마도 네덜란드는 개혁파들이 영국의 청교도들 보다 신앙에 집중할 수 있는 비교적 더 자유로운 정치적인 환경이 조성되어 있었기 때문일 것이다. 영국은 상대적으로 청교도들이 영국의 왕에게 대항해야 하는 정치적 구조가 있었던 것이다.

셋째 네덜란드의 나더러 레포르마찌는 독일의 경건주의에 영향을 주었다는 점이다. 독일의 개혁파 경건주의 운동의 효시인 운데어아익과 같이 네덜란드에 유학을 와서 개혁파 경건주의에 영향을 받아 독일의 개혁파 경건주의 운동이 일어나도록 했다. 그 결과 독일의 루터교회 안에서 경건주의 운동이 일어났다.

4. 개혁파 경건주의의 특징

네덜란드 개혁파 경건주의의 특징을 몇 가지로 요약하면 다음과 같이 정리될 수 있을 것이다.

첫째로 네덜란드 개혁파 경건주의는 신학적인 성격에서 볼 때 16세기 종교개혁과의 연속성에서 이해된다. 신앙과 구원의 확신을 위한 신학적 노력이 종교개혁에서 계속 이어지고 있을 뿐 아니라, 중요한 신학적 개념들 또한 종교개혁과 다르지 않고 일치한다. 화란의 개혁파 경건주의 운동인 나더러 레포르마찌가 비판하는 것은, "개혁(Reformatie)"이 아니라 "개혁하고 있는(Reformanda)" 즉 개혁하고 있는 교회에 주어지는 것이다. 그러므로 네덜란드 개혁파 경건주의의 목표는 머리 속에 있는 종교개혁의 교리를 마음으로, 또한 일상의 삶으로 연결시키자는 것이다. 따라서 네덜란드의 2의 종교개혁은 철저하게 종교개혁의 연장선 위에 있는 것이다.

둘째로 신학과 삶의 통전성을 강조하고 있다는 점에서 칼빈과 개혁주의 신학의 전통을 이어가고 있다. 성경적인 명료한 신학과 삶의 경건을 강조했던 칼빈과 칼빈주의의 특징이 고스란히 나타나고 있다. 이것은 넓은 의미의 경건주의나 특히 독일의 경건주의와 차별되는 네덜란드 개혁파 경건주의의 특징 가운데 하나라고 할 수 있다. 네덜란드의 개혁주의 흐름 중의 하나인 나더러 레포르마찌(Nadere Reformatie)의 저서들은 독일의 루터교 경건주의자들의 특징인 신학과 경건의 대립이 보이지 않는다. 오히려 나더러 레포르마찌 운동에 참여하는 자들은 신학과 삶, 교리와 경건의 조화를 내세웠고 또 역사적으로 드물게 그 성과를 이룩했다는 것이다.

셋째로 네덜란드 개혁파 경건주의는 경건과 영성을 강조하면서도 교회 연합적 태도를 놓치지 않았다는 것이다. 이 운동은 개혁을 목표하다가 기존의 개혁교회로부터 분리하거나 이탈하는 운동이 아니었다. 오히려 네덜란드 개혁교회의 목회 현장에서 교회와 성도들의 삶을 더욱 굳건하게 세우는 운동이었다.

넷째로 네덜란드 개혁파 경건주의에서는 사회 개혁적 요소도 발견되고 있다는 것이다. 17세기로 접어들면서 네덜란드는 독립 전쟁의 과정 중 사실상의 평화기에 접어들고 있을 뿐 아니라 도르트 총회(1618-19) 이후 신학적으로로 개혁신학의 입장을 확고하게 수립했다. 따라서 넓은 의미의 정부를 향한 개혁과 도전의 필요성은 크지 않기 때문에 지방 정부와의 관계 속에서 도덕과 사회 개혁을 위한 노력이 주목된다는 것이다.

다섯째로 네덜란드 개혁파 경건주의는 국제적인 개혁주의의 네트워크를 이룩했다는 것이다. 최초의 개혁파 경건주의자라고 평가할 수 있는 쟝 타펭에서 잘 나타나듯이 개혁파 경건주의를 통해 제네바와 네덜란드어권의 개혁주의, 프랑스어권의 개혁주의가 연결되었다. 또한 네덜란드의 개혁파 경건주의는 영국의 청교도와 독일의 개혁파 경건주의와도 연결이 된다.

18장
가톨릭교회의 대응과 30년 전쟁

1. 가톨릭교회의 대응

1) 스페인의 가톨릭 종교개혁

스페인의 경우 이사벨라(Isabella)가 카스티야(Castile)의 여왕이 되었을 때(1474) 교회의 현장은 개혁의 필요성이 강하게 대두되는 상황이었다. 당시 유럽의 다른 지역과 마찬가지로 교회의 성직자들은 사회의 영주로서 기득권 세력이 되어있었고, 신앙의 본질적인 문제보다는 세속적인 욕망에 사로잡혀 있었다. 그러나 아사벨라 여왕의 남편인 아라곤의 페르디난드 왕은 교회의 개혁에는 관심이 없었고 세속적 욕심에 빠져 있었다.

실제로 스페인 교회의 타락을 개선하려는 이사벨라에게 힘이 되었던 것은 히메네즈 데 시스네로스(Francisco Jimenez de Cisneros)였다. 그는 프란시스코회 수도자로서 인문주의자였고 개혁적인 성향을 가지고 있어서 10년간 감옥 생활을 하기도 했으며 후에 총대주교가 된 자이다.

히메네즈는 성경에 관심을 가지고 있었고 알카라 대학(University of Alcala)을 세워 세르반판테스(Cervantes)와 로욜라(Loyola) 등과 같은 중요한 가톨릭교회의 지도자를 양성했다. 그는 또한 『콤플루툼 대조성경』을 출판했다.[51]

2) 트렌트 공의회(The Council of Trent: 1545-1563)

가톨릭의 개혁은 종교개혁의 도전에 대한 반동으로 시작되었는데 교황 폴 3세(1534-1549)는 종교개혁의 도전에 맞서서 가톨릭 개혁을 추구했다. 종교개혁 시대에 루터와 다른 종교개혁 주의자들이 공의회 개최를 요청해 왔다. 그러나 우여곡절 끝에 결국 1545년 겨울에 트렌트에서 공의회가 개최되도록 결정되었다. 이것은 가톨릭교회의 19번째의 공의회였다.

트렌트는 북 이태리에 위치한 황제의 도시였기 때문에 칼 5세와 교황 폴 3세와의 협의에 의해서 이곳에서 개최되었다. 이 회의는 정치적 상황 때문에 1547년까지 정회되었다가 1551년에 다시 열렸으나 1552년에 또 정회되었다. 1562년에 다시 열려서 1563년에 마치게 되었다. 그래서 트렌트 공의회는 1545년에서 1563년까지 개최되었다고는 하지만 많은 정회가 있었다.[52]

---

51   후스토 곤잘레스, 『종교개혁사』, 189-193.
52   후스토 곤잘레스, 『종교개혁사』, 205-209.

이 회의에서는 개신교 종교개혁주의자들이 질문했던 신학적인 것과 교회의 개혁을 위한 상당한 논의 내용이 있었다. 그러나 토마스 아퀴나스의 신학 노선을 따르면서 라틴 성경인 불가타 성경을 교리를 위한 권위 있는 성경으로 확정했으며 종교개혁에 반대되는 내용들을 결정했다. 중세 전성기의 은총론을 따라 트리엔트 공의회는 인간의 마음에 부어주진 사랑이 지적인 신앙을 참된 현실태로 만들어 모양을 갖추게 한다는 입장을 갖는다. 트리엔트 공의회는 중세 후기 유명론도 거부했고 종교개혁의 견해도 반대했다. 칭의는 은혜와 신자의 협력을 통해서 이루어진 선행에 근거한다고 했다. 결국 이 공의회는 개신교에 반대되는 근대 가톨릭교회의 출범을 의미했다. 그러나 교황의 수위권이나 교회 개념에 대해서는 해결을 하지 못했다.[53]

3) 반종교개혁(Counter-Reformation)

16세기에는 새로운 가톨릭 종단이 세워져서 반종고개혁(Counter-Reformation)으로 발전하게 되는데, 이그나티우스 로욜라(Ignatius Loyola)가 세운 예수회(The Jesuits)가 가장 대표적이라그 할 수 있다. 로욜라는 프랑스와의 전쟁에서 부상을 입은 후 치료하는 과정에서 내적 회심을 경험했다고 한다. 이때 로욜라는 정확하게 루터와 정반대의 길을 갔다. 자신의 구원을 추구하던 개인적 수도 생활을 접고 근원적인 신앙과 신학에 대한 철저한 고민보다는 교회 봉사와 선고에 초점을 두는 방향의 개혁을 추구하게 되었다. 청빈, 순결, 교황에 디한 복종을 강조

---

53 칼-하인츠 츠어 뮐렌, 『종교개혁과 반종교개혁』 (서울: 대한기독교서회, 2009), 313-325.

했다.[54]

16세기 후반에는 반종교개혁의 흐름이 프랑스, 네덜란드, 스코틀랜드, 영국 등에서 확산되었으며 그 중심에는 스페인이 있었다.

2. 30년 전쟁(1618-1648)

30년 전쟁은, 17세기 유럽의 중부에서 벌어진 종교적이고 정치적인 전쟁이었다. 무엇보다 신성 로마 제국의 쇠퇴와 1555년의 아우그스부르그 종교 화약 이후의 지속된 종교적인 불안정이 주 원인이라고 볼 수 있다. 이 전쟁은 근대 유럽에서 종교를 모토로 해서 일어난 최후의, 그리고 가장 중요한 전쟁이라고 할 수 있다. 이 전쟁이 벌어진 장소는 독일이었다. 따라서 전쟁 후에 독일은 황폐한 국가가 되어 근대 사회로 진출하는데 어려움을 겪기도 한다. 이 전쟁은 또한 보헤미아, 헝가리, 스페인, 덴마크, 스웨덴, 프랑스 등 유럽의 각국들이 참전하는 국제전의 양상을 가진다.

30년 전쟁은 종교적인 측면에서 보면, 칼빈주의와 가톨릭주의 간의 전쟁이다. 그러나 루터파를 포함하는 전체 개신교가 참여하여 그 사활을 걸고 벌이는 전쟁으로 발전해 갔다. 따라서 루터교 국가인 덴마크와 스웨덴도 참전하게 된 것이다.

---

54 후스토 곤잘레스, 『종교개혁사』, 199-203.

1) 30년 전쟁의 의미와 원인

아우구스부르그 종교 화약(1555)은 독일 지역에 잠시 평화를 가져다주었지만, 진정한 해결책이 될 수 없었다. 왜냐하면 루터파 이외의 다른 개신교도들은 전혀 신앙의 자유를 가질 수 없었기 때문이다.

(1) 독일 내 개혁주의자들 의식의 고취

당시 대륙에서는 칼빈주의자들의 신앙의 자유를 위한 지난한 노력이 있었다. 프랑스에서는 위그노 전쟁(1562-98)이, 네덜란드에서는 80년 독립 전쟁(1568-1648)이 그것이었다. 독일의 칼빈주의자들도 신앙의 자유를 위해 무엇인가를 하겠다는 의지가 고조되고 있었다.

(2) 반종교개혁(Counter Reformation) 이후 가톨릭 세력의 회복: 폴란드와 독일

그런가 하면 가톨릭 세력권에서도 큰 변화의 흐름이 있었다. 이그나티우스 로욜라 이후 가톨릭 개혁이 전개되면서, 폴란드와 독일 지역의 가톨릭 세력이 크게 회복되는 양상이 전개되었다. 따라서 이 두 세력 간의 긴장이 고조되고 있었다.

폴란드는 예수회 교단 출신 추기경인 호시우스(Hosius)와 강력한 가톨릭 신자였던 국왕 지그스문트 3세의 프로테스탄트 박해로 인해서 재가톨릭화되는 모습을 보였다. 독일의 경우도 예수회 교단을 중심으로 바이에른 지역에서부터 시작하여 합스부르그 왕가의 지배 지역, 마인츠, 쾰른, 트리에르 등 선제후라는 명칭을 가진 성직자가 지배하는 교회령을 중심으로 가톨릭 세력이 대학을 장악하고 교육을 진흥시키는 방법에 의해서 그 세력을 확장해 갔다.

루돌프 2세(Rudolf II)가 신성 로마 제국의 황제가 된 이후부터 합스부르그 왕가가 개신교를 박해하고 영지 내 예수회 교단의 활동을 진흥시켰다. 바이에른 지역은 지금도 강력한 가톨릭 중심 지역이다.

(프라하의 모습)

2) 30년 전쟁의 전개: 가톨릭 진영과 개신교 진영의 충돌

30년 전쟁은 대략 4단계로 발전하면서 진행되었다. 그 구체적 상황은 다음과 같다.[55]

---

55 김광채, 『근세, 현대교회사』, 153-159.

(1) 1기: 보헤미아-팔츠 전쟁기(1618-1623)

독일 내에서 팽창하던 양대 두 세력은 결국 1606년 바이에른 공국의 인접 도시인 도나우뵈르트 사건을 계기로 각각 동맹을 맺고 전쟁을 벌이게 된다. 이는 신교가 구교에게 도전한 것이었다. 1608년 5월에 팔츠 선제후인 프레드릭 4세가 중심이 되어 개신교 동맹을 맺게 되었다. 그러자 1609년 7월에는 가톨릭 제후들의 연맹이 체결되었다. 평화 유지와 가톨릭 신앙의 보호를 내세우며 바이에르 공국의 수도인 뮌헨에서 결성한 것이며, 스페인의 강력한 지지를 받았다. 이는 가톨릭의 보호령인 보헤미아에 스웨덴 왕 구스타프 아돌프가 신교를 적극 후원한 것이 직접적인 원인이 되었다.

1612년에 황제에 올랐던 마티아는 보헤미아 지역의 신교를 박해했다. 개신교도들은 보헤미야 수도로 모여 예수회 구교도들을 추방했다. 그런데 1618년에 유명한 "프라하의 인간 투척 사건"이 발생했다. 성난 개신교도들이 왕의 고문 2명을 창 밖으로 던진 것이다. 이것이 30년 전쟁의 도화선이 되었다.[56]

보헤미야 주민은 1619년에 팔츠 선제후인 프레드릭 5세를 왕으로 옹립하였는데 팔츠는 개신교가 다수였다. 그러자 신성 로마 제국의 황제의 군대가 보헤미야를 공격하여 가톨릭으로 환원시키고 신교를 박해했다. 결국 신,구교 간의 신앙 문제로 독일을 중심으로 유럽에는 국제적인 전쟁이 발생하였다.

반란은 동부(실레지아, 모라비아)로까지 확대되었다. 그러나 백산 전투

---

56 후스토 곤잘레스,『현대교회사』(서울: 은성, 2012), 20-21.

에서 개신교 연합군은 패배했으며 이후 개신교에 **박해**를 가했다.

(2) 2기: 덴마크 전쟁기(1625-1629)

1기 전쟁에서 개신교가 크게 패하고 나서 보헤미야와 독일 남부는 처참한 상황이 되고 말았다. 이것은 또한 독일 북쪽에도 큰 위협이 되었다. 따라서 1625년 말에 개신교 동맹이 잉글랜드와 네덜란드와 덴마크 간에 이루어졌으며, 덴마크 왕 크리스챤 4세(Christian IV)가 독일 개신교를 원조한다는 명분으로 전쟁에 참여하게 되었다.

그러자 신성 로마황제인 페르디난드 2세의 황제군은 크리스챤 4세의 군대에 승리했다. 이때 신성 로마 제국 안의 개신교 제후국들은 큰 위협을 받게 되었다. 황제의 회복령(Restituionsedikt)을 통해 칼빈주의 영주 및 자유 도시가 몰락했음은 물론 루터파 영주와 자유시도 타격을 입었다.

(3) 3기: 스웨덴기(1630-1634)

전쟁에서 가톨릭 측이 우세하게 되자 스웨덴의 왕 구스타프 아돌프(Gustiv Adolf)가 개신교 측에서 전쟁에 가담하게 되었다. 정치적으로는 황제가 북부 독일을 장악하게 되어 스웨덴이 위험하게 되었기 때문이다. 그러나 루터파인 작센의 선제후가 스웨덴 군에 합류하지 못하고 있을 때 구교도 군대에 의해 비참하게도 1631년에 마그데부르그가 약탈당하고 함락하고 말았다. 스웨덴의 구스타프 왕은 1632년 뤼첸(Lützen) 전투에서 전사하고 말았다. 그럼에도 불구하고 어느 정도의 구교와 신교의 세력은 균형을 이루게 되었다.

(4) 4기: 프랑스기(1634-1648)

가톨릭의 상대적 우위에도 오랜 전쟁에 지친 황제 페르디난드 개신교와 타협을 도모하기 위해 회복령을 철회한다고 했다(1635). 그러나 1634에 프랑스가 개입하게 되면서 양상은 복잡해졌다. 특히 프랑스는 가톨릭 국가였기 때문에 더 이상 종교 전쟁의 의미는 퇴색하면서 세속적인 욕심이 전쟁의 동력이 되고 있었다.

3) 30년 전쟁의 결과 및 역사적 의미

결국의 전쟁은 1648년 10월에 베스트파렌(Westphalen)의 뮌스터와 오스나브뤼크에서 신성 로마 제국의 황제인 페르디난드 3세(Ferdinand III)와 프랑스의 루이 14세(Loues XIV), 그리고 스웨덴의 크리스티나 여왕(Christian) 사이에 각각 평화 조약을 맺음으로 종식되었다. 이것을 베스트팔렌 조약(Peace of Westphalia)라고 한다.

신앙적으로 볼 때 가톨릭, 루터파, 칼빈파 모두가 동등한 권리를 지니게 되었다. 그러나 제후들이 백성들의 신앙을 결정하는 권한은 그대로 유지되었다. 물론 재세례파는 이 조약에 적용되지 않았다.

정치적으로 살펴보면 독일은 스위스의 독립을 승인하였고 스페인은 네덜란드를 승인했으며, 스웨덴과 프랑스에서 독일의 일부 영토를 할양하였다. 특히 프랑스가 가장 이익을 많이 보았는데, 로렌 지방의 베르덩(Verdum), 메츠(Metz), 알자스 지방의 10개 자유시 등의 지배권을 가지

게 되었다. 또한 각 나라들은 자유롭게 연합하거나 외국과도 동맹할 수 있었다.[57]

그렇지만 30년에 걸친 전쟁의 결과 독일을 중심으로 유럽 인구가 현격하게 감소했다. 도시와 농촌이 황폐화 되었으며 정치, 경제, 사회 문화 등 모든 면에서 피폐화 되었다. 독일 제국이 300여 개의 크고 작은 주로 갈라지게 되었다. 결국 이것은 중세적인 대제국인 신성 로마 제국이 사실상 분해되는 것을 의미하기도 했다.

무엇보다 이 30년 전쟁은 기독교에 큰 문제를 던지게 되었다. 그것은 유럽 사람들의 종교적인 무관심이 뿌리내리게 되었다는 것이다. 신앙과 교리로 시작된 전쟁이었지만 피비린내 나고 참담하고 비참한 전쟁을 30년이나 겪으면서 신앙에 대한 도전이 나타나게 되는 것이다.

그러므로 종합적으로 볼 때 이 30년 전쟁은 근세 초기 역사에서 종교개혁 시대를 마감하면서 이성의 시대인 근대 세계로 깊이 들어가게 되는 중요한 계기가 되었다고 평가할 수 있을 것이다. 이제는 기독교와 이성의 관계가 이후의 근대교회사의 중요한 주제로 부상하게 되었다.

---

57 김광채, 『근세, 현대교회사』, 159-160.

19장
결론

어느덧 종교개혁 연구서의 끝자락에 도착했다. 기존에 "종교개혁사"라는 이름을 달고 있는 책들이 적지 않고 그 가운데는 훌륭한 연구서들도 있다. 그렇다면 이 책은 어떤 특징을 가지고 있는 종교개혁 연구서일까? 다음의 몇 가지로 정리해 볼 수 있을 것이다.

첫째로 종교개혁사로 직접 들어가기 전에 먼저 역사란 무엇인지 역사관의 문제를 제1부에서 다루었다. 총신대학교 신학대학원에서 강의해 오면서 느꼈던 것은 무엇보다도 학생들에게 교회사를 왜 공부해야 하는지, 왜 교회사가 중요한지 동기 부여를 하는 것이 먼저 필요하다는 것이었다. 이 책을 통해서 교회사는 하나님 나라의 이야기를 들려주고 있으며, 하나님과 인간에 대해서 더 잘 이해하도록 해 준다는 교회사 공부의 즐거움과 유익함을 발견하는 독자들이 조금이라도 늘어날 수 있다면 얼마나 좋을까 생각해 본다.

둘째로 개혁주의 역사신학자로서 필자는 아무래도 칼빈에게 초점이 있다. 그래서 본서 6장뿐 아니라 그 이후의 장에서도 자연스럽게 칼빈의 영향이 무엇인지가 드러나 있다. 칼빈의 생애에 대한 자세한 연구는 필자의 이전의 책 『칼빈: 하나님의 영광을 위한 열정의 사람』에서 다루었기 때문에 이번 책에서는 종교개혁자들의 신학을 종합했다고 평가되는 칼빈에게 관심을 두었다.

셋째로 이 책을 저술하면서 가졌던 문제의식 가운데 하나는 종교개혁자 칼빈의 사상이 어떻게 근세 초기의 개혁주의로 확산되었는지 그 퍼즐을 찾는 것이었다. 이것은 종교개혁 자체뿐 아니라 종교개혁 사상이 어떤 흐름으로 근세로 흘러들어갔는지 그 역사적 연결고리를 찾는 작업이었다. 이와 관계되는 내용은 본서 제3부에서 역동적 확산이라는 제목하에 독일, 영국, 프랑스 등의 지역의 종교개혁 운동이 설명되어 있다.

넷째로 본서는 종교개혁과 근세 초기 역사에서 네덜란드의 역할과 그 특징에 특별한 관심을 가지고 저술되었다. 이것은 칼빈 이후의 칼빈주의자들이 자신의 정체성을 찾기 위한 필연적인 작업의 일환이라고 할 수 있다. 필자의 학문적 여정은 이전의 책 『칼빈과 어거스틴』에 나타나 있듯이 어거스틴에서 시작해서 칼빈에게 이어지는 것이었다. 그런데 이런 개혁주의 신앙으로 치열한 역사적 과정을 통해 근대 국가의 독립을 성취해 내고, 개혁주의 신학과 문화를 꽃피웠던 나라를 찾아보면 가장 전형적인 나라가 네덜란드다. 그럼에도 불구하고 네덜란드 종교개혁사는 학계는 물론 일반적으로도 많이 소개되지 못했다.

따라서 본서의 제4부 5개의 장과 제5부 가운데 2개의 장, 그래서 전체적으로 7개의 장이 네덜란드 종교개혁과 근세 초기 교회사에 할애되었다. 사실상 이 부분은 독자적으로 "네덜란드 종교개혁사"라고도 명명해도 무방할 것 같다. 개인적으로 이 연구 과정은 매우 흥미 진지한 작업이기도 했지만, 현대 네덜란드어는 물론 라틴어와 중세 네덜란드어와도 씨름을 해야 하는 결코 쉽지 않은 과정이었다. 부족하지만 약간의 결과라도 나와서 이 분야를 알고 싶고 더 공부하고 싶은 후학들에게 도움이 될 수 있다면 감사할 따름이다.

다섯째로 필자는 교회사는 이 세상 역사 가운데 진행되어 가는 하나님 나라의 이야기를 들려준다는 개혁주의적인 역사관을 가지고 있기 때문에, 본서는 특별히 교회와 국가라는 실을 가지고 16세기와 17세기 중반의 다양한 구슬들을 엮으려고 노력했다. 연구를 하다 보니 자연스럽게 종교개혁과 개신교가 중세 봉건 사회에서 근대 시민 사회로 나가는 데 얼마나 역사 발전에 긍정적으로 공헌해 왔는지를 더 선명하게 볼 수 있었다.

여섯째로 종교개혁사를 연구한 필자의 결론은 종교개혁은 "신앙의 개혁으로 근세를 열었다"라는 것이다. 예를 들어, 개신교를 박해하기 위해 왔던 스페인 군대의 안트베르펜 학살 사건(1576)으로 긴급하게 열렸던 네덜란드인들의 헨트 평화 회의(De Pacificatie van Gent)와 1579년의 우트레크트 연합(De Unie van Utrecht)은 오히려 신,구교 차별없는 신앙의 자유를 주자고 관용의 정신을 결의했다. 성경적인 종교개혁 신앙을 지키기 위해서 정든 조국과 삶의 터전을 떠날 수밖에 없었던 네덜란드 개혁주의 피난민들은 엠던 총회(1571)에 모여서 계층 구조가 없으면서도 자율성의 극대화로 생기는 위험을 피하는 근대적인 장로교회 조직을 창설하기도 했다. 이 정신은 오늘날까지 유럽 공동체(EU)의 기본적인 정치적 사상적 토대로 받아들여지고 있다. 영국의 의회민주주의에 기여한 청교도들은 또한 어떠한가?

결국 성경에 기초한 올바른 신앙을 개혁하는 것은 곧 역사의 정방향에 공헌하게 된다는 교훈을 얻는다. 왜 그럴까? 필자의 대답은 이렇다. 역사의 주권자는 하나님이시기 때문이다.

종교개혁에 의해서 신앙의 자유를 얻은 유럽인들은 이제부터는 물리적인 박해가 아니라 사상적인 도전 앞에 서게 되었다. 이제는 신앙이 아니라 이성이 역사를 이끌어 가는가? 여기에 대해서 전통적인 기독교인들은 어떻게 대응해야 하는가? 이 주제들에 대해서 필자는 본서 다음의 연구들에 의해서 대답을 찾게 될 것인가? 일단 모든 것은 하나님의 은혜와 섭리에 맡겨두고자 한다.

참고 문헌 및 더 읽을 자료들

제1부. 종교개혁: 그 서막

<1장> 종교개혁사란 무엇인가?

Backus, I. Ed. *The Reception of the Church Fathers in the West: From the Carolingians to the Maurists.* 2 vols. Leiden: E.J. Brill, 1997.

Bradley, J.E. and Muller, R.A. *Church History: An Introduction to Research, Reference Works and Methods.* Grand Rapids: Michigan, 1995.

Brown, C. *History and Faith: A Personal Exploration.* Grand Rapids: I.V.P., 1987.

Frend, W. H. C. *The Donatist Church: A Movement of Protest in Roman North Africa.* Oxford: Oxford University Press, 1952/1985.

Jelsma, Auke J. Ed. *Handboek van De Geschiedenis van het Christendom.* Den Haag: J.N. Voorhoeve, 1979. Jelsma, Auke J. *Fossielen of Vruchten: Omgaan met het Verleden van de Kerk.*'s-Gravenhage:

Boekencentrum, 1984.

Jelsma, Auke J. *Gisteren Vragen naar Morgen*. 's-Gravenhage: Boekencentrum, 1977. de Jong, O. *Geschiedenis der Kerk*. Nijkerk: Uitgeverij G.F. Callenbach, 1992.

Leih, H.G. *Gods Hand in de Geschiedenis?*. Kampen: Kok, 1976.

Troeltsch, E. *The Social Teaching of the Christian Churches*. Tr. O. Wyon. New York: Harper & Brothers, 1960.

Van't Spijker, W. *Triptiek van de Geschiedenis*. Goes: Oosterbaan & Le Cointre B.V., 1981.

고려대학교 문과대학 사학과 교수실 편. 『역사란 무엇인가』. 서울: 고려대학교 출판부, 1984.

내쉬, 로날드. 『기독교 신앙과 역사 이해』. 문석호 역. 서울: 성광문화사, 1991.

누슨, 로버트. 『개혁주의 역사관』. 서영일 역. 서울: 기독교문서선교회, 1986.

뉴제네트, 월터. 『창조적인 역사학을 위하여』. 권태경, 고재백 역. 서울: 솔로몬, 1994.

니버, 라인홀드. 『신앙과 역사』. 서울: 종로서적, 1991.

니버, 리챠드. 『그리스도와 문화』. 김재준 역. 서울: 대한기독교서회. 1958/1987.

도슨, 크리스토퍼. 『기독교 문화와 현대 문명: 기독교 문화의 역사적 실재』. 홍치모 역. 서울: 성광문화사, 1989.

드레이, W. 『역사 철학』. 서울: 문예출판사, 1984.

뢰빗트, 칼.『역사의 의미』. 이석우 역. 서울: 탐구당, 1990.

마슨, 조지. 로버츠, F.『기독교와 역사 이해』. 홍치모 역. 서울: 총신대학교 출판부, 1978.

맥그래스, A.『기독교 영성 베이직』. 서울: 대한기독교서회, 2006.

맥그래스, A.『신학의 역사』. 소기천 외 역. 서울: 지와사랑, 2001.

맥킨타이어, C. T. 웰즈, 로날드. Ed.『기독교 신앙과 역사 인식』. 기독교사학연구소 편역. 서울: 솔로몬, 1994.

바우만, 마이클 외.『전통을 지켜온 기독교 역사가들』. 라은성 역. 서울: 이레서원, 2002.

버터필드, 허버트.『기독교와 역사』. 주재용 역. 서울: 대한기독교출판사, 1984.

버터필드, 허버트.『크리스천과 역사 해석』. 김상신 역. 서울: 대한기독교출판사, 1982.

베른하임, E.『역사학 입문』. 조기준 역. 서울: 정음사, 1982.

베빙턴, 데이빗.『역사관의 유형들』. 천진석, 김진영 역. 서울: 두란노서원, 1986.

스완스트롬, 로이.『역사란 무엇인가: 기독교적 관점에서』. 홍치모 역. 서울: 성광문화사, 1982.

워커, 윌리스턴.『기독 교회사』. 송인설 역. 서울: 크리스천다이제스트, 1994.

유스토, L. 곤잘레스.『그 세 가지 신학의 유형으로 살펴본 기독교 사상사』. 이후정 역. 서울: 컨콜디아사, 1992.

유스토, L. 곤잘레스.『기독교사상사』 3권. 이형기 외 역. 서울: 한국장로교출판사, 1988/1993.

제이, E. 『교회론의 역사』. 주재용 역, 서울: 대한기독교서회, 1986.
카, E. H. 『역사란 무엇인가』. 권오석 역. 서울: 홍신문화사, 2006.
큉, 한스. 『그리스도교 - 본질과 역사』. 이종한 역. 왜관: 분도출판사, 2002.

<2장> 때가 차매: 직전의 상황

Bainton, R. *Erasmus of Christendom.* 박종숙 역. 『에라스무스의 생애』. 서울, 크리스챤다이제스트, 2001.

Jelsma, A.J. *Frontiers of the Reformation: Dissidence and Orthodoxy in Sixteenth-Century Europe.* Aldershot/Brookfield USA/ Singapore/ Sydney: Ashgate, 1998.

McGrath, A.E. *The Intellectual Origins of the European Reformation.* Oxford: Blackwell, 1987.

Richard, L.J. *The Spirituality of John Calvin.* Atlanta: John Knox Press, 1974.

갓프리, 로버트. "네덜란드의 칼빈과 칼빈주의." In 스탠포드 리드. Ed. 『칼빈이 서양에 끼친 영향』. 서울: 크리스챤다이제스트, 1993. 109-141.

곤잘레스, 후스토. 『중세교회사』. 서울: 은성, 2012.
김광채. 『근세, 현대교회사』. 서울: 기독교문서선교회, 1990/1992.
맥그래스, 앨리스터. 『종교개혁사상』. 최재건. 조호영 역. 서울: 기독교문서선교회, 2017.

모건, 케네스.『옥스퍼드 영국사』. 서울: 한울 아카데미, 1997/2016.

바쎄, 미하엘.『개혁공의회부터 종교개혁 전야까지』. 홍지훈, 이준섭 역. 천안: 호서대학교 출판부, 2015.

샤프, 필립.『보니파키우스 8세부터 루터까지』. 서울: 크리스챤다이제스트, 2004.

안인섭.『칼빈: 하나님의 영광을 위한 열정의 사람』. 서울: 익투스, 2015.

존스, 콜린.『케임브리지 프랑스사』. 서울: 시공사, 2014.

홍치모.『종교개혁의 세계』. 서울: 아가페문화사, 2003.

제2부. 종교개혁 신학의 스펙트럼

<3장> 개신교의 출범: 루터 (Martin Luther, 1483-1546)

Bagchi, Daivd and Steinmetz, David. Ed. "Luther." In *The Cambridge Companion to Reformation Theology*. Cambridge: Cambridge University Press, 2004.

Beutel, Albrecht. "Luther's life." In Donald K. McKim. Ed. *The Cambridge Companion to Martin Luther*. Cambridge: Cambridge University Press, 2002.

Lull, Thmothy F. "Luther's writings." In Donald K. McKim. Ed. *The Cambridge Companion to Martin Luther*. Cambridge: Cambridge University Press, 2002.

Luther, Martin. *Luther Selections from his Writings*. Ed. and With an Introduction by John Dillenberger. 이형기 역.『루터 저작선』. 서울: 크리스챤다이제스트사, 2005.

McKim, Donald K. *The Cambridge Companion to Martin Luther*. Cambridge: Cambridge University Press, 2002.

Reinhardt, Volker. *Luther, der Ketzer. Rom und die Reformation*. 이미선 역. 『루터: 신의 제국을 무너뜨린 종교개혁의 정치학』. 서울: 미래의 창, 2017.

Selderhuis, Herman *Luther, A man seeking God*. 신호섭 역.『루터: 루터를 말하다』. 서울: 세움북스, 2016.

Siemon-Netto, Uwe , *Luther – Lehrmeister des Widerstands*. 조미화 역. 『루터와 정치: 그리스도인의 정치 참여의 역할과 관계』. 서울: CLC, 2017.

Smith, James K.A. "Reforming Public Theology: Two Kingdoms, or Two Cities?" *Calvin Theological Journal* 47 (2012): 122-137.

Thompson, W.D.J. Cargill. *The Political Thought for Martin Luther*. 김주한 역.『마르틴 루터의 정치 사상』. 서울: 민들레책방, 2003.

곤잘레스, 후스토.『종교개혁사』서울: 은성, 2012.
루터.『대교리문답』. 최주훈 역. 서울: 복있는 사람, 2017.
____ .『루터 저작선』. 서울: 크리스챤다이제스트, 1994/2005.
____ .『소교리문답·해설』. 최주훈 역. 서울: 복있는 사람, 2018.
맥그레스, 앨리스터.『종교개혁사상』. 서울: 기독교문서선교회, 2017.
샤프, 필립.『독일 종교개혁』. 서울: 크리스챤다이제스트, 2004.

<4장> 개혁교회의 요람: 츠빙글리(Ulrich Zwingli: 1484-1531)와 스위스 종교개혁

강경림. "츠빙글리의 '67개 조항': 개혁파 프로테스탄트 종교개혁 선언서." In 『한 권으로 읽는 츠빙글리의 신학』 정요석 편 (서울: 세움북스, 2019): 33-54.

김재성. "츠빙글리의 성경관과 스위스 종교개혁의 특징들." In 『한 권으로 읽는 츠빙글리의 신학』 정요석 편 (서울: 세움북스, 2019): 169-192.

안인섭. "츠빙글리(Ulrich Zwingli: 1484-1531)의 사회 윤리 사상." 「신학지남」 341 (2019): 165-191.

뮐러, 파트릭. 『하인리히 불링거』. 박상봉 역. 수원: 합신대학원 출판부, 2015.

_____. "츠빙글리의 '스위스 연방에 대한 간곡한 경고'에 나타난 신학이 한국 교회에 주는 의미." In 『한 권으로 읽는 츠빙글리의 신학』 정요석 편 (서울: 세움북스, 2019): 79-99.

_____. 『칼빈』. 서울: 익투스, 2015.

_____. 『칼빈과 어거스틴』. 서울: 그리심, 2009.

우병훈. "츠빙글리 성화론의 세 측면." 제46차 한국개혁신학회/ 제20회 개혁주의생명신학회 발표논문 (백석대학교, 2019. 5. 25.): 108-26.

임희국. "16세기 종교개혁자 츠빙글리의 사회 윤리에 조명해 본 오늘의 시장 경제." 「장신논단」 제18권 (2002): 219-248.

조용석. "참된 종교와 거짓된 종교에 대한 주해." In 『한 권으로 읽는 츠빙글리의 신학』 정요석 편 (서울: 세움북스, 2019): 127-145.

_____ .『츠빙글리』. 서울: 익투스, 2012.

주도홍. "왜 개혁교회 종교개혁 500주년인가?" 제46차 한국개혁신학회/제20회 개혁주의생명신학회 발표논문 (백석대학교, 2019.5.25.): 81-91.

최영재. "츠빙글리의『하나님의 정의와 인간의 정의』에 관하여." 「장신논단」제49권 (2017): 115-142.

키르흐너, 후버트.『종교개혁사 (1532~1555-1556): 종교개혁의 강화, 칼빈, 가톨릭 개혁과 트렌트 공의회』. 정병식 역. 천안: 호서대학교 출판부.

Boekenstein, William. "Ulrich Zwingli on Sola Scriptura: The Clarity and Certainty of Scripture in Zwingli's Theology." *Puritan Reformed Journal* 10,1 (2018).

Campi, Emidio. *The Swiss Reformation: Ulrich Zwingli, Pietro Martyr Vermigli, Heinrich Bullinger*. 김병훈, 박상봉, 안상혁 이남규, 이승구 공역.『스위스 종교개혁: 쯔빙글리, 베르밀리, 불링거』. 수원: 합신대학원출판부: 2016.

Locher, Gottfried W. "The change in the understanding of Zwingli in recent research." *Church History* 34, 1 (1965).

_____ , *Zwingli's thought: New perspectives*. Leiden: E.J. Brill, 1981.

McGrath, Alister Edgar. *Reformation: An introduction*, 4th ed. Oxford: Wiley-Blackwell, 2012.

Naphy, William G. *Calvin and the Consolidation of the Genevan Reformation*. Manchester and New York: Manchester

University Press, 1994.

Oberman, Heiko A. "One Epoch-Three Reformations." In *Reformation: Roots and Ramifications*. Translated by N.C, Gow. Edinburgh: Clack, 1994.

_____ , H.A. "Europa afflicta: The Reformation of the Refugees," *Archiv für Reformationsgeschichte* 83 (1992), 91-111.

Opitz, Peter. "The authority of Scripture in the Early Zurich Reformation (1522-1540)." *Journal of Reformed Theology* 5 (2011).

_____ , 『울리히 츠빙글리: 개혁교회의 예언자, 이단자 선구자』. 정미현 역. 서울: 연세대학교 대학출판문화원, 2015.

Potter, George Richard. *Zwingli*. Cambridge: Cambridge University Press, 1976.

Schaff, Philip. *History of the Christian Church*. Vol. VIII. The Swiss Reformation. 박경수 역. 『스위스 종교개혁』. 서울: 크리스챤 다이제스트, 2004.

Snavely, Jr. Iren L. "Huldrych Zwingli and the preaching office." *Fides et Historia* 25 (1993).

Stephens, W. Peter. *The Theology of Huldrych Zwingli*. Oxford: Clarendon Press, 1986.

Thompson, Mark D. "Reformation Perspectives on Scripture: The Written Word of God." *The Reformed Theological Review* 57, 3. 1998.

van den Belt, Henk. "Sola Scriptura: An Inadequate slogan for the authority of Scripture." *Calvin Theological Journal* 51 (2016).

Zwingli, *Corpus Reformatorum* 89 Band I. "Eine göttliche Vermahnung an die Eidgenossen zu Schwyz."16. Mai 1522. In *Huldreich Zwinglis Sämtliche Werke*. Eds. Emil Egli, und Georg Finsler. Leipzig: Heinsius Nachfolger, 1904.

_____, *Corpus Reformatorum* 89 Band II. "Auslegen und Gründe der Schlußreden." 14. Juli 1523. In *Huldreich Zwinglis Sämtliche Werke*. Eds. Emil Egli und Georg Finsler. Leipzig: Heinsius Nachfolger, 1908.

_____, *Corpus Reformatorum* 89 Band II. "Von göttlicher und menschlicher Gerechtigkeit."30. Juli 1523. In *Huldreich Zwinglis Sämtliche Werke*. Eds. Emil Egli, und Georg Finsler. Leipzig: Heinsius Nachfolger, 1908.

_____, *Corpus Reformatorum* 90 Band III. "De vera et falsa religione commentarius." März 1525. In *Huldreich Zwinglis Sämtliche Werke*. Eds. Emil Egli, Georg Finsler und Walther Köhler. Leipzig: Heinsius Nachfolger, 1914.

_____, *Corpus Reformatorum* 90 Band III. "Eine treue und ernstliche Vermahnung an die Eidgenossen,"2. Mai 1524. In *Huldreich Zwinglis Sämtliche Werke*. Eds. Emil Egli, Georg Finsler und Walther Köhler. Leipzig: Heinsius Nachfolger, 1914.

_____, *Huldrych Zwingli Schriften* I-IV. 임걸 역.『츠빙글리 저작 선집 1-4권』. 서울: 연세대학교 대학출판문화원, 2014.

<5장> 급진적 움직임들

Durnbaugh, Donald F. "Characteristics of the Radical Perspective." *Communio Viatorum* XIX (1986): 97-118.

Furcha, E.J. "Zwingli and the Radicals: Zwingli and Carlstadt." *Fides et Historia* 25 (1993).

Jankiewicz, Darius. "Vestiges of Roman Catholicism in Sixteenth Centry Protestant Reformational Ecclesiology: A Study of Early Lutheran, Reformed, and Radical Ecclesiology." *Andrews University Seminary Studies*. Vol. 54. 1 (2016): 103-133.

Lindberg, Carter. "Eschatology and Fanaticism in the Reformation Era: Luther and the Anabaptists." *Concordia Theological Quarterly* 64. no. 4 (2000), 259-278.

MacGregor, Kirk R. "Hubmaier's Death and the Threat of a Free State Church." *Church History and Religious Culture* 91. 3-4 (2011): 321-348.

Matheson, Peter. "Thomas Müntzer and John Knox: Radical and Magisterial Reformers?" *Joural of Ecclesiastical History* Vol 68. No. 3 July (2017): 529-543.

Roth, John D. "Recent Currents in the Historiography of the Radical Reformation." *Church History* 71. 3 (2002): 523-535.

Williams, George H. "The Radical Reformation Revisited." *Union Seminary Quarterly Review* 39 (1984): 1-28.

마우, 루돌프.『복음주의 운동과 초기 개혁(1521~1532)』. 권진호 역. 천안: 호서대학교 출판부, 2015.

맥그레스, 앨리스터.『종교개혁사상』. 최재건, 조호영 역. 서울: 기독교문서선교회, 2017.

오피츠, 피터.『울리히 츠빙글리: 개혁교회의 예언자, 이단자 선구자』. 정미현 역. 서울: 연세대학교 대학출판문화원, 2015.

<6장> 종교개혁 신학의 총체적 종합: 칼빈의 하나님 나라

Ahn, In-Sub. "Calvin's Use of Augustine in his View on Church and State, Intercultural Student of Augustine." In *Calvinus Frater in Domino: Papers of the Twelfth International Congress on Calvin Research*. Reformed Historical Theology Vol. 65. Göttingen: Vandenhoeck & Ruprecht, 2020):103-24.

_____. "Calvin's View of Augustine and the Donatist Church." In *Calvinus Sacrarum Literarum Interpres: Papers of the International Congress on Calvin Research*. Reformed Historical Theology Vol. 5. Göttingen: Vandenhoeck & Ruprecht, 2008: 271-84.

_____. "Calvin's Thoughts on Civitas Dei." In *Calvin in Asian Churches* 3. Seoul: Korea Calvin Society, 2008: 267-91.

Augustine, Aurelius. De *Civitate Dei (City of God)*. Eds. B. Dombart and A. Kalb. CCL 47-48. Turnhout: Brepols, 1955.

Bolt, John. "The Imitation of Christ as Illumination for the Two Kingdoms Debate." Calvin Theological Journal 48/1 (2013):

6-34.

Burkhart, John Ernest. "*Kingdom, Church and Baptism: The Significance of the Doctrine of the Church in the Theology of John Calvin.*" Ph.D. Dissertation, University of Southern California. 1956.

Calvinus, Iohannes. *Institutio Christianae Religionis. In Ioannis Calvini opera quae supersunt ominia.* Eds. G. Baum, E. Cunitz, E. Reuss. Vol. 2. Brunswick: C. A. Schwetschke, 1868.

_____. *Ioannis Calvini Opera Exegetica* Vol. XIII. *Commentarius in Epistolam Pauli ad Romano*s. Ed. T.H.L. Parker and D.C. Parker. Geneva, 1999.

Calvin, John. *Institutes of the Christian Religion.* Ed. John. T. McNeill. Trans. Ford Lewis Battles. Philadelphia: The Westminster Press, 1960.

_____. *Commentaries of John Calvin.* 46 Vols. Edinburgh: Calvin Translation Society, 1844-55. Reprinted, Grand Rapids: Baker Book House, 1998.

Jooste, Simon Nicholas. "Recovering the Calvin of 'Two Kingdoms?': A Historical-Theological Inquiry in the Light of Church-State Discourse in South Africa." Ph.D. Dissertation, Stellenbosch University, 2013.

Kennedy, Simon P. and Saunders, Benjamin B. "Characterizing the Two Kingdoms and Assessing their Relevance Today." *Calvin Theological Journal* 53 (2018): 161-173.

Kim, Jae Sung. "Calvin's Doctrine of the Kingdom of God." Th.M. Thesis, Calvin Theological Seminary, 1990.

Markus, Robert Austin. Saeculum: *History and Society in the Theology of St. Augustine*. Cambridge: Cambridge University Press, 1970.

Palmer, Timothy Pavitt. "John Calvin's View of the Kingdom of God." Ph.D. Dissertation, University of Aberdeen, 1988.

Plantinga Jr, Cornelius. *Engaging God's World: A Christian Vision of Faith, Learning, and Living*. Grand Rapids: Eerdmans, 2002.

Raines, John Curtis. "The Cosmic Kingdom in the Rise of the Christian Interpretation of the State: A Study of the Interaction of Religious and Political Mythology for Hebraic Prophetism through John Calvin." Ph.D. Dissertation, Union Theological Seminary, 1967.

Smith, James K.A. "Reforming Public Theology: Two Kingdoms, or Two Cities?." *Calvin Theological Journal* 47 (2012): 122-37.

_____. *Awaiting the King*. 박세혁 역. 『왕을 기다리며』. 서울: IVP, 2017.

Tuininga, Matthew J. "Good News for the Poor: An Analysis of Calvin's Concept of Poor Relief and the Diaconate in Light of his Two KingdomsPparadigm." *Calvin Theological Journal* 49 (2014): 221-47.

VanDrunen, David. "The Context of Natural law: John Calvin's Doctrine of the Two Kingdoms." *Journal of Church and State* 46

(2004): 503-25.

VanDrunen, David. *Natural Law and the Two Kingdoms: A Study in the Development of Reformed Social Thoughts*. Grand Rapids: Eerdmans, 2010.

Van Oort, Johannes. *Jerusalem and Babylon: A Study into Augustine's City of God and the Sources of his Doctrine of the Two Cities*. Leiden: E.J. Brill, 1991.

Van 't Spijker, Willem. "The Kingdom of Christ according to Bucer and Calvin." In *Calvin and the State*. Ed. Peter De Klerk. Grand Rapids: Calvin Studies Society, 1993: 109-132.

Vorster, Nicalaas. "'United but not Confused': Calvin's Anthropology as Hermeneutical Key to Understanding his Societal Doctrine." *Journal of Church and State* 58 (2016): 117-141.

Wilcox, Peter Jonathan. "Restoration, Reformation and the Progress of the Kingdom of Christ: Evangelisation in the Thought and Practice of John Calvin, 1555-1564." Ph.D. Dissertation, University of Oxford, 1993.

Wolterstorff, Nicholas. "The wounds of God: Calvin's Theology of Social Injustice." *Reformed Journal* 37 (1987): 14-22.

_____. *Until Justice and Peace Embrace*. Grand Rapids: Eerdmans, 1983.

김요섭. "그리스도의 나라와 교회: 칼빈의 종말론적 교회 이해 연구." 「한국개혁신학」 27 (2011): 129-60.

김재윤. "교회와 문화의 관계에 대한 고찰: 일반 은혜(카이퍼), 문화 명령(스킬더), 두 왕국론(밴드루넨)을 중심으로." 「조직신학연구」 19 (2013): 159-64.

박재은. "하나님 나라의 관점으로 읽는 존 칼빈의 『영혼의 깨어있음에 관하여(Psychopannychia)』." 「신학지남」 82/2 (2017): 185-216.

안인섭. "칼빈의 하나님 나라 신학 연구" 「한국개혁신학」 68 (2020), 132-165.

_____. 『칼빈: 하나님의 영광을 위한 열정의 사람』. 서울: 익투스, 2015.

_____. "기독교인의 정치 참여에 대한 연구: 존 칼빈(John Calvin: 1509-1564)과 아브라함 카위퍼(Abraham Kuyper: 1837-1920)의 비교 연구를 중심으로." 「한국교회사학회지」 30 (2011): 183-229.

원종천. "칼빈의 하나님 나라 개념." 「성경과 신학」 14 (1993): 74-110.

<7장> 멜란히톤, 칼빈, 그리고 팔츠(Pfalz)의 개혁파 종교개혁 (1558-1561)

Bierma, Lyle. Ed. *An Introduction to the Heidelberg Catechism. Sources, History, and Theology. Texts & Studies in Reformation & Post-Reformation Thought*. Grand Rapids, MI: Baker Book House, 2005.

_____. "The Purpose and Authorship of the Heidelberg Catechism." In *An Introduction to the Heidelberg Catechism. Sources, History, and Theology. Texts & Studies in Reformation & Post-

Reformation Thought. Ed. Bierma, Lyle. Grand Rapids, MI: Baker Book House, 2005: 52-74.

Calvin, *Dilucida explicatio sanae doctrinae de vera participatione carnis et sanguinis Christ in sacra coena ad discutiendas Heshusii nebulas.* In *Ioannis Calvini opera quae supersunt omnia.* Ed. by G. Baum, E. Cunitz, and E. Reuss. Vol. 9. Halle & Braunschweig: Schwetschke, 1870: 457-517.

_____. Ioannis *Calvini Opera quae supersunt omnia.* Ed. by G. Baum, E. Cunitz, and E. Reuss. *Corpus Reformatorum,* vols 29-85. Halle & Braunschweig: Schwetschke, 1863-1900.

_____. *Theological Treatises.* Edited by J.K.S. Reid. London and Philadelphia: The Westminster Press, 1961.

Davis, D. Clair. "The Reformed Church of Germanry: Calvinists as an Influential Ministry." In *John Calvin: His Influence in the Western World.* Ed. W. Stanford Reid. Grand Rapids: Zondervan 1982: 123-138.

De Boer, Erik A. "Philipp Melanchthon's *ludicium de controversia Coenae Domini*(1559) to the Palatine Elctor Frederick III." *Reformation & Renaissance Review Vol.* 17 No.3. November (2015): 244-265.

De Greef, Wulfert. *The Writings of John Calvin: Expanded Edition.* Louisville: Westminster John Knox Press, 2008.

Dingel, Irene. "Melanchthon's Efforts for Unity between the Fronts: the Frankfurt Recess." In *Philip Melanchthon: Theologian in Classroom, Confession, and Controversy.* Ed. by Irene Dingel,

Robert Kolb, Nicole Kuropka, and Timothy J. Wengert. Göttingen: Vandenhoeck & Ruprecht, 2012: 123-40.

_____. "Calvin in the Context of Lutheran Consolidation." *Reformation & Renaissance Review* 12. 2-3 (2010): 155-187.

_____. "The Creation of Theological Profiles: The Understanding of the Lord's Supper in Melanchthon and the Formula of Concord." In *Philip Melanchthon: Theologian in Classroom, Confession, and Controversy*. Ed. by Irene Dingel, Robert Kolb, Nicole Kuropka, and Timothy J. Wengert, Göttingen: Vandenhoeck & Ruprecht, 2012: 263-281.

Engehausen, Frank. "Strategies for Confessional Change in the Sixteenth Century: The Example of the Palatinate." In *Power of Faith: 450 years of the Heidelberg Catechism*. Eds. Karla Apperloo-Boersma and Herman J. Selderhuis. Göttingen: Vandenhoeck & Ruprecht, 2013: 83-94.

Gunnoe, Jr, Charles D. "De Heidelbergse Catechismus in de Theologische Context van de Pfalz." In *Handboek Heidelbergse Catechismus*. Ed. by Arnold Huijgen, John V. Fesko, and Aleida Siller. Kampen: Kok, 2013: 61-72.

_____. "The Reformation of the Palatinate and the Origins of the Heidelberg Catechism, 1500-1562." In *An Introduction to the Heidelberg Catechism. Sources, History, and Theology*. Ed. by Lyle D. Bierma. Grand Rapids MI: Baker Book House, 2005: 15-47.

_____. *Thomas Erastus and the Palatinate. A Renaissance Physician in the*

Second Reformation. Brill's Series in Church History, 48. Boston and Leiden: Brill, 2011.

Janse, Wim. "Calvin's Doctrine of the Lord's Supper." *Perichoresis* 10.2 (2012): 137-163.

_____. "Calvin's Eucharistic Theology: Three Dogma-Historical Observations." In *Calvinus Sacrarum Literarum Interpress. Papers of the International Congress on Calvin Research*. Ed. by H Selderhuis. Göttingen: Vandenhoeck & Reprecht, 2008: 37-69.

_____. "Controversy and Concordance between Calvin and Westphal on the Communion of the Sick." in *Calvinus Clarissimus Theologu. Papers of the Tenth International Congress on Calvin Research*. Ed. by H Selderhuis. Göttingen: Vandenhoeck & Reprecht, 2012: 158-178.

_____. "Joachim Westphal's Sacramentology." *Lutheran Quarterly* Vol. XXII (2008): 137-160.

_____. "Non-Conformist Eucharistic Theology: The Case of the alleged 'Zwinglian Polemicist' Wilhelm Klebitz." *Nederlands Archief voor Kerkgeschiedenis/Dutch Review of Church History* 81 (2001): 5-25.

Kolb, Robert. "The Critique of Melanchthon's Doctrine of the Last Supper by his 'Gnesio-Lutheran' Students." In *Philip Melanchthon: Theologian in Classroom, Confession, and Controversy*. Ed. by Irene Dingel, Robert Kolb, Nicole Kuropka, and

Timothy J. Wengert. Göttingen: Vandenhoeck & Ruprecht, 2012: 236-62.

Melanchthon, Philipp. *Corpus Reformatorum: Philippi Melanchthonis opera quae supersunt omnia*. Ed. by Carl G. Brettschneider and Heinrich E. Bindseil. Halle, Braunschweig: 1834-60. Vols. 1-28.

Strohm, Christoph. "The Heidelbefg Catechism in its Palatine Homeland." In *Power of Faith: 450 years of the Heidelberg Catechism*. Eds. Karla Apperloo-Boersma and Herman J. Selderhuis. Gottingen: Vandenhoeck & Ruprecht, 2013: 95-104.

Wengert, Timothy. "'We Will Feast Together in Heaven Forever': The Epistolary Friendship of John Calvin and Philip Melanchthon." In *Melanchthon in Europe: His Work and Influence Beyond Wittenberg*. Ed. Karin Maag. Grand Rapids: Baker Books, 1999: 19-44.

안인섭. "팔츠(Pfalz)의 개혁파 종교개혁의 발전(1558-1561): 멜란히톤과 칼빈의 관련성을 중심으로." 「한국개혁신학」 71 (2021): 227-268.

이남규. "'칼빈주의' 개념의 생성과 발전: 16세기 후반 하이델베르그를 중심으로." 「한국개혁신학」 27 (2010): 223-242.

_____. 『우르시누스, 올레비아누스: 하이델베르크 요리문답서의 두 거장』. 서울: 익투스, 2017.

제3부. 역동적 확산

<8장> 독일의 종교개혁: 루터주의의 승인과 개혁주의의 발전

Bierma, Lyle D. "The Purpose and Authorship of the Heidelberg Catechism." In: Ed. Lyle D. Bierma, *An Introduction to the Heidelberg Catechism: Sources, History, and Theology*. Grand Rapids: Baker Academic, 2005. 49-74.

Davis. D. Clair. "독일 개혁교회: 영향력 있는 소수파 칼빈주의자들." In 스탠포드 리드. Ed. 『칼빈이 서양에 끼친 영향』. 서울: 크리스찬다이제스트, 2001. 143-164.

De Boer. Erik A. "Philipp Melanchthon's Iudicium de controversia Coenae Domini(1559) to the Palatine Elctor Frederick III." *Reformation & Renaissance Review* Vol. 17 No. 3. November 2015. 244-265.

Engehausen, Frank. "Strategies for confessional change in the sixteenth century: The example of the Palatinate." *Power of Faith: 450 years of the Heidelberg Catechism*. Gottingen: Vandenhoeck & Ruprecht, 2013. 83-94.

Gunnoe, Charles D. "De Heidelbergse Catechismus in de theologische context van de Palts." Arnold Huijgen, John V. Fesko, Aleida Siller. Red. *Handboek Heidelbergse Catechismus*. Utrecht: KoK, 2013. 61-72.

Selderhuis, H. "From Heidelberg, through Emden, and into

the whole world." *Power of Faith: 450 years of the Heidelberg Catechism*. Gottingen: Vandenhoeck & Ruprecht, 2013. 19-28.

Strohm, Christoph. "The Heidelbefg Catechism in its Palatine Homeland." *Power of Faith: 450 years of the Heidelberg Catechism*. Gottingen: Vandenhoeck & Ruprecht, 2013. 95-104.

김광채. 『근세 현대교회사』. 서울: 기독교문서선교회, 1992.

안인섭. "팔츠(Pfalz)의 개혁과 종교개혁의 발전(1558-1561): 멜란히톤과 칼빈의 관련성을 중심으로." 「한국개혁신학」 71 (2021): 227-268.

<9장> 영국과 스코틀랜드의 종교개혁: 미완과 급진 사이

Amos, N. Scott, Pettegree, Andrew and Van Nierop, Henk Ed. *The Education of a Christian Society: Humanism and the Reformation in Britain and the Netherlands, Papers delivered to the Thirteenth Anglo-Dutch Historical Conference*, 1997. Aldershot: Ashgate, 1999.

Bernard, George. "The Piety of Henry VIII." In N. Scott Amos, Andrew Pettegree and Henk Van Nierop Ed. *The Education of a Christian Society: Humanism and the Reformation in Britain and the Netherlands, Papers delivered to the Thirteenth Anglo-Dutch Historical Conference*, 1997. Aldershot: Ashgate, 1999:, 62-88.

Bradshaw, Christopher J. "The exile literature of the early Reformation: 'Obedience to God and the King." In N. Scott Amos, Andrew Pettegree and Henk Van Nierop Ed. *The Education of a Christian Society: Humanism and the Reformation in*

Britain and the Netherlands, Papers delivered to the Thirteenth Anglo-Dutch Historical Conference, 1997. Aldershot: Ashgate, 1999: 112-130.

Davis, D. Clair. "The Reformed Church of Germanry: Calvinists as an Influential Ministry," Edited by W. Stanford Reid. *John Calvin: His Influence in the Western World*. Grand Rapids: Zondervan, 1982.

Dawson, Jane. "Clan, kin and Kirk: the Calpbells and the Scottish Reformation." In N. Scott Amos, Andrew Pettegree and Henk Van Nierop Ed. The *Education of a Christian Society: Humanism and the Reformation in Britain and the Netherlands, Papers delivered to the Thirteenth Anglo-Dutch Historical Conference, 1997*. Aldershot: Ashgate, 1999: 211-242.

Hazlett . W. Ian P. *The Reformation in Britain and Ireland: An Introduction* (London, New York: T&T Clark LTD, 2003).

MacCulloch, Diarmaid. 『영국의 종교개혁』. 한동수 역. 서울: CLC, 2018.

McCallum, John (Ed.) *Scotland's Long Reformation: New Perspectives on Scottish Religion, c. 1500-c. 1660*. Leiden/Boston: Brill, 2016.

Pettegree, Andrew. "Humanists in the Reformation up to 1559." In N. Scott Amos, Andrew Pettegree and Henk Van Nierop Ed. *The Education of a Christian Society: Humanism and the Reformation in Britain and the Netherlands, Papers delivered to the Thirteenth Anglo-Dutch Historical Conference, 1997*. Aldershot: Ashgate, 1999:

1-18.

Rex, Richard. "The Role of English humanists in the Reformation up to 1559." in N. Scott Amos, Andrew Pettegree and Henk Van Nierop Ed. *The Education of a Christian Society: Humanism and the Reformation in Britain and the Netherlands, Papers delivered to the Thirteenth Anglo-Dutch Historical Conference, 1997*. Aldershot: Ashgate, 1999:, 19-40.

Schaff, Philip. "Confessio Fidei Scoticana I." In *The Creeds of Christendom with a History and Critical Notes Vol. III The Evalgelical Protestant Creeds*. Grand Rapids: Baker Book House, 1990/ Reprinted from 1931 edition. 437-479.

_____. "Articuli XXXIX. Ecclesiae Anglicanae." In *The Creeds of Christendom with a History and Critical Notes Vol.* III The Evalgelical Protestant Creeds. Grand Rapids: Baker Book House, 1990/Reprinted from 1931 edition. 486-516.

Walker, Greg. "Dialogue, resistance and accommodation: Conservative literary responses to the Henrician Reformation." In N. Scott Amos, Andrew Pettegree and Henk Van Nierop Ed. *The Education of a Christian Society: Humanism and the Reformation in Britain and the Netherlands, Papers delivered to the Thirteenth Anglo-Dutch Historical Conference, 1997*. Aldershot: Ashgate, 1999: 89-111.

곤잘레스, 후스토. 『종교개혁사』. 서울: 은성, 2012.

김광채. 『근세, 현대교회사』 (서울: 기독교문서선교회, 1990/1992).

김요섭. 『존 녹스: 하나님의 역사 앞에 살았던 진리의 나팔수』. 서울: 익투스, 2019.

김중락. 『스코틀랜드 종교개혁사: 존 녹스에서 웨스트민스터 총회까지』. 안산: 흑곰북스, 2017.

김홍만. "윌리엄 퍼킨스의 칼빈 신학의 계승과 적용." In 『칼빈 이후의 개혁신학자들』. 고신대학교 개혁주의학술원 (2013): 66-93.

맥닐, 존. 『칼빈주의 역사와 성격』. 양낙홍 역. 서울: 크리스챤다이제스트, 1990/2006.

모건, 케네스. 『옥스퍼드 영국사』. 서울: 한울 아카데미, 1997/2016.

문병호, 윌리엄 "틴데일의 기독론적 율법 이해의 한계." In 『칼빈 시대 영국의 종교개혁가들』. 고신대학교 개혁주의학술원 (2015): 145-169.

베자. 『종교개혁 영웅들의 초상』. 박건택 역. 서울: 크리스천 르네상스, 2017.

베자. 『종교개혁 영웅들의 초상』. 박건택 역. 서울: 크리스천 르네상스, 2017.

이상규, "스코틀랜드의 개혁자 엔드류 멜빌." in 『칼빈 이후 영국의 개혁신학자들』. 고신대학교 개혁주의학술원 (2016): 29-48.

주도홍, "윌리엄 에임스." in 『칼빈 이후의 개혁신학자들』 고신대학교 개혁주의학술원 (2013): 135-156.

켄달, R. T. "칼빈 신학의 청교도적 변형." In 스탠포드 리드. Ed. 『칼빈이 서양에 끼친 영향』. 서울: 크리스챤다이제스트, 1993. 239-262.

휴즈, 필립 에쥐컴. "칼빈과 영국의 교회." In 스탠포드 리드. Ed. 『칼빈이 서양에 끼친 영향』. 서울: 크리스챤다이제스트, 1993. 205-238.

<10장> 프랑스의 종교개혁: 고난받는 개혁교회

Burkard, Marianne Carbonnier. "The Edict of Nantes 'à la Rigueur'(1661-1685)." In Martin I. Klauber Ed. *The Theology of French Reformed Churches*. Grand Rapids: Reformation Heritage Books, 2014. 156-166.

Clifford, Alan C. "John Calvin and the Confessio Fidei Gallicana." Evangelical Quarterly 58 (1986): 195-106. In Richard C. Gamble Ed. *Calvinism in France, Netherlands, Scotland, and England*. New York: Garland Publishing, Inc., 1992. 1-12.

Gray, Janet "A Fresh Look at the Effect of the Treaty of Amboise on the French Calvinists." Fides et Historia 12 (1980): 75-88. In Richard C. Gamble Ed. *Calvinism in France, Netherlands, Scotland, and England*. New York: Garland Publishing, Inc., 1992. 127-140.

Heller, H. "Marguerite of Navarre and the Reformers of Meaux." *Bibliothèque d' Humanisme et Renaissance* 33 (1971): 271-310. In Richard C. Gamble Ed. Calvinism in France, *Netherlands, Scotland, and England*. New York: Garland Publishing, Inc., 1992. 41-80.

Higman, Francis. "The Reformation and the French Language." *L'Esprit Créateur* 16 (1976) 20-36. In Richard C. Gamble Ed. *Calvinism in France, Netherlands, Scotland, and England.* New York: Garland Publishing, Inc., 1992. 110-136.

Kingdon, Robert M. "The Political Resistance of the Calvinists in France and the Law Countries." *Church History* 27 (1958): 220-33. In Richard C. Gamble Ed. Calvinism *in France, Netherlands, Scotland, and England.* New York: Garland Publishing, Inc., 1992. 162-175.

Klauber, Martin I. Ed. *The Theology of French Reformed Churches.* Grand Rapids: Reformation Heritage Books, 2014.

Linder, Robert D. "The French Calvinist Response to the Formula of Concord." Journal of Ecumenical Studies 19 (1982): 18-37. In Richard C. Gamble Ed. *Calvinism in France, Netherlands, Scotland, and England.* New York: Garland Publishing, Inc., 1992. 142-161.

Manetsch, Scott M. "Theodore Beza (1519-1605) and the Crisis of Reformed Protestantism in France." In Martin I. Klauber Ed. *The Theology of French Reformed Churches.* Grand Rapids: Reformation Heritage Books, 2014. 24-56.

Mentzer, Raymond A. Jr. *"Disciplina nervus ecclesiæ:* The Calvinist Reform of Morals at Nimes." *Sixteenth Century Journal 18(1987): 89-115.* In Richard C. Gamble Ed. *Calvinism in France, Netherlands, Scotland, and England.* New York: Garland

Publishing, Inc., 1992. 13-39.

Olson, Jeannine. "The Cradle of Reformed Theology: The Reformed Churches from Calvin's Geneva through Henry IV and the Edict of Nantes." In Martin I. Klauber Ed. *The Theology of French Reformed Churches*. Grand Rapids: Reformation Heritage Books, 2014. 9-23.

Roelker, Nancy Lyman. "The Role of Noblewomen in the French reformation." *Archiv für Reformationsgeschichte* 63 (1972): 168-95. In Richard C. Gamble Ed. *Calvinism in France, Netherlands, Scotland, and England*. New York: Garland Publishing, Inc., 1992. 82-109.

Roney, John B. "The French Reformed Churches: Caught between the Rise of Absolute Monarchy and the Counter-Reformation." In Martin I. Klauber Ed. *The Theology of French Reformed Churches*. Grand Rapids: Reformation Heritage Books, 2014. 137-155.

Schaff, Philip. "Confessio Fidei Gallicana." In *The Creeds of Christendom with a History and Critical Notes Vol. III The Evalgelical Protestant Creeds*. Grand Rapids: Baker Book House, 1990/ Reprinted from 1931 edition. 356-382.

Sinnema, Donald. "The French Reformed Churches, Arminianism, and the Synod of Dort (1618-1619)." In Martin I. Klauber Ed. *The Theology of French Reformed Churches*. Grand Rapids: Reformation Heritage Books, 2014. 98-136.

Van Raalte, Theodore G. "The French Reformed Synods of the Seventeenth Century." In Martin I. Klauber Ed. *The Theology of French Reformed Churches*. Grand Rapids: Reformation Heritage Books, 2014. 57-97.

강남수. 『프랑스 종교개혁사』. 서울: 그리심, 2000.
곤잘레스, 후스토. 『종교개혁사』. 서울: 그리심, 2000.
맥닐, 존. 『칼빈주의 역사와 성격』. 양낙홍 역. 서울: 크리스챤다이제스트, 1990/2006).
존스, 콜린. 『케임브리지 프랑스사』. 방문숙 이호영 역. 서울: 시공사, 2001/2014.
쿠르티알, 피에르. "프랑스 칼빈주의의 황금기: 1533년에서 1633까지." 스탠포드 리드. Ed. 『칼빈이 서양에 끼친 영향』. 서울: 크리스챤다이제스트, 1993. 85-107.

4부. 네덜란드 개혁주의 종교개혁: 십자가 밑에 피어난 튤립

<11장> 네덜란드 종교개혁의 배경

Arnade, Peter. and Nierop, Henk Van. "The Political Culture of the Dutch Revolt." *Journal of Early Modern History* 11 (2007): 253-261.
Beemon, F. E. "Calvinist Conscience and Rebellion: Marnix of Saint

Aldegonde's Justification of the Dutch Revolt." *Fides et Historia* Sept. 1 (1991): 91-99.

_____. "Poisonous Honey or Pure Manna: The Eucharist and the Word in the 'Beehive' of Marnix of Saint Aldegonde." *Church History* Dec. 1 (1992): 382-393.

Boersma, O. & Jelsma, A.J. *Unity in Multiformity: The Minutes of the Coetus of London, 1575 and the Consistory Minutes of the Italian Church of London, 1570-1591.* Amsterdam: Publications de la Commission de l'Historie des glises et de la Bibliothque Wallonnes, 1997.

Bouwmeester, G. *Marnix van Sint Aldegonde en Zijn Werk.* 's-Gravenhage: Willem de Zijjgerdtichting, 1955.

Calvinus, Iohannes. *Institutio Christianae Religionis.* In *Ioannis Calvini opera quae supersunt ominia.* Edited by G. Baum, E. Cunitz, E. Reuss. Vol. 2. Brunswick: C. A. Schwetschke, 1868.

Calvin, John. *Institutes of the Christian Religion.* Trans. by Ford L. Battles. Philadelphia: Westminster Press, 1960.

_____. *Response to a Certain Dutchman Who under the Guise of Making Christians very Spiritual Permits them to Defile their Bodies in All Idolatries: written by Mr. John Calvin to the Faithful in the Low Countries,* trans. Rob Roy McGregor. *Calvin Theological Journal* 34 (1999): 291-326.

Crew, Phyllis Mack. *Calvinist Preaching and Iconoclasm in the Netherlands, 1544-1569.* Cambridge: Cambridge University, 1978.

Den Boer, William. "Het Nederlands Calvinisme." In *Calvijn en de Nederlanden*, edited by Karla Apperloo-Boersma & Herman Selderhuis. Alblasserdam: Verloop, 2009.

Godfrey, Robert. "Calvin and Calvinism in the Netherlands." in *John Calvin: His Influence in the Western World*, edited by W. Standford Reid. Grand Rapids: Zondervan, 1982: 95-120.

Hooft, Visser 't. "Het Tijdstip van Overgang tot het Protestantisme van Marnix van St. Aldegonde." *Nederlands Archief voor Kerkgeschiedenis* Vol. 23. Issue 1 (1930): 99-118.

Israel, Jonathan. *The Dutch Republic: Its Rise, Greatness, and Fall*, 1477-1806. Oxford: Clarendon Press, 1995.

Janssen, Geert H. "Quo Vadis? Catholic Perceptions of Flight and the Revolt of the Low Countries, 1566-1609." *Renaissance Quarterly* 64 (2011): 472-99.

_____. Exiles and the Political of Reintegration in the Dutch Revolt. *History* 94 (2009): 38-40.

Jelsma, A.J. *Frontiers of the Reformation: Dissidence and Orthodoxy in Sixteenth-Century Europe*. Aldershot/Brookfield USA/ Singapore/ Sydney: Ashgate, 1998.

Kingdon, Robert M. "The Political Resistance of the Calvinists in France and the Low Countries." *Church History* Sept. 1. (1958): 220-233.

Luth, Jan R. "Het Geneefse Psalter in Nederlanden." In *Calvijn en de Nederlanden*, edited by Karla Apperloo-Boersma & Herman

Selderhuis. Alblasserdam: Verloop, 2009.

Marnef, Guido. "Antwerpen als Centrum van Calvinisme in de Zuidelijke Nederlanden." In *Calvijn en de Nederlanden*, edited by Karla Apperloo-Boersma & Herman Selderhuis. Alblasserdam: Verloop, 2009: 64-85.

Marnix, Heer van St. Aldegonde, Philips van. *Tegen de Spiritualisten in Reformatorica: Teksten uit de Geschiedenis van het Nederlandse Protestantisme*, red. by Augustijn, C. Broeyer, F.G.M. Visser, P. Wall, E.G.E. van der. Zoetermeer: Meinema, 1996.

_____. *Trouwe Vermaninge aende Christelijke Gemeynten in Reformatorica: Teksten uit de Geschiedenis van het Nederlandse Protestantisme*, red. by Augustijn, C. Broeyer, F.G.M. Visser, P. Wall, E.G.E. van der. Zoetermeer: Meinema, 1996.

_____. *De Bijenkorf der H. Roomsche Kerke, met inleiding en varianten*, (eds. A. Lacroix & A. Willems). 2 delen, (in de serie *De werken van Ph. van Marnix van Sint Aldegonde*). Fr. van Meenen, Brussel 1858.

Motley, John Lothrop. *The Rise of the Dutch Republic: A History* Vol. 3. London: George Routledge and Co.: 1858.

Nauta, D. *Het Calvinisme in Nederland*. Franeker: Wever, 1949.

_____, "Drie Breiven van Marnix uit 1570." *Nederlands Archief voor Kerkgeschiedenis* Vol. 54, No. 2 (1974): 165-183.

_____, "Marnix Auteur van de Libellus Supplex aan de Rijksdag van Spiers (1570)." *Nederlands Archief voor Kerkgeschiedenis* Vol. 55 Issue 2 (1975): 150-70.

Rutgers, F.L. *Calvijns Invloed op de Reformatie in de Nederlanden*. Leeuwarden: De Tille, 1980.

Selderhuis, Herman and Nissen, Peter. "The Sixteenth Century." In *Handbook of Dutch Church History*, edited by Herman Selderhuis. Göttingen: Vandenhoeck & Ruprecht, 2015: 157-258.

Van der Pol, Frank. "Calvin and the Netherlands." in *The Calvin Handbook*, edited by Herman Selderhuis. Grand Rapids: Eerdmans, 2009: 97-96.

Van Lieburg, Fred A. "From Pure Church to Pious Culture: The Further Reformation in the Seventeenth-Century Dutch Republic." In *Later Calvinism: International Perspective*, edited by W. Fred Graham, 1994: 409-429.

Van Schelven, A.A. *Marnix van Sint Aldegonde*. Utrecht: Oosthoek's Uitg., 1939.

Van Veen, Mirjam. *Een Nieuwe Tijd, Een Nieuwe Kerk: De Opkomst van het 'Calvinisme' in de Lage Landen*. Zoetermeer: Meinema, 2009.

Verboom, Wim. "Catechism Teaching in the Netherlands." In *Power of Faith: 450 Years of the Heidelberg Catechism*, edited by Karla Apperloo-Boersma & Herman Selderhuis. Göttingen: Vandenhoeck & Ruprecht, 2013.

Walzer, Michael. *The Revolution of the Saints: A Study in the Origins of Radical Politics*. Cambridge: Harvard University Press, 1965.

Wansink, H. "Holland and Six Allies: the Republic of the Seven

United Provinces." In *Britain and the Netherlands: Papers delivered to the Anglo-Dutch Historical Conference* Vol. 4. edited by J. S. Bromley & E. H. Kossman. Groningen: Wolters, 1962.

Weis, Monique. "Philip of Marnix and 'International Protestantism': The Fears and Hopes of a Dutch Refugee in the 1570s." *Reformation and Renaissance Review* 11.2 (2009): 203-220.

김영중 · 장붕익. 『네델란드사』. 서울: 대한교과서주식회사, 1994.

안인섭. "칼빈의 개혁 신앙과 교회와 국가의 관계: 네덜란드의 코른헤르트((Dirck Coornhert: 1522-1590)와의 논쟁을 중심으로." 「한국개혁신학」 55 (2017): 8-39.

_____. "벨직신앙고백서의 국가론과 네덜란드 독립에 나타난 교회와 국가의 관계 연구." 「성경과 신학」 52 (2017): 179-214.

<12장> 순교자 드 브레(Guido de Bres: 1522-1567)의 벨직신앙고백서(1561)와 네덜란드

Apperloo-Boersma, Karla & Selderhuis, Herman. *Calvijn en de Nederlanden*. Alblasserdam: Verloop, 2009.

Arblaster, Paul. 'Totius mundi emporium': Antwerp as a centre for vernacular Bible translations 1523-1545. In *The Law Countries as a crossroads of religious beliefs*. Ed. Arie-Jan Gelderblom, Jan L. de Jong and Marc van Vaeck. Leiden: Brill, 2004: 9-31.

Arnade, Peter. and Van Nierop, Henk. The political culture of the

Dutch revolt. In *Journal of Early Modern History* 11. (2007): 253-261.

Beeke, Joel R & *Ferguson, Sinclair B. Reformed Confessions harmonized.* Grand Rapids: Baker book, 1999/2000.

Boekestein, William. *Faithfulness under fire: The story of Guido de Bres.* Grand Rapids: Reformation Heritage Books, 2010.

Boersma, O. & Jelsma, A.J. *Unity in multiformity: The minutes of the coetus of London, 1575 and the consistory minutes of the Italian Church of London, 1570-1591.* Amsterdam: Publications de la Commission de l'Historie des glises et de la Bibliothque Wallonnes, 1997.

Braekman, Émile & de Boer. Erik, *Guido de Bres: zijn leven, zijn belijden.* Utrecht: Kok, 2011.

Braekman, Émile. Studie en Huwelijk. In *Guido de Bres: zijn leven, zijn belijden. Red. Émile Braekman & Erik de Boer.* Utrecht: Kok, 2011: 110-113.

Bredenhof, Wes. *For the cause of the Son of God: The missionary significance of the Belgic Confession.* Fellsmere, Florida: Reformation Media & Press, 2011.

Bres, Guido de. Dedicatory Epistle to Philip II. Trans. Alastair Duke. In *With heart and mouth: An exposition of the Belgic Confession.* Daniel R. Hyde. Grandville, MI, Reformed Fellowship, 2008: 499-504.

_____. *The Belgic Confession In Philip Schaff. The Creeds of Christendom.*

Vol. III: The Evangelical Protestant Creeds. Grand Rapids: Baker, 1983: 383-436.

Calvin, John. *Institutes of the Christian Religion*. Trans. Ford L. Battles. Philadelphia: Westminster Press, 1960.

_____. *Commentary on the Epistle of Paul the Apostle to the Romans*, Trans. and Edit. John Owen. Grand Rapids: Baker Book, 1998.

Cochrane, Arthur C. Ed. *Reformed confessions of the 16th century*. Westminster: John Knox Press, 2003.

Crew, Phyllis Mack. Calvinist preaching and *iconoclasm in the Netherlands, 1544-1569*. Cambridge: Cambridge University, 1978.

Duke, Alastair. From 'Loyal Servant to Irreconcilable Opponent' of Spain: Koenraad Swart's Interpretation of William of Orange, 1533-72. In *William of Grange and the Revolt of the Netherlands, 1572-84*. Aldershot: Ashgate Publishing Company, 2003: 8-25.

_____. A legend in the making: News of the 'Spanish Inquisition' in the Low Countries in German Evangelical Pamphlets, 1546-1550. In *Nederlands Archief voor Kerkgeschiedenis* 77-2 (1997): 125-144.

_____. The ambivalent face of Calvinism in the Netherlands, 1561-1618. In *International Calvinism, 1541-1715*. Ed. Menna Prestwich. Oxford: Clarendon Press, 1985: 109-134.

Goojtes, Nicolaas H. *The Belgic Confession: Its History and Sources*. Grand Rapids: Baker, 2007.

Hsia, R. Po-Chia & Van Nierop, Henk. Eds. *Calvinism and religious toleration in the Dutch Golden Age*. Cambridge: Cambridge University, 2002.

Hyde, Daniel R. *With heart and mouth: An exposition of the Belgic Confession*. Grandville, MI: Reformed Fellowship, 2008.

Israel, Jonathan. *The Dutch Republic: Its rise, greatness, and fall, 1477-1806*. Oxford: Clarendon Press, 1995.

Janse, Wim. The protestant reformation in the low countries: developments in twentieth-century historiography. *Reformation and Renaissance Review* 6.2 (2004): 179-202.

Janssen, Geert H. Quo vadis? Catholic perceptions of flight and the revolt of the Low Countries, 1566-1609. In *Renaissance Quarterly* 64 (2011): 472-99.

_____. Exiles and the political of reintegration in the Dutch Revolt. In *History* 94 (2009): 38-40.

Jelsma, A.J. *Frontiers of the Reformation: Dissidence and Orthodoxy in sixteenth-century Europe*. Aldershot: Ashgate Publishing, 1998.

_____. *Zonder een dak boven het hoofd: In het grensgebied tussen Rome en Reformatie*. Kampen: Kok, 1997.

_____. and van Klinken, G.J. Opkomst van de Gereformeerde Kerk 1550-1572. In *Reformatorica: Teksten uit de geschiedenis van het Nederlandse protestantisme*. Ed. C. Augustijn, F.G.M.

Broeyer, P. Visser, E.G.E. van der Wall. Zoetermeer: Meinema, 1996.

Kingdon, Robert M. The political resistance of the Calvinists in France and the Low Countries. In *Church History* Sep. 1. (1958): 220-233.

Korteweg, P. *Guido de Bres*. Barneveld: Gebr. Koster, 2010.

Kuttner, Erich. *Het hongerjaar 1566*. Amsterdam: Querido's Uitgeverij, 1949, reprinted 1964.

Maarten, Prak. *The Dutch Republic in the seventeenth century*. Trans. Diane Webb. Cambridge: Cambridge University, 2002.

McNeill, John T. *The History and Character of Calvinism*. New York: Oxford University Press, 1954.

Moehn, Wim. 'Focus op de kerkvaders. Guido de Bres' (ca. 1522-1567) theologische scholing in de vroegmoderne tijd, *Protestant Theologische Universiteit* (Nov. 3 2016): 1-25.

Motley, John Lothrop. *The rise of the Dutch Republic: A history vol. 3*. Philadelphia: David McKay, n. d.

Nauta, D. H*et Calvinisme in Nederland*. Franeker: Wever, 1949.

Noordzij, *Huib. Handboek van de reformatie: De Nederlandse kerkhervorming in de zestiende eeuw*. Kampen: Kok, 2003.

Parente, James A. *Religious drama and the humanist tradition: Christian theater in Germany and in the Netherlands* 1500-1680. Leiden: Brill, 1987.

Perez, Yolanda Rodriguez. The pelican and its ungrateful children:

the construction and evolution of the image of Dutch rebelliousness in golden age Spain. In *Journal of Early Modern History* 11. 4-5 (2007): 285-302.

Pipkin, Amanda. "'They were not humans, but devils in human bodies': depictions of sexual violence and Spanish Tyranny as a means of fostering identity in the Dutch Republic." In *Journal of early modern history* 13 (2009): 229-64.

Polman, A.D.R. *Woord en belijdenis: Eenvoudige verklaring van de Nederlandse geloofsbelijdenis* Vol. 1. Franeker: Wever, 1957.

_____. *Onze Nederlandsche Geloofsbelijdenis: Verklaard uit het verleden geconfronteerd met het heden*. Franeker: Wever, 1948.

Rutgers, F.L. *Calvijns invloed op de Reformatie in de Nederlanden*. Leeuwarden: De Tille, 1980.

Schaff, Philip. *The Creeds of Christendom. Vol. III: The Evangelical Protestant Creeds*. Grand Rapids: Baker, 1983.

Schffer, I. Protestantism in flux during the revolt of the Netherlands. In *Britain and the Netherlands: Papers delivered to the Anglo-Dutch historical conference* vol. 2. Ed. J. S. Bromley & E. H. Kossman. Groningen: Wolters, 1962.

Spijker, Willem van't. Guido de Bres en de kerkvaders. In *Guido de Bres: zijn leven, zijn belijden*. Red. Émile Braekman & Erik de Boer. Utrecht: Kok, 2011: 118-121.

Van Halsema, Thea B. *Three men came to Heidelberg and glorious heretic: The story of Guido de Bres*. Grand Rapids: Baker Book House,

1963, reprinted in 1992.

_____. *Three men came to Heidelberg and glorious heretic: The story of Guido de Bres*. 강변교회 청소년학교 도서위원회 역. 『하이델베르크에서 온 세 사람과 귀도 드 브레』. 서울: 성약, 2006.

Van Lieburg, Fred A. From pure church to pious culture: The Further Reformation in eh Seventeenth-Century Dutch Republic. In *Later Calvinism: International perspective*. Ed. W. Fred Graham. Sixteenth Century Essays & Studies 22 (1994): 409-429.

Van Veen, Mirjam. *Een nieuwe tijd, een nieuwe kerk: De opkomst van het 'calvinisme' in de Lage* Landen. Zoetermeer: Meinema, 2009.

Visser, Derk. Establishing the Reformed Church: Clergy and Magistrates in the Low Countries 1572-1620. In *Later Calvinism: International perspective*. Ed W. Fred Graham. Sixteenth Century Essays & Studies 22 (1994): 389-407.

Wansink, H. Holland and Six Allies: the Republic of the Seven United Provinces. In *Britain and the Netherlands: Papers delivered to the Anglo-Dutch historical conference* vol. 4. Ed. J. S. Bromley & E. H. Kossman. Groningen: Wolters, 1962.

Weis, Monique. Philip of Marnix and 'International Protestantism': The fears and hopes of a Dutch Refugee in the1570s. In *Reformation and Renaissance Review* 11. 2 (2009): 203-220.

Zilverberg, S.B.J. *Geloof en geweten in de zeventiende eeuw*. Bussum: Unieboek, 1971.

강미랑. 지역 공동체의 상황에서 시작된 신앙교육서의 형성 과정 비교 연구: 벨기에 신앙고백서, 하이델베르그 신앙교육서, 도르트 신경의 형성 과정과 내용을 중심으로. 「한국기독교교육교육학회 하계학술대회 자료집」한사랑교회, 2016. 6. 4: 383-407.

김성욱. 벨직신앙고백서의 설교적 적용: 하나님의 섭리를 중심으로.「한국개혁신학」26 (2009): 102-136.

김영중・장붕익.『네덜란드사』. 서울: 대한교과서주식회사, 1994.

김요섭. 벨기에 신앙고백의 역사적 배경과 개혁주의 교회론의 특징 연구.「개혁논총」25 (2013): 111-147.

김재윤. 개혁 교회법이 한국 교회에 가지는 의의: 엠던 총회(1571)에서 아브라함 카이퍼까지, 지역 교회의 보편성을 중심으로.「한국개혁신학」35 (2012): 8-46.

라은성. 벨지카 고백서의 저자 귀도 드 브레,「신학지남」82/1 (2015): 151-181.

안인섭.『칼빈과 어거스틴』. 서울: 그리심, 2009.

_____. "벨직신앙고백서의 국가론과 네덜란드 독립 과정의 상호 관계에 대한 연구"「성경과 신학」82 (2017), 179-214.

이상규. 귀도 드 브레와 네덜란드 신앙고백.『칼빈 시대 유럽 대륙의 종교개혁가들』. 부산: 고신대학교 개혁주의 학술원, 2014: 258-274.

이상웅. 네덜란드 신앙고백서(1561)에 나타나는 개혁주의 성경관.「신학지남」82/4 (2015): 143-179.

_____. 벨직신앙고백서의 역사적 배경과 37조에 담긴 종말론.「개혁논총」36 (2015): 105-143.

이승구. 벨직신앙고백서의 교회론: 벨직신앙고백서의 교회 이해에 비추어 본 우리들의 교회. 「신학정론」 33/2 (2015): 150-212.

허순길. 『벨기에 신앙고백 해설: 개혁교회 신앙고백』 vols. I. II. 고양: 셈페르 레포르만다, 2016.

<13장> 고난 속에 피어난 개혁파 경건주의의 출발: 쟝 타펭(Jean Taffin: 1529-1602)

Ahn, In-Sub. "Suffering in J. Calvin(1509-1564) and Jean Taffin(1529-1602)." 11th International Congress on Calvin Research. Zürich, 2014. 8. 26.

Beeke, Joel R. "Personal Assurance of Faith: English Puritanism and the Dutch 'Nadere Reformatie': From Westminster to Alexander Comrie." Ph.D. Dissertation. Westminster Theological Seminary, 1988.

_____. "The Dutch Second Reformation (Nadere Reformatie)." *Calvin Theological Journal* 28 (1993): 298-327.

Calvinus, Iohannes. *Institutio Christianae Religionis. In Ioannis Calvini opera quae supersunt ominia*. Eds. G. Baum, E. Cunitz, E. Reuss. Vol. 2. Brunswick: C. A. Schwetschke, 1868.

Calvin, John. *Institutes of the Christian Religion*. Trans. Ford L. Battles. Philadelphia: Westminster Press, 1960.

Den Boer, William. "Het Nederlands Calvinisme." In *Calvijn en de Nederlanden*. Eds. Apperloo-Boersma, Karla & Selderhuis,

Herman. Alblasserdam: Verloop, 2009.

Godfrey, Robert. "Calvin and Calvinism in the Netherlands." in John Calvin: *His Influence in the Western World*. Ed. W. Standford Reid. Grand Rapids: Zondervan, 1982: 95-120.

Jelsma, A.J. *Frontiers of the Reformation: Dissidence and Orthodoxy in Sixteenth-Century Europe*. Aldershot/Brookfield USA/ Singapore/ Sydney: Ashgate, 1998.

Marnef, Guido. "Antwerpen als Centrum van Calvinisme in de Zuidelijke Nederlanden." In *Calvijn en de Nederlanden*, Eds. Karla Apperloo-Boersma & Herman Selderhuis. Alblasserdam: Verloop, 2009: 64-85.

Nauta, D. *Het Calvinisme in Nederland*. Franeker: Wever, 1949.

Rutgers, F.L. *Calvijns Invloed op de Reformatie in de Nederlanden*. Leeuwarden: De Tille, 1980.

Taffin, Jean. *Of the Markes of the Children of God, and of their Comforts in Afflictions: To the Faithfull of the Low Countrie*. In The Early Modern Englishwoman: a Facsimile Library of Essential Works, Part 2. Printed Writings 1500-1640. Vol. 12. Trans. Anne Lock Prowse. Aldershot: Ashgate Publishing Company, 2001.

_____ . *The Marks of God's Children*. Grand Rapids: Baker Academic, 2003.

_____ . *The Marks of God's Children*, 홍종락 역, 『약속된 축복: 너를 내 손바닥에 새겼고』. 서울: 두란노서원, 2007.

Van der Linde, S. *Jean Taffin: Hofprediker en raadsheer van Willem van*

Oranje, Red. W. Balke and W. van 't Spijker. Amsterdam: Uitgeverij Ton Bolland, 1982. Repinted Middelburg: Stchting de Gihonbron, 2009.

Van der Pol, Frank. "Calvin and the Netherlands." In *The Calvin Handbook*. Ed. Herman Selderhuis. Grand Rapids: Eerdmans, 2009: 87-96.

Van Lieburg, Fred A. "From Pure Church to Pious Culture: The Further Reformation in the Seventeenth-Century Dutch Republic." In *Later Calvinism: International Perspective*. Ed. W. Fred Graham, 1994: 409-429.

Van Kleef, G.J. *A Dieu ta vie En Dieu ta fin: La place de Jean Taffin dans le Piétisme réformé francophone aux XVIème et XVIIème siècles et son engagement dans le débat à Metz dans la deuxième moitié du XVIème siècle*. Utrecht University, 2008.

김영중·장붕익.『네덜란드사』. 서울: 대한교과서주식회사, 1994.

안인섭. "개혁신학자 쟝 타펭(Jean Taffin: 1529-1602)의 생애와 신학 연구."「총신대논총」40 (2021): 119-149.

_____ . "칼빈의 개혁 신앙과 교회와 국가의 관계: 네덜란드의 코른헤르트((Dirck Coornhert: 1522-1590)와의 논쟁을 중심으로."「한국개혁신학」55 (2017): 8-39.

<14장> 칼빈주의의 연합과 국제화: 필립 마르닉스((Philip Marnix van St. Aldegonde:1540-1598)

Arnade, Peter. and Nierop, Henk Van. "The Political Culture of the Dutch Revolt." *Journal of Early Modern History* 11 (2007): 253-261.

Beemon, F.E. "Calvinist Conscience and Rebellion: Marnix of Saint Aldegonde's Justification of the Dutch Revolt." *Fides et Historia* Sept. 1 (1991): 91-99.

_____. "Poisonous Honey or Pure Manna: The Eucharist and the Word in the 'Beehive' of Marnix of Saint Aldegonde." *Church History* Dec. 1 (1992): 382-393.

Boersma, O. & Jelsma, A.J. *Unity in Multiformity: The Minutes of the Coetus of London, 1575 and the Consistory Minutes of the Italian Church of London, 1570-1591*. Amsterdam: Publications de la Commission de l'Historie des glises et de la Bibliothque Wallonnes, 1997.

Bouwmeester, G. *Marnix van Sint Aldegonde en Zijn Werk*. 's-Gravenhage: Willem de Zijjgerdtichting, 1955.

Calvinus, Iohannes. *Institutio Christianae Religionis. In Ioannis Calvini opera quae supersunt ominia*. Edited by G. Baum, E. Cunitz, E. Reuss. Vol. 2. Brunswick: C. A. Schwetschke, 1868.

Calvin, John. *Institutes of the Christian Religion*. Trans. by Ford L. Battles. Philadelphia: Westminster Press, 1960.

_____. *Response to a Certain Dutchman Who under the Guise of Making Christians very Spiritual Permits them to Defile their Bodies in All Idolatries: written by Mr. John Calvin to the Faithful in the Low Countries*, trans. Rob Roy McGregor. Calvin Theological Journal 34 (1999): 291-326.

Crew, Phyllis Mack. *Calvinist Preaching and Iconoclasm in the Netherlands, 1544-1569.* Cambridge: Cambridge University, 1978.

Den Boer, William. "Het Nederlands Calvinisme." In *Calvijn en de Nederlanden*, edited by Karla Apperloo-Boersma & Herman Selderhuis. Alblasserdam: Verloop, 2009.

Godfrey, Robert. "Calvin and Calvinism in the Netherlands." in *John Calvin: His Influence in the Western World*, edited by W. Standford Reid. Grand Rapids: Zondervan, 1982): 95-120.

Hooft, Visser 't. "Het Tijdstip van Overgang tot het Protestantisme van Marnix van St. Aldegonde." *Nederlands Archief voor Kerkgeschiedenis* Vol. 23. Issue 1 (1930): 99-118.

Israel, Jonathan. *The Dutch Republic: Its Rise, Greatness, and Fall*, 1477-1806. Oxford: Clarendon Press, 1995.

Janssen, Geert H. "Quo Vadis? Catholic Perceptions of Flight and the Revolt of the Low Countries, 1566-1609." *Renaissance Quarterly* 64 (2011): 472-99.

_____. Exiles and the Political of Reintegration in the Dutch Revolt. *History* 94 (2009): 38-40.

Jelsma, A.J. *Frontiers of the Reformation: Dissidence and Orthodoxy in Sixteenth-Century Europe*. Aldershot/Brookfield USA/ Singapore/ Sydney: Ashgate, 1998.

Kingdon, Robert M. "The Political Resistance of the Calvinists in France and the Low Countries." *Church History* Sept. 1. (1958): 220-233.

Luth, Jan R. "Het Geneefe Psalter in Nederlanden." In *Calvijn en de Nederlanden*, edited by Karla Apperloo-Boersma & Herman Selderhuis. Alblasserdam: Verloop, 2009.

Marnef, Guido. "Antwerpen als Centrum van Calvinisme in de Zuidelijke Nederlanden." In *Calvijn en de Nederlanden*, edited by Karla Apperloo-Boersma & Herman Selderhuis. Alblasserdam: Verloop, 2009: 64-85.

Marnix, Heer van St. Aldegonde, Philips van. *Tegen de Spiritualisten in Reformatorica: Teksten uit de Geschiedenis van het Nederlandse Protestantisme*, red. by Augustijn, C. Broeyer, F.G.M. Visser, P. Wall, E.G.E. van der. Zoetermeer: Meinema, 1996.

_____. *Trouwe Vermaninge aende Christelijke Gemeynten in Reformatorica: Teksten uit de Geschiedenis van het Nederlandse Protestantisme*, red. by Augustijn, C. Broeyer, F.G.M. Visser, P. Wall, E.G.E. van der. Zoetermeer: Meinema, 1996.

_____. *De Bijenkorf der H. Roomsche Kerke, met inleiding en varianten*, (eds. A. Lacroix & A. Willems). 2 delen, (in de serieDe werken van Ph. van Marnix van Sint Aldegonde). Fr. van Meenen, Brussel

1858.

Motley, John Lothrop. *The Rise of the Dutch Republic: A History* Vol. 3. London: George Routledge and Co.: 1858.

Nauta, D. *Het Calvinisme in Nederland*. Franeker: Wever, 1949.

_____, "Drie Breiven van Marnix uit 1570." *Nederlands Archief voor Kerkgeschiedenis* Vol. 54, No. 2 (1974): 165-183.

_____, "Marnix Auteur van de Libellus Supplex aan de Rijksdag van Spiers (1570)." *Nederlands Archief voor Kerkgeschiedenis* Vol. 55 Issue 2 (1975): 150-70.

Rutgers, F. L. *Calvijns Invloed op de Reformatie in de Nederlanden*. Leeuwarden: De Tille, 1980.

Selderhuis, Herman and Nissen, Peter. "The Sixteenth Century." In *Handbook of Dutch Church History*, edited by Herman Selderhuis. Göttingen: Vandenhoeck & Ruprecht, 2015: 157-258.

Van der Pol, Frank. "Calvin and the Netherlands." in *The Calvin Handbook*, edited by Herman Selderhuis. Grand Rapids: Eerdmans, 2009: 97-96.

Van Lieburg, Fred A. "From Pure Church to Pious Culture: The Further Reformation in the Seventeenth-Century Dutch Republic." In *Later Calvinism: International Perspective*, edited by W. Fred Graham, 1994: 409-429.

Van Schelven, A. A. *Marnix van Sint Aldegonde*. Utrecht: Oosthoek's Uitg., 1939.

Van Veen, Mirjam. *Een Nieuwe Tijd, Een Nieuwe Kerk: De Opkomst van het 'Calvinisme' in de Lage Landen*. Zoetermeer: Meinema, 2009.

Verboom, Wim. "Catechism Teaching in the Netherlands." In *Power of Faith: 450 Years of the Heidelberg Catechism*, edited by Karla Apperloo-Boersma & Herman Selderhuis. Göttingen: Vandenhoeck & Ruprecht, 2013.

Walzer, Michael. *The Revolution of the Saints: A Study in the Origins of Radical Politics*. Cambridge: Harvard University Press, 1965.

Wansink, H. "Holland and Six Allies: the Republic of the Seven United Provinces." In *Britain and the Netherlands: Papers delivered to the Anglo-Dutch Historical Conference* Vol. 4. edited by J. S. Bromley & E. H. Kossman. Groningen: Wolters, 1962.

Weis, Monique. "Philip of Marnix and 'International Protestantism': The Fears and Hopes of a Dutch Refugee in the 1570s." *Reformation and Renaissance Review* 11.2 (2009): 203-220.

김영중 · 장붕익. 『네덜란드사』. 서울: 대한교과서주식회사, 1994.

문병호. "그리스도의 의의 유일성과 객관성: 칼빈의 트렌트 회의 비판의 요지와 요체." 「개혁논총」 32 (2014): 45-93.

안인섭. "칼빈의 제자, 네덜란드의 종교개혁자 필립 마르닉스의 신학 연구" 「개혁논총」 54 (2020), 169-208.

_____. "칼빈의 개혁 신앙과 교회와 국가의 관계: 네덜란드의 코른헤르트((Dirck Coornhert: 1522-1590)와의 논쟁을 중심으로." 「한국개혁신학」 55 (2017): 8-39.

_____. "벨직신앙고백서의 국가론과 네덜란드 독립에 나타난 교회와 국가의 관계 연구." 「성경과 신학」 52 (2017): 179-214.

<15장> 네덜란드 피난민 교회의 엠던 총회(Emden Synod, 1571): 장로교회의 기원

Davis, D. Clair. "The Reformed Church of Germanry: Calvinists as an Influential Ministry." In *John Calvin: His Influence in the Western World*. Ed. W. Stanford Reid. Grand Rapids: Zondervan 1982: 123-138.

Dingel, Irene. "Konfession und Politik in den Pfalzischen Territorien 1555-1580." *Blätter für Pfälzische Kirchengeschichte und Religiöse Volkskunde* vol. 74 (2007): 9-26.

Freudenbert, Matthias. and Siller, Aleida. *Emder Synode 1571: Wesen und Wirkungen eines Grundtextes der Moderne*. Gottiingen: Vandenhoeck & Ruprecht Verlage, 2020.

Gerhard Kaller, "Staat, Gesellschaft und Kirche in Frankenthal im 16. Jahrhundert," *Blätter für Pfälzische Kirchengeschichte und Religiöse Volkskunde* vol. 47 (1980), 5-12.

Gustav Adolf Benrath, "Petrus Dathenus (1531-1588) und seine Bedeutung für die Pfalz," *Blätter für Pfälzische Kirchengeschichte und Religiöse Volkskunde* vol. 79 (2012), 369-399.

Karl Caals, "Zum Gebrauch des Niederländischen in Frankenthal (1562-1682)," *Blätter für Pfälzische Kirchengeschichte und Religiöse*

Volkskunde vol. 56 (1989), 7-16.

Kohnle, Armin. "Die Kurpfalz als Calvinistisches Territorium im Reich Des 16. Jahrhunderts." *Blätter für Pfälzische Kirchengeschichte und Religiöse Volkskunde* vol. 77 (2010): 11-26.

Molitor, Kurt. "Zum Evangelischen Gottesdienst in der Pfalz im 16. Jahrhundert." *Blätter für Pfälzische Kirchengeschichte und Religiöse Volkskunde* vol. 74 (2007): 49-77.

Mühlinig, Andreas. "Calvin und die Deutschen: Zur Rezeption Calvin im 16. Jahrhundert." *Blätter für Pfälzische Kirchengeschichte und Religiöse Volkskunde* vol. 76 (2009): 355-366.

Press, Volker. Calvinismus und Territorialstaat: Regierung und Zentralbehoerden der Kurpfalz 1559-1619. Stuttgart: Ernst Klett Verlag, 1970.

Rutgers F. L. Red. ACTA *van de Nederlandsche Synoden der Zestiende Eeuw*. Dordrecht: Van Den Tol, 1980.

Seebass, Gottfried. "Die Kirchenordnung von Pfalz-Zweibrucken 1557 im Zusammenhang der Evangelischen Kirchenordnungen." *Blätter für Pfälzische Kirchengeschichte und Religiöse Volkskunde* vol. 74 (2007): 27-36.

Van 't Spijker. Willem. "Dathenus als Theologe auf dem Religionsgesprach in Frankenthal 1571." *Blätter für Pfälzische Kirchengeschichte und Religiöse Volkskunde* vol. 81. (2014): 11-27.

강민. 『아 라스코: 개혁주의 교회법의 토대를 놓다』. 서울: 익투스, 2019.

5부 종교개혁: 근세로 향하다

<16장> 신앙의 자유와 은총의 승리: 도르트 총회(1618-1619)로 가는 길

Apperloo-Boersma, Karla & Selderhuis, Herman. *Calvijn en de Nederlanden*. Alblasserdam: Verloop, 2009.

Arnade, Peter. & Van Nierop, Henk. "The political culture of the Dutch revolt." In *Journal of Early Modern History* 11. (2007): 253-261.

Bakhuizen van den Brink, J.N. De *Nederlandsche Belijdenisgeschriften: Vergelijkende Teksten*. Amsterdam: Uitgeversmaatschappij Holland, 1940.

Bangs, Carl. "All the best bishoprics and deaneries: the enigma of Arminian politics." *Church History* 42 (1973): 5-16.

Bangs, Carl. "Arminius and the Reformation." *Church History* 30 (1961): 155-70.

Barrett, Matthew. "Piety in the Canons of Dort." *Puritan Reformed Journal* Vol 3 (2011): 223-52.

Blacketer, Raymond A. "Arminius' concept of covenant in its historical context." *NAKG* 80.2 (2000): 193-220.

Crew, Phyllis Mack. *Calvinist preaching and iconoclasm in the Netherlands, 1544-1569*. Cambridge: Cambridge University, 1978.

De Jong, Peter Y. "The rise of the Reformed Churches in the

Netherlands." In *Crisis in the Reformed Churches: Essays in commemoration of the great Synod of Dort, 1618-1619*. Ed. Peter Y. De Jong. Grand Rapids: Reformed Fellowship, 1968: 1-21.

Den Boer, William. "Jacob Arminius's (1559-1609) praise for and critique of Calvin and his Theology." *Church History and Religious Culture* 91. 1-2 (2011): 73-86.

Duke, Alastair. *Reformation and Revolt in the Low Countries*. London: The Hambledon Press, 1990.

Fesko, J.V. "Arminius on union with Christ and justification." *Trinity Journal* ns 31 no 2 Fall (2010): 205-22.

Foster, Herbert D. "Liberal Calvinism: The Remonstrants at the Synod of Dort in 1618." *Harvard Theological Review* 16 (1923): 1-37.

Frijhoff, Willem. "Religious toleration in the United Provinces: from 'case' to 'model'." In *Calvinism and Religious toleration in the Dutch Golden Ages*. Po-Chia Hsia, R. and Van Nierop, H.F.K. Eds. Cambridge: Cambridge University Press, 2002: 27-52.

Godfrey, W. Robert. "Popular and Catholic: The Modus Docendi of the Canons of Dordt." In *Revisiting the Synod of Dordt (1618-1619)*. Eds. Goudriaan, Aza. and van Lieburg, Fred, Leiden: Brill, 2011: 243-60.

Gomarus, *Verclaringhe, Over de vier hooftstucken, der leere, waer van hy met sijn weerde mede Professore D. Iacobo Arminio, ghenconfereert heeft, voor de E. E.moghende Heeren Staten van Hollandt ende Westvrieslandt ;*

overghelevert den achtsten Septembris. 1609.

Israel, Jonathan I. *The Dutch Republic: Its Rise, Greatness, and Fall 1477-1806.* Oxford: Oxford University Press, 1995.

Janssen, Geert H. "Exiles and the political of reintegration in the Dutch Revolt." In *History* 94 (2009): 38-40.

Jong. Otto Jan de. Geschiedenis der Kerk. Nijkerk: Uitgeverij G.G. Callenbach bv, 1992.

Jong, Peter Ymen de. "The rise of the Reformed Churches in the Netherlands."In Crisis in the Reformed Churches: Essays in commemoration of the great Synod of Dort, 1618-1619. Ed. Peter Y. De Jong. Grand Rapids: Reformed Fellowship, 1968: 1-21.

Mack Crew, Phyllis. *Calvinist preaching and iconoclasm in the Netherlands, 1544-1569.* Cambridge: Cambridge University, 1978.

Motley, John Lothrop. *The rise of the Dutch Republic: A history* vol. 3. Philadelphia: David McKay, n. d.

Muller, Richard. "Historical and theological studies: Arminius and the Reformed Tradition." *WTJ* 70 (2008): 19-48.

Nobbs, Douglas. *Theocracy and toleration: A Study of the disputes in Dutch Calvinism from 1600 to 1650.* Cambridge: Cambridge University Press, 1938.

Praamsma, Louis. "The background of the Arminian controversy (1586-1618)." In *Crisis in the Reformed Churches: Essays in commemoration of the great Synod of Dort, 1618-1619.* Ed. De

Jong, Peter Y. Grand Rapids: Reformed Fellowship, 1968: 22-38.

Rutgers, F. L. Ed. *Acta van de Nederlandsche Synoden der Zestiende Eeuw*. Dordrecht Vanden Tol, 1980.

Schffer, I. "Protestantism in flux during the revolt of the Netherlands." In *Britain and the Netherlands: Papers delivered to the Anglo-Dutch historical conference* Vol. 2. Groningen: Wolters, 1962: 67-83.

Selderhuis, Herman. Ed. *Handboek Nederlandse Kerkgeschiedenis*. Utrecht: Kok, 2014.

_____. Ed. *Handbook of Dutch Church History*. Göttingen: Vandenhoeck & Ruprecht, 2015.

Sierhuis, Freya. "The rhetoric of religious dissent: anti-Calvinism, satire and the Arminian controversy in the Dutch Republic." *Reformation & Renaissance Review* 12.2-3 (2010): 323-25.

Spaans, Joke. "Religious policies in the seventeenth-century Dutch Republic." In *Calvinism and Religious toleration in the Dutch Golden Ages*. Po-Chia Hsia, R. and Van Niercp, H.F.K. Eds. Cambridge: Cambridge University Press, 2002: 72-86.

Van Gelderen, Martin. "'Dimittimini, exite' Debating civil and ecclesiastical power in the Dutch Republic."
https://eu.spb.ru/images/RESPUBLICA/RepTradition/12.van_Gelderen_-_Civic_and_Ecclesiastical_Powers.pdf.

Van Lieburg, Fred A. "From pure church to pious culture: The

Further Reformation in the Seventeenth-Century Dutch Republic." In *Later Calvinism: International perspective.* Ed. W. Fred Graham Sixteenth Century Essays & Studies 22 (1994): 409-29.

Van Til, Cornelius. "The significance of Dort for today." In *Crisis in the Reformed Churches: Essays in commemoration of the great Synod of Dort, 1618-1619.* Ed. Peter Y. De Jong. Grand Rapids: Reformed Fellowship, 1968: 181-96.

Van Veen, Mirjam. *Een nieuwe tijd, een nieuwe kerk: De opkomst van het 'calvinisme' in de Lage Landen.* Zoetermeer: Meinema, 2009.

Vandoodewaard, William. "Remonstrants, contra-Remonstrants, and the Synod of Dordt (1618-1619): The Religious History of the early Dutch Republic." *Puritan Reformed Journal* 4,1 (2012): 135-60.

Voogt, Gerrit. "Remonstrant-Counter Remonstrant debates: Crafting a Principled Defense of Toleration after the Synod of Dordrecht(1619-1650)." *Church History and Religious Culture* 89.4 (2009): 489-524.

Vos, Antonie. "The systematic place of Reformed Scholasticism: Reflections concerning the reception of Calvin's thought." In *Church History and Religious Culture* 91.1-2 (2011): 29-42.

Wansink, H. "Holland and Six Allies: the Republic of the Seven United Provinces." In *Britain and the Netherlands: Papers delivered to the Anglo-Dutch historical conference* vol. 4. Ed. J. S. Bromley &

E. H. Kossman. Groningen: Wolters, 1962.

Wtenbogaert, Johannes. *Tractaet van't Ampt ende Authoriteyt eener hooger Christelijcker Overheydt in Kerckelycke Saeckken [Tractate on the office and authority of a higher Christian magistracy in ecclesiastical affairs]*. s' Graven Haghe, 1643.

김영중 · 장붕익. 『네덜란드사』. 서울: 대한교과서주식회사, 1994.

안인섭. "도르트 총회(1618-1619) 직전 시대의 네덜란드 교회와 국가 관계의 배경 연구" 「한국개혁신학」 57 (2018), 57-279.

_____. "항쟁파(Remonstrants)의 교회와 국가의 관계: 위텐보가르트(Johannes Wtenbogaert: 1557-1644)를 중심으로" 「한국개혁신학」 60 (2018), 10-51.

_____. "벨직신앙고백서의 국가론과 네덜란드 독립 과정의 상호 관계에 대한 연구." 「성경과 신앙」 82권 (2017): 179-214.

_____. "칼빈의 개혁 신앙과 교회와 국가: 네덜란드의 코른헤르트(Dirck Coornhert: 1522-1590)와의 논쟁을 중심으로." 「한국개혁신학」 55권 (2017): 8-39.

_____. "칼빈의 신학과 네덜란드 종교개혁과의 관계: 필립 마르닉스(Philip Marnix van St. Aldegonde: 1540-1598)의 교회와 국가의 관계를 중심으로." 개혁신학회 종교개혁 500주년 기념 학술대회 (2017. 4. 28, 총신대학교): 265-77.

http://www.constitution.org/cons/dutch/Union_Utrecht_1579.html

http://www.dutchrevolt.leiden.edu/dutch/bronnen/Pages/1576_11_08_ned.aspx

https://www.law.kuleuven.be/personal/mstorme/unievanutrecht.html
http://www1.umassd.edu/euro/resources/netherlands/29.pdf
https://en.wikipedia.org/wiki/Johannes_Wtenbogaert

<17장> 황금의 17세기와 네덜란드의 개혁파 경건주의

Ahn, In-Sub. "Suffering in J. Calvin(1509-1564) and Jean Taffin(1529-1602)." 11th International Congress on Calvin Research. Zürich, 2014. 8. 26.

Beeke, Joel R. "Personal Assurance of Faith: English Puritanism and the Dutch 'Nadere Reformatie': From Westminster to Alexander Comrie." Ph.D. Dissertation. Westminster Theological Seminary, 1988.

_____. "The Dutch Second Reformation (Nadere Reformatie)." *Calvin Theological Journal* 28 (1993): 298-327.

_____. Puritan Reformed Spirituality. 김귀탁 역. 『개혁주의 청교도 영성』. 서울: 부흥과개혁사, 2009.

Den Boer, William. "Het Nederlands Calvinisme." In *Calvijn en de Nederlanden*. Eds. Apperloo-Boersma, Karla & Selderhuis, Herman. Alblasserdam: Verloop, 2009.

Godfrey, Robert. "Calvin and Calvinism in the Netherlands." in *John Calvin: His Influence in the Western World*. Ed. W. Standford Reid. Grand Rapids: Zondervan, 1982: 95-120.

Graafland, C. Op't Hof, W.J. and Van Lieburg, Fred. "Nadere Reformatie: Opnieuw een Poging tot Begripsbepaling." *Documentatieblad Nadere Reformatie* 19 (1995): 105-84.

Koelman, Jacobus. *The Duties of Parents*. 홍종락 역. 『주의 사랑과 훈계로: 믿음을 물려주는 자녀 교육』. 서울: 두란노, 2007.

Nauta, D. Het *Calvinisme in Nederland*. Franeker: Wever, 1949.

Rutgers, F.L. *Calvijns Invloed op de Reformatie in de Nederlanden*. Leeuwarden: De Tille, 1980.

Spijker, W. van't. "네덜란드의 제2종교개혁." 이신열 역. 「갱신과부흥」 제12권 (2013): 189-211.

Taffin, Jean. *Of the Markes of the Children of God, and of their Comforts in Afflictions: To the Faithfull of the Low Countrie. In The Early Modern Englishwoman: a Facsimile Library of Essential Works, Part 2. Printed Writings 1500-1640*. Vol. 12. Trans. Anne Lock Prowse. Aldershot: Ashgate Publishing Company, 2001.

_____ . *The Marks of God's Children*. Grand Rapids: Baker Academic, 2003.

_____ . *The Marks of God's Children*, 홍종락 역. 『약속된 축복: 너를 내 손바닥에 새겼고』. 서울: 두란노서원, 2007.

Teellinck, Willem. The Path of True Godliness. 홍종락 역. 『나의 길 오직 그가 아시나니: 하나님의 뜻을 따르는 삶』. 서울: 두란노, 2007.

Van der Linde, S. *Jean Taffin: Hofprediker en raadsheer van Willem van Oranje*, Red. W. Balke and W. van't Spijker. Amsterdam:

Uitgeverij Ton Bolland, 1982. Repinted Middelburg: Stchting de Gihonbron, 2009.

Van der Pol, Frank. "Calvin and the Netherlands." In *The Calvin Handbook*. Ed. Herman Selderhuis. Grand Rapids: Eerdmans, 2009: 87-96.

Van Lieburg, Fred A. "From Pure Church to Pious Culture: The Further Reformation in the Seventeenth-Century Dutch Republic." In *Later Calvinism: International Perspective*. Ed. W. Fred Graham, 1994: 409-429.

Van Kleef, G.J. *A Dieu ta vie En Dieu ta fin: La place de Jean Taffin dans le Piétisme réformé francophone aux XVIème et XVIIème siècles et son engagement dans le débat à Metz dans la deuxième moitié du XVIème siècle*. Utrecht University, 2008.

Voetius, Gisbertus., and Johannes Hoornbeeck. *Spiritual Desertion*. 홍종락 역. 『내 영이 주를 갈망하며: 영적 광야에서 만난 하나님의 은혜』. 서울: 두란노, 2007.

안인섭. "개혁신학자 쟝 타펭(Jean Taffin: 1529-1602)의 생애와 신학 연구."「총신대논총」40 (2021): 119-149.

이의석, "나더러 레포르마치 개념에 대한 최근 논쟁과 그에 대한 평가,"「한국개혁신학」72 (2021): 127-160.

주도홍. 『개혁교회 경건주의』. 서울: 대서, 2011.

_____. "네덜란드 '나데레 레포르마치'의 영성 연구. 히스베르투스 푸치우스를 중심으로."「백석저널」제1권 (2002): 299-330.

<18장> 가톨릭교회의 대응과 30년 전쟁

Bierma, Lyle. Ed. *An Introduction to the Heidelberg Catechism. Sources, History, and Theology. Texts & Studies in Reformation & Post-Reformation Thought.* Grand Rapids, MI: Baker Book House, 2005.

Davis, D. Clair. "The Reformed Church of Germanry: Calvinists as an Influential Ministry." In *John Calvin: His Influence in the Western World.* Ed. W. Stanford Reid. Grand Rapids: Zondervan 1982: 123-138.

Gunnoe, Jr, Charles D. "De Heidelbergse Catechismus in de Theologische Context van de Pfalz." In Handboek *Heidelbergse Catechismus.* Ed. by Arnold Huijgen, John V. Fesko, and Aleida Siller. Kampen: Kok, 2013: 61-72.

곤잘레스, 후스토. 『현대교회사』. 서울: 은성, 2012.

김광채. 『근세, 현대교회사』. 서울: 기독교문서선교회, 1990/1992)

안인섭. "팔츠(Pfalz)의 개혁과 종교개혁의 발전(1558-1561): 멜란히톤과 칼빈의 관련성을 중심으로." 「한국개혁신학」 71 (2021): 227-268.

츠어 뮐렌, 칼-하인츠. 『종교개혁과 반종교개혁』. 서울: 대한기독교서회, 2009.

인명 색인

낙스(John Knox)
150, 265, 269, 277-280, 322.

드 브레(Guido De Bres)
238, 305, 319-340, 347.

라스코(John a Lasco)
206, 251, 252, 322, 395, 397, 399.

루드비히 5세(Ludwig V, 팔츠 선제후, 재위: 1508-1544)
183-185

루터(M. Luther)
40, 48, 50, 62-87, 94-95, 99-100, 108-109, 123, 124, 138, 144-145, 184, 185-187, 212, 214, 220-235, 256, 257-258, 275, 276, 323, 376, 390, 454, 455.

마르닉스(Philip Marnix van St. Aldegonde)
305, 313, 324, 351, 353, 374-394, 395, 398, 411, 418.

메리 스튜어트(Mary Stuart, Queen of Scots, 재위: 1542-1567)

276, 279, 289.

메리 여왕(Mary I 혹은 Bloody Mary, 재위: 1553-1558)

258, 264, 265-266, 269, 278, 279, 399.

메리 2세(Mary II. 영국 제임스 2세의 딸, 오렌지 공 빌름 3세이자 영국
의 윌리엄 3세의 아내, 재위: 1688-1694)

252.

멜란히톤(Philip Melanchthon)

79, 123, 180-187, 189-194, 195-205, 206-213, 216-217, 222, 223, 224-227, 238, 240-241, 244, 245, 247-249, 323, 376.

멜빌(Andrew Melvile)

280-281.

베자(Theodore Beza)

90123, 150, 210, 264, 265, 277, 291, 292, 306, 313,322, 326, 337, 343, 346, 347, 366, 370, 372, 375, 377, 380, 390, 393, 413, 434, 448,

부처(Martin Bucer)

39, 70, 79, 96, 99, 123, 148, 158, 184, 222, 244, 262, 270.

불링거(Heinrich Bullinger)

90, 123-125, 182, 192, 206, 207-211, 213-217, 257, 304.

브라운(Robert Brown)

273

아르미니우스(Jacobus Arminius)

255, 409, 418, 425, 426, 432-443.

앙리 2세(Henri II, 재위: 1547-1559)

234, 289,

앙리 4세(Henry IV, Bourbon 왕조, 재위: 1572-1610)

295, 296, 297, 298, 300.

어거스틴(St. Augustine of Hippo)

13, 19, 20, 21, 26, 27, 41, 49, 53, 87, 147, 152, 157, 158, 159, 211, 212, 365, 367, 464.

에드워드 6세(Edward VI, wodnl 1547-1553)

255, 260-265, 276, 277, 278, 322.

에라스투스(Thomas Erastus)

186, 187, 188, 189, 190, 194, 205, 207, 208, 434,

에임스(William Ames)

271-272.

엘리자베스 1세(Elizabeth I, 재위: 1558-1603)

32, 255, 259, 266-269, 278, 279, 280, 393, 429.

오토 헨리(Otto Henry, 팔츠의 선제후, 재위: 1556-1559)

181, 183, 185-187, 188, 189, 190, 191, 194, 197, 216, 245, 247.

올덴바르너펠트(Johan van Oldenbarnevelt)

312, 417, 418, 429, 430, 433, 435, 436, 437, 439, 440, 442.

올레비아누스(Caspar Olevian, 혹은 Kaspar Olevianus)

189, 205, 209, 210, 250.

외콜람파디우스(Johannes Oecolampadius)

79, 99, 122-123, 144, 213, 214, 323.

우루시누스(Zacharias Ursinus)

189, 205, 249, 250.

위클리프(John Wycliffe)

50, 52-54, 55, 56, 275.

잔 달브레(Jeanne d'Albret)

288, 295, 296,

제임스 1세(James I = 스코틀랜드의 제임스 6세, 잉글랜드 국왕 재위: 1603-1625)

274, 280.

츠빙글리(Ulrich Zwingli)

8, 27, 28, 39, 50, 78-80, 88-122, 123, 124, 125, 135-140, 144-145, 189, 192, 205, 206-207, 213, 214, 215, 222, 223, 244, 247, 323, 385.

카트라이트(Thomas Cartwright)

270, 271.

카피토(Wolfgang Capito)

244.

칼 5세(Karl V, 신성 로마 황제, 재위: 1530-1556)

33, 34, 35, 36, 37, 72, 73, 220, 221, 226, 227, 229-235, 239, 240, 244, 259, 288, 289, 309, 322. 454,

칼빈(John Calvin)

44-45, 145, 146-179, 206-215, 227, 235, 261-262, 269, 277-278, 288, 289, 290, 304-305, 306, 306, 314, 316, 322, 323, 324, 325, 326, 327, 330, 331, 333, 342, 343, 346, 347, 347, 366-370, 374-375, 377, 380-381, 382-383, 384-385, 434, 438, 448, 464.

크랜머(Thomas Cranmer)

260-265, 266, 270.

타펭(Jean Taffin)

305, 324, 341-373, 398, 448, 452.

틴데일(William Tyndale)

256.

퍼킨스(William Perkins)

270-271.

토마스 아 켐피스(Thomas a Kempis)

43, 303, 304.

프란시스 1세(Francis I, 재위: 1515-1547)
284-289, 295.

프레드릭 현자(Frederick The Wise = Frederick III. 작센의 선제후)
66, 72, 74, 75, 80, 235.

프레드릭 2세(Frederick II, 팔츠의 선제후, 재위: 1544-1556)
183-185.

프레드릭 3세(Frecerick III: 1515-1576, 팔츠의 선제후, 재위: 1559-1576)
181, 183, 187-205, 207, 210, 211, 216, 217, 245, 246-250, 349, 377, 391, 399.

프레드릭 4세 (Frederick IV, 팔츠의 선제후, 재위 1583-1610)
459.

프레드릭 5세 (Frederick V, 팔츠의 선제후, 재위 1619-1619)
459.

필립2세(Phillip II, 재위: 1556-1598)
239, 240, 265, 268, 280, 298, 322, 326, 330, 347, 397, 410, 427, 428, 432, 437,

헨리8세(Hennry VIII, 재위: 1509-1547)
32, 50, 257-260, 261, 262, 265, 266, 267, 276, 278.

호마루스(Franciscus Gomarus)

418, 425, 426, 432-443.

후스(John Hus)

50, 54-57, 73, 72, 73, 184.